i**H**uman

成为更好的人

BUILDING
THE BRITISH
EMPIRE

TO THE END
OF
THE FIRST EMPIRE

James Truslow Adams

[美]詹姆斯·特拉斯洛·亚当斯 著

张茂元 黄玮 译

缔造大英帝国
从史前时代到北美十三州独立

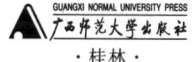
·桂林·

DIZAO DAYING DIGUO
CONG SHIQIAN SHIDAI DAO BEIMEI SHISANZHOU DULI

图书在版编目（CIP）数据

缔造大英帝国：从史前时代到北美十三州独立 /（美）詹姆斯·特拉斯洛·亚当斯（James Truslow Adams）著；张茂元，黄玮译. —桂林：广西师范大学出版社，2019.1（2020.1 重印）
ISBN 978-7-5598-1048-9

Ⅰ．①缔… Ⅱ．①詹…②张…③黄… Ⅲ．①英国－历史 Ⅳ．①K561

中国版本图书馆 CIP 数据核字（2018）第 151124 号

广西师范大学出版社出版发行

（广西桂林市五里店路 9 号　邮政编码: 541004）
（网址: http://www.bbtpress.com）

出版人：黄轩庄
全国新华书店经销
湖南省众鑫印务有限公司印刷
（长沙县榔梨街道保家村　邮政编码: 410000）
开本：880 mm × 1 240 mm　1/32
印张：14.75　　　字数：331 千字
2019 年 1 月第 1 版　　2020 年 1 月第 3 次印刷
审图号：GS（2018）4780 号
定价：85.00 元

如发现印装质量问题，影响阅读，请与出版社发行部门联系调换。

译者序

詹姆斯·查斯洛·亚当斯（James Truslow Adams，1878～1949）是美国著名的历史学家、作家。他出生于美国纽约布鲁克林的富裕家庭，先后于纽约大学坦登工程学院和耶鲁大学获得学士学位（1898年）和硕士学位（1900年）。毕业后先是在一家投资银行工作，后来成为一家在纽约证券交易所上市的公司的合伙人。1912年，觉得已经赚够了钱的亚当斯，转行专心著述。"新英格兰史三部曲"是亚当斯的成名之作，其中的第一部就让他获得了普利策奖。另一部著作《美国史诗》也是国际畅销书，并入选《生活》杂志的"1924～1944年间百部杰出作品"。亚当斯还是多卷本的《美国历史辞典》《美国历史地图集》和《美国历史专辑》的编辑。1930年后，亚当斯活跃于美国艺术文学院并任院长。

人们如今仍津津乐道的美国梦，其实就出自亚当斯的《美国史诗》。亚当斯认为美国梦，固然是指人人都能有更富有、更美好、更幸福的生活，但又绝非简单的汽车梦，也不仅是指高收入；而是指能促使所有人都能获得与其天赋、才智相匹配的充分发展的社会秩序。

正如亚当斯在本书序言中所指出的，他一直关注的还是美国的社会历史，并在此过程中，无可避免地了解到英国历史："我多年来一直专注于（上述的最后一段）历史，尤其是美国的历史、治理和社会生活。美国和大英帝国的民众虽大不相同，但我们的历史却是密切相关的，且超过半数的美国人就来自大英帝国。对美国历史、生活和制度的持续研究，必然会牵涉到英国历史。"

而对于本书来说，亚当斯的目的就是要探究：英国究竟是什么样的？是什么因素导致它变成现在这个样子？它又是如何在三百年前从人口不足当前纽约或伦敦一半的岛国变成统治世界上四分之一人口的庞大帝国？

正如学界所认可的那样，亚当斯的历史研究实际上是社会历史观。这在本书中体现得尤其充分。亚当斯在分析英国人的民族特性及历史事件的时候，非常重视自然环境、多民族融合等综合因素的影响。如他在开篇就指出："对英国历史影响最大的因素，无疑是'大不列颠是个岛'这一事实。"他还特别指出威尔士和英格兰西北部的山脉，以及苏格兰高地在大英帝国历史中的重要性。因为正是在这些山林里，第一批迁入者成功抵挡了后来者的入侵，并最终在这些山林里定居下来。浓雾和雨水将人们堵在家里，导致家里而不是广场，成为人们交往和生活的重要场所。亚当斯认为，正是气候因素导致英国城市中没有像欧洲大陆那样的露天广场、露天咖啡屋，人们的生活主要在室内而非户外。气候迫使人们选择室内生活，而室内生活又培育了人们的独处和隐居的习性。当然，亚当斯也清醒地认识到自然环境虽然重要，却也不是单独起作用的。

各民族的特性及其融合无疑也是亚当斯重点强调的。亚当斯历数高卢人、罗马人、盎格鲁人、撒克逊人、斯堪的纳维亚人等族群在英国的统治和融合，进而分析各个种族在其中所施加的影响。如罗马人结束了种族混战，带来了长时间的和平和稳定秩序；建设城市为民族交流和融合提供了重要平台；其血脉、习性和文化成为不列颠民族的一部分。当代英国人还继承了凯尔特人的"忧郁"以及他们的仙境知识。亚当斯认为莎士比亚和所有英国传统中的相关知识绝大部分正是来自凯尔特人。而与凯尔特人品质大不相同甚至对立的日耳曼人的品质，也是当今英国人品质的重要组成部分。还有撒克逊人合作、忠诚、失败时的坚定和无所畏惧的勇气，作为掠夺者和拓荒者的两面性。撒克逊人的政治理念更被亚当斯认为影响深远，乃至塑造了当代英国的政治理念和政治体制。如撒克逊领袖只有获得成员同意才能够维持其职位，而群体成员和民众都是自由的。而撒克逊人的"群众大会"和"贤人会议"更被视为自由制度甚至是议会的起源。

此外，亚当斯还通过典礼仪式（如盛装大典）、体育竞赛等，来达到以管窥豹的目的。体育"已经不是简单的身体健康、肌肉强壮或是眼明手快，它的意义早已超越了这一层次。每种户外运动都有团队之间的对抗、竞争，这也塑造了英国人的一个重要品质——妥协……团队必须相互协作；此外，这还滋生了英国政治的最大发现，那就是两个团队其实都只是在游戏里扮演各自的角色。将这个原则应用到政治上，英国人最终发现，议会中有一个有组织的反对党的存在，对于实现议会自治和监督暂握大权的政府都是极其必要的"。

在诸多品质中,亚当斯还着重分析了英国人的集体责任观,并用谚语表述了"一个英国人,是个傻瓜;两个英国人,是场足球赛;三个英国人,成就大英帝国"的观点。这一谚语,也可说是很好地表述了亚当斯解释大英帝国缔造的核心观点。综合来看,亚当斯还指出英国人的品质在很大程度上是被宗教、体育、绅士风范和势利等四种力量所塑造的。为此,亚当斯在书中各个章节几乎都会对上述多个方面进行阐述。

尽管如此,亚当斯还是比较清醒地认识到不可能套用某一简单模式来解释大英帝国的崛起及扩张。为此,他在各章节还概要描述了英国各时期的建筑风格、文学、诗歌、宗教信仰、生活习俗等,并采用讲故事的形式将读者拉回到一个个具体的历史场景中,让读者自己去感受历史事件、自己去体会历史可能带来的启示。

您准备好了吗?让我们一起开启大英帝国曾经的缔造之旅吧。

张茂元
2018年于广州大学城

作者序

西方文明里有四段独具魅力的伟大历史。其他历史或许也相当有趣或浪漫,但与它们相比,这四段历史不仅伟大,而且举足轻重。它们分别是:古希腊人类智慧的兴起与解放;罗马帝国作为世界性帝国的发展;大英帝国从一个"半岛"(16世纪时对当时英格兰王国的蔑称)扩张为统治全球四分之一领土的帝国;最后是,北美大陆在三百多年内发生的史无前例的人口大迁移和大增长,之前近乎荒寂的北美大陆,如今已经有约一亿四千五百万民众,他们文明发达,能够自行治理国家。

我多年来一直专注于上述的最后一段历史,尤其是美国的历史、治理和社会生活。美国和大英帝国的民众虽大不相同,但我们的历史却是密切相关的,且超过半数的美国人就来自大英帝国。对美国历史、生活和制度的持续研究,必然会牵涉到英国历史。而我为了了解那片土地及其人民,还在英格兰生活了大概六年,并获益良多。我对英格兰的认识,丝毫不亚于我对生我、养我的美国本土的认识。

大英帝国有文字记录的扩张史将近两千年,覆盖了地球上的每个区域。很明显,要想在一般的两卷本书里详细描述这段历史是不可能的。在这段漫长的时间里,关于事件、个人和时代的文献数不胜数。不过,我们的目标并不仅仅是对能够获得的大量历史资料进行挑选、节略,而是要发现(假设能做到)英国究竟是什么样的?是什么导致它变成如今这个样子?它又是如何在三百年前从人口不足如今纽约或伦敦一半的岛国,变成统治世界上四分之一人口的庞大帝国?

诸多学者对本书作出了卓越贡献,对此我深怀感激。不过,我还是要向威尔·D. 豪(Will D. Howe)博士和默文·戴维斯(Mervyn Davies)先生特别致谢。他们非常认真地审阅了手稿全文并提出了很多颇具价值的建议。当然,书中所可能出现的事实错误和解释偏差都是我的责任。

詹姆斯·特拉斯洛·亚当斯

导 言

本书要评述的是大英帝国及其国民的成长，不过在此之前我们先要花点时间来认识下这个令世人感到困惑的民族。因为他们一直而且至今仍然让人感到困惑。几乎所有其他国家（如德国、意大利、法国、西班牙、美国等）的评论家和分析家，都撰写过大量关于英格兰人或是更广意义上的英国人的特性的书籍，以表达他们的困惑。其实，甚至是英国人对自己的看法也存在诸多分歧。

实际上，英国人都同属一个种族，他们甚至自认为"有点疯狂"。不过评论家一直未能确定他们究竟是疯狂还是狡猾，诚实还是虚伪，蠢笨如牛还是大智若愚，头脑简单还是高瞻远瞩。对同一种族特性的描述如此完全相反，这也算是绝无仅有的了。事实上，我们称之为"民族"或许会更加恰当，因为时至今日，已经再无所谓"纯粹"的种族了。我们在下面的描述中也将会看到，英国人是由许多种族混合而成的。这或许可以部分解释英国人为何会有如此多相互矛盾的特性。

无论如何，再没有其他历史问题比民族性更加难以分析和难以追溯其起源了。这部分是因为民族性这个概念本身的模糊性,这就使得一个世纪前的认识可能都比我们现在的丰富很多。这样,很多时候我们就只能靠猜了。居住环境、地理、土壤和气候等宏观因素,以及它们与其他微观因素的相互作用,都会是重要根源。比如,如果只是泛泛而谈,我们可以很轻易地罗列出那些推动希腊文明兴起的因素。但是,同样的自然条件在希腊已经存在几万年,而"希腊荣光"却只持续了几代人。这说明自然条件并非充分原因。在恰当的时刻,与其他要素恰如其分地结合,自然条件的确相当重要——我们时刻不能忘记这一点,并要保持关注。宗教和语言的影响也相当大,也在我们的分析中占据重要位置。此外,还有一个极其重要的因素,那就是勒南(Renan)所说的"丰富的记忆遗产"——这是多个世纪来人们为了相同目的而作出的努力的沉淀。这些努力建构了传统,而整个民族所共享的传统又成为最强大、最具凝聚力的力量。但我们仍然无法回答核心问题。正如我们之前所指出的那样,为何希腊人在知识和美学上的领先只持续了短短几十年,并且很快又归于平庸?不列颠群岛在大约一世纪前还只有为数不多的人口,为何能够"孕育"出——如美国的天才研究者卡特尔(Cattell)教授所言——全世界最杰出的四分之一的人口?顺便还得提一句,那些已经取得卓越成就并上了名人录的美国名人中,那些异国出生的人中大约有50%来自大英帝国。抛开这些数字不论,英国的确从一个小岛扩张到全世界,直至统治了全世界四分之一的领土和四分之一的人口。全世界二十亿人口中,英国就统治了五亿。这已经不是某一个因素(如种族)或是简单的公式所能解释的了。我们所能做的就是讲故事,并且在具体情景中挖掘那些影响因素。通过这种方式,即使我们不能解释全部,最起码也能够从中得到一些启示。

民族特性和抱负也并非一成不变,如今的英国人在很多方面已与都铎时期的祖先大不一样。历史也不是从起点到终点的简单线性运动。相反,历史发展总是曲线式的,它取决于变化的环境、变化的民众、国际关系(就像万有引力一样能够暂时将一个国家拖离其既定轨道)、伟人在恰当时机是否出现等。但总体来看,大英帝国的历史还是完整的、连贯的:今日的不列颠和英国人与他们的祖先并无实质性的不同。

今天的英国人是什么样的?英国人和不列颠发展成什么样了?在此,我们立刻遭遇到本书通篇都需要面对的问题。乔治六世于1937年5月在威斯敏斯特大教堂加冕的时候,庄严地承诺并宣誓他将"统辖大不列颠、爱尔兰、加拿大、澳大利亚、新西兰和南非联盟的子民、财产、领土及其附属物;并且依照印度自己的法律和风俗统领印度帝国"。这个誓言,乃至整个加冕仪式在超过一百年的时间里历经多次变化,这也反映了我们之前所说的问题的复杂性。

我们来探讨一下其中的一些矛盾。大英帝国是现代世界最大的民主国家共同体,他们共有的国王实际上是"统而不治"。不过,当君主制度被推翻,帝国也就崩塌了。它们将会四分五裂,与之前联合在一起时的强大不同,崩塌之后的各个小国均会式微。把它们联结在一起的既非逻辑、法律,也不是强权,而主要是对王权的情感支持、喜爱、传统和忠诚。我这里所说的王权,不是指特定的法定位置,也不是指特定时期的君主。在英国,"王权"意味着英国人所有的过去、现在和未来。它是所有的奋斗、希望、抱负,及对上帝、国王、联邦和帝国内民众个体忠诚的象征。如果说大不列颠某天会变成共和国,那还是可以想象的,尽管可能性不高。但如果整个帝国变成共和国,那就完全不可能了,因为政治上和精神上都存在难以逾越的障碍。人们不可能"选"出一个统领四分之一个地球的临时总统,而且即使选出来了,在激烈的公开竞争中持续更替的政府完全不可能成为我们之前所描述的那种象征。英国人对君主个人和王室怀着强烈兴趣,但当王权如此重要以致成为凝聚帝国的象征时,君主就必须代表其人民的最高理想——这些理想很多时候还是相互冲突的。也正因如此,爱德华八世个人的婚姻问题最终成为帝国宪政的危机。

关于加冕礼,我们还可以多说一两点。英国的很多典礼、仪式已经有超过千年的历史,没有哪个西方民族像英国人那样看重传统和延续性。他们热爱盛典,但当古老的风俗甚至是古老的服装重新出现在重要的历史纪念日的时候,其意义又超乎盛典:它将单一事件和民族的历史联结在一起。这基本上是无意识的、难以言表的,但英国人依然能够深深感受到历史的一体性,以及代际间生生不息的传承。每个人都能够在自己的日常生活和领域内作出贡献,最终共同促进整个民族的发展,这就将个体——不管是重要的还是不重要的——和不同时空下更大的社会、民族联结起来。这又强化了个体的尊严,并赋予了个体某种意义的永生感。英国人算不上是神秘主义者(中世纪的拉丁人倒可以称之为神秘主义者），他们只是不善辞令，他们天生具有某种探寻生活深层本质的天性。

与上述品质密切相关的另一种品质，也是我在英国生活感受最深的，是他们非同寻常的社会凝聚力和社会责任感。这一点之所以特别引人注目，是因为在日常社会生活中，一般情况下，英国人并不怎么为他人利益出头；他们比较冷淡、疏离，比较喜欢独处。如果花园没有篱笆或是围墙，他们都会觉得不自在。房子就是他们的城堡，他们熟练地借此来隔绝那些不受欢迎的打扰。对于政府治理，他们可能是所有民族中最成功的一个，他们希望政府越小越好！他们热爱自由，喜欢过随心所欲的生活。与此同时，他们又是我所知的为了集体利益而最积极主动承担各类社会义务、人道责任和政治职责的民族。而鲜被提及的义务，也的确是构成这个国家和民族的坚实基础，因为"英国人个个都恪尽职守"。你去拜访某个老人的时候，可能会发现他外出探访囚犯去了，而且不是以某组织成员的身份而是以个人的名义。在乡下的茶聚中，时常会讨论一些本地话题，如疾病、贫穷，或是一个年轻的共产主义者在畅谈其理想中的英国制度。所有这些行为都是无组织的，是个体出于天性或是出于对集体的义务感。多年前，当面临破产的时候，政府请求民众在1月份提前上缴本应在7月份上缴的很多税款。而在次日，在清晨6点，前来缴款的民众就在税局门口排起了长龙。这是一种完全不同于墨索里尼和希特勒所宣传的国家状态，也是一种完全不同的生活方式。依我说，它不是从上而下进行控制的，而是一种从下而上的、对社会积极主动的态度。民众积极主动地为国家和民族承担义务。

　　这种态度也延伸到人际关系上。英国也有骗子和粗俗的人，我甚至也遭过殃，但我们必须通过其普通群众而非其最糟的人群来评判一个国家和民族，就像绑架犯和歹徒同样也不能代表美国一样。一般英国人的特点是，我发现全世界似乎都知道，就如俗语所言："他不会让你失望"、他是一个"好人"。人们甚至说，他是"可以结伴去打老虎的"。在客厅里他们可能让人觉得不够友好，甚至冷漠，但如果你们突然陷入困境，他肯定不会见死不救。

　　实际上，在英国，是所有阶层而非某个阶层"不会让你失望"，这也让每个人都觉得其他人都是值得信赖的。这也是为什么大家清晨排队缴税的原因。每个人心里都清楚，只要自己尽了自己应尽的义务，其他人也会做同样的事情，最终大家一起实现目标。这些品质极具社会价值，它们保证了帝国能够成功统治其他民族——这些民族虽然可能更加注重逻辑性，但社会凝聚力却不行。我认为，这些品质在很大程度上是被宗教、体育、绅士风范和势利等四种力量所塑造的。

　　尽管英国在所有方面都已经现代化，但宗教，不管是"教会""小教堂"或者其他，仍旧在英国人的生活中具有强大影响力。忽视宗教的结果无疑是致命的。

　　体育，几个世纪来就一直是英国人生活的重要组成部分，它即使是在那些看似毫不相关的领域里也影响深远。体育已经不是简单的身体健康、肌肉强壮或是眼明手快，它的意义早已超越了这一层次。每种户外运动都有团队之间的对抗、竞争，这也塑造了英国人的一个重要品质——妥协。尽管在体育运动中几乎都会有冲突，但也培育了相互妥协的意愿——心甘情愿接受胜负，团队里必须相互协作。此外，这还滋生了英国政治的最大发现，那就是两个团队其实都只是在游戏里扮演各自的角色。将这个原则应用到政治上，英国人最终发现，议会中有一个有组织的反对党的存在，对于实现议会自治和监督暂握大权的政府都是极其必要的。他们在1937年彻底认清了这个问题。从1937年开始，英国开始为"下议院最大的反对党领袖"支付薪水。我们可要知道，在大约一个世纪前，反对党甚至被当成是叛国贼。甚至在今天，很多大国如德国、意大利等，都还不能完全容忍反对党的存在。了解了这些，我们也就能够明白这种"玩游戏"的模式对于人类自由的重要性了。如果不能批评那些暂时掌握权力的人，又如何能够保护人民的自由呢？

绅士风范也是英国所特有的，并发挥着重大影响。几个世纪来，所谓的绅士已经发生了很大变化，但仍然与欧洲其他国家的大相径庭。在欧洲大陆的绝大多数国家里，等级森严且阶层固化：贵族的后代仍是贵族，普通大众永远是普通大众！而英国社会的流动性则要高得多。在英国，人们更容易上升为贵族阶层，贵族子女也可能沦为平民。这种上下流动一直都是存在的。在很大程度上，正是这种自由流动，催生了现代绅士。不管他是否拥有高贵头衔，他肯定具有某些品质或资质，如教育良好、彬彬有礼，尤其是一些更为内在的品质，如之前提到的"不会让你失望"。

有两个因素很好地推动了这种风范在民众中扩散。一是对英国领导人的信任，而这种信任又来源于人们相信领导具有上述那些品质。另一个就是势利。势利，虽然通常容易被广为诟病，但同时又在塑造人们的理想和行为中起到重要作用。英国社会是个等级社会，从王室到贵族，再到望族，再到地位更低点的中间层等。自王室以下，每个阶层都竭尽所能地朝上看齐，他们都在模仿上层人士的行为。可能，直到最近，上层社会中的绅士在很大程度上仍是人们模仿学习的对象。现在，我们可能鄙视侍应这个职业、这个群体，但我们也还可能认可某个自诩为"绅士中的绅士"的侍应。因为他们虽然只是在试图模仿绅士的言行甚至是某种程度上的标准言行，但也已比那些"穷"得只剩下钱和权的人要好得多。

英国人对法律和秩序的态度也让人印象深刻。这种态度也与前面所讲的几点密切相关。这种品质，可谓是久远历史的沉淀，已经深深嵌入这个民族的内核。它不仅体现在帝国的边缘地带，也存在于帝国的心脏地带，如伦敦人的耐心、好脾气，以及随处可见的井然有序的人群。

显然，要想在短短一章的内容里展现神秘英国人的品性是绝无可能的。马达里亚加（Madariaga）在其作品《英国人、法国人、西班牙人》(*Englishmen, Frenchmen, Spaniards*)中指出，英国王室徽章里的狮子和独角兽象征着英国人完全不同的两面，一面是"万兽之王"狮子所象征的威严、强大，另一面则是独角兽代表的异想天开。类似的比照可谓数不胜数。有一部分英国人信奉清教，但整个民族的其他人都热衷于体育；他们不善辞令却拥有最伟大的文学作品；生活中漫不经心却统治四分之一个地球；作为经济大国却出产了全世界最伟大的诗歌；很多方面不合群却造就了异常紧密的社会结构；作为最热爱家庭的民族却也有世界上最多的流浪汉；腼腆害羞却又从不缺乏优越感；热爱洗澡但其浴室又是西欧最差、最少的；自我标榜为不爱幻想、不多愁善感却在肯辛顿公园树立了彼得·潘的塑像并在橡树墩上雕刻了仙女。诸如此类，我们可以列举很多。桑塔亚纳（Santayana）引用了这么一句谚语："一个英国人，是个傻瓜；两个英国人，是场足球赛；三个英国人，成就大英帝国。"他公正地指出第一句是荒谬的，第三句说得也不准确，因为一个英国人就足以缔造大英帝国了。不管如何，下面我们就来看看这个非同寻常的民族缔造历史的历程。

/ 目录 /

第一章 从史前到罗马时代

1_ 早期居民

5_ 罗马入侵

10_ 不列颠罗马化

第二章 从罗马灭亡到诺曼征服

18_ 野蛮人的劫掠盛会

22_ 日耳曼的渗透

28_ 精神帝国的统一

32_ 维京人入侵

41_ 诺曼底征服

第三章 诺曼人的统治

49_ 威廉一世：秩序之战

57_ 陪审制度与习惯法萌芽

66_ 《大宪章》面世

71_ 王政厅与《牛津条例》

第四章　爱德华一世：中世纪的不列颠

78_ 行会与学院诞生

80_ 爱德华的外交与战争

88_ 模范议会

93_ 征服的印记：英语

第五章　14 世纪：旧秩序的终结

98_ 议会的重大步伐

102_ 百年战争

111_ 黑死病肆虐

114_ 黑暗时期的新思想

118_ 瓦特·泰勒起义

第六章　15 世纪：踏入新世界的门槛

131_ 限制大贵族

134_ 收复诺曼底

137_ 圣女贞德

140_ 玫瑰战争爆发

145_ 商业冒险公司崛起

第七章　亨利八世：英格兰的新航向

164_　王室的生育问题

167_　征服威尔士、爱尔兰

172_　都铎的特色专制

174_　大陆均势政策

180_　漫长的离婚案

185_　与教皇决裂

第八章　都铎王朝的插曲

198_　孩儿王爱德华

204_　血腥玛丽

第九章　伊丽莎白的荣光

212_　宗教改革

217_　女王的选择

224_　击败无敌舰队

第十章　活力大爆发：航海、探险与文艺

235_　参与殖民掠夺

241_　商贸发展

251_　盛放的诗歌与戏剧

第十一章　詹姆斯一世：从对外贸易到海外殖民

264_　毒瘤：君权神授

272_　殖民印度

275_　建立新英格兰

280_　《权利请愿书》

第十二章　走上断头台的专制国王

288_　新大陆移民潮

292_　激烈的宪政斗争

296_　《大抗议书》与英国内战

301_　处死国王

第十三章　护国公和短命的共和国

309_　征服爱尔兰、苏格兰

311_　第一次英荷战争

314_　政体之争

321_　坎坷的生活

第十四章　复辟王朝

328_　宽松的殖民政策

335_　宗教分歧加深

339_　内阁与首相体制

341_　独裁倾向

第十五章　光荣革命：从独裁到立宪

358_　异乡人威廉的难题

363_　西班牙王位继承战争

377_　英格兰、苏格兰合并

第十六章　英法争霸延续

385_　和谐的不列颠

390_　内阁政府形成

393_　沃波尔主政

397_　抢夺印度

400_　争霸美洲

第十七章　北美大败：大英帝国分裂

409_　乔治三世的念想

416_　沃伦·黑斯廷斯与印度问题

421_　"十三个殖民地"的问题

435_　独立战争

442_　1800年的历史画卷

第一章 从史前到罗马时代

对英国历史影响最大的因素，无疑是"不列颠是个岛"这一事实。不过，爱尔兰和冰岛也是岛国，它们的历史却完全不一样。因此，很显然，我们还必须考虑其他因素，这也是我们接下来要论述的。大不列颠并非一直都与欧洲大陆隔开，如今的多佛海峡曾经是陆地，英国的东海岸当时一直延伸到如今的北海。公元前2500~前2000年，不列颠的陆地下沉，其东面和南面被海水覆盖。北海和大西洋的水淹没了低洼地，形成了如今切断法国和英国的海峡，创造了一条巨大无比的护城河，也成为后来英国在空战中的最佳屏障。

早期居民

英国人的始祖有可能是步行穿过如今的海峡，也可能是借助简陋的小船划过英国东岸和欧洲大陆间的海峡，不过那时的海峡估计还是相当狭窄、低浅的。即使是在史前，欧洲大陆就存在很多不同族群。我们对此的了解还极其匮乏。不过，有证据显示他们被迫——也可能是自发——不断地向西迁移，遇到大山或其他障碍时可能暂时停下来；而后继续向西，直至抵达荒芜的大西洋。他们被迫迁入西班牙半岛、法国布里多尼半岛和大不列颠，甚至是更远的威尔士、苏格兰、爱尔兰。与其他部族一样，这里的人们也一直经受着各种压迫。

威尔士和英格兰西北部的山脉，以及苏格兰高地在我们的故事中相当重要。正是在这些山林里，第一批迁入者成功抵挡了后来者的入侵，并最终在这些山林里定居下来。

至今为止，我们对那些早期部落和移民知之甚少，学者们也无法作出明确判断甚至是猜测，但在地理学和考古学的帮助下，我们还是可以肯定史前年代的几个事实。

首先，正如之前所指出的，大不列颠原非岛国。大约就是在那个时期，气候发生了急剧变化，从温暖、潮湿变成今天这个样子。在塑造英国人的性情、特性和生活方式上，如今的气候扮演着重要角色。一方面，这里的气候并不是大部分拉丁人喜欢的，这里的薄雾、浓雾和雨水将人们堵在家里。因此，家才是人们交往和生活的重要场所，而不是广场。如果你发现英国城市中没有像欧洲大陆那样的露天广场、露天咖啡屋，人们的活动范围主要在室内而非户外，最主要的原因就是气候。气候迫使人们选择室内生活，而室内生活则培育了人们的独处和隐居的习性。

显然，不管那些早期迁入者是谁，也不管他们具有何种秉性，他们一波一波地迁入，在不同地区定居而且数量不一，因此，在罗马时期的后来者入侵的很久之前，这些早期居民就已经成为高度混合的种族了。当然，后来者所面临的状况也就随之不同了。不仅之前的陆地连接已经被淹没，而且早期迁入者早已遍布岛内各地。我们后面还将提到，后来的入侵者成功将早期定居者赶入山区。但随着越来越多的早期定居者被赶入山区，后来者想进一步征服他们就变得越来越困难。因而，后来者中的大部分如盎格鲁人、撒克逊人、丹麦人及其他人都没能够进入爱尔兰。也正因如此，在英格兰很常见的混血，在爱尔兰就很少见，仅有极少数居住在沿海附近的例外；同样，山地居民那里的混血也远比英格兰东部和南部要少很多。

虽然大不列颠成了岛国，不过在很长一段时间里，海水并没有像之后那样为他们提供保护或让他们变得富强。分散的部族并不比欧洲大陆上的邻居拥有更好的船只，也称不上是更优秀的水手。英格兰南部尤其是东部的海岸线，有着无数的河流、出海口、港口以及连接内陆的滨海平原，这倒是为那些乘船而来的袭击者提供了极为便利的入口。

只有具备了如下几个条件，大不列颠的岛国特点才能充分发挥其优势。首先，要有一个统一、强大的政府领导反抗入侵。这一点在诺曼人的统治下实现了。其次，要有远洋商贸的发展。借助远洋贸易的路线，英格兰才能参与到更大的世界格局中。我们只要看看其在地图中的位置，就可以明白为什么这些会在伊丽莎白时期实现，为什么是英格兰南部而非北部、苏格兰、爱尔兰或爱尔兰的其他岛屿因此受益。英格兰地理位置的便利性使得它可以横跨大西洋，发展与北欧的贸易以及其他远洋贸易。这些远洋贸易线路，一端是北欧那些物产丰饶的城市，穿过狭窄的海峡，快速抵达另一端，那就是英格兰自己的港口，如伦敦和布里斯托尔。

事实上，有证据表明，早在石器时代，英格兰就和西班牙、埃及有贸易往来。在后来的金属时代，在伟大的琥珀之路[1]沿线，也存在着各种贸易，如与爱尔兰的黄金贸易、从康沃尔购买锡等。大约在公元前50年，由于凯撒摧毁了科比罗港口，英格兰与欧洲大陆的贸易遭到严重破坏。好在，曾入侵英格兰并在其中建立了两个王国的比利其人（Belgae），也在欧洲大陆创建了具有相当高度的文明国家，并与英格兰东南部有大量的商贸往来。不过，对这些早期商贸而言，大不列颠的岛国特征更多是一种阻碍。还要在历经几个世纪的国际变迁和国内发展后，伦敦才成为世界的关键节点。

如果我们能够知道英格兰早期的居民都是谁，甚至是他们的习性、风俗和精神面貌，那肯定非常有趣而且也相当重要，但实际上我们对此几乎一无所知。显然，石器时代的不列颠还不是个岛国，就已经有了定居的农业生产、可观的财富累积，甚至有了相对简单的政治组织和宗教组织。如产生于这一时期的史前巨石柱[2]——只是我们仍不能完全理解其内在含义。在随后的青铜和铁器时代，英格兰的人口数量和定居点都发生了很大的变化。在此期间，土壤、高地和低地，以及其他地理因素扮演了重要角色。不过，我们对这些因素都知之不多，因此我们也只能略去不论，直接跳到凯撒时代的历史。

---

[1] 琥珀之路是一条古代运输琥珀的贸易道路，经维斯瓦河和第聂伯河运输到意大利、希腊、黑海和埃及，从欧洲北部的北海和波罗的海通往欧洲南部的地中海，连结了欧洲的多个重要城市，维持了多个世纪。（本书如无特别说明，均为编者注）
[2] 英国南部索尔兹伯里平原上有一组神秘的巨大石群。这些石柱始建于石器时代后期，共分三个阶段，最后约于公元前2000年完成。阵中的巨石每块都重约50吨。

在先前的多个世纪里，英国文化被欧洲大陆地区的多种文化所影响，因而不同地区的人们，生活方式也大不相同。有些村落毫不设防，有些则是山丘堡垒林立。有些部族偏好砂土和山地，有些（尤其当那些从其日耳曼祖先那里继承了伐木技术的比利其人迁入之后）则钻入山林大肆砍伐并在那里安居。

罗马入侵

凯撒在（法国）高卢和比利其人打过交道，并熟知其习性。他指出，那些越过海峡到英格兰抢劫而后定居的比利其人，依然沿用他们高卢部族的姓氏。高卢国王狄维契亚古斯（Diviciacus）不仅统治着高卢东北部的大部分地区，还统治着不列颠——这里指的是英格兰的东南部。海峡两岸的人们显然保持着极其紧密的关系：来自不列颠的小分队帮助他们的高卢亲属抵抗古罗马军团，而来自高卢的难民则在英格兰找到了安身之处。罗马对不列颠的入侵很可能就是出于这么一个缘故，即凯撒认为有必要将高卢的富庶省份招抚为罗马的一个行省；而鉴于英格兰南部与高卢人的密切关系，征服英格兰也就十分有必要了。

公元前55年的晚夏时节，凯撒发动了对英格兰的第一次远征——本质上应该算是一次侦察。他派遣下属盖乌斯·沃卢森努斯（Gaius Volusenus）带领先遣队去勘探英格兰海岸以寻找合适的登陆点。不幸的是，沃卢森努斯在迪尔就停了下来，并在那里修建工事、推平陡峭的海岸。就这样，沃卢森努斯错过了不远处的合适登陆点——唐斯。凯撒最终派遣了一万人的步兵团，后来其骑兵团虽然也上了运输船，却被总是帮着不列颠人的大风吹到了海峡下游，而不是凯撒的步兵团所登陆的迪尔港。而且当晚浪潮十分汹涌，以致不管是已经停泊在海滩上的还是在海中抛锚的船舰都遭到极大破坏。

凯撒在冬季战争中缺乏补给，因而不得不在与不列颠人开战的同时，到海滩后面的富饶地区去搜寻食物。船舰在最短时间内被修复好。不列颠人的抵抗时而激烈时而涣散。他们有时觉得这个新的入侵者不可战胜，有时战斗起来又勇敢而坚决。有一天，他们袭击了罗马人的营地，但在罗马军团的强大编队冲击下又无法固守。不过，凯撒也意识到他的处境极其不利，于是将军队撤回了高卢。

作为一次征服不列颠的尝试，这次远征显然是失败的，不过凯撒也从中学到了很多。他现在知道了英格兰东南部是个谷物丰产的地区。与欧洲大陆的高卢人不一样，不列颠人使用战马车——尽管车轮上没有装备长柄镰刀——并将其作为重要的进攻武器；而对抗这一点的最好方法就是使用骑兵。不列颠人无法对抗编队军团，也难以在不利战局中保持士气。不过，他仍没有关注到征服英格兰所面临的海军方面的问题、远离肯特海岸后所面临的地理环境和资源等问题。回到高卢后，他准备来年发动一场准备更加充分的远征。至少，他已经发现了一个具有吸引力的事实，即这个至今为止不为人知的地方物产丰饶，也正是这些地方源源不断地为其在高卢的敌人输送援军。抛开控制着岛屿的比利其人时不时骚扰其统治的欧洲大陆不提，凯撒发现，因其物产丰饶，控制英格兰本身就价值不菲。

凯撒第二次远征一开始，他那由二十八艘战舰、五百四十艘运兵船和两百艘货船组成的舰队就被逆向风耽搁了整整三周。期间，还发生了一件极其重要的事件。凯撒深知，高卢人的忠诚是靠不住的，因此他打算带着高卢部族的几个首领远征以控制高卢部族。杜诺列克斯（Dumnorix）就是其中一个，他对凯撒深怀不满，在尝试说服凯撒让其留下未果后，他带着骑兵队逃出凯撒的营地。虽然他最终还是被捕并遭到杀害，但他已用行动捍卫了自己的自由。

就在那晚，凯撒起航了。第二天早上，其军队在其上次登陆点的不远处登陆——他们显然还没有发现里奇伯勒港口。凯撒在登陆后就马上向内陆挺进，并在坎特伯雷附近击败了一支英国军队。不过，大风彻底摧毁了他的四十艘船并重创其他船只。为此，他不得不返回海岸并花了十天时间修理。在此，凯撒再次表现出其对海军的忽视，而不列颠人则利用了他们的这个优势。不列颠人中最强大的首领是比利其国王卡西维劳努斯（Cassivellaunus），其首府建在赫特福德郡。卡西维劳努斯之前一直未能成功统领其他比利其部族，而现在，只要他愿意站出来帮助抵抗罗马人，甚至连肯特人都会对他俯首称臣。

当凯撒重新展开其军事行动的时候，他已经不得不面对不列颠上最有才干的人——卡西维劳努斯。在战争中，尽管不列颠人用行动证明：只要领导有方，他们仍然是可怕的对手，不过凯撒还是击败了他们并摧毁了离圣奥尔本大约两英里远的卡西维劳努斯的总部。不过，这些部族可谓是一盘散沙，彼此争权夺利：肯特部族中的特里诺文特人（Trinobantes）背叛了卡西维劳努斯，还有五个部族归顺了凯撒。另一方面，其他肯特部族攻击了凯撒的舰队和附近的营地，这也迫使凯撒与卡图维劳尼族人（Catuvellauni

议和并再次匆匆赶回海岸救急。

就在那时，高卢又出现了麻烦，需要凯撒立即回去解决。由于船只数量减少且增添了不少俘虏，凯撒的船队要来回两次才能运送完人员和物资。不过，他还是安全返回高卢了。从公元前54年的那晚起直至公元43年这近一个世纪的时间里，再无罗马人骚扰过大不列颠。而英格兰人对入侵的恐惧也如一个噩梦般过去了。

一直到现在，人们还是不清楚为何在克劳狄乌斯（Claudius）皇帝的统治期内，征服不列颠重新被列入议程。他们在几年内就打到了苏格兰边境，不列颠也就此成为罗马的一个行省——这种局面一直维持到公元5世纪早期。至于罗马的文化和权力在不列颠实行统治的具体日期，就无法精确考证了。不过，不列颠人并没有温顺地接受征服。我们应该记住反抗者的首领——卡拉克塔克斯（Caractacus）。他组织反抗军与罗马英勇抗争，但最终被俘虏并死于罗马。卡拉克塔克斯宁死也不甘失败，他曾三次组织反抗军与罗马血战。他也是被征服时期最重要的不列颠人之一。

另一个需要被牢记的是博阿迪西亚（Boadicea，现在有些学者喜欢拼为 Boudicca）女王。到公元61年，英格兰的很多地区都已经被组织起来，伦敦、维鲁拉米恩、切斯特及其他地方，已经有了罗马人的定居点。随着征服和组织化，税吏、放债人、压迫和管理不善也随之而来。人们在这种重负和损耗中痛苦不堪。博阿迪西亚的丈夫，作为爱西尼（Iceni）部族的头领，不作任何反抗就向克劳狄乌斯投降，做了"傀儡"皇帝。他死后，留下了寡妇博阿迪西亚和两个女儿。罗马宣称王室家族已经灭绝，并没收了王室及其他爱西尼贵族的财产。博阿迪西亚遭到公开鞭打，她的两个女儿则被强奸。

这位深受侮辱和伤害刺痛的女王号召东部和南部的不列颠人起来反抗、杀死压迫者。当女王号召其人民掀起反抗风暴时，总督苏埃托尼乌斯（Suetonius）正在安格尔西大肆屠杀德鲁伊教的教士。罗马人对自己的权力是如此自信，以致他们竟没有在伦敦和其他城市修建围墙。据估计，在几天内，仅在三个城市就有七万名罗马人被杀害。在罗马人征服英格兰十八年后，罗马人在英格兰的数量也由此可见一斑。

罗马第九军团此时已被歼灭。第二军团的领导表现怯弱，拒绝支援匆忙南下的苏埃托尼乌斯。带着一万士兵的苏埃托尼乌斯遭遇了一帮"暴民"——他们是拖家带口的平民，而非军队。不过，罗马军团仍令人意外地发动攻击并消灭了他们。最终，据称有八万名男人、女人和小孩被杀害。苏埃托尼乌斯是出色的战士，却不是个出色的政治家：他只想着狠狠地复仇。不过，幸免于尼禄暴政的新总督被指派到了不列颠，他更为人道，也更像个政治家。苏埃托尼乌斯被召回，新总督实行了安抚政策，并带来了良好的管理。在这个黑暗时期，有三个人值得被记住，分别是不列颠英雄卡拉克塔克斯、博阿迪西亚和罗马总督克拉西喀阿努斯（Classicianus）。克拉西喀阿努斯力排功勋卓著的将军的意见，为饱受苦难的人们带来了和平与稳定。他最终死于英格兰，其坟墓也于1935年被确认，现在就存放在大英博物馆里。

阿格里科拉（Agricola）于78～84年任不列颠总督，他功勋卓著，任内征服了包括威尔士在内的大部分岛屿，除了极北的部分地区——罗马人一直未能击败那些生活在北部蛮荒山区的野蛮部落古苏格兰人（Caledonian）。这些古苏格兰人甚至还时不时地掠夺那些低地。罗马人在不列颠的北方边境修建了一系列堡垒。皇帝哈德良在公元119年视察不列颠之后，更是兴建了著名的"哈德良长城"（Hadrians Wall）。在那个时期，哈德良长城和其他边防堡垒大概需要一万九千名士兵（包括骑兵）来布防。

不列颠罗马化

现在，是时候将论述从战争和流血转向了解在不列颠所建立的罗马文明的本质了，并且了解其究竟产生了哪些长远影响——如果有的话。不幸的是，尽管存在很多罗马遗迹，我们也相当了解那段有记载的历史，但很多我们想了解的资料仍然是一片空白。

不管怎样，我们的确知道，在奥古斯都统治期间，不列颠已经是最重要的行省之一，且通常由前执政官管理。尽管没有关于人口的统计资料，不过种种迹象表明，当时可能有五十万至一百万人，其中大概有一半是完全罗马化的：其中又包括驻扎在不列颠岛上的四个军团，以及具体数量不详的罗马人。这些人在当时不列颠的分布，更加接近史前时期的状况，而非现代英格兰的状况。

早期的人们大多定居在那些容易耕作、土质相对松软的地区。后来发生的变革，即大规模在林地和湿地耕种，极大地扩展了可耕种区域，增加了食物供给和人口。不过这种变革是在《末日审判书》[1]施行时期才真正完成的。大约有十万移民迁入英格兰，包括五雷四万名军团士兵及其家庭成员、随军流动的平民、商人等。其

---

1 即1086年英格兰国王威廉一世敕令完成的土地、人口勘查清册，供征税之用。

中又包括各种民族，如勃艮第人、汪达尔人、哥特人和撒克逊人等，还有数量相对较少的纯种罗马人。尽管这个民族大熔炉就这样持续沸腾、翻滚，新来者渐渐都被同化为精明的不列颠人。不过，要想搞清楚不列颠人的民族性在哪些方面被改变或是被改变了多少，基本上是不可能的。

在研究罗马时期人们的生活时，我们首先要区分城镇和乡村。而且在英格兰，首先要考虑的必然是乡村。

大多数地区都存在两种类型的乡村，即农庄和村庄。它们代表着截然不同的经济体系和农业体系。虽然目前还缺乏证据，不过这两种体系有可能在被罗马征服前就已经存在。这两种乡村，一开始其中一种是单独的家庭农场，另一种是社区群居，后来前者发展成农庄，后者发展成村庄。

至少在罗马时期，农庄是一个家庭及其亲属的居所，独立存在于其农场之外，并不与其他社区群居。虽然也有例外，但几个农庄聚在一块领地内的情况并不常见。也有一些农庄的领主从事的并非是农业而是挖矿等，但这种例外同样没有改变农庄生活的一般规则。

农庄本身可大可小。其大小取决于农庄主的财富，也与建筑物有关系。农庄的风格及其陈设，通常都已经罗马化了。矩形房间的墙壁一般用描画的灰泥来装饰，就如我们在庞贝看到的那样。那时候的居民，也不像如今居住在现代英国房子里的居民那么热衷于奢华的中央暖气和沐浴用具。房子周围就是空旷的田地。

一个农庄就是一个独立、紧凑的经济单元。仆人和工人的食宿由农庄主负责，他们就住在农庄的主楼附近。一般而言，农庄生活是有钱人的特权。不过它与后来的领主生活却无丝毫联系，后者属于完全不同的社会体系。农庄散布于乡村的各个角落，各地的农庄数量也多少不一。在1～3世纪，英格兰农庄的数量和规模都有稳定的增长。

在罗马时期，另一种乡村生活形态就是村庄。在这里，自治的人们生活在一起。他们居住在几乎都是只有一个房间的圆形小棚屋里，村庄外围是沟渠或围墙，以提供保护。从遗迹来判断，这些人（除了英格兰南部的）即使有被罗马化，其程度也是很轻的。尽管村庄拥有附近的土地，不过他们还是很穷。在这里，村民共同耕种这些土地，而小块土地则可能被永久性地或是分年度地分配给个体村民。有意思的是，我们关于十五个世纪前的土地形状和分配的很多认识，还主要归功于空中摄影术的发展。这些耕地的面积通常只有一两英亩。而我们知道，耕地面积小的农民跟那些拥有很多耕地的地主相比，其效率总是较低的。与那些拥有大块深耕地的农庄主相比，只有小块浅耕地的农民也是这种情况。

现在，我们无法确切知道这些不列颠农民的状况，也不知道他们究竟是拥有属于自己的土地还是只是帝国或地主的佃户。不过，即使他们拥有人身自由，也可能逐渐变成大地主的附庸，就如在高卢和日耳曼发生的那样。农庄里的工人跟奴隶差不多。不管怎样，罗马统治下的不列颠也算是实现了国泰民安。之前发生在无数小部落之间的持续战争（很多还是未被记录的）总算是消停了。值得注意的是，农民们的小棚屋几乎不生产任何类型的武器。

不列颠罗马化的另一个特点就是城镇的增长。就如我们在导言中提到的，欧洲北部和地中海沿岸居民的重大差异就是：后者的城市化程度很高，而前者却对乡村生活感到心满意足。希腊共和国是个"城邦"，罗马帝国也是用一个城市而非一个乡村、民族或种族来命名的,并以此作为其帝国的中心。在罗马刚开始管理不列颠的时候,那里没有城市,甚至连相当规模的城镇都没有。不过在罗马人看来,城市就是文明。在高卢,罗马人给当地部族兴建城市,不久后在英格兰也实行同样的政策。他们逐渐兴建了维鲁拉米恩、伦敦、奇切斯特、坎特伯雷、多尔切斯特、埃克塞特和西尔切斯特等城市。阿格里科拉和其他总督都提倡城镇生活,为此,他们花起钱来总是慷慨大方,甚至是过于浪费、毫无节制。有人说,即使是现在的英国城镇的公共建筑也没有当初的小部落城镇多。比如,在西尔切斯特,最多不过两千人,住在八十栋房子里,有一个长方形廊柱大厅,能够容纳四千人,公共澡堂可以同时容纳几百人洗浴。另一个奢侈的例子就是罗克斯特的大澡堂。用的人很少,但规模超群,而且一直没有完工。

城镇里的街道是我们所熟知的矩形,有罗马官员熟悉的用于聚会的公共场所、市集广场等。政府为此所做的开支数目也极其庞大。很显然,罗马人不仅想在异地享受其习惯建筑,同时还能够在宏大、时尚的中心广场用拉丁语来交流,保持与罗马风格的一致性,并借此来将那些外乡人罗马化。在某种程度上,他们成功了。以伦敦为例,安东尼时代,这里有一万五千至两万五千名居民;在维鲁拉米恩大约有五千人,其他城镇的居民数量也相差无几。

但我们还需要注意两点。一是罗马化对城镇的影响,基本上都只是局限于城镇内部。那些比较富有的农庄主的罗马化只是虚有其表,而那些既不生活在城镇也不是富有农庄里的广大民众所受的影响更是微乎其微。壮观的城镇建筑规划表明规划者希望其人口能够急剧增加,但习惯和偏好的改变来得太过突然,因而难以实现。事实上，即使是如今，不列颠人也更喜欢乡村而非城市。可以说，不列颠人的成长是建立在泥土上而非硬地板上的。后来，他们终于发现，城市和乡村都是完满生活所需的要素，不过他们一直没有放弃对自然的偏好。那些最地道的伦敦人至今仍说"城镇"而不是"城市"（除非他是在意指财政区域），讲"道路"而不是"街道"。伦敦的乡村化程度也比世界上所有其他同等规模的城市更高。

渐渐地，罗马城或罗马镇减少了。在西尔切斯特，广场在公元160年被烧毁，而后重建，而在公元300年再次烧毁的时候就没有重建了。还有其他很多地方的大量证据都表明城镇生活渐渐式微，而这一时期的这个现象多少还是整个帝国现状的真实缩影。到4世纪，许多城镇如维鲁拉米恩实际上都被遗弃了，流民住进了那些被遗弃的房子。除了前面已经提到的那些因素外，其衰败的原因至今仍未确定。一方面可能是大楼建筑经费的中断，一方面是重税，还有一个可能就是严重的通货膨胀大大提高了生活成本。在3世纪初至戴克里先统治期间，埃及的谷物价格上涨了六十倍。帝国的其他地方极有可能也不同程度地面临通货膨胀的问题。

正如我们所看到的那样，农庄和村庄都是自给自足的经济单元。不管是穷人还是富人，如果无力承担城镇生活的成本，仍可仰赖土地为生。与那些依赖工资收入的城镇富人相比，农庄主的确是比较幸福的。他们的生活尽管没有那么奢华，但也足够舒适，而且几乎从不至于饥寒交迫。

与农业不同，商业和工业主要由原料（如铜、铅、铁、兽皮，或许还要算上奴隶和猎狗）的出口和成品的进口组成。工商业最终也逆转了大不列颠后来的历史。在这种转型中，发生了一些显著变化，其中包括资本集中、大规模生产、金钱流入商人手中、富有贵族的债权累积等。这种并不健康的状况在某些方面与现今类似。在这一时期，罗马的知识和审美都开始枯竭。曾经辉煌的不列颠艺术，也正是由于受罗马的影响而变得低劣、庸俗，成为一个生产组织而非艺术创作组织。罗马也没有改善英国的宗教生活。罗马的泛神论宗教并没有取代当地人不计其数的部落神灵。不过，在罗马统治结束之前，基督教找到了立足点。基督教的影响范围不仅是在罗马统治范围内的不列颠，也在那些罗马武力未能企及的地区，只是其中的来龙去脉就模糊得难以梳理了。

慢慢地，边缘地带未被征服的部族越来越躁动不安、越来越具侵略性，如爱尔兰境内的苏格兰人和苏格兰境内的皮克特人（Picts）。整个罗马帝国已从内部开始衰败，而不列颠人也觉察到了其控制上的松弛。罗马帝国的渐渐衰败和最终崩溃的原因有很多，但就不列颠而言，其政府变得越来越中央集权和官僚化——我们可以据此来审视如今的状况——而地方和个人的雄心和积极性逐渐被浇灭。罗马已经流于平庸，而之前的野蛮之地则越来越卓尔不凡。"历经数代被驯化的罗马化不列颠人，已经成为其他粗野人和野蛮人嘴边的猎物。这些野蛮人将会掌握利用不列颠人的温顺来服务于他们的目标。"

在417~429年，罗马帝国逐渐失去了对不列颠的控制权，并撤走了最后一个军团。现在，不列颠就只能听天由命了。实际上，不列颠受罗马的影响，还比不上高卢（也即后来的法国）。另一方面，接下来几个世纪的动乱，又让人不得不反思罗马人的占领是否真的毫无价值。罗马在不列颠的衰败与5世纪初复兴的凯尔特人从爱尔兰迁入不列颠有部分关系。当罗马遭遇从欧洲大陆渡水而来的入侵者，而不得不从英格兰南部和东部向西撤退的时候，他们就发现自己已经深深陷入凯尔特人的包围中。有意思的是，熟悉拉丁人的英国历史学家吉尔达斯（Gildas）在描述这段历史的时候，似乎根本不知道不列颠是罗马的一个行省。那些更有文化的英国人，更是迅速地淡忘了对罗马的记忆。

罗马创建了伦敦，修建了经久耐用的道路系统。这套道路系统甚至丝毫也不比18世纪的新道路系统差。这套道路系统中的大桥虽然坍塌了，但其道路却一直延续了好长一段时间，英格兰也由此得到了一套非凡的交通系统，而这又促进了后来的某种程度上的统一。罗马的统治还带来了民族融合，相对和平、高效但也略显迟钝、糊涂的管理体验，与一个拥有不同思想和更高物质生活标准的外来民族相处几世纪的经验，地中海城市文化和英国乡村生活理念的碰撞，对拥有权力和荣耀的中央集权国家的模糊记忆而非小部落间永无休止的争斗。不过，诺曼·威廉还要再过几个世纪才能重新凝聚整个国家。罗马统治的影响，如果存在的话，那是深藏于英国人（不久将会被新的入侵者融合）的潜意识里，而非体现在任何记忆或是传统延续上。罗马时期，更像是即将上演的英国戏剧的舞台垂幕上的一幅画，而不是戏剧的第一幕。

第二章 从罗马灭亡到诺曼征服

罗马在不列颠的权势以及罗马化不列颠的社会结构的衰败是个渐进的过程。我们在前面已经提到这么一个事实：只有当不列颠岛的岛国属性与其他因素结合在一起时，其全部价值才真正展现出来。在过去的三个世纪甚至更长的时间里，它扮演着双重角色。大约在16世纪后，不列颠被卷入欧洲大陆——尽管它不属于欧洲大陆——的战争、政治事务，并成为一个世界帝国的首领。而这个世界帝国，和欧洲几乎没有或说是完全没有关系。但在它开启欧洲之外的世界之前，除其自身的岛屿生活外，不列颠还是与欧洲大陆紧密相连的。几个世纪里，它一直饱受欧洲大陆的掠夺——包括文明的罗马和未开化的野蛮人。

自伊丽莎白时代开始的几个世纪里，对海洋的控制和世界权力使得不列颠免受欧洲大陆的攻击。但随着优势力量从海上转向空中，不列颠再也难以独善其身。考虑到如今全英国人手一份的防毒面具，我们也能够更好地理解以前的气候状况。看一眼地图，我们就能够发现英格兰的南部和东部海岸的确很容易受到外来攻击。看着如今的飞机越过其海军而后攻击那些我们生活其中的城市，我们还能想起当年敌人乘船而来的进攻。如今，这又是一场文明人和野蛮人之间的战争。

野蛮人的劫掠盛会

罗马越过海峡征服了不列颠，但同时也带来了秩序、集权和更高的生活水准。罗马人当年曾经渡过的那片水域和北海，也成了后来的野蛮人掠夺不列颠的通道。从日耳曼海岸来的撒克逊人（我们稍后将会更详细地介绍他们），在4世纪的下半叶对不列颠发动了攻击。大约在三十年间，北方的约克郡冒出了一个"不列颠公爵"，他拥有一个军团和辅助部队；还有一个"撒克逊海岸伯爵"（注意他的头衔），他的核心区域是里奇伯勒。稍晚些，"不列颠公爵"还领导了一支四处流窜、攻击的部队。在此，具体细节并不重要，重要的是不列颠人仍然主要在陆地上而非在海上保卫他们的岛屿。

在公元360年，从苏格兰来的皮克特人和从爱尔兰来的苏格兰人突破了边境防御。在接下来的四年里，撒克逊人和其他部族也加入了这个掠夺盛会。正如权威的霍奇金（Hodgkin）所说的那样："360～367年这几年的蹂躏达到了顶峰。"罗马化的不列颠被摧毁。在野蛮人入侵的年代，那些在通胀时期过得比城镇居民好的农庄主，如今却要过得更糟。一个文明在垂死挣扎。而我们对410～450年这段历史的了解要比对其他任何时期的都要少。不过，我们确实知道在那个时候，不列颠人沦为爱尔兰的奴隶，皮克特人从北方开始劫掠而撒克逊人则穿过北海在不列颠烧杀抢掠。

不列颠当时的命运掌控在撒克逊人手里。而弗里曼（Freeman）、斯塔布斯（Stubbs）和格林（Green）时代的观点，也与当前的观点大不相同。人们越是想深究那些越过海洋掠夺不列颠的各类日耳曼部族——盎格鲁人、撒克逊人、弗里斯兰人、朱特人等——的起源，问题就会显得愈加复杂。这个问题最好还是留给专家去考究吧。有关这些小部族的起源、动向和特性等，尽管我们知之甚少，不过仍能够将他们统归为日耳曼人。亨吉斯特（Hengist）和霍萨（Horsa）是那段历史中的风云人物，甚至于托马斯·杰斐逊都曾希望把他们的肖像刻在美国的国徽上，不过如今也遭到强烈质疑。因而，就我们当前的目的而言，根本没有必要去争论他们是朱特人还是其他部族。

在撒克逊人或说是日耳曼人征服不列颠之前，很多日耳曼部族受内地部族的挤压而向海岸迁移。随着来自身后的压力不断增加，他们继而越过海洋进入英格兰。虽然其中的原因并不清楚，但我们可以查到匈奴及其他野蛮部落在当时从远方迁到欧洲大陆东部的记录，这或许就是原因。那些受东部压力和西部海水围困的人们的宜居区域，还因海岸线的下沉而进一步缩小。

不管是什么原因，也不管这些部族之间究竟是什么样的关系，的确有很多人受到挤压而越过北海进入英格兰寻求土地、财物和安全。最终，盎格鲁-撒克逊人取得了胜利。当然，更准确地说，胜利者还包括其他一些部族。这里有两个问题需要回答：这些部族都是谁，他们之前生活在欧洲大陆的什么地方？后来又居住在英格兰的什么地方？虽然其地名、丧葬风俗和其他证据都被充分采用，英格兰本地古文物研究者所做的猜测和推论也很有意思，不过我们在阐述帝国更为宏大的历史时，会暂时将这些猜测和推论搁在一边。无论关于"傲慢的"不列颠人领袖沃蒂根（Vortigern）请求亨吉斯特和霍萨助其抵抗北方侵略的这个民间传说是否属实，都不再重要了。重要的是，日耳曼人获得了胜利及其所产生的相关影响。

入侵详情仍然是个黑匣子，不为人知。是否真的存在沃蒂根、亨吉斯特和霍萨？而前者又是否曾邀请后两者去帮他对抗皮克特人和苏格兰人？通过对同时代的其他地方的类似事件的比较，几乎可以肯定，在那个混乱的年代，的确有一些统治者邀请一伙野蛮人头领帮他抵抗另一伙野蛮人；而后这些"救世主"脱离控制并自己成为征服者和掠夺者。在那个年代，这可是很常见的事情。第一批到来的人发现那里的土地和财物很诱人，于是不守诺言，亲自占有。而后其他人来了，同样的事情再次重复。

这些入侵者很可能不是一个部族，而是很多部族——朱特人、盎格鲁人、撒克逊人、弗里斯兰人，甚至还有法兰克人——的混合。一伙人在一个头领的领导下就开始远征。那时实际上并不存在现代意义上的"入侵"，即一支庞大军队依照统一的计划进行征服，而是分散的一伙伙人四处登陆、征服，如在肯特登陆，溯泰晤士河而上，而后沿着亨伯河进入苏塞克斯和其他地方。每伙人都独立行进，挑选他们中意的土地，以令人眼花缭乱的方式联合或是屠杀当地不列颠人。

当然，当地人势必会反抗。比如，抛开那些虚实不明的传说不论，有一个确定无疑的人物，名叫安布罗修斯（Ambrosius）。据说他曾组织军队对抗入侵者，他甚至被称为是"最后一个罗马人"。大约三十年后，一个默默无闻的威尔士人成了后来著名的亚瑟王。

关于他的神话故事和诗歌数量很多，因此他可算得上是英国历史的传奇人物之一。据说亚瑟王召集了各个"不列颠国王"及其追随者，并在十二次重大战役中抵抗撒克逊人。在其最后一次战役巴登山（Mount Badon）之战中，他一个人就宰杀了九百六十名敌人。这可能意味着他被其他首领遗弃了，只能带着自己的部属战斗至最后。但我们并不知道他是谁；他从何而来；如果有过战斗，那又发生在什么地方。可以肯定的一点是，将亚瑟王和康沃尔联系起来的传说都是错误的，因为康沃尔实在距离太远，以致都超出了可能的战斗地带。关于亚瑟王的"圆桌骑士"传说也是假的，因为在那个时期并无"骑士"这个称谓，这个称谓是后来才出现的。另一方面，当时也的确可能存在诸如此类的领袖。因此，这些神话传说多少还是以历史事实为基础的。

比历史源头更重要的是，这个威尔士英雄对英国文学和思想的影响从9世纪到如今持续了上千年。英格兰、威尔士和苏格兰都充分利用了纵贯多个时期的亚瑟王传说，同时也为该传说的完善和延续贡献良多。凯尔特人关于亚瑟王及其骑士的故事的历久不衰且广为传颂，充分表明了凯尔特人对不列颠的控制力度之强。而为了理解如今的英国人，就必须认识深藏在他们内心深处的凯尔特人的灵魂。如今英国人的很多品质还来自日耳曼人，这些品质又与凯尔特人大不相同甚至相对立。尽管如今的英国人可能更懂德国人而非拉丁人，但他们与这两者都不相同。当然，我们也不能把这些差异中更为细微的元素归因于凯尔特人。毕竟，对于凯尔特人，我们尽管有所了解但也知之甚少。

不过，有大量极具吸引力的文学作品都有助于我们理解后来的凯尔特人精神，其中的巅峰之作就是传说和故事集《游吟诗人》

(*The Mabinogian*)。我们可以从中找到关于"凯尔特魔法"的最佳表述,它是魔法世界里自然和超自然的结合。那个魔法世界不仅为英国诗人所喜欢,英国普通大众也对其痴迷。比如,它将他们与美国的普通大众区分开来,就如刘易斯·卡罗尔(Lewis Carroll)异想天开地将他们与欧洲大陆上的其他民族都区别开来。英国人不仅继承了凯尔特的"忧郁",还继承了他们关于仙境的知识。莎士比亚和所有英国传统中的相关知识绝大部分都来自那里。时至今日,我们依然听着"小精灵的号角轻轻吹"。

日耳曼的渗透

征服?渗透?不管我们给"日耳曼人在英格兰各地定居"的这个过程冠以什么名字,它都彻底完成了。我们不得不提到撒克逊王国(首先是西部的撒克逊人)在下一世纪的兴起及其内部战争。第一个需要考虑的问题就是这一新鲜血液和较老的不列颠人的混合有多快,前者又有多快地取代了后者。

这个问题目前仍未有确切答案。我们现在也正是要应对这段我们故事中最模糊不清的历史,并试图穿过迷雾找到答案。就连最新的权威也不得不承认,目前实际上仍只能就这个过程找到一些模糊的印记。不过,我们认为不同地区的情况大不相同。日耳曼人最重要的定居点是在英格兰的南部和东部,而在其他地区,之前部族的幸存者也相对多一些。而且,不同生活方式所遭受的破坏是不一样的。城镇似乎一般都被毁,甚至于伦敦可能都曾被彻底摧毁,尽管目前还没有明确的证据能够证明这一点。古老的农庄似乎更是被普遍摧毁，村庄和农民的处境则相对好一点。尽管未能列出具体地方的名字，不过总体来说，相对较封闭的地区所受的破坏也是相对较小的——除了康沃尔、威尔士及边界附近的地区。即使用上所有证据，我们仍然不可能详细知道"新英国人"中究竟有多少老不列颠人的血统。在这个问题上，每个地区的情况可能都有所不同；事实上，甚至于每个小地方的情况都会不同。经过五百至七百年的影响，英格兰人在语言和其他方式上都已彻底日耳曼化了。但这绝不意味着最初的不列颠人被彻底消灭了，他们只是在文化上被同化了。此外，其中的一部分不仅往西进入威尔士和康沃尔，甚至跨过海洋，进入法国的西北角——在那里，人们如今所谓的凯尔特语，其实就是不列颠式凯尔特语。

很难说清楚不列颠为何败得如此彻底，不过他们似乎就是个易变的民族。就如我们前面所看到的那样，在罗马几个世纪的统治中，不列颠人所受的长期影响远不如高卢人。罗马人的统治一旦崩溃，他们立刻恢复了之前的品性。他们宁愿忍受持续的内战，也不愿联合起来对抗共同的敌人。他们从极端的宗教禁欲主义转换到另一个极端，即全面、最大限度地解放、放纵自己的欲望和激情。在他们身上，我们几乎找不到后来的英国人所具有的平衡、合作、妥协和现实主义等。不过，他们的血统及某些特性，通过与其他种族的混合，形成了今天英国人复杂的品性和气质。

导言里提到的独角兽，在很大程度上应该是第一批不列颠人的象征，撒克逊人则更像是狮子。撒克逊人是未开化的野蛮人，他们对罗马文明的最后遗迹的摧毁就很好地体现了这一点。他们还是不信上帝的异教徒，不过这只是指在被同化之前。及至后来，征服者也成了基督教徒。但撒克逊人的确具有必要的高贵品质，如合作、忠诚、失败时的坚定和无所畏惧的勇气。此外，撒克逊人的品质也具有两面性。他们不只是掠夺者，也是拓荒者。他们渴望获得土地并耕种土地，并以此建立农业文明。

到6世纪中期，不列颠的命运依然模糊不清——除了那些深藏于两个民族天性中的东西。岛屿的西部和北部面积占优，仍掌握在不列颠人手里。在撒克逊人定居的中部仍有许多不列颠人。不过，不列颠人又分成许多小王国，但每个王国都无力一统不列颠。

撒克逊人的派系更多，不过他们拥有不列颠人所缺乏的管理天赋。比如，肯特的埃塞尔伯特（Ethelbert）不借助战争就实现了与亨伯河南岸绝大多数小王国的联盟，尽管联盟在他死后就解体了。这些王国包括苏塞克斯王国、埃塞克斯王国、东英格兰王国等。威尔士和苏格兰边境上的小王国合并成为更大的威塞克斯王国、麦西亚王国，以及最重要的诺森伯兰王国。维多利亚时代的历史学家似乎认为那个时代的很多历史都是确定无疑的，不过如今看来就存在相当大的争议了。我们可以暂且不讨论那些不稳定的联盟，而先来审视一下撒克逊人发展所仰赖的政治理念。

在此，我们必须再次忘却或是必须质疑斯塔布斯及其他人之前教的那些东西，我们试图在之前的确定论和如今的不可知论间找到一个折中方案。我们认为可能性最大的是，日耳曼人在进入英格兰时就已经有一些比较成熟的信念。在此，我们尤其要强调三个。第一个，战争领袖——不管大小——的追随者都具有献身精神。对于一伙劫匪而言，这是极其罕见的。通过联合许多小团伙，一个伟大领袖（如麦西亚国王）领导的群体能够达到一万五千人的规模。这里的主要意思是说，这些人能够很自然地围绕一个领袖团结起来并效忠他；作为回报，他们也从中获益。这一主线将贯穿我们接下来的大部分故事。

领袖，而非暴君，是撒克逊人贡献的第二个信念。领袖只有获得成员同意才能够维持其职位，而群体成员和民众都是自由的。很多人都强调，"群众大会"（folk moots）和"贤人会议"（witenagemots）是自由制度甚至是议会的起源。自撒克逊人之后，不列颠人就不太关心政治理论了，因为领袖都知道领袖是自由选举出来的。当然，也可以通过各种方式获得同意。如后来的都铎王朝的领袖，几乎都变成了独裁者。不过，在这一时期往后的英国历史上，如果领袖（不管是君主或是其他）忘记了同意原则，那几乎不可避免地会遇到麻烦。

盎格鲁－撒克逊社会中的第三个强烈信念，是亲属关系。历史学家斯塔布斯，尽管了解塔西佗的日耳曼人向英格兰的迁徙，却忽视了迁徙本身产生的影响。塔西佗社会中最基本的亲属观，虽然保留了下来，却大大弱化了。因为那些进入英格兰的无数独立群体，基本上都是混合的而非完全由亲属组成的群体。以犯罪为例，日耳曼人的亲属群体能够作为一个整体进行赔偿，而受害者所属的亲属群体也共享所获得的赔偿。在英格兰，即使是在肯特这个比其他地区更多地保留了日耳曼人的这个信念的地区，主要的责任都限定在当事人自己身上。旧体系培育了强烈的共同社会责任感，而新体系培育的则是独立的个体。经历了那段骚乱时期后，要在后来的英国人身上找到这个信念，也并非完全不可能。

简单地审视一下人们在那个被占领的、无宗教信仰的世纪里的生活，我们就会意识到其与罗马化不列颠的断裂。我们前面提到的城镇几乎都消失了。而且，遍布于英格兰大地上的木结构建筑取代了之前古典风格的巨石建筑。其中最大的建筑就是头领们的大堂。正如古老史诗《贝奥武甫》中所描述的那样,从地方小权贵到国王,分别拥有规模不等的木屋。尽管它们在华丽程度上有所区别,不过仍都属一个风格,有点像后来的大仓房。有些还保留了下来。大房间的上盖是高耸的顶棚,由巨大的、可移动的梁柱支撑。值得一提的是,在《笨拙》(Punch)一书的"英国特色"一章中有一系列的相关草图。作者对此梁柱的喜好,真是和古人趣味相投。尽管这种建筑与被遗弃的罗马建筑完全不同,但在几个世纪的统治后,英国人对这种木结构的建筑风格相当喜欢。而这种建筑风格也表明了北方人和地中海人之间的巨大差异。

昏暗的大堂的中央有一个燃烧木柴的长方形炉床,而烟气则从屋顶的缝隙中飘出去。墙上挂着武器和战利品,四周墙边则围着给仆人们坐的长凳。体现着荣耀的高椅则是领主及其夫人专享的,或是与其他头领及其夫人共享的。他们的服装也体现出一种原始的华丽,如黄金刺绣、黄金饰品,尤其是肯特珠宝,那是当时世界最好的宝贝。用来盛水喝的角或其他容器都镶嵌着金银,而且大多设计精美。在撒克逊人的生活中占据重要地位的晚宴上,人们狂欢痛饮,颂扬头领和其他勇士的功绩。撒克逊人定居点的典型特征就是"顿"(ton),如今已经成为很多英国地名的最后一个音节。"顿",意指围起来的一群建筑。它的另一个叫法是"伯格"(burh),也是很多词汇的后缀。撒克逊人喜欢将原木钉入地下并围成栅栏,美国西部边缘地带的定居点与其极相似。栅栏里面,可能就是领主的大房子,还有谷仓、平房,或者是穷人们的一些简陋茅舍。

穷人的屋子小而简陋,由树枝、茅草和烂泥糊成屋顶,通常建在地势较低的地方。这些房子里幽暗无光,通常还肮脏不堪,简直就像是历史遗迹。这与罗马时期配有中央暖气、私人浴室和公共澡堂的大楼相比，实在是相去甚远。一方面，这些社会底层民众和农奴舍命与敌人和野兽搏斗；另一方面，他们又跟其他勤劳、和平的拓荒者一样砍伐森林并耕种土地。

我们发现，那些代代相传至今的诗歌（如著名的《贝奥武甫》）常常混杂着对英雄行为与战争的颂扬、穷人们在艰辛日子里的孤独与疲倦和对恶劣环境的恐惧——这里有大灰狼和其他真实存在或是想象的、捕食人类的动物和怪物，如神秘、可怕的葛婪代（Grendel）[1]。撒克逊人的诗歌不同于罗马的古典文学，正如后来的哥特建筑风格也不同于罗马的建筑风格一样，但同样富含对生活的奥秘和悲伤的深刻体会。这也已经积淀为英国人的精神内在，并轻易地与凯尔特人的品质融合。

撒克逊人的诗歌相当关注自然变化，尤其是海洋的方方面面。撒克逊人对船舰的热爱，与狂风暴雨和滔天波浪搏斗时的无畏和兴奋，都很好地体现在诗歌的大量图画和文字中。他们已经不仅仅是在利用海洋，而是发自内心地热爱海洋。在后来的很长一段时期内，英国人又成为一个守望大地而非航海的民族。不过，当英国人在此转向海洋的时候，海洋似乎已经成为英国人的情人。对惊涛骇浪的热爱、身陷险境时的兴奋，都可以看成是老撒克逊人对海洋的热爱的复活。不管怎样，没有哪个民族像早期的撒克逊人、维京人（我们稍后会讲到）和他们的后代（即后来的英国人）那样热爱、认识和理解海洋。

---

[1] 《贝奥武甫》中记述的一只食人怪物，在丹麦王罗瑟迦的鹿厅中为害多年，后被贝奥武甫除灭。——译者注

精神帝国的统一

欧洲大陆上的老撒克逊人的宗教，很多都没能在迁徙中存活下来。到了英格兰之后，他们信奉的宗教与斯堪的纳维亚的神话已经相去甚远了。对于绝大多数撒克逊人来说，伟大的神甚至还不如一些超自然生灵（如精灵、巨人、海怪以及其他种种）重要；甚至于雷神托尔和奥丁都被人们所淡忘。时至今日，英国人一直没有停止对这些超自然生灵的热爱。宗教，总是以某种形式存在。而撒克逊人，在不断增强的宗教真空下，不管是武士还是卑微的农奴，都已经准备接纳一个与其心境和需要相适应的新信仰了。

在不列颠，基督教曾被消灭、摧毁。如今，不信上帝的撒克逊人居住并统治着这片土地（除了主要如威尔士和爱尔兰等地区）。凯尔特教会幸存了下来，但并不统一，而且似乎并没有向不信上帝的撒克逊人传教的打算。事实上，它似乎还很乐意看到这批不信上帝的人维持现状并在死后被打入地狱。

凯尔特基督教，在爱尔兰和威尔士分别得到圣帕特里克和圣伊尔蒂德的大力推动。这两人都曾在法国生活并带回最严厉的禁欲主义。圣大卫，可能是圣伊尔蒂德的学生，后来成为威尔士的守护神。在其修道院里，圣大卫的修道士践行着最为严格的简朴生活。他们给自己上轭以替牛犁地，一天只吃一顿饭，整天祈祷、禁食。爱尔兰的禁欲主义则没有那么严厉，但很多修道士离群索居，献身于冥想和宗教生活。尽管这两个教派明显不同，但其中也有很多交流。威尔士和爱尔兰的修道士来回于爱尔兰海，互相传习。

在10世纪前，爱尔兰人还属于苏格兰教会。当时生活在苏格兰的主要是皮克特人，而苏格兰的爱尔兰人则被称为苏格兰人。爱尔兰人在苏格兰有几个聚居区，并在那里兴建修道院，其中最著名就是哥伦伯（Columba）修建的艾奥纳修道院。哥伦伯是爱尔兰王室后裔，他决定献身于基督教在不列颠的传播。他的影响也从其孤岛上向外扩散，因为修道院不仅是传教士学习和工作的中心，也是那些渴望逃避现实世界者的避难所。

不过，爱尔兰后来分裂成许多相互争斗的迷你小国，宗教亦如是。每个王国都有自己的修道院，而作为一个整体的教会没有集中化、没有秩序。尽管圣帕特里克将拉丁语（他自己都不怎么熟悉拉丁语）和罗马教会的一些思想带回爱尔兰，但爱尔兰教会和罗马教会还是基本没什么关系。从北方传入不列颠的爱尔兰基督教，不久就遭遇了从南方传入的罗马基督教。苏格兰本身已被凯尔特人和撒克逊人分而治之。其中撒克逊人征服了东南部的低地至埃德温国王创建的爱德华市之间的区域。

苏格兰其余超过一半的国土，仍在原住民的控制下。正如著名英国历史学家特里维廉所说的那样，"苏格兰的历史在很大程度上就是凯尔特人英国化的历史"，这期间的民族构成几乎没有发生大的变化。艾奥纳修道院的目的就是要当时苏格兰的两个民族都信奉基督教。从结果来看，他们的努力是相当成功的。

在590年，大格里高利成为罗马的主教，对全世界都产生了重大影响。那时罗马帝国已实际崩溃，它曾统治的行省也陷入无政府的混乱状态。大格里高利在看似虚弱的罗马主教辖区的基础上，于短短几年在欧洲创建了一个新的精神帝国，并为新的统一和中央权威奠定了基础。他指派奥古斯丁进入英格兰。后者于597年在肯特登陆，并很快让肯特人皈依基督教，不过他在其他地方基本没有什么成就。威尔士教会甚至都不承认其权威。三十年后，另一个从罗马来的使者保利努斯（Paulinus），成功让诺森比亚的国王埃德温皈依了基督教，但麦西亚的国王彭达（Penda）仍然冥顽不化——不过，他也不再继续迫害基督教徒了。新的宗教仍然还未能深度控制民众，且随着国王的死亡和战争的到来，新宗教也发生了变化。被彭达征服的埃德温死后，诺森比亚便抛弃了基督教。不过，下一任国王奥斯瓦尔德（Oswald）又邀请艾奥纳的修道士遣派使者到诺森比亚，诺森比亚再次信奉基督教。这样，罗马和爱尔兰教会都在当时最重要的撒克逊王国的宗教信仰的转变上起到重要作用。

不过，当影响领域有冲突时，麻烦也就随之而来。最早试图转化撒克逊王国的罗马，希望能够掌控宗教。670年，诺森比亚的国王奥斯维（Oswy）在惠特比召开宗教会议以决定信奉哪个教会，在今天看来，那些表面上的差异看似无足轻重。比如凯尔特教会，不管是威尔士还是爱尔兰的，其复活节的日期都与罗马不同，他们的修道士剃头的方式也与罗马不同。

不过，由于宗教是贯穿我们整个故事的线索，因而我们必须认真考虑这个看似无关紧要甚或荒唐的问题。这个问题通常是种族或者政治情感、传统和观点等诸多议题的焦点所在，并成为诸多深层事物的象征。在很多情况下，这些看似无关紧要的问题可能被利用并引起争辩，甚至优先于对所争论议题的真实差异的承认。如果这样的话，下面这个话题就是极其重要的，即未来的英国教会应该是罗马式的还是凯尔特式的？很多个世纪以前，英国教会应该成为西方基督教世界的一部分，还是应该保持独立与距离？奥斯维国王对罗马的决定的支持为这个问题作了定论，凯尔特修道士和使者也随之撤回凯尔特人的区域。

就如我们所看到的，英格兰人已经摆脱部落和小王国的状况，开始迈向统一和集权化。而凯尔特则仍未能够摆脱之前小国林立的旧况。事实上，英格兰人正在朝着统一的英格兰这个方向——而非相互争斗的部落或小国——摸索前行。在很大程度上，也正是这个事实赋予了惠特比宗教会议的重要性，而不仅仅是关乎该剃脑壳的前面还是后面。虽然后来的很多麻烦都来源于这个最初支持罗马教会的决定，不过我们还是要多少考虑每个历史时期自身的具体情况：毫无疑问，这一时期的撒克逊人选择了罗马教会而非凯尔特教会，将深刻地影响到后来英格兰的统一及其特性。

接受统一的罗马教会，促进了国家的统一；正如无法一统的凯尔特教会难以为统一凯尔特人提供帮助。基督教领域内的秩序和权威会体现在政治上。英格兰各地那些追求权力和统一的政治家，从追求同一目标的主教和教士那里获得了他们所在领域的宝贵帮助。传教士在当时算是有学问的人，用他们的心智服务于跟他们一道的国王，就如武士用他们的武器提供服务一样。而且，通过获得对所有年龄段的人都具有吸引力的神秘性——而不是简单地放弃权力——使公众眼中的王权得到进一步强化。如今的加冕礼同样具有这种功效。

就像我们所看到的那样，转向一个新的宗教及被接受都是一个渐进的过程。伦敦迟迟未能接受新秩序，这也使得来自塔尔苏斯的西奥多（Theodore），在坎特伯雷成立教会总部。在其后将近十二个半世纪里，坎特伯雷大主教都是全英格兰的总主教。新的教会同时带来了久违的宗教热情和相关知识，以及不可或缺的工具——书籍。阿尔昆（Alcuin）和"受人尊敬的比德"（Bede）都是那个时期著名的学者。

教区体系慢慢地发展起来，每个教区都拥有其本地教堂和教士——那时候的教士通常都是可以结婚的。伴随着撒克逊人和丹麦人（我们稍后会讲到丹麦人）统治下的小镇的发展，教区体系也成长起来。当然，要想有教士为人们提供服务、促进文明、劝导学习和创建学校，就需要有税收和捐赠。教士实际上是"文书"，他们熟悉法律、会写字、会订立契约和遗嘱等，也正因如此，国王和领主们都愿意给教会捐赠。当教会权力得到巩固的时候，世俗权力也得到巩固。在7世纪早期，所谓的"七国联盟"（Heptarchy）或七国——虽然它们的规模和边界大不相同——实际上形成了三头政治，分别是诺森比亚、麦西亚和威塞克斯三个霸主。

维京人入侵

自从将不列颠人驱赶出岛、彻底颠覆早已急速衰败的罗马文明后，撒克逊人取得了相当大的进步。不过，老不列颠人、罗马人和撒克逊人等不仅仅是在被诺曼人军事征服之前的英国历史中才发挥作用，他们的影响甚至延续至今，影响到如今的英国历史和英国人的品质。撒克逊人之前大多是木匠、伐木工人和拓荒农民，后来他们遗弃海洋和船舶，进入此前从未尝试过的城镇或城市里生活。而且，在他们这个族群里，人们能够时常交换思想，文明得以发展，"都市"（urbanity）[1]也发展起来。

---

[1] "都市"这个词汇来源于拉丁语中指称与乡村相对应的"urbs"（城市）一词。——译者注

不过，尽管统一的步伐已经迈出，但还需要其他力量的推动。部落或王国之间时常有战争，文明的进程也因此被延缓。威塞克斯国王爱格伯特（Egbert）在839年逝世之前，在某种程度上已经成为英格兰的霸主，不过他仍远未能够统治整个英格兰。倒是他的后代在挡住丹麦人或维京人的一系列入侵后，完成了英格兰的统一。了解了这些之后，我们的故事将来个急转向。就如撒克逊人贡献了他们的血统和品质，其他入侵者如今也要为其血统作出贡献。新鲜且重要的禀性将加入早就纷繁复杂的英国民族大熔炉中。

是谁最先入侵英格兰，并为英格兰人的品质和后来的历史贡献良多？根本不需要去研究现代学者的推测或相互冲突的证据，我们就能够理由十足地说，是生活在丹麦北部很远的斯堪的纳维亚人。丹麦人内部存在很多地方性差异，丹麦人和北欧人或挪威人之间的差异就更大了，但我们依然可以得出大致差不多的结论。在斯堪的纳维亚人的老家，各式入海口遍布四处，他们是农民和吃苦耐劳的渔民。他们的历史表明他们是最不寻常的英格兰成功的入侵者，因为他们不仅仅入侵了较近的不列颠岛，还远航到了格陵兰，甚至经由陆路征服了君士坦丁堡，占领了法国的诺曼底并在那里定居，还在通往地中海的钥匙——西西里岛建立了一个王国。显然，他们是一个非同寻常的民族，而不仅仅是野蛮人。

有人说，他们是"蛮荒大地的子民"，这是事实。他们身负最不人道的罪行和杀戮，尤其是当他们被暴怒冲昏头脑时。但如果只看到他们残忍的一面，显然又是极其错误的。开始时出海做海盗和掠夺者的他们，后来能够和他们定居点的其他民族和平相处，并创建强大的政府。他们的确手段残酷，但这并非全部。面对危险时，他们勇敢、无畏，面临困境和失败时毫不气馁；他们热爱荣誉，崇拜他们的英雄；他们含蓄、沉默寡言、刚毅；他们尊崇意志力并抑制一切情感冲动。作为水手，他们是值得赞扬的，他们是第一个探索远洋的欧洲民族，并在海外创立帝国。他们的品质对后来的英国人影响巨大。因此，在我们的故事中，我们只能相信他们所贡献的禀性是相当重要的。

究竟是什么因素推动他们远征已经无从考究。这可能是从东边来的不为人知的压力，也可能是来自南边的邻居查理曼大帝的压力，或是饥荒，或是什么也不是。不管怎样，先有一批农夫和平地从斯堪的纳维亚移居到设得兰群岛和奥克尼群岛。这次移民在8世纪产生了重大影响。紧随而至的是武士阶层的入侵。在793年，一伙丹麦人或维京人洗劫了林迪斯法恩的修道院。随后，另一伙人洗劫了多塞特海岸，以及苏格兰、威尔士和爱尔兰的修道院。他们烧杀抢掠，甚至抢走修道士当奴隶。这些恐怖的陌生人突如其来的大屠杀，让沿海各地的居民饱受摧残。他们焚烧房屋和教堂时所发出的耀眼光芒甚至让天地失色。

而后几十年，维京人再也没有掠夺英格兰，不过他们在其他地方的洗劫并没有停歇。而且，他们甚至更加清楚地认识到其海军无比强大，而不列颠群岛和欧洲大陆上的查理曼帝国都不能与之抗衡。与其自身特点相结合的海上力量，是他们的成功之路。这类似于后来的英国人，尤其是伊丽莎白时代的英国人。他们不仅是海上的征服者，还是决心促进贸易的商人。特里维廉教授指出，在赫布里底群岛上的一个维京人坟墓中，已故武士的天平和他的剑和战斧一起陪葬。这预示了未来大英帝国的印度和其他诸多地方将面临的境况。

维京人的船，是那个时期具有决定性影响的军事发明。他们的船,长、中部凹下,只有一张帆,一边有十六条桨,船体被扩大并得到改进,能够承载一百名战士。由于船身很浅,它们能够穿过小河进入远处的岛屿。它们行速很快,比那些在岸上跟在它们后面跑的人还快。它们还相当适合在海里航行。一条仿制的船,在1893年只用了四个星期就横跨大西洋。具备高质量的船只和高超的航海技术,维京人早哥伦布五百年就已经发现了美洲。他们还针对陆地战争完善了他们的盔甲和武器,这些改进让他们战无不胜。随着数量、技能和知识的增长(本来是水手的他们甚至学习利用不列颠的马来创建骑兵),他们最终牢牢地占据了英格兰的北部、中部和东部,并洗劫了威塞克斯的阿尔弗雷德国王。如果这伙人的血统能够和撒克逊人以及更早的不列颠人和平混合,这种融合无疑会产生一些独特的品质。

阿尔弗雷德无疑是英格兰历史上最不寻常的人物之一。他是威塞克斯的国王埃塞斯坦(Ethelstan)最年轻的弟弟,由于他是王室中最有才干的人,因而被选为其哥哥的继承人——尽管他哥哥已有儿子。不过,在那时,王位的继承首先依据的是才干而非血统,所以未成年人也就被排除在外了。年轻时,阿尔弗雷德曾去过罗马。他在位期间,对生活和世界的理解都要比同时期的其他英格兰国王深刻得多。虽然,我们稍后将提到他为民众提供教育的努力,不过在他哥哥坚定地抵抗丹麦人的统治期间,以及他自己统治的前期,阿尔弗雷德还是不得不专心于战争而非知识推广。

很快,经验让他认识到,没有马、装备极差的"民兵"——其实就是主要由农夫组成的民众——是不可能对抗装备精良的丹麦人的。丹麦人还曾再次将修建堡垒城镇的方法引入英格兰。当新敌人洗劫他的王国时,虽然他的很多臣民都逃跑了,但阿尔弗雷德仍继续在萨默塞特郡的"阿特尔斯坦岛"坚持抗战。如今那个地方只是草地上的一个小山丘，而在那时候可是个岛屿，周围是水系不发达的湿地。那是英格兰历史上最为危急的时刻之一，因为阿尔弗雷德不仅被嘎斯朗（Guthrum）率领的一大帮丹麦人威胁，还同时受到来自康沃尔的威尔士人的攻击。不过，由于阿尔弗雷德的声望实在太高，领主们再次响应了其号召。阿尔弗雷德也因此得以在埃森顿取得决定性的胜利，而嘎斯朗也无奈地签订了停战协议。依照协议，他和他的追随者受洗为基督教徒并撤退至一小块居留地内，即东海岸的"丹麦区"。

几年后，阿尔弗雷德已足够强大并签订了另一份协议，进一步限制了丹麦区的范围，并将伦敦纳入英格兰辖区。英格兰国王随后立即修筑工事，拱卫伦敦。丹麦人的确仍是英格兰东北部的统治者，但逐渐皈依基督教，同时也逐渐定居下来，在农场里或是小镇里过着宁静的生活。他们自己也要随时准备着抵抗他们的海外宗亲的进一步攻击——他们的这些海外宗亲会像他们之前洗劫撒克逊人那样洗劫他们。而且，即使是在丹麦区，仍有不少撒克逊人留下来与丹麦人混居。在北方，仍有一小块撒克逊人的区域没有被征服，不过它与苏格兰的关系可要比跟英格兰的关系密切。而阿尔弗雷德则统一了丹麦区以南的所有地区。虽然仍有一些小规模战斗，不过阿尔弗雷德已经建立了海军，并修建堡垒拱卫伦敦，也由此大大降低了穿越海洋的风险。

现在，伟大的撒克逊国王终于可以致力于重建和学习了。他从欧洲大陆引进学者，建立学校，重新引入拉丁学问，他自己还通过将贝德的著作翻译成撒克逊语并用撒克逊语撰写了几卷著作而创建了英格兰文学。

和平文化和知识虽然没有完全驱散持续了几代人的残酷战争的阴霾,但至少给予人们希望和信心;而城镇的兴起则预示着精神生活的复兴。在超越组织状况差些的丹麦区前,阿尔弗雷德还改革了政府机器。除了创建舰队、改良军队、建造城堡外,他还创造了英格兰史上最好的民政。撒克逊人的政治优势也开始胜过丹麦人的军事优势。

另一方面,丹麦人也作出了不少贡献,尤其是在法律领域,"法律"这个词就是丹麦语。"丹麦区"就意指丹麦法律在英格兰通行的区域。阿尔弗雷德的努力也效果明显,而且幸运的是,他的后代也都相当能干。在其后的两代人里,他们征服了丹麦人并统一了全岛——除了威尔士和苏格兰。我们可以将他看作是第一个"英格兰王"。

不过,即使如此,英格兰还是沿用了丹麦人的法律。事实上,那时的英格兰有各种差异很大的法律和习俗。尽管在后来,适用于全国的习惯法和成文法缓慢而自然地发展起来,不过,如果认为正是英格兰人容忍地方差异的漫长历史造成了当前大英帝国法律的多样性,也未尝不可。当前的大英帝国法律的多样性,正如导言中所引用的加冕礼誓言所体现的那样,国王必须宣誓"依照他们各自的法律和习俗"——不是英国的法律和习俗,而是世界各地独特的法律和习俗——来统辖所有疆土及其他属地。

有一点要指出,在某种意义上,英国的历史几乎就是一部"帝国"史,因为英国的统治和生活总是涉及对不同民族和种族的管理和理解。如果说英国比其他国家能够更熟练地掌握安抚这一统治艺术,并容许不同种族和帝国的不同区域享有自由,那这项本领也不是一蹴而就的,而是历经漫长历史磨砺出来的。事实上,尽管英国人在学习这门统治艺术上的确花了不少时间,不过他们在这方面似乎还是很有天赋的。

撒克逊人,或说是英格兰人——我们从今往后就这样称呼他们了——从丹麦人手里夺回丹麦区之后,这两个民族开始混合。让我们来看看他们都是如何为"英格兰人"添砖加瓦的。阿尔弗雷德在改组政府的时候,设立(我们今天相当熟悉的)郡作为管理单元。另一方面,丹麦人则组织一套城镇(或说是"伯格")体系,每个市镇均以一个军事商业镇为中心,并由一个伯爵治理,如林肯(Lincoln)、德比(Derby)、莱斯特(Leicester)、斯坦福(Stamford)等。

两个体系都得到延续和发展。随着英格兰将其控制扩展到丹麦区,他们透过郡治来推行其控制。但随着时间的推移,城镇体系在管理和商贸中的地位越来越重要,郡制也从中得到发展。帝国内部数不胜数的不同区域和单元间存在无数的地方差异,而且至今仍是如此;不过,现代英格兰的模式已开始成型。毕竟,两个民族的融合并非难事,因为日耳曼人和斯堪的纳维亚人同属于一个大血统。他们有很多相同的品质,而且彼此互补。不过,英格兰还未能终结其被入侵的历史。在完全融合为当前这个民族前,它还遭受了严重打击。

在我们不得不转向新侵略者的涌入和新战争的嘈杂前,我们先花点时间来看一看最后的撒克逊人时期的一两个方面。撒克逊文明,其对未来英格兰的影响无疑要比早先的罗马要大,却几乎没有留下什么有形的痕迹。贵族或是领主的房屋和大堂,由于都是木质的,我们已经看不到了。我们所能发现的遗迹并非建筑,而是珠宝、器皿,尤其是制度。尽管当时的政府组织已有很多改进,但那时所谓的国家与我们如今所理解的国家可完全不是一回事。虽说英格兰文明是先进的，但它的子民仍只有在其村庄或是孤零零的林中空地中受到保护才能够和平地从事生产；而提供保护的组织，尽管还有很多的缺点，我们发现其正是封建制度的起源。

其中有两个阶级，分别是提供保护和维持秩序的军人阶级，以及爱好和平的农民、商人和其他群体。国王依赖领主们的追随，并需要他们在战争中召集军队；而领主则保护当地的民众。"每人都有其领主"，个人从领主那里获得保护和正义，同时也为领主提供服务作为回报。正如我们在村庄、市镇和后来英格兰郡里所看到的那样，这具有普遍性。而且，尽管武装的领主首先是个武士，但从他们身上我们还是能够找到后来爱好和平的乡绅和治安法官的渊源。当国王的权力直接干预法律本身时，早期的法庭，越来越被（世俗的或宗教的）封建领主和权贵所取代。

事实上，尽管英格兰已经被一个王权统一，但由于当时的交通和通信技术，它仍然太大、太分散以致不可能由一个权力中心来实现管理。于是，封建制度又在管理上作了创新，全英格兰被分成了六个（具体数量在不同时间有变化）大伯爵领地。伯爵对国王负有义务，同时对自己的领地负责。

我们在前面已经谈到宗教权贵，在这里，我们要指出，在10世纪，修道士生活明显复兴，宗教也在各个方面复兴。修道院和大教堂在各个地方迅速崛起，并得到大量的财富和土地馈赠。格拉斯顿伯里的修道院院长邓斯坦（Dunstan）被提升为坎特伯雷的大主教，他大力推动的这个运动，最终导致封建权力大体落入教士手中，而非军事首领手里。

尤其需要指出的是，撒克逊人的"命运观"（wyrd）或说是命运感，深深渗透进他们的思想中，就像对穆罕默德的信念能够让士兵果敢、无畏一样。贝奥武甫在面对巨龙葛楚代的破坏时，说"命运是无法逃避的"。将个人无法战胜的困难归因于命运，不仅让北欧人充满了无畏的勇气，也让他们具有了某种温柔而尤其是严肃的忧郁——这些都能够在后来英格兰人的文学和品质中找到。关于这个主题，即使是在最早的撒克逊诗歌中，我们也可以找到很多相关描述，它是任何时期的英格兰人都具有的品质。如《狄奥的哀歌》中的这一句："那个人走了，这个也会的。"或是如《远行者》中的这几行："东道主前面那个人，将会声名鹊起；他英勇战斗，直至死去；光与生活，都为荣耀而活；他拥有星辰下的无上荣光。"

随着这个世界逐渐脱离野蛮人（他们在罗马衰落之后入主英格兰）的控制，教会成为保存和丰富知识与文化的主要机构。后来被封为圣徒的邓斯坦，其著作无论对世俗生活还是宗教生活都具有非同一般的重要性。邓斯坦兼具凯尔特人的冲动脾气和英格兰人相对冷静的政治家气质。在很长时间里，他是对国王最有影响力的顾问。不过，人们对他知之甚少，甚至连有关他的传说的真实性都是很成问题的。因为从时间上来看，传说中的哪个人物都要早于邓斯坦所在的那个时代。

在这个时期，一个统一的英格兰似乎正在自然而然地朝着一个强大的封建国家——即中世纪时的那个样子——迈进。不过，其制度却远非如此。真实情况多少被"阿尔弗雷德家族四代人都能力超群"这个事实掩盖了。尽管存在融合和名义上的和平，但撒克逊人和丹麦人并没有真正实现联盟，而且丹麦区还将撒克逊人的英格兰从中间划分两块，分别是强大的南部和弱小的北部；所以，若是不称职的国王统治或是发生新的入侵,新国家可能随时土崩瓦解。这两个可能性后来还是同时发生了。

诺曼底征服

在此,我们可以稍微停下来看看海峡的另一端。在诺曼底,北欧人已经建立了一个面积不大但势力强大的大公国。在那里,自公爵以下划分为一系列等级;关于土地和其他利益的分封被用来换取军事服务,且是严格实施的。而在英格兰,尽管理论上而言其制度是相似的,但松散得多,且在实际运行中效率也差得多。由拥有广袤地盘的伯爵、修道士和较低爵位的世俗领主构成的军事机器的团结程度,远不如诺曼公爵控制下的军事机器。

在975年,阿尔弗雷德最后一个能干的后代埃德加死了,留下两个未成年的儿子。我们前面提过,那里没有正式的继承法则,君主大多是王室家族里选举出来的。就哪个孩子继任的问题,人们起了争执。爱德华获得了世俗领主的支持,而埃塞雷德(Ethelred)则获得了教会的支持。爱德华虽然当选为国王,但四年后被刺杀。埃塞雷德接任,其时不过是个十岁的孩子,完全不适合当国王。而且他那"零忠告"的外号也揭示了他得不到任何有用建议的困窘,尤其是当邓斯坦去世后。

总之,可能正是由于他控制力弱,导致了英格兰内部的虚弱。984年,维京人(或说是丹麦人和挪威人)再一次攻击了英格兰。这次,他们就是想洗劫而不想定居。曾几何时,阿尔弗雷德偶尔也会通过进贡来贿赂维京人,但这次的丹麦税赋(Danegeld)可是从先收保证金开始的。埃塞雷德支付给他们一万英镑，其购买力远远大过如今的一万英镑。此后，埃塞雷德时不时地就会被敲诈一笔。这一丹麦税（或说是对丹麦的贡金）具有深远影响。它是直接税的起源，让农民破产并恶化了农奴的境况，后来为了方便起见，领主充当了税吏的角色。最终意味着一个人拥有土地的明证就是拥有收税权。

丢掉王位且被赶出国的挪威国王和丹麦国王，加入了洗劫英格兰的行列，并率军队进攻伦敦。这也让混乱升级。伦敦虽然英勇奋起反抗并击退了进攻者，但经过在英格兰的烧杀抢掠之后，埃塞雷德给了他们一万六千英镑，但也只换来短暂的停战。丹麦的斯韦恩（Sweyn）复国之后变得比之前更可怕。可能是希望得到帮助，埃塞雷德与诺曼底公爵的妹妹成婚。自那以后，英格兰与诺曼人的联系就一直没断过，直到诺曼底的威廉征服英格兰并成为英格兰国王。

与此同时，斯韦恩一次次地回来攻击英格兰，以致软膝盖的英格兰人接受他为英格兰王；而埃塞雷德则逃到了诺曼底。英格兰的修道院被洗劫、毁掉，坎特伯雷的大主教被杀害，整个国家被践踏。斯韦恩最终在进攻贝里·圣埃德蒙兹的修道院后去世，他的追随者拥戴他的儿子卡努特（Canute）为他的继承人。后来，卡努特不顾英格兰人的反对，逼迫贤人会议（或说是撒克逊人的议会）选举他为王。于是，卡努特就成为全英格兰的统治者。

虽然这是贤人会议第一次在王室家族之外选择君主，但这个选择还是幸运的。我们还要指出，贤人会议这个机构并非由普通代表组成，也并非如很多19世纪德国的历史家们认为的是议会的前身。它实际上由世俗的和教会的权贵、王室官员组成。它虽然具有王政厅（Great Council）的功效，能够将领导人召集起来，但它不是后来的英国宪法的直接前身，其重要性之前也被高估了。

虽然卡努特更喜欢英格兰，但在他哥哥死后，他还统治了丹麦，不过后来都被挪威人征服。卡努特把英格兰治理得很好。在他巩固了王权后，并没有赏赐土地给下属，而是给他们丹麦税赋并将他们遣返丹麦。他年轻时并不信仰上帝，但后来成为一个坚定的基督教徒。他不仅让教会富裕起来，还提拔英格兰人担任要职，并从牧师和英格兰的世俗领袖那里挑选朋友和顾问。其中最主要的世俗领导要数威塞克斯的撒克逊伯爵戈德温（Godwin），戈德温也正是由此开始其职业生涯。法庭语言同时采用撒克逊语和丹麦语。在卡努特的统治下，极少存在甚至不存在习俗和生活方式的混乱。而在后来被威廉所领导的、讲法语的挪威人征服后，习俗和生活方式也发生了改变。

卡努特死于1035年，留下两个同父异母的儿子，分别是哈迪卡努特（Hardecanute）和哈罗德（Harold）。拥有巨大影响力的戈德温和大部分西部撒克逊人，宣称支持哈迪卡努特；而英格兰北部和中部则选择了哈罗德。这种分裂实际上为后来被挪威人征服铺平了道路。

随着卡努特的去世，其帝国也崩溃了。他的两个儿子和阿尔弗雷德（埃塞雷德被流放的一个儿子，后被谋杀）都在为得到王权而争斗。最后，英格兰人选择了埃塞雷德的另一个儿子——爱德华。

爱德华成长于诺曼底，这是一个比英格兰更文明的地方。爱德华不仅更喜欢法语，也更喜欢法国的诺曼人及其习俗，他还在宫廷里大量任用诺曼人。尽管戈德温拥有的权力要大过软弱且成事不足败事有余的国王爱德华,戈德温伯爵甚至还通过将自己的女儿嫁给爱德华而成为国王的岳父,但由于其对诺曼人的厌恶及其嚣张蛮横的儿子斯维亘(Swegen)所犯下的罪恶,戈德温最终垮台并被流放。在戈德温缺席的时期,年轻的诺曼底公爵威廉到英格兰拜访了爱德华,而爱德华同意让诺曼人继承其英格兰的王位。

由于要职都由外国人担任,英格兰越发萎靡不振,且变得不受管束。这让戈德温觉得可以安全地结束流放并回国了。他以顺从国王为代价,恢复了原来的伯爵爵位。不过,大约在一年内,戈德温在接受国王宴请时死在了餐桌上。他有六个儿子,最年长且一无是处的斯维亘,很幸运地已经先死了。现存的最年长的儿子是哈罗德,他继承了父亲的财产和权力,并假借爱德华的名义实际上控制着英格兰。哈罗德很有才干,但国王更喜欢他最大的那个弟弟。不管怎样,爱德华对戈德温的儿子们实在是太慷慨了,不断地赐予他们各种头衔和土地;直至后来他们控制了最富裕也是人口最多的英格兰地区——南部和东部。另一个家族,麦西亚的利奥弗里克(Leofric)伯爵的后代,控制了英格兰中部和诺森伯兰郡的大部分地区。于是,就形成了两大家族瓜分英格兰的局面。这两大家族还相互争夺英格兰的最高权力。

与此同时,由于爱德华国王无子,他去世后谁继承王位的问题也被提出来。埃德蒙德·埃隆赛德(Edmund Ironside)的一个儿子也叫爱德华,被流放到遥远的匈牙利,这时被召回并被认定为继承人。但他在即将抵达的时候死了,只留下一个婴儿。考虑到国王死后,诺曼底的威廉可能带来的危险,让一个小孩来执掌王权显然是极其愚蠢的。意料中的死亡和危机,终于在1066年发生了。戈德温伯爵的儿子哈罗德,虽然没有王室血统,但已经证明自己具有非凡才干，并于不久前征服了威尔士。在爱德华去世那天即1月5日，哈罗德立刻被推举为国王，并在爱德华修建的威斯敏斯特大教堂里加冕。

与此同时，通过征服法国的缅因省，诺曼底的威廉公爵的权势进一步增强。我们前面已经了解了在那个时期英格兰国王的挑选机制，而威廉虽然是英格兰王室亲属，但没有继承资格。他提出了几条理由以证明由他来继承英格兰王位是正当的，其中最动听的就是死去的爱德华曾向他许诺了继承权。不过，这种许诺无论是在英格兰的法律还是惯例中都是无效的。由于奖品实在是太丰厚了，所以尽管存在很多困难，威廉公爵还是通过许诺给予土地和掠夺品，说服了大量封建追随者与他一起冒险进入英格兰。

哈罗德相当清楚即将到来的风暴，但当威廉公爵及其军队在秋季到来时，哈罗德的军队还分散在各地进行秋收。那时的北方也出现了问题：哈罗德的弟弟托斯提格（Tostig）——曾在哈罗德同意的情况下被爱德华剥夺了其诺森伯兰郡伯爵爵位——将其所受的严厉惩罚归咎于当地民众，如今他加入了挪威王洗劫约克郡的行列。哈罗德一听到这个消息，马上出发北上，并取得了北方的两个伯爵的帮助。这两个伯爵都是他的姐夫，分别叫埃德温和莫凯雷。不过当他抵达斯坦福附近的时候，得知约克郡已经被敌人征服。不过他还是在斯坦福德布里奇出其不意地攻击了挪威人，并获得了胜利，且杀死了自己的弟弟托斯提格和挪威王。

正当哈罗德庆祝胜利时，消息传来说威廉率领下的挪威人已经在海峡海岸边的佩文西登陆。哈罗德匆忙向南开拔对抗新敌人，但没有军队跟随他。在关键时刻，将王国的管理划分为几个大伯爵领地这个古老英格兰制度的缺点终于让英格兰人尝到了苦果。

我们前面指出，整个王国实际上是处在两个大家族的统治下，即戈德温的后代及其支持者和利奥弗里克的后代及其支持者。

在北方处于危险的时候，作为全英格兰之王的哈罗德获得了北方伯爵的支持和帮助。但当英格兰南方面临危险的时候，北方的伯爵拒绝为哈罗德提供帮助以保卫英格兰。的确有军队跟随哈罗德南下，其中包括必定会跟随的"家奴"。哈罗德还一路收编其他人，但当他最终在黑斯廷斯（Hastings）[1]遇上威廉时，他仍然兵少将寡。哈罗德只有步兵，而且其中一大部分还是没有盔甲的"民兵"。他们的武器主要是老战斧。这些武器曾经实用，而今早已落后了。我们无法确认哈罗德究竟有多少士兵，但确定无疑的是，肯定比威廉的士兵少很多。

虽然威廉的军队的具体数目也不详，但好像有一万二千人左右，其中将近一半是骑兵。虽然其中有很多是威廉公爵的封建仆人。不过，他们仍然是一支由冒险家混合而成的军队。他们不是一支封建军队，而是由希望通过洗劫英格兰致富的一帮人组成的。军队还有来自各个行省的贵族和骑士，他们都效忠于威廉。史学家特里维廉对这批入侵者的描述是最恰当的，他称之为"分享英格兰土地的合资企业"。最后，威廉军团实现了目的。不过，最令人惊奇的不是英格兰首次交战就落败，而是区区不过一万二千人的军队就征服、掠夺了一个拥有一百五十万至两百万人口的国家。事实上，当时的英格兰虽然还不能算是一个国家，但最起码也已经实现了统一。而挪威人的这次入侵也是这个国家最后一次遭受

---

[1] 有些历史学家将这次战役称为"森拉克战役"，但我还是倾向于用这个常用且熟悉的名字。——作者注

外国人侵略——至于在1689年，另一个威廉"受邀"入主英格兰，那就不能算是侵略了。

在接下来的几个世纪里，英格兰之前的原始景色不复存在，变得让人难以辨认，基本变成了给所有外国人留下深刻印象的公园般的景致。如今，当你站在黑斯廷斯的斜坡顶端朝下望，能够看到郁郁葱葱的草地以及稍远处蜿蜒的小溪。谁曾想，这里曾发生过历史上最具决定性的战役呢？不过，面貌虽然有了变化，而地形则依旧。据此也很容易理解当年哈罗德为何选择那个斜坡的顶端，因为这样的话，诺曼人的骑兵要想与英格兰人交战，首先得爬上坡顶。

诺曼人发起了两次冲锋，但都被击退。但诺曼人左翼的佯败诱使一些英格兰士兵冲下斜坡。当敌人出乎意料地转身攻击斜坡上的英格兰人时，英格兰人陷入混乱，不过他们依然以紧锁封闭的栅栏为盾，稳住了阵脚，坚守阵地。威廉命令其弓箭手向天放箭，以让箭能够落在英格兰人的简易防御工事之内。当致命的箭雨停止后，哈罗德及其所有家奴都已中箭身亡，而那些普通士兵中的幸存者则趁黑逃入了黑夜中。

国王和军队都不复存在。那些在伦敦的领袖拥戴埃德蒙德·埃隆赛德的孙子埃德加为新王。不过，他们无法组织起统一的行动来抵抗入侵者。一心只想保卫自己领地的北方伯爵们逃回了北部。威廉的胜利之师洗劫了肯特、苏塞克斯和孤立的伦敦。1066年，埃德加被推翻。在同一年的圣诞日，威廉在伦敦正式宣布称王。而他完成加冕的那个大教堂，正是一年前哈罗德加冕的那个。这是英格兰历史上一个奇怪的现象，即英格兰的王室再也不具有纯正的英格兰血统。其中混杂着诺曼人和安茹人、威尔士都铎人、苏格兰斯图亚特人和如今温莎王朝中的德意志汉诺威人的血统，但就是没有英格兰人的血统。然而，如今的英格兰实现了之前从未有过的大一统。而且，随着获胜的诺曼军队及其跟随者这最后一支重要外来血统的注入，最终融合成现今的英格兰人。

第三章 诺曼人的统治

在不列颠，丰饶的英格兰东部和南部的文明进展通常要比威尔士或苏格兰这些山地要快，这也是不列颠岛的地形地貌特点决定的。而由于不列颠与欧洲大陆的地理关系，英格兰东部和南部这片文明程度最高的地区，也是最易受到攻击的地区。而且，当野蛮人占领这些地区的时候，他们同时也阻止了欧洲文化对英格兰西部和北部产生影响。撒克逊人和丹麦人的入侵，带给英格兰的是其野蛮文化，而非欧洲大陆的文化。而诺曼人的到来，是自罗马之后首次将英格兰带回到当时最先进的文明轨道里。不仅如此，威廉还实现了英格兰的大一统，因此对英格兰来说，威廉的征服不仅是必需的，而且最终还是有益的。

威廉一世：秩序之战

尽管威廉声称自己是爱德华的合法继承人，但他实际上是通过武力征服这块土地的；且这些土地的所有者和居民都立刻感受到了这一事实。威廉面临的任务无疑是巨大的。他必须控制一个人口超过两百万的民族；他还必须控制自己的部属，虽然只有区区几千人，但都是一心只想着掠夺的暴徒。也正因此，威廉对他们的约束力也相当有限。卡努特能够用丹麦税赋打发其部属回国，而威廉就不行，因为他的部属是打算留下来的。认定自己是爱德华继承人的威廉，宣称哈罗德是阻止自己登基的篡位者，并正式宣布没收哈罗德及其追随者的财产。威廉为自身及其诺曼贵族和骑士的利益而展开的这次对英格兰土地和财富的大规模没收，仅仅是个开始。后来的叛乱以及因此而引发的进一步战争，更是为其更大规模的没收提供了借口。

整个英格兰南部，包括威塞克斯的戈德温伯爵的巨额财产，不久就归威廉所有。不过，在麦西亚和诺森比亚，埃德温伯爵和莫凯雷造反了，并得到了威尔士人和丹麦王的儿子们的帮助。威廉称这次造反为"北方人的骚扰"。威廉的报复迅疾且残忍：在约克郡和达勒姆之间，不留一个活口、不留一座房屋。约克郡的大部分人都被屠杀；约克郡、达勒姆和其他区域的农村都废弃了，没有房屋、没有庄稼、没有牲口。丹麦区也归顺了威廉，不过这已无关大局。没有领袖的英格兰人，最终被打趴下了、屈服顺从了，最终整个国家都屈服于威廉的专制（或说是政治才干）所带来的大一统下。

对于威廉来说，仅仅征服英格兰人是远远不够的，他还必须控制住诺曼人，两个种族都要接受管理和控制。威廉曾发誓要维护爱德华的旧法，但其权力又明显地依赖于其部属所习惯的一些封建制度。诺曼人在英格兰全国各地都修建了巨大的堡垒（如伦敦塔），他们借此实现控制。但如同组织松散的英格兰王国走向混乱和虚弱一样，欧洲大陆的封建制度也完全陷入混乱。为了理解11世纪的形势——维诺格拉多夫（Vinogradoff）很恰当地称之为英格兰历史上的"分水岭"——我们就必须忘记现代的政府观，即没有哪个政府或国王是无所不能的，那时也不存在现代意义上的"国家"理念。尽管我们不能详细描述威廉的所有政策，但他的确是想要在某种程度上融合老的英格兰理念和封建制的理念，他也的确建构了一种新结构并藉此开创了他们的长期统治，其中包含了英格兰人生活中的基本要素，如君主制度、拥有大量土地的贵族、地方政府和教会等。

欧洲大陆上的封建制在逻辑上是完美的：在一个由高至低的序列里，顶端是公爵或其他首领，低级别的人向高级别的人提供服务，并以此换取土地使用权。我们前面业已指出，在英格兰实行的封建制度已被大大弱化。但实际上，欧洲大陆城堡里较大的贵族和其他人由于权势很大，以致他们经常不服从上级；而且他们内部也时常有争斗或联盟。威廉则希望能够在他的新王国中避免此类情形。他废除了撒克逊时期的大伯爵领地制度，将这些土地划成小块，分给他的诺曼部属，并要求他们务必将自己的财富分散到全国各地。这样一来，虽然他们的财富总量可能很大，却因为过于分散而无法积攒足够的力量相互争斗，更不用说对抗国王了。这样，国王就能够得到所有分散领地的拥护和服务。

而且，除了与苏格兰接壤的三个郡外，其余地方都是国王直接统治，而不再是由骑士掌控。威廉部分上是通过其封建部属实现控制，同时也借助于一些新官员，尤其是法官来实现控制。这些法官是直接向国王负责的。其中最小的封建单元是庄园主（我们稍后就讲到），而庄园主的领主则直接负责收税。总体来说，除了拨出大片土地（如我们至今仍称之为"新森林"的那块地方）用于狩猎外，威廉的统治还是不错的，他也因而获得了英格兰人的拥护。这也使得他能够在1075年轻而易举地镇压因不满权力受到限制而反叛的贵族们。砍掉诸侯的爪牙最终为王国带来了和平，而和平正好就是普通大众所渴望的。

威廉也并非完全不听建议，尽管他可能只接受他愿意听的建议。威廉有一个由其直属封臣（Tenants-in-Chief）组成的封建政务会。这些直属封臣其实就是直接从威廉那里获得土地的那些人——尽管他们所拥有的土地可能很大块，也可能就是小小的一个庄园。一直以来，威廉似乎只咨询那些"听话"的人。不过，在1086年，即他完成《末日审判书》的那年，也是他去世的前一年，他在索尔兹伯里召开了一次大政务会议。在那次会议中，不仅直属封臣参加了，连大量的间接封臣也参加了，而且都被强迫宣誓只效忠于威廉个人而不再效忠于其他人。这也是与欧洲大陆的封建制的再次决裂。因为尽管每个人都有其领主，而威廉如今却要求他们在国王和领主有冲突的时候，不再效忠于他们的领主而只效忠于国王。

《末日审判书》很好地体现了国王的权力及其细致管理。它是全英格兰的直属封臣、间接封臣，乃至庄园主的土地和其他特定的财产包括所有牛和猪等的记录。其中蕴含的理论含义是说国王拥有所有土地，其他人都只是直接或间接地帮他管理。这是对国王财产的全面、彻底的调查。庄园主以下的那些人都以国王为领主。这样，如今的庄园也取代城镇成为一个政治单元。

并如我们刚才所见，领主拥有自己的法庭，还负责从其佃户那里收税。除了领主法庭外，还有其他法庭如郡县法庭和高层封建贵族的法庭等，但那些触犯了残暴的森林法的犯人就只能由国王法庭来审理。前面已经提到，国王威廉一世的王家森林覆盖了整个王国三分之一的疆域，而且森林法还极其残忍。不过，威廉一世花了很长时间才将教会力量从世俗法庭中驱逐出去。这个举措也使得教会和政府能够分离并各自独立发展。这个做法的重要性是再怎么强调都不过分的。因为如果一直依附于教会法而不是独立发展的话，英格兰的习惯法根本不可能是如今的这个样子。此时，罗马教廷已经丧失了对英格兰的控制，因为威廉一世坚持亲自指派主教和修道院院长。在他看来，这些人的重要性一点也不亚于他的那些世俗封臣们。

  现在我们可以来看看诺曼时期——在征服者威廉一世及其直系继承人统治的时代——的民众生活。我们前面已经提及城堡以及居住在里面的贵族们。这些由巨石修建的堡垒，在英格兰历史上还是首次出现，它们甚至有可能在之前的诺曼底也没有出现过。诸如罗切斯特、吉尔福德和其他被毁坏的城堡，在英格兰农村比比皆是，大家也耳熟能详。而堡主当年建造城堡时遗留的废料如今也已不见踪迹。城堡除了具有"占领"这个可以确定无疑的功效外，最让人印象深刻的就是其建筑风格：典型的圆拱。英格兰如今很多最漂亮的建筑古迹都来自这一时期。虽然城堡基本上都破烂不堪，但威廉却慷慨地资助教会（他在教会里安置了一个强大的世俗领主），他显然想要建立一个同等重要的教会。因而此后很长时间里，很多大教堂尤其是总教堂所获得的资助都要多于城堡。宗教崇拜在延续，同时也需要老建筑。而战争方式的改变，则让城堡丧失了其军事功效。

在威廉一世的超群能力和不屈精神统治下的英格兰，威廉一世之下是强大的世俗贵族、重要的主教和修道院院长，但比这些人更重要的是无数的庄园主和普通大众，尽管他们没那么引人注目。大城堡虽然数量不少，但都是防御工事。而且，阴暗、空旷的城堡里的生活，基本是与这个国家的其他地方脱节的。

此时的庄园大宅与早先撒克逊人的大堂的差异，要比城堡与之前任何建筑的差异都要小。尽管庄园大宅的大堂基本上都是由石头砌成，但在早期，整个大宅的其他部分通常还都是木质的。大堂的陈设和功效基本上与以前一样，现在只是多了一个法庭。在装修简易朴实的大堂后面，是领主及其夫人和显要宾客的起居室和睡房。此外，大宅里还住着见习骑士、乡绅和名门女子，他们在那里学习礼仪和职责，这有点类似于如今的"女子精修学校"（finishing school）。除此之外，里面还有很多仆人和各类随从，他们都睡在大堂里。除了领主的睡房外，那里再没有其他独立的睡房；另外，任何人都没有睡衣，不管是什么形式的。不管在白天还是黑夜，里面的光线都是不足的；窗户没有玻璃；人造光就只有蜡烛和火把。当时尽管有狩猎、游戏、舞蹈、吟诗和音乐等活动，但生活还是相当枯燥的。穷人就只有茅草屋，没有光源，有时甚至连生个火都困难。尽管在庄园主和农民或农奴之间已经产生了一个中间阶层，即隶农和自由佃农；不过起码还要再过几代人的时间，才会出现我们现在所谓的中产阶级的萌芽。

就如司各特（Scott）的《艾凡赫》（*Ivanhoe*）里描述的那样，很多事情都根源于这么一个事实，即诺曼人和撒克逊人这两个种族彼此相邻，但又相互隔离。不过这只说对了一部分。贵族阶层和劳动者阶层之间的巨大鸿沟，是源自封建制的本质而非种族。在很大程度上，语言也是如此。大约在三个世纪里，贵族阶层讲法语，而下层民众则发展出了口头英语，但没有书面语言。法语还是法庭用语，甚至于今天的大多数法律术语都还源自法语。不过，从其自身的社会生活到与他们的从属人员相处中，绝大多数贵族阶层还是双语的。事实上，很多人还讲三种语言，因为拉丁语是教会的官方语言。而几乎所有有学问的人——也就是能读会写的人，都是神职人员，而非普通教徒。在这个大杂烩里，现代英语慢慢发展起来。如此看来，征服者不仅创造了一个国家，还创造了一种语言和文化。

在此我们还要提到另一个后果——尽管其全部影响要在大约一个世纪后才完全显现出来——即长子继承制。在撒克逊时期，几个儿子共同继承遗产，但这并不适合军事－封建制度。威廉一世征服英格兰后，还引入了长子继承制：只有长子才有权继承财产。这样，财产所有权和相应的职责都不会被不断地分割。英格兰贵族体制的一个最显著特征就是，它没有形成像欧洲大陆那样的封闭的社会等级。我们在导言中已经暗示了这一点。在欧洲大陆，贵族的儿子天生就是贵族；而在英格兰，那些年纪较小的儿子可能获得很小一部分遗产也可能完全没有，但不管怎样，他们都不再具有贵族称号。他们不仅要独自谋生、自食其力，甚至还会成为平民。尽管这个制度招致很多反对，但它的确使得大家族能够持续几代人，并在当时创造了一个有弹性的社会结构。总体来说，历史表明诺曼国王带来的这个制度对帝国是有好处的，但也很难说这是否就是塑造了当前英国人生活模式的决定性力量。

不管是诺曼家族还是后来安茹家族的君主，都是法国人，且都能力超群。不过，这一特点并不适用于威廉一世的继任者威廉二世鲁弗斯。他破坏了父亲创下的基业，动摇了他们的统治根基。威廉一世有三个儿子：老大罗伯特继承了诺曼底，外号为"红毛国王"的鲁弗斯继承了英格兰，而小儿子亨利则只继承了钱财。即使在他那个时代，鲁弗斯也是个不知羞耻的道德败坏者，完全不可信赖，也不适合做国王；但他精力过人。

在他继任后不到一年，骑士们就造反并支持罗伯特。他们认为罗伯特可能更容易控制。不过鲁弗斯在英格兰人的帮助下镇压了起义。为了得到帮助，他对英格兰人作了不少许诺，但他重新掌权后就违背了当初的许诺。在他的首席大臣拉纳夫·弗兰巴德（Ranulf Flambard，达勒姆的主教）的帮助下，鲁弗斯提高封建税赋，以致破坏了无数家庭和庄园。他以其臣民的贫穷为代价来累积自己的财富。他还镇压了苏格兰边境上的起义，并在1096年趁罗伯特率十字军东征时夺取了诺曼底。罗伯特的统治同样是可鄙的，只是跟鲁弗斯相比稍微好点。而没有继承土地的亨利在被压迫居民的请求下，在罗伯特的领地里划出一小块地方自治。1100年，鲁弗斯在新森林狩猎的时候被一支来源不明的箭射杀。他的死亡，不管是否有预谋——这是有可能的——对英格兰来说都无疑是好事。

当这个消息传到诺曼底，威廉一世的小儿子亨利急忙穿过海峡抵达温切斯特而后到了首府，并被那里的贵族拥戴为国王，是为亨利一世。而后，他来到伦敦并在威斯敏斯特大教堂加冕，并许诺恢复正义。与他的兄长不同，他信守承诺，并将弗兰巴德关入了伦敦塔。

我们可以跳过这段"正义之狮"统治的历史，其中他成功地控制了造反的贵族们——那些贵族是因为亨利一世按律执法而感觉到权力受限，因而造反。亨利一世所建立的和平与秩序，繁荣了商贸，也带动了农村的发展。从征服者威廉那里开始实行的对贵族的控制，被证明对后来的历史产生了重大影响。在他与罗马教会的较量中，如安塞尔姆（Anselm）所描绘的，他已经预感到还会有更激烈的斗争发生，正如在亨利八世期间发生的那样。还要指出一点，为了取悦英格兰人，亨利一世娶了埃迪尤丝（Eadgyth），也即大家熟悉的马蒂尔达（Matilda）或莫德（Maud）。这是因为在宫廷里，英文名字被认为是粗俗的。通过联姻，阿尔弗雷德和更早的英格兰国王的血统，混入到后来的王室中。

陪审制度与习惯法萌芽

亨利一世死后，其唯一合法的在世继承人就是他的女儿马蒂尔达。大贵族的造反在这个时期引发了接二连三的混战。这让人看到，英格兰即便已获得如此文明高度，也可能陷入血海。事实上，发生在马蒂尔达、斯蒂芬（Stephen）[1]和贵族们之间的战争，战争手段是如此残忍、人们所遭受的折磨是如此恐怖，以致人们说"基督及其圣徒都睡着了"。斯蒂芬死后，王冠最终落入马蒂尔达与其来自安茹的丈夫杰弗里·金雀花（Geoffrey Plantagenet）的儿子亨利手上，是为亨利二世。于是，一支新的国王血脉出现了。

年轻的亨利二世，不管称之为金雀花还是安茹，虽然只有22岁，但其战争经历却是不少。他从父亲那里继承了诺曼底和安茹

---

[1] 威廉一世的另一个子孙。

大行省，且通过联姻还获得了阿基坦。当他着手结束混战、恢复秩序这项艰巨工作的时候，他已经拥有了任何英格兰国王都梦想拥有的最大疆域——英格兰全境和威尔士，以及现今法国西部的大部分，甚至还宣称拥有苏格兰。从苏格兰国王斯蒂芬那里，亨利二世取得了被斯蒂芬抛弃的诺森伯兰郡和坎伯兰郡。如此年轻就拥有如此大权，可喜的是他还没有恶习，且头脑清醒、意志力强、精力充沛！他那从苏格兰边界一直延伸到比利牛斯山脉的大帝国，应该会让他雄心万丈，但他明智地停止扩大其在欧洲大陆的疆域，而是致力于加强他已经拥有的国土内部的管理和团结。

出于对良好治理的渴望，亨利二世意识到他必须得到贵族以下的阶层的支持，而贵族则是稳固秩序的头号大敌。他摧毁了很多为了抵抗国王而兴建的城堡；完成了这项工作后，他开始通过改革和提高法律、司法的管理来巩固王权，并带来了和平与富足。他比前任们更经常咨询王政厅，但他的王政厅不仅有大贵族，还有较小的地主。他们都来提建议并学习治理艺术。

他还对军事体系做了一次具有深远影响的改革。他规定，老撒克逊民兵体系奉养的战士不能被征召离开英格兰，而封建税收制度奉养的战士被征召服役的时间不能超过四十天。尽管亨利二世没有侵略性，但管理其广袤的疆域的确需要一套更好的制度和军队。出于这个原因，且为了削减封建贵族阶层的权力，他与骑士们达成了一项协议：骑士每年支付一定的免服兵役税（保护费），就可以不用提供军事服务。这让骑士可以从繁重的军事义务中解脱出来，也让国王有资金可以随时随地聘请雇佣军。在此，我们可以追踪到英格兰人生活中相当独特且宝贵的要素——乡绅的慢慢兴起。乡绅有强烈的公共责任感，而这种责任感如今将要变成一种民事责任而非军事责任。

斯蒂芬和贵族们挑起了长期战乱，不过战后和平则带来了繁荣和增加财富的机会，这体现在不断增长的物产和城镇上。后来，尽管自耕农的春天还没有到来，但作为所有政府的主要力量和平衡器的中产阶级已开始得到发展。这个中产阶级对和平与秩序的热爱，对亨利二世实现掌控其贵族们的作用，甚至比其他任何武力都重要。

亨利二世为了实现社会文明而试图招抚贵族们，他们位于社会等级的一端，而另一端则是农奴和隶农。后者被永远束缚在他们出生的土地上，他们就像是土地里长出的树一样，是一种有形的资产。他们与土地一起被买卖，常被领主抽取很多不公平的税赋，在某方面来说他们只不过是奴隶，尽管他们从未沦落至像法国农民那样的悲惨境地。在英格兰，每个农奴和隶农都有一点自己的土地并共同使用"公地"。而且更重要的，他们具有一定的法律权利。尽管亨利采取了一些措施来改善他们的境况，但真正起决定作用的还是改善后的司法制度。

尽管事实上农奴不可能在"国王法庭"中为自己辩护，不过，当所有司法都得到改善、人们的法律和司法意识提高后，隶农的确获得了进入庄园法庭的机会。而且他们不再只是奴隶或动产，他们可以在庄园法庭上反驳其领主。领主不能再为所欲为。据说在领主的法庭里，即使面对法官和自由民，隶农都有权坐着。他们的服务、过失、税赋，以及对自己的小块土地和自由时间的权力，不是某人的突发奇想所给予的，而是由"庄园惯例"所赋予的。尽管他们生活困窘、艰苦且无法翻身，但对他们的剥削已有所抑制，这是欧洲大陆的农民所不具备的。

亨利在司法领域所做的一个重大进步是他的双陪审团制度。在旧制度里，确定一个人是否有罪的方法是让他在烧红的铁块上走过或通过其他"严峻的考验"。早期的制度根据他人的保证来宣告被告无罪，后来的审判则由决斗来定夺，而这些在任何情况下都与真相或正义没有丝毫联系。如今，我们已无法去估测这套制度究竟造成了多少冤假错案，以及民众因此所遭受的苦难。

亨利开创了双陪审团制度。一个陪审团，由十二名具保人（即事件目击者）组成——如果能够找到这些目击者的话，而如果找不到目击者就找可能的知情者替代。陪审团必须达成一致裁决才能作出判决。如果不能达成一致裁决，就增加陪审员，直至有十二人达成一致。这无疑是我们现代陪审员制度的发源，尽管在重要的细节上它仍然不同于现在，不过与先前野蛮和不合逻辑的定罪方式相比，这无疑是个巨大的进步！

亨利创立的另一项陪审团制度，与我们现代的大陪审团制度相近。在每个县，他都组织了这样一个陪审团，这个团体是从每一百人中选出的十二人、每个镇选出的四人所组成，他们的职责就是要"代表"受害者控诉罪犯。用我们今天的话说，如果他们"控诉"，那么嫌疑人就必须通过严峻的考验。而且，就算嫌疑人通过了考验，如果他被大家断定为是臭名昭著的坏蛋，那么他也会被驱逐出英格兰。这种做法虽然也挺不好的，但比起之前所谓的司法，仍然是个进步。

正如我们稍后将看到的，新的国王法庭和司法制度尽管也存在缺陷，但其功效甚大，其中一个巨大影响甚至连亨利自己都没想到。亨利恢复了巡回法庭，渐渐地，在全国范围，国王法庭逐渐取代了郡县法庭和庄园法庭。这种做法无疑是一种进步，因而很受欢迎；而国王为了得到罚金和其他额外补贴[1]，也想尽办法尽可能多地提审案件。这最终发展出一套新的法律体系，它不属于欧洲大陆上土生土长的那两套法律体系，即罗马民法和教会法。当教会法庭还独立于世俗法庭的时候，它采用的就是教会法。英格兰的律师，虽然也研究罗马民法，但更喜欢借助惯例和判例来结案，而非通过引用枯燥的法律条文来结案。得益于国王法庭的普适性，大量的案例法和判例得以发展起来，并最终形成了英格兰的"习惯法"——英格兰的习惯法和欧洲大陆的法典几乎完全不同。亨利二世也由此奠定了现代英格兰法律体系的基础。

不过，国王法庭还和财政部关系密切。财政部能够被用来、也曾常被用来增加税收和王室收入，在亨利二世的继任者手里更是如此。后来的综合巡回法庭变成一种臭名昭著的敛财方式，其手段既不合法，也不合乎正义。国王通常指派一名专员到郡县检查法官和自由民过去几年的每项事务，每发现一个错误他们就会索取罚金。在这套制度内，为了君主的利益而进行勒索的可能性是显而易见的。

在我们结束亨利二世的法律改革这个话题前，必须提到一粒终将成长为恶魔的种子，并祸害了接下来好几个世纪里的大部分人。当然，这粒种子并非是亨利二世有意种下的。总体来说，国王是个好法官，但也犯了一个无法挽回的错误。当年轻的国王刚上任时，他任命伦敦的托马斯主教——也即后来为大家所知的托马斯·贝克特（Thomas Becket）——为其大法官，后来还很不幸地任命他为坎特伯雷大主教，让他成为英格兰教会的首脑。当上大

---

[1] 在当时，只要检查出判例中有差错，王室就能得到一笔罚金。——译者注

主教的贝克特马上表示他不能同时侍奉两个主人,即上帝和国王。最终,他选择了教会,并辞去了他本来做得很好的大法官职务。

各种缘由挑起了国王和大主教之间的争执,其中就包括这么一起事件:一个已经承认犯有强奸罪的教会神职人员,被教会法庭宣告为无罪。在克拉伦登召开的王政厅上,国王草拟并认可了后来被人们称为《克拉伦登宪章》(Constitutions of Clarendon)的决议。在其中所列的十六点中就有这么一点:触犯法律并被教会法庭宣判有罪或自己认罪的神职人员,将被剥夺神职人员豁免权并被转到民事法庭接受惩罚。而贝克特强烈反对取消神职人员的豁免权。在此,我们要回想一下之前已讲过的,"神职人员"这个概念实际上包括了所有能读会写的人,尽管他可能并不具有圣职也非教会教士。但国王与其前大法官之间的分歧和争执远不止这些。

贝克特逃到法国后,亨利二世驱逐了四百名贝克特的支持者。贝克特并没有从法国那里或当时相互竞争的两个教皇那里得到期望的帮助。不过,他依旧有做大主教的机会,亨利二世也一直没有任命新大主教的意思。在贝克特逃跑大概六年后,亨利为了让其长子继承王位而由约克大主教加冕,其他主教也参与了加冕礼。贝克特随即发表声明,宣称只有坎特伯雷大主教能够为国王加冕,并开除了所有与会者的教籍。而后,亨利表示既往不咎并允许贝克特回国作为一个过渡方法。不过,贝克特回去后拒绝撤销之前开除教籍的决定。盛怒之下的亨利二世咆哮说没人帮他对付这个"傲慢自负的家伙",没人为自己报仇。

四名骑士立即前往坎特伯雷,在与大主教争辩后将其刺杀于大教堂中。大主教的傲慢和不屈脾气,以及他对国王的无礼,让其自取灭亡。不过,贝克特因为拒绝赞同《克拉伦登宪章》等行为而招致谋杀的事实也激起了民愤,并随之抵制《克拉伦登宪章》。而《克拉伦登宪章》所体现的进步性也就随之被抛弃。民众对贝克特的同情也让其坟墓成为英格兰如今最为著名的朝圣地之一。册封神职人员或次级神品的权力再次回到教会法庭而非民事法庭手里这一事实,造成了恶劣的法律滥用。这种状况一直持续到中世纪。

亨利二世马上认识到了愚蠢的骑士给他的政策带来的灾难的全部实质。当亨利二世听到贝克特被刺杀的消息时,他正在安吉坦的坎廷内特。整整三天,他不吃不喝也不说话。此时,英格兰的整个教士阶层都对亨利二世怀着敌意,平民也在殉道者贝克特的坟墓旁传颂其非凡事迹,贵族们觉得自己力量强大,足以挑战亨利,法国国王也对亨利二世满怀敌意。而罗马教皇则被阻止开除英格兰国王的教籍,只是因为亨利二世的信使已向教皇无条件投降。英格兰陷入混乱之中,此时的国王亨利二世已难以找到一个安全的容身之所,于是求助于其时正处于混战中的爱尔兰。

在爱尔兰,丹麦人正和爱尔兰人打仗,而爱尔兰人内部也在相互攻伐。但在1154年,阿德里安四世,唯一成为罗马教皇的英格兰人,将国家交予亨利二世。阿德里安认为不列颠所有岛屿都属于圣座,自己完全有权处置。亨利二世于是回到爱尔兰,而暴风雨使得他在二十周内都无法收到英格兰的任何消息。尽管他无法征服岛屿并实现和平,但他的确做了很多工作以阻止封建贵族的壮大。而封建贵族的壮大则会进一步强化那些反对他的贵族们的力量。尽管如此,贵族们还是在1174年造反了,英格兰也实际上陷入了内战。亨利二世的儿子还加入了贵族的阵营,反对其父亲。这个忘恩负义的继承人宣称经过在英格兰的加冕礼以及在法国的第二次加冕礼，他已经是新的国王了。为了镇压叛乱，亨利二世在英格兰特地请了雇佣军。在雇佣军的帮助下，亨利二世镇压了叛乱。当再次掌权时，亨利重组了老英格兰"民兵"组织。这表明他想要在自己力所能及的范围内，借助英格兰人的同意和帮助来实现统治，并保护他们免受封建贵族所引起的混乱和国王所造成的王权专制的危害。这可能是亨利二世最伟大的成就，他为英格兰指出了一条康庄大道。不过，亨利二世在其最后岁月里却被儿子们的争吵所激怒并备受困扰。尽管亨利二世和儿子理查德都发誓要发动十字军东征，最终他们之间却爆发了战争。法国的腓力二世时而支持亨利二世，时而支持理查德。而亨利二世最喜爱的儿子约翰则支持兄弟理查德，反对父亲。

亨利二世于1189年死后，其子理查德被拥戴为亨利二世的所有英格兰和欧洲大陆领土的继承人，是为理查一世。被称为"狮心王"的理查德，是个善良、彬彬有礼的勇士，但不是一个政治家。他是个典型的游侠骑士，有自己的骑士道，追求无休止的冒险。在英格兰的历史中，他的统治就像是一段奇怪的幕间休息。他不是个像他父亲那样的管理者，他更喜欢在欧洲领地内生活而非在英格兰。他的首要愿望就是要发动十字军东征。而在他东征的时候，他那不忠诚且不得人心的兄弟约翰密谋反对他。

此时，与奢华的东方相比，欧洲仍处于粗野的半开化状态。此外，不仅基督教的圣地——耶路撒冷落入了异教徒之手，初生的西方文明更是长期害怕来自东方的蹂躏和征服。不过，在这个时期，由于各种变化的到来，如匈牙利人的基督化，使得这一趋势似乎有可能发生逆转。西方人似乎能够发起东征，收复基督教的圣地。连续的十字军东征，完全展现了当时的骑士气概和宗教信念。尽管每次十字军东征的胜利程度和重要性大不相同，也并没有完全实现它们的目标，但仍然对欧洲大陆和英格兰的生活造成了重大影响。阿拉伯人和拜占庭人均对西方的商业、社会和精神生活具有重大贡献。想要得到的，最终却失去了，而不想得到甚至是被鄙视的——如科学、商贸、艺术和更高的生活水平——反倒得到了。

理查德的统治，除了为令人厌恶的约翰继任铺平道路，并激起叛乱和《大宪章》的诞生外，几乎没有给英格兰留下什么印记。理查德在主政之初就离开国家，且只在中间回国一小段时间。而在他离开之前对其政府所作的草率安排，无疑相当于为约翰的入主敞开了大门。

1192年，理查德从其不成功的十字军东征返回的路上，被奥地利公爵抓住并被移交给神圣罗马帝国皇帝亨利六世。亨利六世为此索取十万英镑赎金，那时的十万英镑可要远比如今的十万英镑值钱。为了凑足赎金而必须收缴的税款还是相当沉重的，并表现为多种形式，其中包括25%的动产税。尽管如此，赎金最终还是付清了。当理查德回到英格兰，约翰觉得最好还是屈服。不过，当他收集到所有可能的钱财时，理查德最后一次离开英格兰去了他热爱的阿基坦，保护其在欧洲大陆的领地免受他另外一个兄弟菲利普的攻击。不久，他就死在盖拉德城堡里，这座华丽的坚固城堡位于塞纳河边，被其称为"美丽城堡"。一个其父亲和两个兄弟都被理查德杀害的人，用箭射伤了理查德。几天后，理查德死于由此患上的败血症。尽管理查德听到背后的缘由后赦免了那个射伤他的人，但其随从还是将那人折磨致死。这也算是那个时代所特有的骑士品质和野蛮行为结合的一个典范。

《大宪章》面世

理查德没有孩子,他死后,亨利二世的在世男性继承人就只剩下理查德的兄弟约翰及其侄子亚瑟了。那时仍盛行选举国王,贵族们最终开会推选了年长的约翰而非年幼的亚瑟,是为约翰一世。但事实证明,几乎没有比约翰更糟糕的国王了。不过,在他统治期间,还发生了英格兰历史上伟大的里程碑事件,尽管对此存在很多误解。

我们首先必须了解约翰对欧洲大陆的举措以及他与教会的关系。约翰一世就任时,他获得了诺曼底和阿基坦的支持;但安茹却宣布支持他的侄子亚瑟,而且亚瑟还得到法国国王腓力二世的支持。于是战争爆发了。后来腓力二世和亚瑟发生了争执,约翰获得了喘息的机会。但在此期间,约翰除了激怒普瓦图的贵族外一事无成,这也为他自己树立了新敌人。由于厌烦了其妻子,约翰找来了几个阿基坦主教为他出具了离婚判决书,而后娶了普瓦特万一个贵族的未过门但已订婚的女子做新娘。腓力二世再次加入了约翰的反对者行列。在接下来的战争中,尽管约翰擒获了年轻的亚瑟并被传闻亲手杀害了亚瑟,约翰最终还是丧失了诺曼底、缅因、安茹、都兰全部,以及部分普瓦图。亨利二世在欧洲大陆的帝国就只剩下普瓦图省的部分地区和阿基坦了。

1205年,约翰一世与坎特伯雷的基督教堂的修道士发生分歧。修道士名义上有权选举一个大主教来接替已去世的休伯特·沃尔特(Hubert Walter),不过约翰不同意。次年,教皇英诺森三世任命斯蒂芬·兰顿(Stephen Langton)继任,解决了这一争端。这的确与惯例相违背,但约翰一世显然没有亨利二世的手腕,也未能像亨利二世那样走出困境。愤怒之下的约翰，驱逐了修道士。作为应对，教皇于1208年发出废止英格兰教权的禁令。所有教堂被关闭，除了洗礼和给临终者的涂油礼外，所有圣事都被暂停，甚至连葬礼上的颂文都不再诵读了。

这一事件中有两点很有趣。一是，早在两个世纪前，格里高利就想正面攻击国王，而如今的教皇则感到在他全力发动正面攻击前必须说服民众并燃起"逆火"。二是，约翰一世如此不得人心，以致民众和教士都支持教皇而反对他。可能是出于对终极自由的渴望，约翰愚蠢到完全没有注意到自己鲁莽行为的后果，他不仅夺取了那些服从教皇的教士的财产，并要求控制贵族们的长子为人质。这样，他让自己成为贵族、教会和民众的敌人。

在1209年，教皇进一步采取举措，开除了约翰一世的教籍。尽管国王试图封锁这个消息，但全国人民还是知晓了。国王早已开征了各类苛捐杂税，如今更是通过监禁和折磨来掠夺财富。他借此从犹太人那里榨取了四万英镑，并逼迫修道院院长和西多会修道院捐献了不少于十二万七千英镑。一些贵族反叛时，他们那些作为人质的儿子都被杀害。教皇的下一步也是最后一个举措，就是威胁约翰如果不让步就罢免他，并封准备侵入英格兰的法国国王腓力二世为王。

约翰一世深知他的军队根本信不过，最终顺从了教皇英诺森三世。他同意上交贡金并甘愿成为教皇的臣属，而不再是不受约束的自由国王。暂时保住王位的约翰开始想着夺回其在欧洲大陆失去的领地，但贵族们拒绝随他东征。被愤怒吞噬的约翰想要对付那些不顺从的贵族。但兰顿大主教则威胁约翰真敢这样干就开除他的教籍。后来，尽管国王的确带着一些贵族跨过海峡，但他在1214年的布汶（Bouvines）战役中一无所获，最终只是背负着沉重的债务回到英格兰。

如今已到了约翰一世和贵族们之间最终较量的时候。约翰要那些没有跟随他征战诺曼底的贵族上缴一笔极高的款项；作为回应，贵族们在贝里·圣埃德蒙兹聚首，并发誓要迫使国王依照亨利一世的宪章进行治理。约翰求助于外国雇佣军，而贵族们也养了一支军队与之对抗，这支军队还被允许进入伦敦城。英格兰正变得越来越像如今的英国。它已经不再只是盎格鲁－法兰西帝国的一部分，因为英格兰在欧洲大陆仅剩的领地如加斯科涅和波尔多等，不再是以前自海峡至比利牛斯山脉间的广袤区域了，因此欧洲大陆对英格兰所能施加的精神和政治影响都比以前小多了。

现在，兰尼米德（Runnymede）进入了我们的故事中。对此，我们需要做些注解。有两个学派的历史学家，一个是伟人学派，他们从领袖个人（不管是好的还是坏的）身上去寻找事件的根源；另一个学派则倾向于从整体社会力量和信念中去寻找根源，认为历史的进程不受个体的影响。在我看来，真相往往是在这两者之间，正如历史常常表明的那样。社会力量和伟人均对事件有影响，且两者需要在合适的时间和地点恰当地结合起来。在现在这个例子里，约翰就是个体因素。但与此同时，社会力量也在一定程度上导致了危机的到来。

考虑到英格兰人固有的种族性，他们时常陷入两种危险：一个是由于中央政府的软弱而导致的混乱危险，一个是专制统治导致的危险。因此，英格兰有必要发展出一套强大的君主制度，它既要能够控制贵族和平民，但同时又能够避免陷入纯粹的独裁统治。英格兰自被征服并实现一统之后，诺曼国王和安茹国王中的最强者最终实现了这个目标。但理查一世和约翰一世的统治却使之再次陷入危险。君主原则代表着命令,而贵族们持之以恒的抵制则代表着地方自治及对暴政的抑制——尽管两者实际上都出于自私。英格兰后来的历史在很大程度上就相当于钟摆,从一边摆到另一边。就如研究《大宪章》的第一权威麦基奇尼（McKechnie）所言,"早期英国历史的主要情节集中于努力寻找一种强大的君主制度,并对这个强大的力量加以制约"。

早期的诺曼国王和安茹国王赢得了秩序之战。亨利二世是个独裁统治者,但并非暴君。不过,自他死后,在理查一世和约翰一世的统治下,斗争的目的已从建立秩序转移到保卫自由上——这始于1173年贵族的反叛。这些贵族努力保卫他们的特权,为了自己而战——尽管是无意识的。不过,他们还未能取得胜利,因为不管怎样,亨利二世还是克服了困难并保住了教会和民众的拥护。在1215年,整个形势完全不同了。不过,大权在握的约翰一世并没有提供良好的治理作为回报,反而疏远了教会和民众。约翰与教会闹翻并压迫民众,这样,贵族们就获得了教会的支持和合作。教会在兰顿大主教的领导下,俨然已经成为所有阶层的领袖。

国王的地位如此不稳固,以致他不得不于1215年6月到兰尼米德去会见正在开会的兰顿和贵族们。除了兰顿外,这些贵族都是一般角色,但他们代表着王国的绝大多数贵族及自由民的民意。几天后约翰一世被迫签署《大宪章》,这是英格兰历史上影响力最大同时也是最为人所误解的文献之一。

《大宪章》实际上是一个协议,国王承诺纠正其治理中的不当之处,并作出具体担保。在所有民族中,英格兰人是最不善于花言巧语和抽象概括的。他们以具体的事实或情景为基础作出判断。

在这方面，他们显然不同于法国人和美国人。这也是在帝国后来的扩张和美国历史中，美裔英国人变得和英国人如此不同的关键所在。关于这点，我们还将在这一卷的最后一章里提及。英国人不相信任何概括性的政治真理是"不证自明"的，也不认为有任何政治原理是可以适用于任何地方、任何时间的。他所知道的或者其生物有机体切身感受到的是，对其财产的侵犯、对其穿过田地的古老权利的否认、对其惯常的行为方式或其与政府和税收等的惯常关系的干涉。所有这些都已被英格兰人看作是个人"权利"。

这就是1215年发生的事情。贵族们觉得长期以来他们的权利或是他们在具体权利意义上而非抽象意义上所谓的"自由"，受到越来越多的干涉。他们反对征收过高的税赋及其他类似的情况，如法律案件从他们自己的法庭中持续地被移交给国王法庭。而且，他们还明白了其他两件事情：一是在与约翰的战争中，他们必须取得教会和自由民的支持；二是他们不能在英格兰建立一种像欧洲大陆那样的老式封建制度。从威廉一世到亨利二世，这些国王在集权化、创建秩序上，其实都做得很好。

结果就是，《大宪章》极其技术性的措辞里没有关于自由的任何抽象概括——在那时也没有一个人能够理解或是关心这个问题，它所包含的只是为改善上述三个阶层的境况而作出的具体举措。事实上，只有那些熟知当时社会和法律状况的人才能够真正理解《大宪章》。不过，历经多个世纪，《大宪章》的含义也发生了变化。《大宪章》里的表述，在1215年有一个含义，但在后来其含义则更加宽泛，也大大不同。比如，《大宪章》并没有赋权给审判中的陪审团或是其中的个人，而只是赋权给自由民和位居他们之上的那些人；这实际上还没有触及广大的农奴和隶农。但当农奴制度被废除后，这些农奴和隶农就都自由了。那么之前条款的含义也就自动扩展、延伸了。不过尽管如此，我们也还不能说议会的建立、无代表不纳税的原则都来自《大宪章》。

另一方面，《大宪章》也的确孕育了这些种子。各个阶层（除了最底层）要求国王作出书面承诺，并为建立萌芽阶段的君主立宪制度共同努力。可能更为重要的是，不管其在历史上是对是错，《大宪章》都将成为后来自由的守护神——部分源于传统，部分因为曲解。英格兰人往往从过去寻找先例，因而，以君主和人民间的古老协议为基础为所有阶层索取越来越多的权利的行为，尽管可能是虚伪的，但其价值无疑是巨大的。至于这种行为的直接效应，是让教会获得了其令人尊敬的特权；在农村的直属封臣只需支付固定的税款，没有王政厅的同意没有人能够再向他们课税；伦敦等城镇也得到了《大宪章》赋予他们的特权；一般的自由民得到了不会被无故罚款或关押的保证。

王政厅与《牛津条例》

因罗马教皇收回开除其教籍的誓言而继续得到教会庇护的约翰一世，拒绝失败并借助其雇佣军与贵族们对抗。内战再次爆发，并持续了一段时间，贵族们还邀请法国国王的儿子加冕为英格兰王。双方本来多少还是势均力敌的，但在1216年10月，约翰一世的逝世为和平继任敞开了大门。教皇随后也死了，而新教皇对英格兰走向自由之路的阻碍后来被证实没有英诺森那么大。约翰年长的儿子（即后来亨利三世）当时只有九岁。尽管他未成年，但人们认为一个孩儿王也比让外国人当国王要好,因而亨利三世继位。这体现了英格兰民族的进步,它不仅考虑到对小孩当国王的偏见,同时也考虑到了其中实实在在的危险。

法国人随后被驱逐,而出于对贵族们不信任的增加及对回到封建混乱的恐惧,软弱且不可信赖的年轻国王亨利三世还于1216年和1217年两次修改了《大宪章》。修改后的《大宪章》赋予了国王更多权力,"只有王政厅才有权准许征收附加税"这一内容也被删除。不过,亨利三世倒是很愿意将权力托付于卑鄙的亲信心腹,而且大部分都是外国人,尤其是当他与普罗旺斯的埃莉诺(Eleanor)结婚之后。在机缘巧合之下将会成为英格兰贵族的领袖和亨利三世首要敌人的西蒙·德·蒙德福特(Simon de Montfort),就是个来自诺曼底的外国人;他同时还是英格兰的莱斯特伯爵。蒙德福特继承了莱斯特伯爵称号和财产后的短短几年后,就从欧洲大陆来到英格兰并娶了国王的姐姐。不过,不仅英格兰的贵族们转而反对他,不久连反复无常的国王也反对他,表面上的和谐终被证明是毫无意义的。

接下来的几年,对于现代英格兰的发展极具重要性。当国王坚持要开战以收复在欧洲大陆丢失的领地时,王政厅畅所欲言,并明确拒绝给予任何金钱资助。亨利三世的尝试失败了,但带回了更多外国人。这也让英格兰人大为反感。在教皇的放纵下,教会也同样变得不受管束,其不满也急剧增长。1244年,教会和贵族加入抗议亨利三世的行列,并建议应由正逐渐演变成议会的王政厅而非国王自己来任命执行官。这一举措已经大大超越了当时那个时代,并预示了议会政府和内阁负责制的现代体系。当然这也引发了给予贵族们过大权力的担忧,且这个体系也需要其他阶层拥有更大权力以相互制衡。如果没有一个强大的中间阶级,如此这般的议会政府在实践中是难以想象的。

不过,新的事件不久将促使政府迈出另一步。其中的原因包括:亨利三世在欧洲大陆持续的冒险及对金钱的需求;英格兰教士反对教皇无休止的敲诈勒索并将教会钱财转移给亨利三世;国王的糟糕管理危及所有阶层。1254年,当亨利三世在欧洲大陆的时候,他的妻子和兄弟留守英格兰并摄政,他们召开王政厅以为国王筹集前所未闻的巨额钱财。

这次王政厅的成员不仅包括了传统上有资格的与会者,每个郡还有四名骑士与会,这在王政厅历史上还是第一次。不过,这些骑士估计也只是想在其中声明他们在自己的郡县里究竟可做哪些事情。这次王政厅的代表基础的扩宽,对于其发展为后来的议会具有无与伦比的重要性。当王政厅里只有教士和贵族时,总是存在将整个国家都卖给国外教会的危险,又或是存在回到古老的封建混乱状况的危险:因为贵族们力强势大,以致他们可以挑起彼此间的内战。然而,如果爱好和平与秩序的郡县底层地主能够参与到管理事务中,那么整个情形就会完全不一样。

1265年的议会是我们故事的转折点。在此前几年的事件,我们就快速跳过不论。国王和教皇的索取都比以前更多。为了其在意大利战争的利益,教皇要求英格兰教士上交他们十分之一的收入,就如当年十字军东征所要求的一样。1258年,亨利三世不顾收成不好和人民忍饥挨饿,索取全英格兰三分之一的岁入。议会于威斯敏斯特召开,贵族们全副武装参会,骑士等底层地主更是如此。会议最终通过了《牛津条例》(Provisions of Oxford)。这一条例弱化了国王的权力,却赋予了贵族们太多的权力,以致贵族们几乎无所不能。旧的王政厅（或称议会）被十二人组成的群体废除、取代。这十二人全部由贵族挑选，他们与另外由贵族控制的十五人组成的政务会一起，每年开三次会讨论大事。没有这些人的同意，国王也不能采取任何行动。

麻烦和危险也随之出现了。西蒙·德·蒙德福特之前虽站在贵族一边但得不到信任，同时也被国王所憎恨。如今，他转向了更为广大的一方——老百姓，并提出要周全地考虑老百姓的诉求。居中调停的法国国王路易九世正乐于见到这种情况，因而完全没有着手解决这个问题。1264年，蒙德福特成为由贵族、城镇市民和郡县骑士所组成的军队的首领。在刘易斯（Lewes）战役中，国王亨利三世及其儿子均被俘虏。

大权在握的西蒙伯爵，任命了三个推举人，其中就包括他自己。这三个推举人负责推选出负责提名国务大臣的九人委员会。不过，他也召开了议会，成员不仅包括贵族和教会领主，还包括了各个郡县的骑士以及每个城镇的两名代表。这个进展已超乎想象，1265年的议会已经完全超越了它那个时代。林肯的格罗塞特特（Grossetete）主教是那个时期最有才干、最聪明的人，同时也是蒙德福特的朋友和顾问。尽管议会接下来的发展速度放缓，但在格罗塞特特的帮助下，他们还是一起为议会的发展指明了未来方向。且这次会议已创造了一个先例，并孕育了一个将会结出累累硕果的理念。

此外，不久后将继任王位的亨利三世之子爱德华一世，被教导说要依照法律进行统治。在伊夫舍姆（Evesham）战役中，尽管爱德华打败了西蒙伯爵的军队，并在该次战役中诛杀了西蒙伯爵，但爱德华继承并发扬了蒙德福特的议会理念。对蒙德福特的能力及其是否公正无私，人们存在着不同的看法；但蒙德福特对英格兰的贡献则是无可置疑的。或许，现在是蒙德福特离开历史舞台的时候了。因为蒙德福特是个独裁者，而英格兰需要的是一个国王，而不是一个地位远在其同僚之上的大贵族。幸运的是，爱德华一世就是这样一个国王。伊夫舍姆战役之后，亨利三世将其绝大多数权力移交给爱德华。直至1274年亨利去世时，英格兰基本已在爱德华的掌控中。因此，尽管其时爱德华带领十字军东征在外，他仍然被平静地接受为其父亨利三世的继承人。继承王位的爱德华返回英格兰，而此时的英格兰也正逐渐变得越来越像后来的英格兰。而从现在开始，我们也将更多地关注现代不列颠和帝国种子的成长。

第四章 / 爱德华一世：中世纪的不列颠

在上一章，我们追溯了英格兰历史的起源直到罗马人、盎格鲁－撒克逊人、古挪威人、丹麦人和诺曼法国人对不列颠野蛮原住民的征服。前面所述的很多内容，很多看似与现代大英帝国无关，但也并非没有影响。我们现在开始进入的时期，是个展望未来而非回顾过去的时期。接下来我们将会时不时提到的克雷西战役和阿金库尔战役、治安法官（Justices of the Peace）的出现、严重劳工荒的开始以及其他概念，这些概念至今仍鲜活地存在于英国人的日常生活或传统中。相比较而言，罗马人的占领、撒克逊人的立法会议或是维京人的战役等则未能如此为人们所铭记。

如果暂且把这本书当作是帝国的传记，我们前面已经描述了帝国的地理、祖先及其童年时期，如今我们就来看看它的青春期。后来的都铎王朝可以说是帝国的成年期，而全面成熟期则要更晚了。这些事件和背景看似对后来的帝国没什么影响，却为其民族品质和很多制度的产生播下了种子。此外，正如我们在罗马时期看到的那样，货币制度的堕落和通货膨胀是促使古老罗马文明衰落的重要因素；在这一时期，则是由于固定的工资和价格——这在当代也会离奇地重演。

行会与学院诞生

这一中世纪时期的首要特征就是社团精神（corporate spirit）的发展。历史本身并没有清晰可分的间隔，生命的激流也总是川流不息的，而年份、朝代或者世纪都只是对时间的一种便利性划分。每一件事情均与过去和未来相连，但不同时期的重点却是不一样的。而这个时期的重点有两个：一是修道士的出现，他们强化了教会对普通大众的控制；二是大学、手工业行会和议会的发展，这又有助于增强人们对公共生活和社团生活的感情。

我们前面业已论及教会作为一项制度的重要性。不过，教会的权贵几乎都是政治家而非宗教领袖，起码是有时表现得更像政治家。而僧侣尽管努力学习知识并救助穷人，却并没有对修道院及其富饶土地上的宗教生活产生重大影响。据我们所知，许多无知的教区教士也未能造成重大影响。教会是有影响力的组织，有时甚至是统治性的组织，但它缺乏一种能够为普通人带来振奋和归属感的精神。

多明我会和方济各会于13世纪早期就在英格兰获得了立足地。在接下来的两个世纪，尤其是方济各会服侍民众并让教会保持生命力。立誓要消灭贫穷的他们，时常会在穷人和病人简陋的家里提供帮助。他们虔诚地到处布道，似乎是想要复兴真正的、伟大的宗教。不过，他们最终还是抛弃了消灭贫困的誓言。而他们修建的小修道院以及他们发展当时的哲学知识和科学知识的立场，都与圣弗朗西斯的愿景格格不入。不管弗朗西斯是否将他们当作追随者，罗格·培根（Roger Bacon）、邓斯·司各脱（Duns Scotus）和其他人都是方济各会的修道士。尽管随着财富的增加和生活日渐安逸，方济各会随之堕落，但它在15世纪仍广受欢迎。可以肯定的是，方济各会对英国人至今仍很强烈的宗教精神的创造发挥了极强的影响，它也是导致爱德华八世逊位的一个原因。

中世纪的社团生活，可能在大学和行会里表现得最为明显。12世纪的文艺复兴是15世纪那次伟大的文艺复兴的先导，其主要内容是经院哲学，极少涉及科学、文学或艺术。相比之下，现代人对它的兴趣也要小得多。不过，它依然具有显著意义。它激发了求知欲，打磨了作为工具的思维，最重要的是，它创建了大学。在帕多瓦、巴黎、牛津、剑桥等地，起初只是在老师的周围聚集了一帮学生，没有建筑，没有设备。后来，为了给一些学生提供住宿和便于管理，人们建起了学院（英国意义上的学院，而非美国意义上的大学）并给予捐赠。考虑到那个时期仍被很多人看作"黑暗时代"，当时学生的数量已经相当壮观。

这些学生通常来自远方甚至外国，如苏格兰。与英格兰的大学相比，他们更喜欢法国和意大利的大学。这些雄心勃勃、好争辩的年轻人聚在一起，肯定会在思想上相互激发。这些学生大多来自下层社会，如英格兰的农民和城镇平民。对于他们来说，上大学是获得工作的一个保障，而上层社会则不需要这些。实际上，不仅是教育多半采用了社团形式，商业雇主和工匠亦如是。社团，已经成为这个时代的典型特征。

商人行会历史悠久，已无法考究其起源。它是一个城镇里的商人的联合，目的是要垄断、管理和控制行业经营。不过，在这一时期，商人行会的重要性已不如很多迅速成长起来的手工业行会。在很大程度上，也正是这些手工业行会破坏了商人行会的全面垄断。这样一个被称为"行会"（mistery）或公司的手工业行会，通常囊括了一个城镇里特定行业或职业的全部工匠或手艺人。手工业行会主要负责维持工艺的质量；此外，它还负责调控熟练工人的合理工作时间和工资。手工业行会还具有一些社会功能和宗教功能，如特殊的礼拜、各类庆祝活动，如盛装游行。当时的盛装游行活动，在流行程度和精细程度上都比以前提高了，并且至今仍为英国人所热爱。

在14世纪，存在这么一个趋势，即某些艺术或商业领域中的熟练工人建立了自己的行会，这是独立于他们雇主的行会。不过，这个努力远非像德国的那么成功。最后，工匠的行会似乎都从属于雇主的行会，或是再次被后者吞并。争执似乎源自对工作时间和工资的分歧。与我们后来将会碰到的情况相比，一个城镇中某个行业里的此类争执算是比较容易处理的了。不过，根据我们已经指出的那些变化，如教会对贫民的吸引力、大学对那些之前根本没听说过大学的人开放以及多种多样的行会等，显然，我们现在所讨论的这个时代更加复杂，下层社会在其中扮演的角色也比之前的任何时代都要重要。

爱德华的外交与战争

我们前面在讨论英格兰命运的时候，已经提到过威尔士、爱尔兰和苏格兰。从现在开始，它们将在我们的故事里占据更重要的位置，因为它们与英格兰之间的关系变得更加重要，更具连续性。它们都为后来的帝国贡献了自己的元素，尤其是苏格兰，但我们并没有详细地讨论它们的历史，这是因为大英帝国最终还是英格兰这"半个岛屿"扩张的结果。正如伦敦是帝国的首都，英格兰也是帝国的心脏。

我们前面已经提到，继承王位的爱德华一世在其父亲亨利三世于1272年去世时，并不在英格兰。事实上，他在回家路上优哉游哉、不慌不忙，直到1274年才回到英格兰。爱德华继承王位虽然一帆风顺，但英格兰却远未能够实现和平与稳定。

在亨利三世的葬礼当天，爱德华一世继任王位。大贵族们在威斯敏斯特大教堂的祭坛上向未到场的国王爱德华一世宣誓效忠。直到如今，他们依然要在每个新国王的加冕礼上宣誓效忠。虽然爱德华是依照"继承权和权贵们的推举"获得王位的，但王位平稳地移交给不在场的继承人这一事实，强化了"继承权"这个原则——尽管"推举"还没有完全消失。关于推举，我们在后面还有机会提到。此外，父亲的葬礼日被视为新朝代的起始日的计时法，同时也可以说是下述观念的起始点，即国王永垂不朽。这里的"国王"，指的是作为象征和宪法体系的构成部分的王权，而不是指具体的某个君王。不过，这个观念也是要到爱德华四世时期才最终确定下来。

这个新国王被证明是英格兰历史长河中最伟大的国王之一。尽管爱德华体格强健，爱好狩猎、比武和其他户外运动，性情急躁，但他忠于配偶、忠于婚姻——这在当时可是个相当罕见的品质。除此之外，他还有点冷酷。但作为一个政治家、组织者和立法者，几乎没人做得比他更好。他其中一个值得注意的行为就是接受了约翰一世《大宪章》里的条款——而他的父亲是拒绝接受《大宪章》的。依照《大宪章》，国王只有在王政厅或议会的同意下才可以开征免服兵役税和补助金。我们先简短地讨论下爱德华一世统治期间的外交关系和战争，而后再讨论法律和议会等。

与此时英格兰相当成熟的民族主义相比，威尔士、苏格兰和爱尔兰的组织程度落后了相当长的一段时期，基本上还处于宗族阶段——尽管也已存在具有些许模糊权利和权力的最高领主。我们在前面已经指出英格兰的土地相对平整，而威尔士和苏格兰则属于山地。在威尔士和苏格兰，定居生活方式的发展都相当慢。事实上，威尔士在一定程度上已从放牧转向了农业，但还没有城镇，村庄也很少。由于道路匮乏，数不清的山谷里的领袖们彼此隔绝，彼此间的战争也是局部性的，他们还掠夺边界附近更加爱好和平的邻居。

在定居的英格兰人和未开化的威尔士人之间，是贵族们如莫蒂默家族（Mortimers）的庄园。这些居住在边境附近的人，领先于威尔士人却落后于其他先进的英格兰人。威尔士自身实际上还处于混乱之中，其边境附近也时常被掠夺。且不管是战争还是掠夺，威尔士人通常都喜欢团结起来反对英格兰人。威尔士亲王，尽管被英格兰国王视为封臣，但在很大程度上还是独立的。爱德华一世继任后，威尔士亲王卢埃林（Llewelyn）在四年内都拒绝效忠。终于，他和他的兄弟大卫于1282年发动了战争。爱德华率军进攻，并于当年杀死了卢埃林。次年，大卫被俘并被处死。

如同他们的军事组织之不规范，威尔士人发明了异乎寻常的"长弓"。爱德华明智地采用了这种新武器，这也让英格兰的弓箭手闻名于世，最后还对战争和社会生活都产生了重大影响。有人说，威尔士人的长弓射出的箭，能够"穿过骑士裹着盔甲的大腿并将他钉在马鞍上"。这个说法的可信度很低，不管怎样，长弓还是一种强有力的武器，它在战争中产生的巨大影响几乎可以和后来的火药相比。英格兰人采用了长弓，而法国人没有采用，这也部分解释了英格兰为什么能够取得惊人的胜利——我们稍后就会谈到。苏格兰人和北部的威尔士人也没有采用长弓，他们还在使用矛。南部威尔士人无疑是长弓的发明者。

新武器具有深刻的民主化效应。那些将要摧毁法国骑士制度的英格兰弓箭手，来自各个阶层，自耕农的儿子如今都能打败身穿盔甲的骑士。通过在军队里面引入固定工资制，爱德华在提高效率和使战争大众化上又迈进了一步。封建制度倾向于废除步兵，而无论如何，封建兵役的作战天数也不能超过四十天。于是在以前就有了被普通民众所瞧不起的、领薪的外国雇佣军。而爱德华一世通过支付工资创造了一个战争机器，并组成了一支由英格兰人所组成的军队。英格兰也正成长为那个时代最为强大的军事强国。

卢埃林和大卫死后，威尔士就完全处于英格兰的统治下。至今如屹立在康韦和卡那封等地的大城堡，就是当初建来保护新领地的。国王的第二个儿子，由于他的哥哥先死了因而后来继位成为爱德华二世，就出生在卡那封城堡。在他的哥哥去世后，这个地方就被正式封赏给他，封号是"威尔士亲王"。自那以后，威尔士亲王这个头衔，几乎一律授给国王最年长的儿子。温莎公爵也是在十二岁的时候在这个卡那封城堡里得到他的这个最著名的头衔的。征服威尔士之后，爱德华一世准许威尔士保留自己的法律，认可他们拥有自己的财产并建立一个主要由本地人组成的管理层。

所有这些都很好地展现了爱德华一世的政治家才能。

爱德华还设法解决爱尔兰的问题。爱尔兰，就好像被诅咒了一样，一直都是大英帝国统治上的大败笔。一个世纪前，在亨利二世统治期间曾经实现了部分征服。但这并不是英格兰的兴趣，而只是亨利二世个人的冒险活动的结果。就如我们已经揭示的，在爱德华一世时代，爱尔兰就有了社会阶层分化。当时爱尔兰的社会阶层分化，要比英格兰的封建，但也没威尔士的那么混乱，也没那么宗族化。早在亨利二世时代，爱尔兰人已经基本自成一个民族，它实际上是诺曼人、英格兰人和威尔士人的混合体。

爱尔兰境内还生活着多个民族。在较为荒凉的西部地区，大部分是纯种凯尔特人，或称为早期英国人甚至其他你喜欢的称谓；东部则是以杜林为中心的英格兰人的定居点或称"围场"（Pale），这里还生活着挪威人和丹麦人这些入侵者的后代。爱尔兰人被视为野蛮人，甚至连初期的文明化进程都还没经历过。他们远离欧洲主流，一直处于半野蛮状态。

威尔士的冒险家，在彭布罗克（Pembroke）伯爵克莱尔的率领下，带着他们的长弓远征爱尔兰。他们使用长弓可比英格兰人要早得多。克莱尔的外号是"强弓"，他也正是因为所使用的长弓而得到这个绰号。在当时的爱尔兰，人们还没有民族观，征服者威廉一世没有，亨利二世也没有。因此，人们能够接受亨利创建的、甚至是由外国人领导的联合政府。爱尔兰人认为，只要能够带来和平与正义就行。爱德华接管爱尔兰时，那可真是一团糟。各个盎格鲁-诺曼-威尔士的贵族不仅与爱尔兰人相互开战，这些群体内部也时常爆发争斗。在爱德华一世的治理下，虽有明显改善，但也只是暂时的。不幸的是，爱尔兰长时期的不幸故事也由此开始。虽然秩序得到较好维持，城镇、农业和商贸因而也得以在这片寂寞的大地上繁荣起来。不过，这都只是一场空。

爱尔兰一直未能和英格兰结盟，但在历经大约三个世纪的战争后，苏格兰倒是差点和平、快乐地与英格兰结盟。不过，爱德华在处理苏格兰问题上并没有很好地展现出其政治才能。1290年，两国本来极有可能结盟，却被偶然事件阻止了，而且这次还是个人生活改变了历史进程——尽管这完全违背了"历史是强大社会力量相互作用的结果"这一观点。正如我们前面已经指出的那样，英格兰南部完全不同于苏格兰高地，这两个国家也处在不同的发展阶段，但两者还是存在关联纽带的，也正是这种关联纽带最终带来了比想象中更快、更正式的联盟。北部英格兰人民和苏格兰低地人民间也存在很大的差异。此外，与英格兰一样，苏格兰的贵族阶层几乎也都具有诺曼人血统。如同很多英格兰贵族在欧洲大陆拥有封建领地一样，苏格兰贵族也在英格兰有众多领地。

爱德华一世最渴望的就是实现苏格兰和英格兰之间的结盟。作为实现结盟的一个步骤，他要求苏格兰国王再次效忠于英格兰国王——之前"狮心王"理查德为了金钱，已经把苏格兰国王的效忠给卖了。不过苏格兰国王亚历山大拒绝了爱德华的要求。但当这任苏格兰国王骤然去世后，年幼的外孙女是他唯一的继承人，她是亚历山大和挪威国王的女儿。人们认为，这个女孩应该和威尔士亲王结婚。这样的话，毫不相关的两个国家最终就有可能实现统一。不幸的是，这个"挪威少女"死于前往苏格兰的路途中，而实现和平联盟的计划也就随之流产了。

接下来有三个人宣称有权继承苏格兰王位，他们中的每个人都拥有一定的继承权。他们分别是约翰·巴利奥尔（John Balliol）、罗伯特·布鲁斯（Robert Bruce）和约翰·黑斯廷斯（John Hastings）。为了避免内战，他们请求爱德华一世来仲裁，而且他们都表示一旦当选将会效忠爱德华。爱德华最后挑选了巴利奥尔。如果爱德华只是满足于最高领主的地位，那么一切都可能进展顺利，但爱德华却坚持要求法律案件的上诉地点要从苏格兰法庭转移到威斯敏斯特。这个讨厌且昂贵的诉讼程序也立即激起了苏格兰的反对。这一失策导致的第一个后果就是爱德华和法国国王腓力四世间的冲突。而此时，法国和苏格兰之间已建立联盟关系达三个世纪之久。两个如此不同的民族间的友谊（因为这已不只是条约了），被证明对不列颠命运都很重要。在接下来的故事中，我们还将多次提及。

爱德华一世决定发动战争，并于1296年派遣一支军队跨过苏格兰边界。而巴利奥尔则马上宣布不再效忠于英格兰国王。而在他被英格兰国王选为苏格兰王的时候，他曾宣誓效忠。不过，他在邓巴战役中被彻底打败，并被虏往英格兰。爱德华离开苏格兰时还带走了著名的斯昆之石（Stone from Scone），即苏格兰国王接受加冕时所坐的那块石头。古老的传说预言，斯昆之石去到哪儿，苏格兰国王就会统治到哪儿。斯昆之石一直放在威斯敏斯特大教堂里的加冕宝座之下。不过，这个预言要直到超过两个世纪后斯图亚特家族统治了大不列颠王国时才得以实现。

现在，爱德华一世开始奉行封建制度了。作为苏格兰的最高领主的他，在其封臣巴利奥尔背叛他时，他能够将封地收回，并宣布自己就是苏格兰的最高统治者。苏格兰的贵族也接受了爱德华的这种行为，但他指派的代理人却未能治理好整个国家。不仅有很多人质疑爱德华一世的封建主张，而且部分由于受征服和压迫的影响，苏格兰人还发展出强烈的民族主义感——这是爱德华没有考虑到的。

1297年，在英雄华莱士（Wallace）的领导下，苏格兰人取得了暂时性的伟大胜利。华莱士及其部属在斯特灵附近击败了英格兰军队，并袭击了英格兰北部，洗劫了那里的村庄。当时正在欧洲大陆与法国交战的爱德华，匆匆休战并急忙返回，且率军亲征华莱士。最终爱德华在福尔柯克击败了华莱士，镇压了起义。苏格兰人的领袖华莱士逃亡法国，但几年后又返回苏格兰。尽管华莱士并没有参加1304年的那次起义，但他仍被卑贱地出卖给了英格兰人，最后在伦敦的泰伯恩行刑场被吊死。

爱德华一世再次征服了造反者，并对所有曾经反对他的人征收大笔罚金，要求苏格兰城堡投降，建立了英格兰政府。不过，旧的苏格兰法律仍然有效。在爱德华看来，他对苏格兰还不算严苛。由于苏格兰人强烈的国家独立和民族主义感，以致他们不可能接受外国人的统治。苏格兰人后来找到了一个新领袖罗伯特·布鲁斯。布鲁斯获得了普通百姓和大部分贵族的支持。虽然布鲁斯后来被打败并被迫逃亡，其逃亡经历还被编成一部伟大的浪漫故事，但他也迫使爱德华不得不放弃统一两个王国的梦想。考虑到两个民族的特性，如果他们不是心甘情愿，那是根本没办法实现统一的。

如果爱德华一世不是在1307年就死了，他很有可能赢得对法国和已被征服的苏格兰的更大胜利。但与他在英格兰国内所取得的成就相比，这些都可算作是只开花不结果了。爱德华在英格兰很好地展现了他的政治才能，以及对国内外形势和人民的理解——这些正是他在处理与苏格兰人和爱尔兰人的关系时所缺乏的。

模范议会

我们前面已经指出，议会起源于蒙德福特时代，爱德华一世年轻的时候也曾有过发展，但议会制度朝着其现代形式迅速发展，还是在爱德华及其两个继任者手里实现的。爱德华需要金钱来支撑他对法国和苏格兰的战争，但他管理英格兰人时已经展示出后来的都铎人的天性，并意识到了我们所谓的新兴中产阶级不断增长的权力和有益影响。骑士和议员（我们起码可以将他们看成是乡绅）、城镇和行政区里的市民，在国王的眼里开始变得重要起来。

让这些人的代表固定地而非偶尔进入议会，有几个好处。他们的同意可以拓宽征税的基础；他们的与会能够让他们理解国家政策及其必要性，并在他们的所在地宣传这些知识；他们的到场也让国王能够和所有地区所有阶层的民众——除了最底层的隶农，隶农的生活还远没有被考虑到——保持联系；他们还能够抑制或是平衡更有权势的贵族。因此，在通常被称为"模范议会"的1295年议会里，爱德华一世不仅召集了主教、修道院院长、教会的底层代表、伯爵和男爵，同时还包括了每个郡县的两名骑士，每个城镇的两名议员代表。

其他民族和国家，都在不同时期为我们这个世界的文明进步作出过自己的独特贡献。英格兰人所贡献的主要是治理的艺术，其中最重要的当属议会制度，其中还包括内阁这一重要发明。尽管仍存在缺点和不足，但再也没有哪种制度能够像议会那样，在如此长的时期内保护那么多人的个人自由和自治，或是有它那应对变化的调适能力。尤其有趣的是，其中也有一些逆潮流而行的制度改革。有些我们在前面已经提到，但我们稍后还要进行深入的探讨，现在还是先收集并整合相关线索。未来将需要新制度以适应新时代的新要求，而倒行逆施的议会制度最终估计也难以长久维持。不过，好在我们是在书写历史而非要预言，而且我们是在讨论六个世纪前甚至更远的历史，而非还没发生的事情。

我们首先要提到的是在英格兰，教会并不是很关心自己在国家立法机关里的代表席位。尽管一些主教仍然是上议院（贵族院）的议员，但在爱德华一世时代，那些底层牧师已经不再出席议会了。从爱德华一世到爱德华三世期间，修道院和小修道院在议会里所占的席位从七十席降到了二十七席。而且那些教会的高层领导之所以留在议会，也主要是因为这是他们的世俗圣职，而非作为教会的代表。教会的高层领导更喜欢参加在约克或是坎特伯雷举行的教会集会，并通过它来征税。这个集会也被称为教士会议，与会者全是教士。教会、贵族和中产阶级这三个政治集团间的尖锐分歧，将会阻碍这个民选政府越过海峡去统治其他国家。因此，教会在议会政府开始之初，就自愿收回其在英格兰政治生活中的直接参与权。

在英格兰，另两个政治集团也没有像在法国和其他地方那样，发展成利益相互冲突的独立集团。的确，贵族的利益和中产阶级的利益经常是对立的；而当平民能够经常在王权和贵族的权力较量中起到维持平衡的作用时，他们也大大地提高了自己的地位。我们前面提到过的英格兰的长子继承制，避免了存在于欧洲大陆的贵族和中产阶级间的任何此类尖锐分歧。在欧洲，一个贵族的所有儿子都是贵族；而在英格兰，长子之外的所有儿子都是平民。他们通常从事商贸或其他工作，并有机会以平民身份升入贵族阶层。由于对联姻没有任何限制，因而在两个阶级间一直存在利益和人员的混合。

因此，英格兰的内战从来都不是阶级战争。波兰德（Polland）在其《议会的演变》一书中指出，在平民中有几千个英格兰国王的后代，贵族的后代那就更是有几十万人了。尽管有法律规定任何人只要能够证明自己是受1295年议会特别召唤的成员的后代，那他就能得到贵族爵位，但这种情形正是发源于我们正在讨论的这个时期，而现代意义上的贵族还要过很长一段时期后才出现。骑士和城市议员，与其他底层贵族一样，在那时并没有受到王室的特别召唤，都只是从法官那里获得常规的书面令状。事实上，现代形式的上议院只能溯源到1660年的斯图亚特王朝的复辟时期。

不过，议会确实不久就分为两个议院，尽管确切的时间已不可考。起初，所有成员都坐在一个房间里，骑士和城市议员表面上似乎没有参加常规辩论，但他们实际上是通过他们的"发言者"表达意见。这个"发言者"后来就逐渐演变为下议院议长。下议院（平民院）独立的起源似乎是这样的：由于那些平民不能作为个体发言，因而他们聚在一起讨论，达成决定后就由"发言者"统一向议会表达。不过，上议院也并不都是由原来在位者的世袭贵族所组成的机构。爱德华一世可能召集某个伯爵或是男爵进入某次议会，也可能从此再也不召集他参会。

事实是，这对于国家的和平是必要的。尽管当时的议会已经比较先进，但仍普遍存在目无法纪的情况，因而只有借助中央集权的铁腕才能压制住；而骚动的贵族迄今为止也远未能够停止私斗，他们也不认可国王或是议会的控制。针对小规模的、地方性的骚乱，国王出台了一项延续至今的政策，其对英格兰人的生活和品质都产生了深远影响：他以公告的形式，命令所有超过十五岁的人都必须发誓他们不会成为小偷或强盗,也不会藏匿小偷或强盗,并会协助追捕;每个郡县的骑士都务必让法律得到执行。在爱德华三世期间,"治安官"也在很短的时间内发展为治安法官。这些治安法官后来还要在"季审法庭"里每年四次召开他们的地方法庭。

在新的战争模式下,骑士丧失了他们大部分的军事性和封建性,逐渐成为乡绅。乡绅在地方治理中所付出的无报酬服务,已经成为英格兰人生活的重要特征。而这种责任感正是起源于我们所说的那个时代。这些乡绅可能并不熟悉法律,但他们基本上是在那些认识并尊重他们的邻居当中主持正义。有人认为,英国如今所有阶层都那么尊重法律,在很大程度上就是这个制度所培育的结果,同时也是乡绅倡导的公共精神的发展所致。

在爱德华一世时期,骑士或乡绅的财富及其重要性都增加了。爱德华是鼓励这个进程的,正如他支持市民和自由民的争取政治权利一样,因为这样有利于他在与贵族们的较量中变得更强大。国王与贵族们的较量持续了好几代人,直到玫瑰战争时才宣告结束。贵族的数量似乎是有所减少,但这并没有削弱他们的力量,因为他们通过联姻联合起来。事实上,随着他们在数量上的减少,他们的个体影响反倒增大了。不管是贵族和中产阶级间的纵向联姻,还是贵族直接的横向婚姻,都具有强大的政治和社会影响。

所有有权势的阶级,不管是贵族还是富豪,都倾向于通过联姻来增加他们的财富和权力。国王自己也要求王室成员与其他权贵联姻,以维持并增强王室的权势。通过联姻这种方式,爱德华的弟弟兰开斯特(Lancaster)伯爵的财富和权力几乎不弱于国王。他甚至还开创了兰开斯特王朝——一个世纪后我们将会经常听到这个名词。

爱德华一世尽管召开了模范议会，但他仍然视自己为国家的主人——其实即使是很久以后国王们也仍然这样想；爱德华还认为自己是实际上的立法者、执行者和审判者——如今的国王们仍然具有这些权力，但只是理论上的。为了维持其地位，爱德华必须控制住贵族、平民和教会。尽管他不时要作出妥协，但他的确在很大程度上实现了这个控制。如在1294~1297年的危机中，他同时与上述三个阶层对抗。贵族们尽管权势很大，但仍然要跟平民联合。而平民对国王不与议会商议就大幅增加羊毛税的行为深感不满。由于两个阶层共同施加的压力很大，爱德华不得不同意在《大宪章》上增加一项条款，承诺不再征收此类过分的税收。但他仍可以不经议会同意就对进口物品征收此类税收——只需外国商人们同意。

与法国和苏格兰开战的费用，让爱德华一世与平民的关系恶化，这种境况也被贵族们用来达成他们的目的，也导致爱德华与教会反目。他的《没收法》[1]极大地引起已经吸纳了大量英格兰土地的教会的反对与敌视。出于多种原因，不管是否发自内心的虔诚，人们不断地向教会馈赠财物。而教会又与人不一样，它是不会死的，因此土地一旦落入它的手里，就会永远在它的手里。通过《没收法》，爱德华禁止了更多的馈赠。此外，他的财政需要也使得他反对教皇，因为后者曾禁止教士为爱德华一世对法国的战争捐赠。三年前，即1294年，爱德华一世就已经强迫教士上缴一半的收入，以应对其急迫的资金需求；如今，爱德华以剥夺法律权益来威胁

---

[1] 该法规定凡擅自出让或捐赠土地给教会，须经君主或诸侯的许可，否则予以没收。——译者注

教士，即拒绝在任何法庭给予保护，除非他们违背教皇的命令为他捐款。教士们最后不得不同意了。

征服的印记：英语

在此，我们也顺便讲讲自一个世纪前的诺曼人征服后发生的重大变化，即语言的改变。在早期的征服之后，盎格鲁－撒克逊语取代了被征服的那些部落的语言；丹麦人也为词汇库新增了一些词汇。没有其他故事能够像我们的现代英语的发展那么有吸引力了。它是随着一次又一次的征服慢慢发展起来的，其中的每种语言都留下了自己的印记。如今，英语已成为世界上最丰富、最灵活的语言。撒克逊语是一种屈折语，需要掌握复杂的变音。因此，它从我们现今的语言体系中完全消失，对于那些研究古语或是现代语的人来说应该是一件喜事。在英格兰的诺曼化使得法语成为所有上层人士的语言之前，与语法的简化一样，这个过程也进行得相当顺利。不过，征服也可能加速了这个过程。

征服者的影响主要是对词汇的影响。由于在威廉一世登陆前文学的衰败，撒克逊语已经几乎不再是书面语言了。而在任何社会里，书面语言、文学语言的词汇量无疑要远远大于日常口头对话所需的词汇量。实际上，日常生活所需的词汇量是很小的。在有文化的阶级采用法语之前，撒克逊人用来表达高等思想或感情的词汇基本上都已经消失殆尽了，因而存在一个需要被填满的语言真空。与其说是法语或拉丁语取代了撒克逊语，不如说它们为思想的表达提供了词汇。这里所谓的思想，尤其是复杂或抽象形态的，是表示行为、目标、更高级或更精致文明中的制度。

只需少量词汇的下层社会则继续讲撒克逊语。但随着两种语言逐渐融合，且随着英格兰民族感的发展和对法国敌意的增长（我们将在下一章提到），撒克逊语、法语和拉丁语的结合，其中还夹杂了少量的丹麦语和其他语言，为这个新民族提供了一种表达工具。这种新语言还将独立发展并造就了伊丽莎白时代及后来时代中不可思议的文学作品，并在所有传承着西方文明的那些民族中成为占主导地位的语言。

在爱德华一世的统治期间，还有一点必须指出：他是一个伟大的立法者。他还在某些方面从根本上改变了法律的根基。由他签发并由议会通过的那些伟大法规，引发了旧封建法律和其他法律向我们这个时代的法律观的转型。其中有些法规至今仍有参考价值，尤其是土地法领域的法规，并有加速从封建社会向现代社会转型的功效。

此外，也正是在他统治期间，法律这个领域实现了世俗化，法律界的领袖不再是教士。法庭也开始分化出我们如今所熟悉的不同形态，如民事诉讼法庭、财政法庭和王座法庭等。法律职业的兴起也打开了新的前进道路。就像大学、新战争武器和商贸的兴起，它们都促进了民主化进程，削弱了教会和封建贵族对机会的垄断——因为他们在知识和政府中都位居领先地位。虽然贵族们仍然拥有足够的力量，让国王在努力减少或压制私人法庭时畏缩不前，不过最终还是因为民众越来越偏爱国王的审判而完成了国王法庭对私人法庭的替代。

从爱德华一世的个人能力、性情以及当时的环境来看，尽管爱德华有时已经接近一个独裁者了，但他本质上还只是一名国家领袖。而且在他死后，国家也迅速恢复原样。即使是在与法国的战争中，他的首要目标仍然是英格兰，并希望统一大不列颠。最能清楚地展现他所培育的民族精神的事件，莫过于他与教皇第二次冲突的结果。当时，主教卜尼法斯八世宣布苏格兰属于圣座，并要求爱德华停止攻击，而爱德华则将这个问题抛给议会裁决。议会的决定是，即使爱德华向教皇屈服，英格兰人民也不答应。

第五章

14世纪：旧秩序的终结

在我们的故事里，从凯撒登上英格兰海岸、首次看见未开化的不列颠土著开始，我们已经不知不觉地走过了很长一段时期。拥有城市、广场、公共澡堂、宏伟的市政大楼、乡村农庄等罗马文明的那段和平岁月，已经如梦般逝去，渐渐被遗忘。罗马的垮台和野蛮人入侵所带来的恐惧，撒克逊人和丹麦人甚至是诺曼人的征服所带来的烧杀抢掠，后来的普通人（我们在这一章将会提到）对此已经不怎么感兴趣了——如果他们还知道这些事情的话。不管怎样，生活还得继续，英格兰也在稳步发展。这部分是由于领袖的有意识引导，更多则是因为数以百万计的普通大众的意志的无意识影响。这些普通大众其实都生活在自己的小世界里，他们只是想要一个更好的社会位置和更多的自由。他们受强烈的愿望驱使，努力为自己而活并坚持自己的选择（这也是英格兰人一个相当重要的品质）。

14世纪并不像之前的两个世纪那样以令人震惊的宪法变革闻名于世，不过这并不意味着这个时期完全没有此类变革。这个时期虽然没有《大宪章》或者模范议会，但议会的形式和权力仍有明显进步。在这个时期后期，我们发现立法机关最终分为独立的上议院和下议院，立法机关对公帑（具体表现为税收）的表决权也大幅增加；而且下议院的影响力甚至比上议院更大。这些发展在很大程度上要归功于与外国的战争，以及国王们的性格和年纪。

至于后者，14世纪共有三位国王，其中有两位分别是在十五岁和十岁时登基。在我们这个时代，用朝代来区分历史叙述，主要是为了方便；但在以前，国王的权力在事件的控制和引导中要重要得多，因此，国王的性格和能力就是最重要的。

这是个极端骚乱的时期。与法国的百年大战、导致人口减半的黑死病、瓦特·泰勒（Wat Tyler）起义对社会秩序解体的威胁，就像是接二连三的洪灾，改变了英格兰的社会和政治面貌。火灾和飓风可能还改变了英格兰的自然景观。这个世纪的历史进程可谓跌宕起伏。最后我们还要看看缔造了都铎王朝和现代英格兰的那些力量。

议会的重大步伐

我们前面刚刚提到国王性格的重要性，而爱德华二世那并不令人愉快的统治就是一个很好的例证。他那创建了模范议会的父亲——爱德华一世的权威，在一定程度上就得益于自身性格和能力。爱德华一世征服了威尔士，而且差点也征服了苏格兰。如果他能够活得长一点，他很有可能打败布鲁斯，进而统治整个不列颠岛；那么他也可能拥有更加强大的力量，甚至于可能强大到足以废止他运转起来的法律和议会。与其相反，他儿子的统治则显得那样软弱和无能。爱德华二世懒惰、轻浮、愚蠢、固执，还宠信弄臣。而他那以糟糕统治为特色的朝代，无疑应该归咎于他的那些宠臣——这个判断在很大程度上还是相当公正的。其中首先是那个年轻的外国人，诙谐、粗鲁、年轻的加斯肯（Gascon）骑士——皮尔斯·贾维斯顿（Piers Gaveston）。他被国王放逐过三次，也被召回三次，最后被贵族们谋杀于沃里克。其次是德斯潘塞父子两人，他们是英格兰人，属于贵族阶层，但其他英格兰贵族却对他们恨之入骨。

现在，我们来看看由伯爵和数量更大的男爵所组成的贵族阶层所发生的变化，不久之后，这两个群体会归并为一类并首次出现在官方文件中。这个变化与我们前面所提到的封建骑士向乡绅的转变基本相同。贵族也经历了同样的转型。从国王到农奴，所有社会群体间的封建纽带已经慢慢松弛了。而贵族也从没有像现在这样焦躁不安，因为他们要去适应这个国家不断增长的集权化趋势。他们如今试图与国王一起亲自影响和控制中央政府，并由此获得权力；而不再是像早期的大封臣那样建立地方政权。他们对其封建奴隶的依赖还不如对其领薪仆人的依赖那么重；后者身穿制服，而且事实上还是小规模的私人武装力量。

此外，伦敦作为国家生活中心的位置越来越明显。之前地点并不固定的王宫，如今也固定设在伦敦。此外，议会也经常在伦敦召开，而且几乎是固定在伦敦了；最重要的法庭也设在伦敦。希望获得权力和影响力的律师这一新阶层，在圣殿骑士被镇压后就接管了圣殿，并以此作为他们的总部。商贸的增长意味着财富和奢侈风气的相应增长。而贵族也开始在城镇兴建宫殿，尽管他们武装反对爱德华二世，但也逐渐摆脱旧的封建关系，转变为现代朝臣关系。

不过，贵族阶层没有能干的领袖。兰开斯特伯爵虽说是个领头人，但眼光狭窄，为人自私。而且，他们还犯了一个大错，那就是没有联合平民。这也使得国王能够联合平民打击贵族。不过，这对英格兰来说倒是一件好事。1311年，贵族们给爱德华二世提交了一套条例。这套条例表面上是为了王国的改革，实际上却是要将国王置于贵族寡头政治的控制下。爱德华拒绝了，贵族们于是揭竿而起。与此同时，苏格兰的布鲁斯也增强了实力，并于1313年夺取了斯特灵——这是英格兰人在苏格兰境内唯一剩下的重要城堡。只从贵族和其他英格兰人那里得到部分支持的爱德华二世，在班诺克本打了大败仗。尽管战争持续了十年之久，后来双方签订了停战协定，但英格兰最终还是彻底失去了苏格兰。与此同时，爱德华还不得不与国内的兰开斯特派系开战。爱德华最终于1322年在巴勒布里奇击败了兰开斯特，将之俘虏并处死。

与此同时，爱德华二世不得不接受前面提到的那套限制国王权力的条例。不过，爱德华在镇压兰开斯特反叛之后，立即在约克召开了议会，并让议会宣布该条例无效。他后来的管理虽然没有任何改善，但他这个行为本身却推动议会前进了一大步。爱德华需要拉拢平民来对付贵族，因此在他让议会通过的宣告里还包含了这样一条相当重要的声明：此后任何事关国王、王国和人民的问题，都应该只由"高级教士、伯爵、男爵以及王国里的平民，依照传统"来裁决。爱德华一世在1295年召开的模范议会，已经包含了郡县里的骑士和城市议员。但这个做法只维持了一小段时期，而且也缺乏能够阻止国王废除这一做法的约束。但如今，它已经成为这个国家的法律。从今以后，如果没有下议院的同意，任何法律都不能被通过。

在这个软弱、无能的统治者结束其统治之前，议会还将迈出另一个重大步伐。四年后，爱德华二世那曾经密谋造反的妻子，带着她的情人罗杰·莫蒂默（Roger Mortimer）和她的儿子爱德华回国了。在贵族的帮助下，她打败了爱德华二世，并吊死了德斯潘塞父子二人。1327年，重新在伦敦召开的议会，逼迫爱德华二世逊位给他十五岁的儿子。这是一次相当勇敢的篡权。爱德华二世接受了议会的决定，并于八个月后在伯克利城堡被谋杀。

尽管这是自私自利的贵族、不忠的王后及其卑鄙的情夫的不轨图谋，但对于爱德华二世这个统治了二十年却一无是处的暴君而言，也算是自食其果了。不过，令人意外的是，爱德华二世竟增强了反对君主和贵族阶层的议会和人民的权力，并创建了重要的先例。

历史多次出现这样的情形：强势、能干的国王的继任者促进了自由，但这些继任者自己却可能因此深陷危险之中。如果爱德华一世的继任者也像他那样强势、能干的话，自治的发展极有可能没有在如今这个无能儿子统治下那么顺利。在此，我们还要指出，这是英国宪法的漫长演变过程中所特有的。在后来的帝国中，再没有出现过如此囊括一切的原则性声明。我们很早就发现，在当时，宪法被用来缓解怨恨、解决危机，并由此得到发展。从来不存在要创建一套宪法的努力，正如阿瑟·扬（Arthur Young）对法国的总结，"宪法就像是按食谱制成的点心"。它往前走的每一步，都是根据之前一步的进展自然产生的。由于这个原因，就如一个法国人指出的那样，英国宪法保护存在于宇宙中和人类生活中的那些"让人高兴的不连贯、有用的不一致和受保护的矛盾"。显然,这样的宪法是不可能由任何突然获得独立的民族临时拼凑而成的,就如美国的宪法那样。自然,它并不适合于所有民族,也不是所有民族都能够很好地操控它。

在大约一千四百年的时间里,英国人持续不断地发展他们的宪法。而且,正如学者布赖斯(Bryce)所言,这样的宪法只有在"性情保守、崇尚传统、尊重先例、喜欢依照父辈的方式做事"的民族中才有可能发展起来。或许我们还可以对这个民族做些补充:他们不关心抽象逻辑而喜欢妥协,不沉迷于概括或主观臆想而直面每个具体问题。

美国既没有英国那样十四个世纪长的历史,也没有英国人的那种禀性。缺乏这两样东西的民族,就只能以书面形式的宪法来取代这种长时段的历史塑形作用。在某种程度上,此类书面形式的宪法培养人们依照仓促完成的、不够周全的法规行事,就如历史和禀性促使英国人本能地行事一样——尽管没有人能够预测他们的性情和禀性将会发生怎样的变化。

百年战争

爱德华三世的统治是漫长的一系列灾难。他通过四处征战所获得的光辉胜利,点燃了其民众的爱国热情和幻想。这个十五岁的孩子,在登基三年后,也就是他十八岁的时候,结婚了。而在此之前,王国的实际掌权者是他母亲的情夫莫蒂默。此时,苏格兰的布鲁斯仍一直在侵扰英格兰北部。不过,莫蒂默不是年老多病的布鲁斯的对手，因而被迫签订了承认苏格兰独立的协议。此时，之前相当于被囚禁的爱德华三世，在那些不满意莫蒂默的贵族们的拥戴下获得了实权。莫蒂默在诺丁汉城堡被抓，尽管有太后伊莎贝拉（Isabella）发疯似的恳求，他最终还是被吊死了。从那时起，爱德华三世获得了实际统治权。然而，很不幸的是，他却用这种权力来发动毫无意义且没完没了的对外战争。这些战争的唯一好处出人意料，不过这要等他死后才完全显现出来。

苏格兰，这个从未被征服、一直没有并入英格兰的国家，是爱德华三世的第一个攻击对象。1329年，得了麻风病（此病在此后很长时间内成为相当常见的疾病）的布鲁斯去世，并将王位传给他五岁的儿子大卫。爱德华三世和贵族们认为这是个机会，并努力想立巴利奥尔的儿子为王。不过，尽管战争持续了好些年，但仍一无所获。不仅如此，这场战争还促使法国国王腓力六世与年幼的大卫结盟，而且法国还趁机洗劫了怀特岛。

更加重要的事件是始于1337年与法国的漫长战争，史称"百年战争"。这场战争为两个民族都带来无尽的痛苦。不过，这些战争，包括与苏格兰的战争，也是这三个国家的民族精神得到发展的重要因素。

法国之前是个不起眼的小国，后来在连续三个雄才伟略的国王的领导下，通过征服各路诸侯和亨利二世时代属于英格兰的那些土地，到1300年已经成欧洲大陆最强大的国家。不过，如今的国王却不是王室的父系子孙。爱德华三世小时候被莫蒂默送到法国，希望法国能够承认英格兰对阿基坦的所有权；同时，爱德华也已经承认了腓力六世的合法性，但他仍然宣称自己是法国的国王并决定要通过战争来获得王权。这完全是没有政治头脑的冒险，因为即使军事上成功了，也只能维持一小段时间。战争是不可能将两个国家合二为一的，英格兰也不可能通过战争来永久性地奴役法国。不过，民众起初是乐见战争的，因为国王虽然掌控着对外政策，但如此愚蠢的战争在两个强大的邻国间持续了一个世纪（中间偶有休战），如果民众不同意的话，那是根本不可能的。

英格兰这边有这样一些考虑。我们在前面已经指出，法国与苏格兰之间的传统友谊，使得英格兰要想征服苏格兰这个北方王国变得更加困难——假设有这种可能的话。那么，通过削弱英格兰在欧洲大陆的敌人，也就是苏格兰的朋友——法国，就为将整个岛屿一统为大不列颠铺平了道路。而且，法国的快速扩张也威胁到英格兰在欧洲大陆的最后领地阿基坦。此外，两国间还存在着羊毛贸易上的摩擦。

正如我们提过的，英格兰的贸易和财富在增长，其中最重要的支柱产品就是羊毛。它被出口到布业中心佛兰德斯。在英格兰，羊毛贸易令乡绅和商人紧密联合。乡绅在庄园里养羊，而商人则帮他们卖羊毛。表面上，乡绅和商人分别是郡县里的骑士和市镇里的市民，差距极大，但他们却通过这个经济纽带捆绑在一起。这也使得他们在议会里紧密合作，并进一步加强了下议院的力量。

每年三分之二的羊毛都被销往佛兰德斯的城市根特、伊普尔和布鲁日。而当这些城市受到被法国征服的威胁，他们就会呼吁爱德华三世捍卫他们的利益。而且，与法国的战争多少已经成为两国间的一个传统，已经常态化了。战争，提供了掠夺和冒险的前景。除了贵族外，还有大量的英格兰人都渴望这两样东西。一种新封建主义已经成长起来，并滋生了一套需要用战功来满足其拥护者的混蛋骑士精神。

不过，爱德华三世在战争中的领导能力跟他在和平时期的一样差。战争的最初三年并没有实现预期目标，甚至直到1340年的斯鲁伊斯（Sluys）海战[1]中才获得第一次胜利。那时，法国海军还掌控着海峡，甚至还烧了南安普敦。但当爱德华调动了他能够找到的所有舰船——尽管大部分是商船，法国舰队几乎被英格兰人的致命弓箭彻底摧毁。

英格兰虽然获得了胜利，却没捞到什么油水。在短暂的停战后，战事再开。六年后，英格兰人取得了最著名的胜利之一。[2]而其他一连串的重大胜利则要等到下个世纪。爱德华很轻率地率军远征法国，几乎直捣巴黎，却遭遇桥梁倒塌，还被大量敌人围攻。爱德华沿索姆河而下并几乎抵达河口。最终，爱德华从一场必败之仗中获救。在那一仗中，爱德华背靠无法跨越的溪流，借助一个浅滩，他的军队才得以通过并在克雷西附近找到一座山丘立足。在那里，他们还受到法国军队的攻击。

两支军队的行为很好地展示了两个民族的差异。法国还处在早期封建阶段，在贵族阶层和被鄙视、被压迫的农民之间没有其他阶级。前者人数众多且都身穿盔甲或甲衣，其表现完全没有封建制度所特有的纪律性。此外还有外国雇佣军，其中包括热那亚弓弩手，至于人数有各种估计，具体应在六千至一万五千人之间。在另一边，英格兰不仅发展出了封建社会所没有的新阶级，如自耕农、城市议员和乡绅，他们还有训练有素的弓箭手——而他们

---

[1] 1340年6月24日英王爱德华三世向法国发动战争，两国在今荷兰斯勒伊斯港交战，最终法国惨败，英国获得英吉利海峡的控制权。此役标志着英法百年战争的开始。
[2] 当指克雷西战役。

手中的这些长弓已经有些日子没在战争中发挥神威了。而且，英格兰不同阶级间同心协力以及英格兰人的实用思维，都是法国人所缺乏的。这在战斗过程中得到了最好的体现：英格兰马背上全副武装的骑士下马与弓箭手背靠背战斗，并在弓箭手之间用他们的长矛刺杀敌人。英格兰所有军阶的军人都步行作战且纪律良好，而法国的骑士则是杂乱无章地骑马前冲，每个人都只想着获得个人荣誉。

热那亚人发挥的作用也极小。这不仅是因为长弓的威力要远强于弓弩，还因为一场大雨淋湿了雇佣军没有保管好的弓弦，使得他们的弓弩几乎失效——而英格兰人则妥善保管好了他们的弓箭，并让弓弦保持干燥。在黑太子[1]的领导下，正如莎士比亚所写：

他强大的父亲在山上，
微笑地注视着他那如狼似虎的儿子，
搜寻着法国贵族的鲜血。

可见，敌人所遭受的屠杀是极其恐怖的。据说，被屠杀的法军数量远远大于整个英格兰军队的规模——英格兰军队的规模远小于法国军队的规模。法方阵亡的还包括在骑士精神感召下参战的波希米亚的瞎子国王。波希米亚国王的纹章和格言，即著名的三根鸵鸟羽毛和"我服务"（Ich Dien），被年轻的英格兰太子用来制成自己的纹章。这个纹章自此就一直被威尔士亲王沿用。

英法双方都英勇作战，但战争的胜负在很大程度上是因为法

---

[1] 爱德华三世长子的别名。——译者注

国的失策。不过，法国并没有吸取教训，甚至是后来在尝试使用长弓并已像英格兰人那么娴熟时，也还没有吸取这些教训。长弓这种武器及其战术，并非爱德华三世的发明，而是慢慢发展起来的，其缺点就是编队容易被侧翼的骑兵冲散，但法国人没有充分利用这一点。尽管英格兰人并没有占得什么便宜，但百年大战中一系列光彩夺目的局部胜利，却对英格兰人的优越感和无敌感的培育有着相当重要的影响。

克雷西战役后，爱德华三世匆忙赶去围攻加莱，并招降了加莱。对法国海岸边这一防御性城堡的占领，不仅意味着英格兰在法国的军事力量的加强，也打开了新的大陆市场。与此同时，古老的法国－苏格兰友谊开始起作用了。苏格兰国王大卫入侵了英格兰，但在内维尔的克罗斯遭遇惨败，并被囚禁。尽管获得了这些令人瞩目的胜利，爱德华三世还是和法国签订了停战协议，在此后的八年也没有获得任何实际进展。大战中断的其中一个原因，就是因为黑死病遍虐欧洲并大约于1348年登陆英格兰——关于这个话题我们稍后再说，在此之前我们还是先讲完爱德华三世与法国之间的战争。

1355年，英法间再次爆发战争。爱德华三世以加莱港口为基地，发动了新一轮的远征，而黑太子则深入法国南部。苏格兰境内的反叛逼得爱德华匆匆赶回老家，而黑太子则继续前进并于普瓦捷获得了出乎意料的辉煌胜利。他不仅赢得了胜利，还俘虏了法国国王并将之带回英格兰以索取巨额赎金。现在，英格兰可以跟别人吹嘘自己同时俘获了两位君主。四年后，也即1360年，爱德华再次越过海峡，希望能够在兰斯加冕为法国国王。但这次突袭的结果却相当悲惨，他被迫签署了《布莱提格尼条约》(Treaty of

Bretigny)。根据此条约,爱德华三世放弃了对法国王位的所有诉求,但保留了加莱和蓬蒂厄,并让英格兰的领地大幅向南延伸。不过,战争远未结束。吉耶纳(Guienne)的造反最终导致战火甚至烧到了西班牙。

在接下来的十四年时间里,英格兰丢失了除加莱以外的所有其他法国领地;此外,英格兰舰队还被西班牙人彻底消灭。精疲力竭且已生病的爱德华三世返回英格兰,黑太子也返回了英格兰。不过在黑太子返回之前,他对里摩日发动了凶猛的攻击并屠城,不留一个活口。这大概相当于我们现代的空袭,比如对巴塞罗那的空袭。因此,在衡量其骑士品质的时候,我们不能忘了此类将被围困城市里的所有人屠杀殆尽的凶残行径。跟他父亲一样,黑太子也生病了。他的弟弟约翰——兰开斯特公爵——继续战斗了一段时间,但结果却是彻彻底底的灾难。

经历了差不多半个世纪的战争后(还有半个世纪的战争),英格兰背上了沉重的税赋负担。英格兰的注意力和能量从不列颠岛转移到了欧洲大陆。不过,在战争之后,它所拥有的领地还缩减了。这也导致它只能分出一部分力量来对抗苏格兰,对爱尔兰则更是不闻不问了。直至1367年,爱德华三世根据《基尔肯尼法》(Statute of Kilkenny)在佩勒设立了地方议会,并放弃了爱尔兰的其他地方。但对法国的持续战争甚至耗尽了英格兰保卫佩勒的能力,不能让其免受爱尔兰人的抢劫。

爱德华三世在他生命的最后几年里,饱受痴呆症之苦,并完全受其情妇爱丽丝·佩勒斯(Alice Perrers)控制。而佩勒斯则和兰开斯特公爵分享这些权力。兰开斯特公爵的哥哥黑太子,则由于生病而心有余而力不足;不过尽管如此,黑太子的余威尚存。兰开斯特公爵联合了下议院中那些早已不信任黑太子的贵族。据风传，黑太子一死，他那年轻的儿子理查德将会被废黜，以为兰开斯特公爵称王扫清障碍。

在1376年的"好议会"中，黑太子成为下议院议长（如今的下议院已是独立的议院了）。在这次议会中，不仅兰开斯特公爵被排除在参政院之外，爱丽丝·佩勒斯也被赶出法庭，下议院还拒绝在他们看到以往开支明细前为新税收表决。议会还第一次"弹劾"——如果我们可以用这个现代词汇的话——两位贪污国王钱财的王室官员。

不过，在开会期间，黑太子死了。尽管理查德已被认定为是濒死的爱德华三世的继承人，但兰开斯特公爵还是再次成功影响了他那已经痴呆的父亲，并让"好议会"完全颠覆了之前的决议。最后议会决定对除了乞丐外的所有人征收人头税——关于这个税种我们后面会常常提到。同一年，爱德华三世去世，结束了其不体面的一生。他被所有人遗弃，甚至于一直留在他身边的情妇最后都从他的手指上偷取戒指。斯鲁伊斯、克雷西、普瓦捷和两个被俘的国王这些荣耀都无法掩盖爱德华三世这五十年来的灾难性统治。

不过，在这半个世纪里，还是发生了一件相当重要的事情，它也是英法战争的一个结果，那就是海峡两岸的民族性的发展。对法国破坏最厉害的不是那些外国军队，而是爱德华三世和黑太子都无法控制的那些一心想着掠夺、毫无纪律的冒险者。法国的很多地方被废弃，当地悲惨的农民一直无法摆脱饥荒的威胁。尽管法国一直未能掌握新战争的技巧，但也被捶打成型并与英格兰一起成为欧洲的两大领导力量之一。这两个新生的民族都将对方视为永远的竞争对手和敌人。他们之间那将持续到19世纪的长久争斗,现在才算是真正拉开了序幕。

此外,克雷西战役的胜利,与阿金库尔战役以及其他战役一样,有利于英格兰培育爱国精神、天下无敌和对过去的责任等传统。在莎士比亚《亨利五世》中的伊利(Ely)主教在阿金库尔战役前对国王说了一番话,让他回想起克雷西战役:

觉醒吧,对那些英勇烈士的回忆;
拿起你强大的武器,重建他们的不世伟业;
你是他们的传人,你坐在他们的王座上;
赋予他们声誉的鲜血和勇气,现正流淌在你的血管里……

历史学家的理论和兴趣总是在变化。有一代历史学家让我们相信经济动机统治了一切,甚至如今也还有一些人这样认为。不过,幸好这种观点基本已成为历史。其实,还有无数的其他动机在推动着人类,并改变着历史的进程。喜欢对战争作长篇累牍式详细描述的"鼓号"(Drum and Trumpet)学派,也遭到了强烈的抵制。不过,我们必须知道,只有当我们理解了克雷西战役、阿金库尔战役以及格伦维尔(Grenville)最后的复仇之战对英格兰人的民族记忆的影响,我们才能够理解这个民族的内在品质及其深层动力。为了理解一个民族,我们就不能忽视诸如此类的历史事件,如商业联盟的兴起,因为这些事件有助于我们更加全面地理解这个民族。

因而,我们认为在对法国的战争中,英格兰获得了清晰的国家地位。尽管在战争前,英格兰贵族早已丧失他们在欧洲大陆的封地和财产，也变得没有那么法国化了；但值得注意的是，自普瓦捷战役之后，法语就被官方明令抛弃了。而英语被认为是适合他们的语言，并成为议会和法庭的官方语言。

由战争怨恨所激起的对法国及法国事物的敌意，无疑加速了这个进程。这不仅对英国文学的形成极其重要，对英国人情感的发展也是相当重要的。早先被上层社会使用的法语如今被认为是粗俗的——尽管在巴黎人听来还是那么悦耳、优雅，所以只要法语还是官方的或上层社会的语言，它就会成为统一和新民族发展的障碍。

黑死病肆虐

另一个影响深远的事件就是前面业已提到的黑死病传入英格兰。无论如何，如果异常疾病突然消灭了一半到三分之二的人口，那它必然会对这个民族的经济和社会生活产生巨大影响。更何况，黑死病在传入英格兰的时候，英格兰的社会变革已经悄然推行了好几代人的时间了，因而黑死病对英格兰的影响尤其巨大。显然，黑死病与三百多年后（即1665年）在伦敦出现的瘟疫，其本质是一样的。它的特征是肿胀、出痈、生疮、呕血、昏迷，在早期的传播速度尤其快，遍及从坎特伯雷大主教到最底层的劳动者等所有阶层。黑死病被认为是由与东方人做生意的商人传入欧洲的。黑死病连同随之而来的饥荒等，对英格兰带来的破坏是骇人听闻的。

为了理解它对催生更加现代的文明所起的作用，我们必须再次回到之前已经多次提及的封建制度的转型。有好些力量在摧毁旧制度中发挥了作用，其中如军队给养方式的转变和弓箭手的出现。在此，我们必须增加一点，那就是新的货币经济的出现。封建领主的庄园和大领地都是由被束缚在土地上的农奴来耕作的，他们一般情况下并不怎么需要现金。他们也不需要付工资，而是以实物的方式缴付税款。

不过，慢慢地，地主也开始需要钱了。他们用钱来购买新的奢侈品、在伦敦买房子或者其他东西。贸易小镇里的商人富裕起来并提高了生活标准。持续的战争也需要融资。这个融资最初是犹太人在操作，后来犹太人被爱德华一世驱逐；而后是意大利大银行家族如巴尔迪（Bardi）和佩鲁济（Peruzzi）；它们在1345年破产后，就由英格兰金融家接手，其领军人物就是沃尔特·德·切里顿（Walter de Cheriton），他们把融资提到了一个新高度。时代无疑正在发生变化，而旧式封建贵族和乡绅也随之发生变化。

这种变革以多种方式影响着领主与其农奴的关系，但都指向要将农奴转变为自由民的方向。作为对农奴日积月累劳动的回报，地主很多时候都愿意支付给农奴一小笔酬劳。这笔酬劳的额度多半是根据庄园或领地的相关记录来确定的。酬劳被支付给农奴或隶农后，就不能被随意剥夺；而农奴和隶农也由此成为实际上的自由所有者。他们也可能租种领主的部分土地，自食其力。而那些仍旧被束缚在土地上、地位依旧的农奴自然会羡慕那些因为获得货币酬劳进而获得自由的阶层。他们不知疲倦地干活，心中充满了新的希望。那些从战场上归来的士兵自然不会成为农奴，而是增加了自耕农和自由劳动者的数量，形成规模。在城镇里，旧式商人行会的衰落和工匠行会的兴起也赋予了劳动者与其可能的新地位相匹配的意义。

旧式封建制度和中世纪的制度，正转变成以货币经济和工资经济为基础的现代制度。羊毛贸易的增长也对城镇和乡村产生了影响。大法官在上议院所坐的座位被称为"羊毛袋"（woolsack），据说就是始于这个时期。这个例子也很好地展示了羊毛贸易的重要性。羊毛出口是英格兰王国最大的贸易收入来源，但爱德华三世的出口税却鼓励在国内发展布业，为城镇里的自由劳动者提供就业机会。在乡村，渴望提高现金收入的地主将农田改造为牧场以饲养羊群，而那些农业工人则因为不再为领主所需而四处游荡。

不过，当黑死病消灭了英格兰一半甚至更多的劳动力后，地主和城镇雇主均发现自己陷入了一个可怕的困境。他们在各个方面都遭受打击。据我们估计，他们可能损失了一半农奴和雇佣劳动力。另外，由于很多交租的佃农病死，地主们的收入也大幅下降。结果就是，大量的土地闲置，等待着人们来耕种。

那些活下来的劳动力自然趁机要求更高的工资，而且眼瞅着朋友们涨工资的那些农奴，拒绝像从前那样为领主卖命工作，他们甚至逃跑了。正在进行中的变革，连同瘟疫这一突发灾难，导致了甚为严重、空前的经济危机。农产品价格不升反降的事实，让情形变得更加恶劣。整个国家都入不敷出。

主要由城镇和乡村地主组成的下议院里，并没有劳动阶层的代表。下议院自然也是从他们自身的立场去审视当时的情形。为了防止现有秩序被颠覆，他们在1351年通过了《劳工法》，并不时地进行修订。简单地说，这个法案就是想通过强制所有自由的和不自由的、没有土地或金钱的劳动者，必须在瘟疫前的工资水平上为任何需要其服务的雇主工作，并希望通过这种方式来控制经济运行。产品的价格也被固定在以前的水平上，希望据此来恢复——如果可能的话——之前的均衡。不管是工人还是雇主，如果违反这个法规，都会遭受重罚。这主要由属于雇主阶层的治安法官来负责执行。

不过，工资和产品价格上涨的趋势是无法阻挡的，因为统治者和法律都无法完全征服全体人民。而雇主对劳动力的需求是如此旺盛，以致他们根本不可能依照《劳工法》的要求去雇佣工人。事实上许多雇主都违反了该法案。《劳工法》带来了巨大痛苦，也延缓了工资的上涨，跟所有违背经济规律的法规一样，它也没有实现其目标。最后，在其他原因的共同作用下，它几乎将英格兰拉入完全混乱的状态。欧洲大陆的人们也遭受了瘟疫所带来的苦难，但其社会发展的步伐却跟英格兰并不一致。英格兰在14世纪末就基本实现了大部分劳动力的自由化，而当时欧洲大陆还处于封建的领主 – 农奴阶段，它们要到下个世纪才完成这个过程。后来的都铎王朝在大扩张和海外帝国的缔造初期更是将英格兰人塑造成了一个自由的民族，这一点对英格兰和全世界都具有相当重要的影响。

黑暗时期的新思想

14世纪，尽管战争不断，瘟疫也接踵而来，但它绝非是某些人描绘的黑暗时期。事实上，这个时期的很多引人注目的思想创新都远远超前于那个时代，并为后人指明了发展方向。大约在1350年，变化就已开始。

14世纪初，在那些受过教育的阶层里，最为流行的书籍就是法语版的《玫瑰传奇》(Roman de la Rose)。但在1356年，著名的约翰·曼德维尔(John Mandeville)爵士结束了他在全世界据称是长达三十四年的旅行。不久之后，每个人都在读他的游记。这是第一本真正富有想象力的英语游记文学著作，并对英语文体产生了巨大影响。不过，尽管曼德维尔声称这本书是对其在近东、印度和中国旅行的描述，但实际上似乎是很多其他著作内容的汇编，有些甚至还是法文书籍。不管怎样，它还是打破了封建制度和教会的禁锢，标志着游记文学的开始。而爱好旅游也是英国人的重要特性。

理查德·罗尔(Richard Rolle)的作品虽然宗教色彩浓厚，但也体现了这一时期所特有的民主精神。他强烈谴责当时的宗教生活和社会生活，并强调了所有优秀英格兰人应具备的三样品质：诚信工作，自由精神，(与人交往)诚实公正。

从工人阶级兴起这个立场来看，尤其重要的著作是兰格伦(Langland)的长篇寓言《农夫皮尔斯》(Vision of Piers Plowman)。这本书的多个译本和很多版本，可能还经过他人润色。兰格伦本身并不想改变社会秩序，而只是想通过改善个体生活来促进社会进步。不过，他的著作却是英格兰社会改革著作的鼻祖，也因其故事来源于平民而知名。在阅读还是一样罕见技能的时代，真是让人难以理解诗歌是如何流行起来并获得广泛影响力的。诗歌的流行和影响力，也让它成为当时一股鲜活的力量，而不再是只有后来的古文研究者和文学编年史学者才感兴趣的对象。这部著作描述了一趟对真理圣地的朝圣之旅，并混合了人类和寓言人物。该书最有意思的一点是，那个后来成为像基督那样的圣人的领袖，并不是教士，也不是有学问的人，而是一个农夫。事实上，这表明，当时的人们，已经开始从平民大众的视角去看待和批判世界。

我们稍后还会谈到威克里夫（Wyclif）的宗教活动，不过，在中止平民这一主题前，我们可以先讲讲威克里夫对新思想的贡献。我认为将威克里夫的财产观称为共产主义学说，的确有点过了。但他的财产观的确又是与教会和封建制度相斥的——尽管他使用了封建制度里最高领主这一概念。不过，威克里夫所说的最高领主，指的是上帝。威克里夫认为每个个体都直接与上帝发生关系，而不是像封建制度下通过从国王到农奴这一链条逐层发生关系的。由于只有正直的人才能够得到上帝的垂青，威克里夫认为个人财产及对他人的政治权力只能归属于那些遵守《新约》四福音书的法则的那些人；而这些人又必须为其同伴们提供服务作为回报，而且也只有这样才能为其财产或是位置提供合法性支持。此外，威克里夫还认为，正如正直不可能由父亲馈赠或遗留给儿子一样，财产和权力也不能这样馈赠或是遗传。

尽管威克里夫小心翼翼地补充说明了任何人都没有只因觉得他人不正直就夺取他人财产的权利，但此类观念的颠覆性影响还是相当明显的。不过，可能正是他理论中的这一方面为他暂时赢得了兰开斯特公爵及其他人的强有力支持。这些人正渴望夺取教会并获得教会的巨额财产。与此类追求少数人的自私利益形成对照的是，诸如兰格伦和威克里夫的出现以及他们对穷苦大众的影响，标志着英格兰生活和思想中新要素的产生。

教会在大众心中已经失势，尤其是在两个相互竞争的教皇分别在罗马和阿维尼翁设立法庭并分庭抗礼的那半个世纪里。英格兰反对那些教皇强加给他们的外国主教，这些人甚至都没有教会职位而只是其亲信。他们还在英格兰法院提出上诉，反对阿维尼翁教皇及其苛捐杂税，尤其是约翰一世之前为了获得教皇承认而答应以家臣身份每年上供的那一千马克。爱德华三世自1333年之后就不再支付这笔款项了，而威克里夫的教义也支持爱德华的这一行动。

在促使将《圣经》首次翻译成英文的过程中，威克里夫在很多工作上都亲力亲为，甚至还为后来的新教和民主奠定了基础。通过依附于他的那些"穷教士"及其在全国各地的宣讲，估计有三分之一的民众成为了他的信徒。他们也被称为威克里夫派教徒，或称为罗拉德派（Lollards）。威克里夫后来的一些神学教义，如否定圣餐变体论、反对出售赎罪券、反对为民众葬礼上的祈祷收费等，让部分信徒不再追随他，也让他成为教会的直接反对者。不过，尽管遭受迫害，威克里夫派并没有被扑灭；相反，这一运动一直持续着，并最终融入更为总体性的宗教改革。

在那时，让英格兰教会摆脱罗马教廷控制的努力就不再是什么新鲜事或是突如其来的冲动了。在爱德华三世统治期间，反对罗马教廷的运动有着相当大的推动力。他们通过法令来抵制罗马教皇任命圣职的制度，拒绝向任何国外法庭其实也就是教皇法庭上诉，主教不可以担任政府官员等。教会的堕落、某些人敛财的欲望、教会不再服务社区、劳动阶级对教士的懒惰和奢侈的厌恶等更是助长了反对教士和教皇的情绪。而由战争滋生的强烈的反法情绪，也自然延伸为对生活在法国的法国大主教以及那些支持法国、反对英格兰利益者的厌恶。

新思想就像酵母一样正在社会结构里发酵，而这个社会结构还没有稳固到能够承受这一强大而突然的张力的地步。与其他原因一起，这些新思想将要产生的张力，不仅会让英格兰陷入彻底混乱，而且还可能导致大幅倒退。过于急速的发展似乎总是这样。

瓦特·泰勒起义

理查德，一个十岁的小孩，在爱德华三世去世后被拥戴为王，是为理查二世。一个新的咨议院以年轻国王的名义对国家进行治理。理查德的叔叔兰开斯特公爵，由于太不受欢迎而未能成为摄政者。尽管此时战胜法国并赢回爱德华三世丢失的领地的可能性要比爱德华时代小很多，但战争还是重新打响了，不过都无果而终。甚至像克雷西战役和普瓦捷战役这样能够舒缓灾难和对国家资源徒劳浪费的虚假辉煌都没有过。在议会投票决定前，政府就不断加重税赋。那些稍微了解国家事务的人希望他们被重税所榨取的钱财能够被更加有效地利用，但事实正相反；而绝大部分英格兰大众只是知道那些毫无捷报的年月正在越来越多地消耗着他们的钱财，他们的批评和焦躁不安也日益增加。事实上，整个民族都对这一让人绝望的战争的持续负有责任，但与寻找未能成功的真实原因相比，寻找替罪羊总是比较简单的。那些被认为管理不善的大臣就成为替罪羊并被免职。

1380年，佛兰德斯由于陷入内战，从而影响了英格兰羊毛的出口。英格兰的海关税收也大幅减少，军队的工资也由此被拖欠了好几个月。国王的珠宝被拿去典当，而如果未能赎回的话就会被没收。当议会向国王咨询最少需要多少钱时，考虑到"大众已经相当穷困"，国王报的数字是十六万英镑——其购买力是现在同等金额的十二倍。

人头税已经存在好些年了，并在1379年针对不同群体分了等级，但其等级区分却是极其荒谬的。如一个农民需交四便士，而兰开斯特公爵这个整个王国中最富有、拥有巨额财产的人却只需交六英镑十三先令四便士。1380年，农民上缴的税款增加了不止三倍，且大于十五岁的未婚青年也需要缴纳人头税。1381年的课税就更加恐怖了。议会满足了大法官的要求，同意加收十万英镑的人头税——前提是"拥有王国内第三大领地"的教士补足剩余的部分，也即六万英镑。可能是为了避免更糟糕的没收充公，教士们多少让人意外地同意了。这样，议会也继续征收人头税。这条法规其实是极其不公平的，并导致了全英格兰范围内的虚报。从上报的数字来看，英格兰的成年人口在五年内从超过一百三十三点五万人锐减为不到九十万人。

但各类不满、怨恨早已积聚多时。我们前面已经提及上一代人的黑死病所带来的恶果，而现在，英格兰各地区的地主及其隶农、雇工、佃农之间一直都有争吵和龃龉。事实上，源自非常经济境况的、充满仇恨的斗争已经呼之欲出。不过，不同地区的情况各异，甚至各个庄园也不一样。《劳工法》尽管几经修改和重新制定，试图对工资上升幅度和物价进行控制并对违规者处以重罚，但也不起作用。

争论的各方都相信自己站在正义的一边。地主们认为他们是在为法律、秩序和社会稳定而战，而其他阶级则相信他们所要求的都是他们应得的权利。城镇里也存在诸多令人感到不满的根源。在一些教士做领主的城镇，居民觉得他们享受不到世俗领主管理下的城镇居民所能够享受到的特权，因为教士根本跟不上时代所要求的变革。在另外一些城镇，普通市民和控制着地方政府的富豪家族的小寡头之间充满着仇恨。在其他一些城镇，尤其是比较大的城镇如伦敦，行会系统里的雇主和雇工间已经出现了斗争；甚至还存在对外国商人的抵制，因为人们认为这些外国商人正在榨干英格兰的现金，使得现金稀缺进而降低工资。尽管早先的历史学家已经强调了宗教上的不满，不过在即将爆发的反抗中，宗教上的不满似乎都可忽略不计了。

尽管在英格兰境内有很多起义和暴动，但缺乏统一领导和一致行动。起义，在不同的地方呈现出不同的方式，实际上都是上述各种原因的结果，且被难以承受的新人头税所突然触发。这个人头税对于劳动人民来说实在是难以承受之重。以其最为著名的地方领导人的名字来命名的"瓦特·泰勒起义"，是英格兰历史上最短的、最为戏剧性的真实故事之一。它实际上是同时发生的许多独立起义的统称，而不是一次全国性的、统一领导的起义。我们无法将其全部载入编年史，只能简要描述下发生于伦敦地区的起义。

泰勒去到肯特郡后很快就成为义军首领，几乎兵不血刃就洗劫了庄园大宅，敲诈勒索，夺取了坎特伯雷。随后，他转往伦敦。在途中，还有巡回鼓吹社会主义的布道者约翰·波尔（John Ball）以及很多其他人加入。地方当局和市议员已经意识到城市里的无产阶级在同情、支持造反者，但已经无能为力；国王的咨议院将自己关在伦敦塔里，他们同样没有作好准备并陷入无助困境。从肯特郡和埃塞克斯郡来的暴徒曾在布莱克西斯驻扎，也正是在这里，波尔于6月13日对大众作了著名的布道，其中包含如下两段诗句：

当亚当和夏娃男耕女织的时候，
哪有什么绅士呢？

波尔宣称所有人生而平等。只有不公平和不道德才会导致出现社会阶层和财富的差异，他号召追随者消灭领主和律师。年轻的国王曾决定离开伦敦塔并亲自会见造反者以了解他们的苦难，但当他的小船驶近超过一万名暴徒的聚集地时，他在谩骂声中调转船头返航了。当天下午，一个市议员为暴徒们打开了伦敦城门，一段恐怖统治由此开启。

兰贝斯宫已经被洗劫，如今暴徒们正朝着全英格兰最为华丽的宅邸萨伏依迈进。萨伏依是富可敌国的兰开斯特公爵的府第，刚刚完工，里面藏有大量珍贵珠宝。这些珠宝均被抢走，房子也被烧毁。很多其他地方也被洗劫并被焚烧。纽盖特监狱和弗里特监狱被毁坏，而被释放的囚犯更是为暴徒们火上添油。

大约一天后，伦敦塔里的国王想要进行谈判，他带着一众随从骑马出来与以泰勒为首的造反者协商、会谈。国王承诺要进行诸多改革。不过，谈判最终失败，泰勒及其部分下属几乎是在没有任何抵抗的情况下进入伦敦塔。在那里，他们砍头处决了大主教黑尔斯、王室财务主管以及其他为普通民众所憎恨的人物。年轻的国王理查德成功逃出并去到他母亲的小宫殿沃德罗波。伦敦塔杀戮之后是更大规模的屠杀和焚烧，其中还有大约一百五十人甚至更多的外国人被砍头。第二天，国王再次决定亲自与暴徒谈判，并会见了他们的头领泰勒。为了杀死国王，泰勒突然发动袭击，这让他在暴徒们心目中的形象大为受损；此时也是起义最为关键的时刻。国王要暴徒们跟着他到北边相对开阔的地带，并骑马缓缓离开，没有人加以阻拦。在那里，国王与暴徒们谈了半个小时。这可算是他生命中极其危险的时刻了。

不过最后，忠诚分子和那些仍旧留在伦敦的人觉醒并联合起来一致行动。而如果他们一开始就这样做的话，他们老早就能挽回局势了。大约有七千人站出来保卫国王，他们还包围了造反者，并想将他们全部消灭。不过，理查德还是让造反者安全离去。当泰勒的人头被送到理查德马前的时候，十四岁的理查德知道自己已经征服了造反者。当他将这个消息告诉母亲时，理查德重新获得了其父亲的遗产和整个英格兰王国。不过，理查德后来造成的灾难与孩童时期的能干和勇敢相比可谓有天壤之别。事实的确如此。在那三十天里，英格兰的整个社会结构都处于解体的危险边缘，当时还是个孩子的国王挽救了整个国家。当时的政府宽大仁慈，只有不到两百人被判死刑。后来在下议院的要求下，政府还赦免了大部分人的刑罚。

在造反派的威胁之下，国王同意在全英格兰废除农奴制；隶农也获得了自由，每年向领主支付每英亩四便士的租金；对贸易价格的限制也被废除；其他被民众怨恨的措施也得到纠正。宪章随后被取消，但在很多地方劳动阶级都保留了副本，并以此作为努力奋斗的理想。不过，革命一直未能实现目标。而隶农制度及其他饱受诟病的制度在下一世纪消失，也主要归功于缓慢而自然的经济原因。资产阶级受到强大冲击的直接结果就是让他们变得比那些下层民众更加宽容、仁慈。叛乱固然不好，但值得注意的是其中有两个特性将在英格兰日益显现。与欧洲大陆的同类叛乱不同，即使是英格兰最为偏远地区的叛乱也极少发生流血事件——除了在伦敦这个诸多不利因素聚集之地有短暂的残暴和死了一些人以外。而且，这也表现了英格兰人追求妥协和协商的高贵品质。理查德与泰勒的商谈也正是建构英格兰的那股妥协力量的象征。在英格兰，没有军队去围剿已经败退的叛乱者，也没有对自由演讲的镇压，有的只是人与人之间的商谈。

第二年，国王理查德结婚并重新发动了对法战争。此次远征不仅是个彻头彻尾的失败,而且还让法国得到了佛兰德斯,直接危及英格兰最大的出口市场;而且法国舰队还驶近英格兰海岸,随时可能登陆入侵。而对苏格兰的进攻,虽然烧了爱丁堡,但除了增加敌意外再无其他建树。国王还封赏了许多贵族,并将约克公爵爵位和格洛斯特(Gloucester)公爵爵位授予他两个最小的叔叔。总之,英格兰的情况可谓一团糟,民众也渴望变革。

在兰开斯特公爵前往西班牙并试图夺取王位时,格洛斯特公爵成为反对其年轻侄儿的首领——尽管他的侄儿赏赐给他爵位和权力。他控制下的议会要求检举理查德的大臣,并要求成立摄政委员会来管理国家一年时间。在此期间,英格兰赢得了异常漂亮的海战,战胜了由西班牙人、法国人和佛兰德斯人组成的联合舰队。但受到惊吓的理查德唯恐摄政委员会永远监禁他,因而想逃脱。不过,他的格洛斯特叔叔和阿伦德尔(Arundel)伯爵、诺丁汉伯爵、沃里克伯爵、德比伯爵等人所组成的反对国王的力量具有压倒性的优势。其中的德比伯爵还是理查德的堂兄、兰开斯特公爵的儿子。理查德的五名主要顾问被议会判处死刑,不过其中有三人逃脱了。尽管理查德仍是国王,但格洛斯特公爵已经大权在握。

第二次努力则要成功许多。理查德已经向格洛斯特公爵和其他四个伯爵这些"君主上诉人"(Lords Appellant)屈服。但根据长期以来的经验,与一个专制国王相比,民众更加害怕几个封建领主独霸大权。这些领主们可能也感受到了这一点,因为在1389年5月召开的全体委员会里,理查德突然向其格洛斯特公爵叔叔咨询自己的年龄,当格洛斯特公爵告诉他是二十二岁时,理查德提出自己已经足够大了并要亲自管理国家事务。这时,没有任何人提出反对。理查德立即接管了政府并解散了摄政委员会。在接下来的七年里，他依照宪法与议会共同管理国家，没有向任何人采取报复措施，甚至是对格洛斯特公爵也没有。他还马上与法国签订了停战协议，这是一项英明但不受欢迎的政策。在1396年，英格兰与法国休战二十八年后战事重开。

突然，国王变得性情古怪、难以捉摸。富有、精力过人、野心勃勃的格洛斯特此时似乎再次密谋反对其侄儿。不管怎样，理查德逮捕了格洛斯特公爵，以及嫌犯沃里克伯爵和阿伦德尔伯爵。他们在议会接受控诉。结果是，沃里克被驱逐，阿伦德尔被处死，格洛斯特被关入加莱的监狱。格洛斯特在监狱里被谋杀，这显然是理查德指使人干的。

理查德的下一步计划是在什鲁斯伯里而不再是伦敦召开议会。理查德还成功地让自己的支持者进入议会，并占据了议会的所有席位。这个特别议会宣布，鉴于之前那个"无情议会"居然成立"君主上诉人"来控制国王，其所通过的全部法案都是无效的。议会还宣称没有任何法律能够用来管束国王。不仅如此，理查德将其权力委托给由十八位支持者组成的委员会，其中十二人是领主，六人是平民。这样，理查德摆脱了所有的宪法约束，并将议会统治变为个人独裁。

不管理查德是否真如人们所说的那样疯了，从其所作所为来看，他就是疯了。他驱逐了德比伯爵。但这之前他还将德比伯爵封赏为赫里福德（Hereford）公爵、诺丁汉公爵和诺福克（Norfolk）公爵。他到处勒索钱财，甚至要国民同意空白"支票"，这样他就可以在空白处填上任意数字。有一种不断增长的危险正在危及当时的和平，那就是我们前面业已指出的侍从传统，即贵族家里收留了大量仆人。理查德现在就是要解决这个问题。他还威胁珀西（Percy）父子，并将强大的诺森伯兰伯爵及其继承人放逐到他们在苏格兰边境上的领地，让他们在那里感喟人生。兰开斯特公爵死后，理查德没收了他的巨额财产——从其合法继承人赫里福德伯爵那里抢了过去。

教士们也越来越没有之前那么舒坦了。威克里夫教派的教士在全国上下四处宣讲教会财产充公对国家的好处。尽管普通信徒一般不支持这种做法，但他们越来越渴望在所有方面都与教皇断绝关系——除了神学教义。这样，教会与国王的关系越来越疏远，因为国王并不明白教义对教会自身的重要性。

这样，理查德也就将自己放在所有群体的对立面。最强大的贵族，也担心被放逐、处死或资产没收，这种例子已经屡见不鲜。手握英格兰地方统治权的骑士反对议会的压制。教会也担惊受怕，且其敌意也与日俱增。除了少数几个亲信外，国王已被所有人厌憎，他居然还愚蠢地选择在这个时候出征爱尔兰——这是一次徒劳无功的出征——留下他的叔叔约克公爵摄政。

被放逐且被剥夺财产的赫里福德公爵，如今因为其父亲兰开斯特公爵的去世而在约克郡的海岸登陆了。不久之后，珀西父子和其他人也加入行列，甚至还包括理查德国王的摄政王叔叔约克公爵。理查德匆忙赶回威尔士，却发现下属都跑光了。他独自躲在康韦城堡里，承受着整个王国的反对。兰开斯特引诱理查德说他还会是国王，而自己只是帮他治理国家。不过，兰开斯特很快就撕掉了这个伪装，而理查德也被关在了伦敦塔里。

1399年，理查二世签署了逊位书。虽然后来的新议会正式罢免了理查二世，并正式宣布兰开斯特为亨利四世。而在血缘上更加接近王室的合法继承人——年轻的埃德蒙德·莫蒂默——对王权的索求主张就被撇在一旁了。亨利四世假意尽力质疑埃德蒙德的王权诉求，说埃德蒙德的曾祖父埃德蒙德、亨利三世的次子，事实上是长子，而非爱德华一世。

这个说法极其荒谬、错误，但很有意思。这表明尽管一个新国王获得了王位，也需要通过议会选举来为其王位正名。在一小段时间里，尽管理查德已是阶下囚，不过他仍是密谋夺权者的中心。随后他被转移到庞蒂弗拉克特城堡。在一次支持理查德的小规模叛乱失败之后，理查德死于1400年。几乎毫无疑问，他是在亨利四世的授权下被谋杀的。国家由此陷入骚乱，而且很多人声称理查德事实上并没有死。这个谣言给继任者亨利造成了极大的麻烦，以致他不得不将理查德的尸首放在圣保罗大教堂示众两天，不过，只露出脸部。至于理查德究竟是怎么死的，人们一直不得而知。

在专制的理查二世离奇去世的同一年，还有一个人也去世了，那就是杰弗里·乔叟。与理查德这个独裁者的坟墓相比，乔叟的坟墓就小得可怜了。但现今很多人却认为，理查二世只是莎士比亚戏剧里一个虚构的人物或角色。杰弗里·乔叟是一个伦敦酒商的儿子，属于中产阶级。抛开其留下不朽诗歌而谈，乔叟这个人的生活并无让人感兴趣的地方，是个中规中矩的人。他的第一份工作是在爱德华三世的儿子莱昂内尔家里干活；一段时间后，当格洛斯特掌权时，他又为格洛斯特服务。似乎理查二世和亨利四世都喜欢他，他从这两人那里获得工作和养老金。不过，他在晚年还是穷困潦倒，直到亨利四世接济才有所好转。他与法军交战过，在派驻意大利和其他国家的使团里任过职，深入体验过很多地方的生活。

即使在他那个时代，他的诗歌也是相当受欢迎的，并影响了后一代英格兰人的写作方式。随后大约两个世纪里，在他那一领域，没人能够超越他，直到伊丽莎白的文艺复兴时代。所有民族的文学史自然都有很多影响着他们那个时代的人物。有些人被记得不是因为他们真的很重要，而只是因为他们比他那个时代的普通人强一点。乔叟则不属此类。尽管他的作品里充满了古典词汇，但在将近六个世纪后，人们仍然在阅读他的作品。人们之所以阅读他的作品，是因为可以从中感受到欢愉，而不是出于好古癖。

由于他的语言表达比较跳跃，很多人阅读他的作品时感到不好理解。他的用词与我们今天所讲的语言差不多。我们之前已经提过法语已被所谓"moder tunge"[1]的本土英语取代，但其中还有很多乡下人所使用的方言土语。英格兰中东部地区的语言是莎士比亚和今日英格兰所使用的语言的原型。这不仅仅是因为它盛行于伦敦以及牛津和剑桥这两个大学城，还因为它是乔叟所使用的语言，也是威克里夫翻译《圣经》时使用的语言，也是后来的卡克斯顿（Caxton）[2]在印刷时所使用的语言。这样，它也就成了纯正英语的标准，而其他方言就被当成是粗野的、地方化的变种。乔叟的作品可以清晰地划分为三个不同时期，分别体现着法语、意大利语和英语的影响，其中英语的影响更是贯穿其后期的作品。在那个时期，故事诗是富有想象力的文学手段，但乔叟远不止于此，他对人物的描述、对自然和美丽的热爱、对所有人的兴趣、他那无处不在的幽默，都相当杰

---

[1] 即 mother tongue，此处用乔叟语。
[2] 英国第一位印刷家。——译者注

出。他是他那个时代的伟大诗人。如果他生活在伊丽莎白时代的话,他完全有希望成为一名伟大的戏剧家;而如果生活在维多利亚时代的话,则会是一名伟大的小说家。

在那么多作品里,现在仍最受欢迎的那篇长诗或说是故事集是《坎特伯雷故事集》。在这部作品中,我们可以见到形形色色的人,他们在伦敦相遇而后一起出发到坎特伯雷的贝克特圣坛朝拜。在途中,他们每个人依次讲一个故事以消磨旅途的单调乏味。在序言里,乔叟就介绍了那些朝圣者,并用无法模仿的手法来介绍他们。如"极其亲切的骑士"、"如5月份天气般清爽宜人的"乡绅、"极富良知和情感的"女修道院院长、热衷于学习和讲授的学者、贫穷但"知识渊博的"乡村教区长,以及其他各类人物。这就好像是在上演中世纪末期的社会生活盛装游行秀。这的确是一个时期的终结。接下来是令人不快的都铎王朝的三代统治,以及现代世界的开始。

在这个时期,现代世界本来似乎都已是含苞待放:议会的权力壮大,尽管有时会被用来干坏事;彻底摆脱罗马的影响;宗教改革的曙光初现;乔叟开创了现代文学。但就像一个早熟的孩子一样,英格兰还是发展过快了,还残留一些危险的因素需要被消除。一个更加有序的国家的发展,还是需要以健全、健康的成熟为基础。

第六章 15世纪：踏入新世界的门槛

在英格兰历史中，15世纪确实算不上辉煌时期：与法国的持续战争，尽管有阿金库尔战役大捷这一亮点，但总体而言并没有取得成效，还令人绝望；议会与国王间的紧张关系；争夺王位的斗争；对威尔士的小规模战争；贵族的崛起以及他们内部的争斗；所有这些都让这个世纪显得混杂、迷乱。这些纷争，除了他们的领袖声名显赫、衣着华丽外，绝大多数都令人生厌且毫无意义，就像是比林斯盖特鱼市场上愤怒的卖鱼妇之间的争吵一样。不过，结果表明这个世纪还是很重要的，尽管这并非"演员们"刻意为之的结果——这种情况在历史上倒是很常见。此外，这个世纪还发生了其他一些变化，如商人的兴起、建筑学的发展、生活和思想的世俗化，以及其他一些事件。这些事件对我们今天的影响甚至要远大于对法战争和玫瑰战争的影响。

英格兰和欧洲大陆间存在显著差异。在欧洲大陆，强大的君主令人瞩目，政府——无论大小——越来越独裁。这种情况一直持续到19世纪。而在20世纪，这种情况甚至恶化为一个人的独裁统治，并且屡见不鲜。而英格兰则完全不同，中央权力在不断地弱化。我们在上一章末尾所讲到的谋权篡位的国王亨利四世，尽管经过粉饰和美化，但还是要经由议会选举才能获得王位和权力。而且，事实虽然能够被掩饰，但不可能被完全隐瞒。既然议会能够产生一个国王，那么它就能够罢免一个国王，也能够任命另一个人为王。对民众而言，有争议的继承从来都是一场灾难，因为这意味着不稳定、混乱、动荡，甚至还经常爆发战争。

君权神授的理论还要在两个世纪后才由斯图亚特王朝提出。不过，一直流传的世袭制是那个时代解决问题的最好方法。它能够保证持续性且对和平与财产的干涉最少，因而得以发展起来。那个时代需要一个强有力的中央权威，来为民众和贵族提供秩序。不过最为重要的是，为了自由和自治能够发展起来，此类中央权威要能够接受通过合法途径表达出来的民意的监督，并据此作出调整。英格兰的此类中央权威和自由，后来程度不一地扩展到帝国的各个部分。它们起码领先其他国家好几个世纪，而这些也正是欧洲大陆所缺乏的。同样，英格兰在全世界扩展版图的行为，也领先其他现代国家好几个世纪。这样，当其他国家也试图在全世界扩展版图时，条件已经发生了翻天覆地的变化。

不过，较少被人提及的是，英格兰在学会自我控制、治理和追求自由等方面，同样领先于其他国家。获得这些能力的基础——民族性，不可能在一夜之间建立起来。而英格兰却在这些条件还没存在或是还没有被其他国家利用之前，就在好几个世纪里幸运地、无意识地利用了，并最终领先于其他国家。

但是，正如我们已经指出的那样，这个过程并不是一个有意识的过程。英格兰从未"谋划"它的制度或未来，这主要还是"恰好发生的"。而之所以会这样，又是因为这个民族在应对之前的环境和成型制度时所表现出来的各种特性——不管是好的还是坏的。如果英格兰的封建社会进程与欧洲大陆不一样，如果英格兰的自耕农不同于法国农民，如果议会治理只在英格兰获得成功而在欧洲大陆都不成功……显然，这些不可能都是偶然。这是由于英格兰人的特性使然，也跟他们应对历史偶然事件的方式有关。当然，这些未知进程并非直线发展的，而是曲线前进的。过快的发展往往需要回撤、支持和补充，但朝着自由和稳定前进的动力一直存在。

限制大贵族

在15世纪，为了实现自由和稳定，限制大贵族的权力并缩减他们的管辖范围就显得很有必要；专制王权应该受议会约束；也有必要建立君主立宪政体。所有这些都不是有计划的，但最终都发生了。事实上，正是由于这些都发生得过于迅速，以致下个世纪的人们乐于接受都铎·亨利和伊丽莎白的半独裁统治。都铎王朝的君主伟大之处在于他们清醒地意识到他们的权力依赖于民众的认同，而且他们也必须为民众谋利。这种见解明显不同于欧洲大陆的统治者。

在短暂的十四年统治里，亨利四世意识到他还必须仰赖那个让他成功登基的议会。因为即使是在他谋杀了理查二世后，也还有在血缘上更接近王室血统的其他人。那些大贵族随时准备着借助他们的扈从军队来推翻亨利四世的统治，为自己谋利。1400年的起义只是诸多起义的其中之一，而与法国、威尔士和苏格兰的战争也需要钱。威尔士的叛乱还诞生了一个传奇式的领袖——欧文·格兰道尔（Owen Glendower），尽管这次叛乱最终被镇压，但格兰道尔成为了威尔士最受欢迎的英雄，甚至英格兰人都相信他具有法力。莎士比亚对他的描述，如"我可以召唤内心最深处的东西"，及其他广为人知的段落都被很多人深信不疑。1402年征伐格兰道尔的战争，就是由于遇到了那个季节罕见的暴雨和大雪最终无功而返。

同一年，苏格兰趁英格兰内部纠纷不断而从北部入侵，但被珀西家族打败。亨利也主要因为得到他们的帮助才成功登基。这个拥有庞大财产和权力的家族，在诺森伯兰伯爵和伍斯特（Worcester）伯爵的领导下，其领地几乎覆盖了英格兰北部的大部分区域。作为边疆领主，他们保留了一批扈从，因而有能力推翻国王，也有能力拥立新王。

第二年，他们转而反对亨利四世，但南部英格兰并不想让这些权贵骑在他们头上，于是团结起来，在什鲁斯伯里打败了珀西家族。伍斯特伯爵被俘虏、砍头，他的侄儿亨利·珀西，也就是人们熟知的哈利·霍茨波（Harry Hotspur）[1]也被杀死。诺森伯兰伯爵被监禁，后被释放，在流浪威尔士时被杀害。法国人也攻击了英格兰沿海，但法国的内部纷争在这二十五年里挽救了英格兰。而且英格兰还幸运地俘虏了苏格兰年轻的王子，也即后来的詹姆斯一世。也正因此，苏格兰人不敢轻举妄动。

---

[1] 哈利·霍茨波（1364～1403），诺森伯兰伯爵一世，英格兰—苏格兰战役的重要首领。为反抗亨利四世，领导叛军发动什鲁斯伯里战役，其后阵亡。

在那个多事之秋，虽然议会在一定程度上制约着国王，但并不意味着人民主宰了议会。下议院虽然掌控着国家财政，但控制上议院的权力也同样在很大程度上控制着下议院。这里的关键点是作为一个整体的议会与其所选举出来的君主之间的关系。议会更好地被控制在人民手里，对于以后的发展而言是相当重要的。议会的控制最终都会变成其中更为有力的议院的控制。不过，亨利四世与我们之前提到的其他国王一样，也必须利用自由民和城市议员来压制贵族。这个代代相传的游戏，慢慢地增强着人民的权力；权贵们的军事垄断也首次被打破；下议院表明立场不愿再被压制。而且正是这个时代，下议院还尝试要求没收高级教士的收入来满足国王不断增加的资金需求。其中所需没收的规模，莎士比亚是这样描述的："要满足国王的需求，差不多要十五个伯爵、一千五百个骑士和六千二百个士绅的全部资产"，外加两百个救济院。国王拒绝了，这并不是因为他不愿意招惹贵族，而是因为要应对当时的其他敌人，他就必须同时联合自由民、其他平民和教会。这样，贵族们的财产算是保住了。我们现在要来看看另一件将要发生的事情。这件事将在亨利八世期间发生，尽管在当时看来，这件事有点突然，但在这里我们将会发现其背后深厚的历史根源。

尽管老百姓会很乐意看到他们的财政负担被转移到那些富有的修道院院长和主教身上，但这并不等于说他们喜欢异端邪说。当教会要求国王立法烧死那些教会法庭认定的异教徒时，上下两议院都是同意的。不过，英格兰的君主并不热衷于宗教迫害——除了玛丽·都铎，亨利四世也不是个宗教迫害者。虽然他的确打算要消灭罗拉德派，但相对而言，被处以死刑的异教徒还是很少的。

罗拉德派的领袖约翰·奥尔德卡斯尔（John Oldcastle）爵士被

审讯并被开除教籍。在被进一步迫害前，他成功逃脱了。他和一部分追随者还密谋反对新王。不过，这群乌合之众在圣吉尔斯被击败。尽管绝大部分人都逃脱了，但还是有一些人被俘，最终被吊死或烧死。几年后，奥尔德卡斯尔自己也被俘且被烧死，这次具有历史重要性的运动也就由此结束。英格兰甚至还通过了一部法律以没收这个教派的所有成员写的书籍。

收复诺曼底

我们接下来介绍一下亨利五世那不到十年的短暂统治期间的故事。在还是威尔士亲王期间，亨利五世就展现了他的军事才能，却在他父亲去世前的最后两年被疏远。这段时期也就是在莎士比亚的《亨利四世》中为世人所知的那个时期，其中还有不朽的人物福斯塔夫（Falstaff）。在里面，亨利五世的野蛮可能是被夸大了。他虽然年轻，但无论如何也成功当上国王了，从这点就可看出他确实并非普通人。他对罗拉德派的态度其实也只是宗教本质的一面，每个宗教都试图重建旧日的教会。他还对法国王位念念不忘——尽管他并没有任何站得住脚的索取资格。有趣的是，法国王位最后被说成归属于英国国王，但两者之间没有任何血缘关联。亨利五世之所以能够从其父亲那里继承王位，也仅仅是因为得到了议会的授权，或许他就是想通过获得对外战争的漂亮胜利来巩固他在国内的地位吧。这种手段也是当今各国统治者惯用的伎俩。

法国国内的形势似乎也促成了英格兰的军事胜利。当时，法国国王精神失常，而整个国家陷入阿马尼亚克（Armagnac）伯爵和勃艮第公爵两个派系间的纷争泥潭。不过，即使如此，入侵法国仍是孤注一掷的冒险。如果法国人不接受亨利五世为国王，那么即使他能拉拢一派来打击另一派并取得暂时胜利，法国人也不可能心甘情愿地永远臣服于英格兰。持久的胜利不可能获得，而早期的一次失败就足以危及亨利在国内的王权。为此，在他从南安普敦启航的前一晚，就处决了三个密谋获得马奇伯爵（Earl of March）[1]头衔的领袖；亨利还自己领受了马奇伯爵的称号。从血缘上来说，这三人都比亨利更有资格当英格兰国王。

穿过海峡之后，亨利夺取了阿夫勒尔港口，打开了通往巴黎之路并直接威胁塞纳河流域。不过，亨利不敢再往前进军，因为他的军队正因痢疾和发烧而蒙受重大损失：四万五千名士兵里有三万人得病，不久又有五千人丧失战斗力。而如果这样就返回英格兰的话，亨利极有可能会失去王位。他因此决定向加莱进军，却发现阿马尼亚克的五万大军在阿金库尔挡住了去路。虽然看似不是个好机会，但亨利还是欣然应战，因为他对敌军的战斗力作出了精准估计：敌军不过是像在克雷西战役中战败的封建体制下的一群乌合之众。亨利使用的战术还是克雷西战役中英军使用的战术，可惜法国人没有从上次的大败中吸取教训，亨利也由此获得了英格兰历史上最为著名的一次大胜利。这也是最后一次以长弓为主导武器的战役，也是长弓对过时的法国骑士的最后一次胜利。法军的败况，就如那漫山遍野的鲜花被铁骑兵和重甲步兵重重践踏，被埋入泥浆里。1415年，英格兰丧失了新武器的优势。在一代人的时间里，法国人在火器上取得了优势，并在战力上超

---

[1] 这是英格兰和苏格兰国王都封授过的一种贵族爵位，因而意指想当国王。——译者注

过了英格兰人。

所有英格兰人都为此次阿金库尔战役的出色胜利欢呼雀跃，亨利回到伦敦之后受到民众的热烈欢迎，并举行了具有中世纪遗风的盛装游行——英国人至今仍喜欢盛装游行。当我们读到市长和市议员身着猩红色长袍，市民们身着红色衣服且戴着红白相间的头巾，装扮得体形硕大，游行线路两旁挂满鲜艳的衣服和绣帷、欢快的漂亮少女队列唱着"欢迎亨利五世——英格兰和法国之王"等歌词时，我们大致可以了解当时的狂欢和花哨了。不管怎样，亨利的英格兰王位起码是稳固了。

亨利五世后来的战争，简单介绍下就可以了。他征服了诺曼底全境，并赢得了新的勃艮第公爵的支持。新勃艮第公爵的父亲被阿马尼亚克当着法国王太子多芬（Dauphin）的面杀害。在他的帮助下，英法两国间达成了《特鲁瓦条约》（Treaty of Troyes）。依照这个协议，多芬被剥夺继承权；且在法国国王死后，亨利将成为法国的摄政王；亨利还娶了法国国王的女儿为妻。由于国内的激烈纷争，愤怒和绝望中的法国人接受了他们所憎恨的英格兰人，但这是不太可能长久维持的。当时根本不存在任何能够将法国和英格兰这两个国家合二为一的因素；相反，现存的所有因素都倾向于将它们分开。亨利甚至一天也没有统治过法国，并在不久后就去世了，享年三十五岁，留下一个婴儿作为继承人。这个婴儿甚至还从他的法国母亲那里遗传了老查理的精神病。不久，英格兰就彻底失去了法国；不仅如此，兰开斯特家族不久后还失去了英格兰的王位。

圣女贞德

谚语说得好,"国王年幼,大地遭殃"。这已被被无数历史证明准确无比。九个月大的婴儿登基为王,也即亨利六世;同一年,由于其外祖父查理六世逝世,亨利六世还被封为法国国王——不过只拥有多芬所未能控制的卢瓦尔河以北的地区。多芬则宣称整个法国都是他的领土。亨利五世生前还任命他最年长的弟弟贝德福德(Bedford)公爵为法国的摄政、最年轻的弟弟格洛斯特公爵为英格兰的摄政,以辅佐年幼的亨利六世。

很大程度上由于已逝国王对法国的征服,兰开斯特家族已经获得英格兰人民的坚定支持,兰开斯特家族的王位似乎也相当稳固。不过,有趣的是,虽然没有人反对亨利六世的继任,枢密院(Privy Council)和议会都坚持保留兰开斯特家族的统治,但他们却不认为亨利五世有权在遗嘱里任命摄政者。相反,枢密院和议会坚持要由他们来任命摄政者。贝德福德公爵被允许摄政法国;但格洛斯特公爵最终只成为英格兰的守护者而非摄政者,其权力受到各种限制。

贝德福德公爵是个有才干的将军。格洛斯特公爵野心勃勃但愚蠢且不可信。年轻的国王成长为一个笃信宗教、心地善良却又软弱的人。同时,整个国家又毫无理性地要继续拥有法国。而接下来二十年的灾难基本上就是由上述这些因素所导致的。

贝德福德公爵在法国干得相当不错。他娶了勃艮第公爵的妹妹,并希望借此来实现联盟的永久化。他还听从了老古谚语的劝告:"要想战胜法国,需从苏格兰入手。"

在被俘的苏格兰王子詹姆斯一世承诺保持中立后,贝德福德释放了詹姆斯一世。当格洛斯特愚蠢地入侵埃诺时,英格兰人对法国人的军事胜利似乎也表明贝德福德的计划是行得通的。同时,格洛斯特的入侵行为还破坏了和勃艮第公爵的友情。不过,贝德福德公爵还是继续围攻奥尔良。如果攻取了奥尔良,就可能结束战争,也可能断了多芬(现在他已自称是查理七世)的前途。随和、年轻的法国国王,无能且纵情享受,他是不可能拯救法国的。但他所不可能完成的任务,最终还是由栋雷米的一个农村少女完成了。她就是英格兰人所熟知的圣女贞德。

贞德那广为人知的故事,无需我们在此详细赘述。坚信自己负有拯救国家和国王的神圣使命的贞德,像个男人一样佩戴长剑和盔甲驰骋沙场。而这个十八岁的女孩也激发了法国军队的爱国精神和勇气,最后也拯救了法国并扭转了战争局势。毫无疑问,正是由于贞德,英格兰人才被逐出奥尔良;正是由于贞德,多芬才可能在兰斯成功加冕为查理七世。不过,懒惰的查理没有抓住机会。而被法国人的胜利所威慑的勃艮第公爵,如今开始帮助贝德福德公爵和英格兰人。

查理七世的王位虽然要归功于贞德,不过懦弱的国王还是背叛和抛弃了贞德。贞德后来被勃艮第公爵的军队俘虏。而勃艮第公爵,还是一如既往地无耻,他将贞德以一万金法郎的价格卖给了英格兰人。军队领导、侍臣、教士等,都为了一己私利而反对贞德。所有促使她死亡的个人和国家都应该受到谴责。对贞德的审判主要由英格兰温切斯特的红衣主教蒲福(Beaufort)和被驱逐的博韦(Beauvais)主教、法国人科雄(Cauchon)完成。贞德被指控散播异端邪说和使用巫术。后来,贞德成为法国的象征并被教皇封为圣徒,但在当时,自法国国王查理七世以下,没有一个法国人为她说话，没有一个人去解救她。

贞德后来被绑在鲁昂的木桩上烧死，但她也成为法国的不朽传奇。贞德实现了自己的目的，而被她拯救的那些人也彻彻底底地展现了他们的无耻。有时候，历史就是会有惊人的巧合。法国国王的邪恶部下德·拉·特雷穆瓦耶（Ducdela Tremouille）公爵，是当时阻止查理七世拯救贞德的所有人中最为起劲的家伙。从那往后的四年里，没有一个叫德·拉·特雷穆瓦耶的家伙踏入过英格兰。后来他那支血脉的最后一位男性，法国的首辅、公爵，越过海峡进入英格兰，但在到达的第一天晚上就在其住宿的郊区房屋被一场大火烧死了。

在行刑时，贞德大呼耶稣并表现出大无畏精神。英格兰人处死贞德后也得以继续北上。在同一年，贝德福德公爵将已在英格兰加冕为王的亨利六世带到巴黎并加冕为法国国王。但贝德福德不敢将亨利留在法国。法国人不仅憎恨贝德福德及其下属，也憎恨那个弃其领土而逃的法国国王查理七世。英格兰的好运，自此开始渐行渐远。不久之后，在对法战争中最有才干的贝德福德死了。而如果连贝德福德公爵都不能战胜法国，那估计就再没有其他人能够战胜法国了。出于这个原因，勃艮第公爵也放弃了与英格兰的合作。其后，在血缘上最接近英格兰王位的约克公爵被派去法国摄政。英格兰人还期待着他们在法国的统治能够代代相传，但英格兰在法国的领地在一点点地萎缩，到1451年，曾经广袤的领地就只剩下加莱了。

玫瑰战争爆发

无法保护其国外领地的英格兰,在国内也陷入了暴政和独裁困境。地主的日子从黑死病时期开始就变得很艰难,如今更是一年不如一年。这种境况也让他们从佃农和村民那里收回了使用权,并亲自决定土地的用途——而这之前基本上都是由佃农和村民自己决定的。与此同时,他们还通过将农场改造成牧场来减少对劳动力的需求。

富者越富,穷者更穷。拥有大量仆人的贵族变得越来越傲慢自大。国王软弱且很快就要遭受精神病的折磨。民众的抱怨从未停止,他们一直渴望拥有"良好的治理"。1450年,一个名叫杰克·凯德(Jack Cade)的爱尔兰人,自称是已故的马奇伯爵的私生子,领导了一支由三万人组成的叛军,要求由约克公爵来领导政府。全英格兰的大户人家都掠夺其邻居的土地和财物,而穷人则造反并洗劫伦敦,而且还是得到领导许可的。

尽管叛乱最终失败,凯德也被杀害,却开启了混乱的玫瑰战争时期。之所以被称为"玫瑰战争",是因为冲突双方——兰开斯特家族和约克家族分别以红玫瑰和白玫瑰为标志。约克公爵两次成为保护者,但国王也两次都从其精神病中康复,于是约克公爵也就不得不解职。兰开斯特家族的君主陷入半精神失常状态,他的直接继承人年纪尚幼且极有可能还遗传了家族精神病,因此让人感觉是到了改朝换代的时候了。约克公爵似乎很有可能成为下一个君主。不过,伟大的兰开斯特家族依旧野心勃勃。接下来的权力斗争实际就是围绕王位而展开的,双方都宣称自己该拥有王位,并都得到一些贵族阶层和其他阶级的支持。这实际上还不能算是内战。

约克派的沃里克伯爵、索尔兹伯里伯爵和马奇伯爵,在南安普敦击败了亨利六世的军队并俘虏了国王。在爱尔兰的约克公爵,在回程中就宣称王位属于自己。不过议会最终决定,亨利六世在有生之年还是国王,他死后则应由约克公爵继位,而非还是婴儿的威尔士亲王。其中的若干交战没什么意思,除了韦克菲尔德(Wakefield)战役。在那次战役中,约克公爵被杀,他的儿子爱德华成为约克派的领袖。爱德华当时虽然只有十九岁,却才华横溢。最终在陶顿,王后玛格丽特和兰开斯特家族的军队被击败,王后与她那倒霉的丈夫亨利六世一起逃到了苏格兰。而年轻的爱德华则在威斯敏斯特加冕为王,是为爱德华四世。

对于玫瑰战争,绝大部分普通老百姓是冷眼旁观的,甚至伦敦也保持中立。战争掠夺和破坏了很多财产,但普通民众很少因此丧命,甚至商贸也基本上一如既往。不过,对于贵族而言就完全不一样了。贵族阶层,这帮早已对国家毫无益处且只会带来伤害的家伙,其中的一大部分由此陨落。这帮家伙自私自利,并阻碍了王权的巩固。要不然那个时期的王权是有可能为混乱的英格兰带来和平与安全的。不过幸运的是,王朝更替并不是由民众所导致的血腥革命来完成的,而是由统治者内部精神错乱式的自相残杀来完成——尽管这个更替还远未能够彻底完成。

总体而言,英格兰内更为文明的区域如南部和东部,与城镇里的市民和其他中产阶级,是支持约克派的。因为约克派给出了和平与良好秩序的美好愿景。在爱德华召开的第一次议会里,他亲自向老百姓讲话,这也创造了一个先例,他表示了感谢并承诺为他们提供保护。王权从兰开斯特家族到约克派的更替,预示着很多令人厌恶的贵族被屠杀,而国王不仅依赖议会,更是将老百姓视为自己最大的支持者。

不过,我们的期望也不能过高。爱德华四世最终还是表现出他放荡、软弱的一面。兰开斯特家族重新点燃了战争,并拉拢了沃里克伯爵。其他人也转而反对爱德华,无奈之下,爱德华只得逃往欧洲大陆。亨利六世再次当了好几个月的国王。爱德华后来虽然和平地夺回王位并结束了不体面的逃亡生活,但这并不意味着英格兰从此迎来了和平。爱德华留下两个儿子:只有十二岁的爱德华五世及其弟弟约克公爵。

不幸的是,爱德华四世还有一个弟弟理查德。理查德被封为格洛斯特公爵,他也由此开始了臭名昭著的生涯。理查德宣称他母亲是与他人通奸生下爱德华四世的,并说自己才是母亲唯一的合法儿子,因此也只有他才有资格继承王位。理查德通过议会罢免了年轻的爱德华五世,并将小国王和约克公爵关入伦敦塔。同意罢免爱德华五世的议会宣布理查德为英格兰国王,即理查三世。但理查三世从来都不受欢迎。当人们知道理查三世将两个侄儿谋杀于监狱并想迎娶自己的外甥女时,他们便起来反抗。他甚至丧失了贵族阶层的支持,因为在他那愤怒的报复之下,没人觉得自己是安全的。

最先起来叛乱的白金汉公爵,后来被俘且被砍头。而里士满(Richmond)伯爵亨利·都铎的造反则要成功许多。里士满伯爵的祖父是一个威尔士士绅,祖母是英格兰国王亨利五世的遗孀、法国人凯瑟琳。因为亨利四世的所有后代均已死绝,"冈特的约翰"[1]

---

1 是爱德华三世的第三子,也是第一任兰开斯特公爵。——译者注

的子孙再也没有其他男性继承人，所以之前那个被驱逐的伯爵也就最有资格继承王位。

兰开斯特王朝的这个继承人亨利·都铎，不久就会成为亨利七世。都铎从法国返回英格兰后，迅速获得大批人的支持，并在博斯沃思原野（Bosworth Field）击败了理查三世。在那场战役中，理查德头戴王冠驰骋战场，最终战死。他之前在战斗中就曾被斯坦利、诺森伯兰和其他前支持者所抛弃；有一次打了胜仗后，斯坦利将从灌木丛中找到的王冠戴在了亨利·都铎的头上，而士兵们则对着亨利·都铎大呼"亨利国王"。都铎王朝由此开启，英格兰也进入了它最为辉煌的世纪之一。在这个世纪，英格兰终于踏出它那开拓海外帝国的第一步，而不再执着于之前在欧洲大陆那毫无意义的扩张。

不过，如果说16世纪的历史事件和时代特征都显著不同于15世纪，那么我们必须要意识到，这种国家生活中的此类重大变化并非突然发生的，而是长久以来的诸多力量作用的结果——尽管在那个时代的人甚至是后来的历史学家看来，这些力量似乎没那么重要。每一事件，不管是单调乏味还是光彩夺目，都有其影响的范围及类型。克雷西战役、普瓦捷战役和阿金库尔战役虽然没有改变法国或是英国的命运，但它们的确对英格兰人的心理有着持久影响。

我们前面提到的那些胜仗，培养了英格兰人的自豪和自信，甚至那些从不看历史书的人也能通过歌曲和故事熟知这些历史。在第二次世界大战里，它们还呈现在成千上万人的脑海里。听说英国士兵在蒙斯看到了克雷西战役中的弓箭手划过长空，并引导他们获得胜利。不仅如此，此类事件还产生了比疆土得失更为重要的影响。玫瑰战争对所有参与者而言都没有什么好处，但它又的确清除了那些早已对国家毫无益处的贵族阶层，并最终迎来了出身威尔士乡绅家庭的强势统治者。英格兰人也由此建构了相对通情达理的新阶级，并为创建一个现代英帝国奠定了坚实的基础条件。

这些新阶级在15世纪之前就已经萌芽，但我们却不能精确地指出具体时间，因为历史从来不是一格一格的，而是一个持续的过程。他们是中产阶级、乡绅、自耕农、商人、其他城镇生意人和高级工匠。这些人，如果说他们还没有站到舞台的中心，但从都铎王朝开始，他们也已经是非常重要的群体了。

所有人都认可15世纪标志着中世纪时期的结束，也标志着现代的真正开始。造就这一结果的原因有很多。由于诸多原因，作为一种统治形式的封建制度实际上早已崩溃——其中的部分原因，我们在前面也已经提到过。被浪漫主义诗人理想化的骑士精神，即使在其全盛时期，也曾无比堕落。正如在对法战争和玫瑰战争中所展示出来的那样，那些骑士变得极端残忍、野蛮，甚至远远比不上那些"下层"社会所展现出来的理想和礼仪。在旧秩序里，自国王以下直到农奴，每个阶级都有不同等级的权利和义务。这套旧秩序在它那个时代是很有用的，但如今却如同是被丢弃在阁楼里的破烂了。新的国家观逐渐兴起，人们完全排斥之前强大的贵族为了自身利益而发动战争的那种做法。

如果我们想要从将来的国家毁灭中挽救民众的话，还是必须了解中世纪关于文明欧洲、文明世界的一些观念——尽管在不同的时空下，历史不会简单重复——即要一统所有信奉基督教的民族。而在当时，信奉基督教就等同于文明。这个世界曾经在信奉多神教的罗马下实现过统一。而当时的统一观一直维持到大约是1250年，也即到神圣罗马帝国的皇帝不再是欧洲领袖的时候。在接下来的大约两个世纪里，教皇取代了罗马皇帝的位置。各个国家都承认沿袭自罗马的普通道德法，尽管有时只是含糊地遵守。但是，在这个时期，不仅思想的世俗化倾向（这一点我们稍后还将提到）加强了，而且人们对教皇的尊敬也减弱了——这又主要是由于教皇自身德行和能力的滑坡。信奉基督教的欧洲世界，还主要是信奉大公教会的，但中央权威和大一统则在快速飞逝。一个关于国家的新理论或说是新实践正在崛起，而且它与道德无关，而只是因为国家不想再被一个超越国家权力的权力所约束。

宗教改革还要到后来才开始，但从此时起，我们发现伟大、独立的现代政治国家正在形成，并在亨利八世统治期间取得突破性进展。这个全新形态的国家要想获得成功，就需要有一个强有力的统治者，而且这个统治者还必须与其民众亲密合作，不被强大封建贵族那半王室的老旧权力或任何其他国外势力所羁绊——即使是精神上也不行。英格兰是第一个踏上这条新道路的国家，而在朝着帝国与自由相结合的民族国家迈进的路上，英格兰又在很大程度上受益于都铎王朝的运气及其中产阶级的崛起。而其他国家则没有如此好运的关键转型：继任国王是如此强有力且通情达理，从封建社会到现代社会阶级分层的发展又是如此轻松！

商业冒险公司崛起

直到14世纪中期，英格兰在商业上几乎还只是一个纯粹的原料生产者。它自己没法融资：它的国王在面临困境时，也从意大利和低地国家的银行家而非从英格兰的银行家那里借贷。它的海外商贸，也主要是由外国船只而非本国船只运输；甚至是它那羊毛贸易的利润，也大部分进了外国商人的口袋。我们前面已经看到，在14世纪，英格兰就开始出口布料而不再是原毛；不过，要到15世纪，英格兰才从一个乡村国家变成一个拥有广袤殖民地（如澳大利亚）并将其殖民地变成最为活跃的商贸和制造中心的殖民国家。此时，英格兰在融资和商贸上都不再依赖其他国家。

15世纪就像是书本里的双面插图。在这一面，我们可以看到出身高贵或身居要职、大名鼎鼎的人物，他们出没在本章已经勾画过的战争或是政治阴谋里。在另一面，我们看到的是各类不怎么重要的人物，他们甚至连名字都完全淹没在历史长河中，他们每天待在商店和账房里，照顾羊群或是专心致志于织布，在惊涛骇浪中的英格兰商船或外国港口做交易等。虽然后一面没有前一面那么浪漫、那么具有诱惑力，也显得阴沉昏暗，却比前一面更加重要。这一面还阐释了一个时代的开始，而另一面则阐释了一个时代的结束。同时，也正是这里所展示的那些平民，在他们的努力工作下，为以商贸为主的都铎王朝——即亨利父子和伊丽莎白治下的时代——奠定了深广的基础。

商贸线路的重大变化或是经济生活的改变，只有在当它们影响了足够多的人并改变了国内外的社会关系的时候，才可能引起15世纪和19世纪那样的工业革命。虽然英格兰从事粗布生产已有些年头，不过这并没有对佛兰德斯这个制造中心的更为精细的制造业构成威胁。

当英格兰人转向生产细布时，他们的影响才充分显现出来。

垄断了原毛出口的斯塔普勒（Staple）[1]商人，由于原毛出口量降到只有之前的五分之一而遭到毁灭性打击。英格兰的羊毛如今被用在了英格兰人的织布机上。而佛兰德斯人的城镇则在一个世纪里缓慢而痛苦地衰败。比如伊普尔，1408年的人口是八千到一万人，在不到八年的时间里减到五千人左右；而布鲁日、根特和其他城镇的遭遇也没好到哪里去。佛兰德斯和英格兰之间，不仅存在制造业方面的激烈竞争，还存在激烈的市场竞争。英格兰的细布一直声誉不错，远销至黎凡特和黑海周边地区、俄罗斯诺夫哥罗德的大集市，也销往较近的欧洲大陆市场。

英格兰的变革并不局限于国内，也不仅威胁到外国的商业，而是影响到所有人，就如我们刚刚所讲的佛兰德斯人的城镇一样。英格兰商人在只是出售原材料的时候是很受欢迎的，但当他们将原材料制成成品再出售的时候，就引发了激烈的贸易战，国际贸易的壁垒开始出现。佛兰德斯以政府法令的形式抵制进口英格兰布匹，而英格兰也不甘示弱地排斥佛兰德斯布匹的进口。

强大的商业组织汉萨同盟（Hanseatic League）[2]将英格兰人驱逐出丹麦，条顿骑士团则将英格兰人驱逐出普鲁士。在地中海，不断扩大的英格兰商船队与热那亚、威尼斯的商船队交战，竞相将货物运至南部和东部港口。需要澄清的是，这些如今已经不再辉煌的城市，在当时可是呼风唤雨的。威尼斯共和国的人口就比全英格兰的总人口还多。

---

1 由英格兰国王授权、专门垄断羊毛出口贸易的组织。——译者注
2 汉萨同盟是德意志北部城市之间形成的商业、政治联盟。13世纪逐渐形成，14世纪达到兴盛，势力范围可东起诺夫哥罗德，西经布鲁日至伦敦，掌握了英国大部分的贸易。

我们之所以如此详尽地介绍布匹贸易，是因为它的影响最大。实际上，不断崛起的英格兰商人在各行各业创办企业。他们为外国人也为自己建造船只，他们率先制造新式战争所需要的枪支和大炮，他们从法国的迪南抢走了铜贸易，他们用英格兰的铁矿石和煤炭建造了炼铁工业——即使铁的价格翻番，他们都无法满足不断增长的需求。据说，一个矿山出事，都会引致上万名矿工聚集闹事。

就工业发展，我们可以列一个长长的目录：花边、砖块、玻璃、丝带、亚麻布等。只要有可能，新工业似乎就会发展起来。英格兰不再出口原材料，而是开始在国内发展工业，就如皮革业一样。很多英格兰人如今还比较熟悉的工业，在那时都兴建起来了。这些工业对外国的影响均不亚于布业的影响。漂白亚麻布就是在英格兰制造并出口的。在15世纪初，英格兰从普鲁士进口啤酒；而在15世纪末，英格兰向欧洲大陆出口啤酒。此类情况比比皆是。这与世纪初的持续战争和争吵形成一种奇怪的对比。

所有这些商业活动最重要的影响是改变了那些在商业中迅速致富者对战争和外交的态度。这一非常重要的新阶级对战争没有兴趣——不管是改朝换代的战争，还是为军队创造掠夺机会的战争，又或者是攫取领土的战争。相反，如果没有战争，他们的商业活动所可能遭遇到的不确定性要小得多。他们更喜欢将利润投在更能赚钱的渠道，或者能为他们带来荣誉的地方，而不是用来缴税饲养军队。

事实上，他们正在从事一类他们自己的战争，与对法国的百年战争那样的老式战争相比，它能够为英格兰带来更好且更具可持续性的结果。在这场战争里，他们几乎没有从政府那里获得直接的或是公认的帮助，在整个都铎王朝时代都是如此。不过，政府也必须转变其对英格兰商业的态度，转变其获得钱财的方式。在依赖原材料出口，尤其是斯塔普勒的原毛出口的那个年代，王室收入的很大一部分来自交易税和对垄断出口者的课税。那么，王室收入就相对更加依赖于外国制造商的繁荣昌盛，而不是英格兰自身的发展。

而英格兰政府也就依照征税的便利性来组织英格兰的出口贸易，甚至在英格兰境内用来运输出口原料的道路，都是受政府管制的；而整个中世纪的很多工业行会结构也都要迎合王室或受地方政府的控制。而当国内的布业发展起来、原毛出口锐减五分之四后，王室收入也随之锐减。

显然，即使是从收税的立场出发，与依赖国外制造业的繁荣相比，或是与只会消耗资源却不会有结果的战争相比，在英格兰国内积累起财富无疑是更加有利可图的。头脑精明且精于商贸的都铎王朝更是明白这一点。

由此，这套制度产生于15世纪，并在16世纪的伊丽莎白时代达到其顶峰。也正是这套制度通过让英格兰富裕起来并由此变得强大，并让其国民不再需要承担战争所需的沉重武器装备和供给负担。1406年，布匹出口商被亨利四世吸收进商业冒险家公司（Merchant Adventurers），这家公司的前身是布绸商行会，名字的变化也展现了在英格兰所发生的变化。老行会的成员受那些跟不上形势的老规则的约束，这也使得这个行会仍是一个中世纪的社会组织。而在新组织下，成员成为名副其实的"冒险家"。不管他们的组织采用的是什么规则，冒险家这个词都只是指共享一个商业公司的那些人。不管是哪里的人，加入这家公司都是为了冒险。

他们用冒险家这个名字来指称自己,冒险家这个词更为现代的内涵意义也揭示了那个时期的真实特色和他们公司的本质。

当然,其他国家显然不可能放任暴富的英格兰断了他们的财路。新式英格兰商人,在亨利七世时期已占下议院议员的四分之三。他们也的确从政府那里获得了大量帮助和保护,甚至于到了这种地步,即通过立法规定:但凡能够在国内生产的物品都不能从国外进口,所有用来生产这些物品的原材料都不能被出口——即使是以半成品的形式出口也不行。不过,商业冒险家公司在做海外生意时多半要靠他们自己去开拓市场,而他们也的确一直都在顽强地开拓市场。

尤其是从亨利七世时代开始,政府的确在打击外国势力,以为本国商业建立优势。而商业冒险家公司基本上不是只靠自己获得成功。比如有一次,英格兰人抢了汉萨同盟的一支船队共108条船,而汉萨同盟也抢了英格兰人的货物作为报复。

在地中海,意大利和英格兰曾打过很多仗。地中海的贸易一直以来都被认为是意大利人垄断的。布里斯托尔的富商斯特米斯(Sturmys)曾在地中海俘虏了一艘热那亚人的船只并没收了其货物;但不料,他所抢得的那些香料在回程中被抢回去了。不过,斯特米斯是幸运的,因为英格兰政府把伦敦的全部热那亚商人都关进了监狱,直到这些热那亚商人立据赔付等值财物才释放他们。这就是所谓的新式商业,它实际上是在从欧洲的东部海岸到爱尔兰这个充满走私、海上掠夺和血腥战斗的环境下发展起来的。期间,政府的多次介入似乎要引发战争了,但最后都以某种方式得以避免。

布里斯托尔在新式商业中是走在前列的,其中的领军人物如斯特米斯和卡尼吉斯（Canynges）都积累了巨额财富。他们精明、勇敢、坚强。这些各行各业的新式商人在英格兰各地积聚财富，并投身于海上商贸的发展，不管是在诸如丹佛和康沃尔的走私港口，还是在像布里斯托尔和伦敦那样的港口。那些将英格兰贸易（合法的或非法的）推向每个可能的市场的官员和水手们，来回运送货物并参与战斗，他们正在建立即将到来的、更伟大的伊丽莎白时代的海盗传统和海盗方法。而这些人正是那些将要"烧焦西班牙国王的胡须"并在很大程度上掌握世界命运的人的先驱。

国家的相对弱势，对于私人公司的发展来说是有益的，同时也对帝国的未来具有重大影响。在帝国的缔造初期，由于帝国已经发展出强有力的中央集权政府，因而并不利于自由的发展，就如法国那样，还有意大利和德国的现代专制。在这个时期的英格兰，由于国家相当弱势且相对贫穷，那就有必要给予个体最大程度的自由以便为他们创造财富提供条件，而这基本上也就能够增加国家的财富和资源。世界各地的情况均表明，个体的首创精神和私人公司的商业贸易在很大程度上缔造了帝国的架构，而私人公司所获得的自由同时也意味着政治自由。

当然，15世纪也不是说就只有战争、争斗和商业。不过，直到亨利七世末期，英格兰在政治、学术和宗教上都没有杰出的人物，这些领域甚至还有所滑坡，尽管学术因那个时代的富裕而有所获益。在宗教上，由商人们甚至还包括操纵着商船的半海盗们的活动所孕育出来的强烈的民族精神，将会在下个世纪决定教会的走向。

总体来说，人们的生活还是相当粗糙、难以忍受的，这部分是由当时的文明高度所决定的，部分也是由于漫长的战争所带来的泄气效应。在很大程度上，中世纪时期自负的骑士精神，即使用它那矫揉造作的礼仪和荣誉典章，也掩饰不了当时生活的野蛮程度，当时简直就像是其他动物所过的日子。试图通过很多方式让人们的生活变得更精致、更人道的教会，也在应对男性和女性间关系的疏远和粗暴上负有不可推卸的责任。人世间的爱情，当被等同于淫欲和罪恶时，它也就被完全排除在高尚德行之外了，两性间的关系也就随之变得粗暴。而男性和女性基本上彼此隔绝的生活，也让他们丧失了互相促进的机会——好在这个机会后来被利用起来了。

通过表演《圣经》故事的奇迹剧（Miracle Play），我们可以瞥见普通民众的生活和习俗。这些奇迹剧得到了教会的大力资助，在当时相当流行。比如其中有一个关于诺亚的故事。诺亚的妻子拒绝登上诺亚方舟，因为她不愿带着别人对她的流言蜚语离开，她甚至觉得跟朋友们喝酒都比逃命要紧。当她被闪（Shem）[1]强行带上船时，她打了诺亚一个响亮的耳光。观众们都认为这个耳光应该打而且打得相当漂亮！在另一出同一主题的戏剧里，她与诺亚之间的争吵最后变成了打架。这也同样为观众所认可。男人和女人都相当酗酒，他们的体育运动也主要是野蛮型的，如逗熊和斗牛等——这些运动甚至还将延续好几个世纪。事实上，在我们时不时提到的英国人的特性中，我们千万不要忽视其中某些劣根性的延续以及仁慈的缺失。比如，没有哪个民族比英国人更加关爱动物，但也没有哪个民族比他们更能从屠杀动物中取乐。这也是英国人品性中诸多自相矛盾的一个典型。

---

[1] 基督教《圣经》中诺亚的长子，被认为是闪米特人的祖先。——译者注

与斯图亚特时期的内战不同，15世纪的持续纷乱也让人们忽视了作为一个整体的大学和知识分子的生活。与意大利相比，英格兰对文艺复兴的支持是相当小的：直到15世纪末，才在牛津大学设立第一个希腊语教席。在知识分子看来，学习也主要是为宗教服务，而不是为了培育有教养的、人道的生活。不过，作为一个整体而言，英格兰在这个世纪，在思想上更加世俗化了，行动上也更加注重实际。

不过，尽管如此，它还是给我们留下了雄伟的宗教建筑和民用建筑，而且这些建筑的分布还极为分散。城镇生活，甚至是小镇生活和乡村生活，都要比我们今天的生活更加生机勃勃，更加有活力。在今天，乡村基本都已被大城市的中心榨干了。在15世纪，有钱人是很分散的，财富也随之分散在很多社区。而现在，只剩下当时的新贵兴建的建筑物，而当时热闹的人群和财富却是荡然无存了。虽然这些商人是辛勤努力的买卖人，但他们丝毫不尊重他人的权利，对外国人尤其如此。不过，为了获得颂扬、为了所在的城镇，他们倒是相当舍得花钱。由此带来的繁华景象比比皆是。如卡尼吉斯在繁忙的商业中心布里斯托尔重建了圣玛丽·雷德克里夫大教堂，里面有他那由大理石建造的坟墓，树立了他的一尊雕工细致传神的坚硬头像。卡尼吉斯几乎垄断了斯堪的纳维亚和冰岛的贸易，拥有六十条商船，还曾在他那奢华的房子里款待过爱德华四世。

其他商业巨头则兴建了布里斯托尔教堂。而在无数小些的城镇里亦是如此，尤其是在东安格利亚地区，其中在萨福克和诺福克，雄伟的教堂分散林立，已经成了这些地区的靓丽风景线，也成了地区标志性建筑。这些极其宏伟的地方教堂，其容量已经超出现在的会众所需。从中我们也可以看出，当初的布匹贸易给这些地方带来了高度繁荣和大量人口，远远超过如今农业生产的影响。

在这个世纪里，建筑风格也从哥特式转向了垂直式(perpendicular)[1]。垂直式建筑放弃弧线而改用直线，虽说在艺术上有所欠缺，但也有自身独特的魅力，尤其适用在那个时期举世闻名的塔楼上。在这些塔楼里，比较大的要数坎特伯雷大教堂里的贝尔哈里塔、约克的中心塔、格洛斯特大教堂和牛津大学莫德林学院里的塔。这个单子还可以列很长，但我们也不能忘了其他很多小塔。比如在萨默塞特郡，小塔就是这个地方的建筑风格。一想到塔，不管是大教堂里的还是地方教堂的，我们都会本能地联想到周边的绿草地或是农场，并且认为这就是英国——起码外国游客就是这么想的。而且多少令人吃惊的是，我们以这个世纪为英格兰建筑史的源头。

至于哥特式建筑是否就真的优于垂直式建筑这个问题，就留给评论家去争论了；可以确定的是，垂直式建筑的确更加英格兰化，因为它是源自本土的，而哥特式建筑则是从国外引进的。事实上也没有任何英格兰的哥特式建筑能够比得上那些伟大的法国大教堂，如亚眠大教堂、沙特尔大教堂或是兰斯大教堂。哥特式建筑的最后杰作也出现在这个世纪，在英格兰更是如此。那就是著名的扇形穹顶建筑，其中最典型的是威斯敏斯特大教堂里的亨利七世礼拜堂。当然，在格洛斯特和其他地方也有。这一时期的此类建筑无疑是非凡杰作，是不断膨胀的财富权力的展示，而非

---

[1] 英国14~15世纪盛行的建筑风格，以使用垂直线和大拱为特征。——译者注

出于艺术本能或是精神追求。位于剑桥的一个国王教堂，装着巨大的玻璃，光亮耀眼、色彩混杂，它所激发的情感也更多是世俗的而非宗教的。不过，此类国王教堂比起法国大教堂或是罗马风格的意大利教堂，本质上是更加英格兰化的。

在这个世纪，同样产生了英格兰式的民用建筑。经过不断改良的诺曼式城堡不是英格兰所特有的，这一时期新兴富翁的庄园大宅也是垂直式的，不久之后还加入了都铎风格。当然，我们不能浅尝辄止，而是要深入剖析新英格兰并感受它的力量和个性。尽管属于同一时期，在沃里克郡的康普顿·维内迪斯（Compton Wynyates）府邸就比霍斯特曼斯克斯要更加英格兰化，而后者与封建城堡相似。也主要是从这个世纪开始，很多著名的建筑开始与城镇里的商业活动和公司生活联系在一起，典型如横穿小镇广场的市集、伦敦的行会会馆（Guildhall）也是1411年落成的。

值得注意的是，尽管行会会馆主要是归商人阶级使用的，但在十二年后里面就有了图书馆。15世纪，虽然未能为英格兰文学增添荣耀，对教育的直接贡献也极其微小，但它确实为丰富所有阶级的精神生活作出了贡献，而且还是无与伦比的贡献。

15世纪，大半生都是富有商人的威廉·卡克斯顿，在威斯敏斯特大教堂旁边创建了英格兰的第一家出版社。其后，其他人才在牛津、伦敦和圣奥尔本等地创建出版社。不过，卡克斯顿可不仅仅是个印刷工，他还是英文作品的校对、编辑，还是名翻译家。他对英语发展的影响可能仅次于杰弗里·乔叟。乔叟以及其他很多人的作品都是卡克斯顿出版的，如托马斯·马洛礼的伟大作品《亚瑟王之死》——这本书让亚瑟王的传说得以永久流传。

印刷本的时代已经到来，手写本则越来越稀少而且昂贵。随着印刷本的流行，读者数量随之增加，这本身又有助于校准语言。此外，卡克斯顿还通过编辑对语言施加影响。印刷虽然推广了阅读，但在好几个郡，人们的口语差别是如此之大，以致彼此间都听不懂对方说什么。为此，卡克斯顿以伦敦话为基础制定了标准，并将它推广出去。有几个学者建议他应该采用"最为稀奇的词汇"，但他拒绝了。卡克斯顿认为，"在我看来，日常生活所用到的普通词汇可要比古老的英语更容易理解"。

由乔叟创导的改革，最终由卡克斯顿通过印刷本得以推广。当我们因为这个世纪缺乏文学作品而悲叹时，一定不要忘了它对下个世纪的文学作品的巨大影响。如果我们今天觉得阅读莎士比亚的作品或是伊丽莎白时代的其他伟大作品，要比阅读"现代英语之父"乔叟的作品轻松、容易，这主要就是卡克斯顿这个商人和印刷家的功劳，而不是这个时期的任何其他作家的功劳。

这个时期的绘画和雕刻在历史上是举足轻重的，但我们还需提及另外一门艺术——音乐。在15世纪中期，英格兰那些四处热切地搜寻市场和利润的冒险商人，不仅在商业上也在音乐上领先于世界。在卡尼吉斯奠定了其商业帝国的基础的同时，约翰·邓斯泰布尔（John Dunstable）也发明了一门新型音乐。邓斯泰布尔的改进是如此巨大，以致他事实上已经进入了乐曲的世界。

在这个世纪末，罗拉德派的教义再次公开。显然，思想自由尽管曾在牛津被压制过一段时间，那时威克里夫无法公开发表言论，新教运动也尚未到来；不过它仍然活跃在一大部分普通人心中。教会尽管仍然保有财富和公职，但已经丧失了在知识和精神上的领导力。尽管对金钱的崇拜相当强烈，但那些住在小房子里并扮演着越来越重要的角色的男男女女们仍然信奉上帝。教会和都铎王朝都无法逃避新教徒的增长和宗教事务中的民族主义所带来的问题。

1485年,亨利·都铎在博斯沃思原野加冕。他的使命就是要为这个生龙活虎却被自四面八方的暴力和混乱所骚扰的国家带来和平与秩序。从国家肖像馆里的画像来看,亨利·都铎的面貌尤其是眼睛,简直就是个谜。据说,没有任何一个男人或是女人能够理解他的内心。至于他的性格,历史学家们的看法也极不相同。不过可以这样说,他在关键时刻给了英格兰及其人民所需要的帮助。为了强化对王位的控制,他还与约克派的继承人伊丽莎白结婚。即便如此,也还有其他人拥有更加优先的继承权;而且亨利自己没有军队,也算不上是个伟大的战士。但他仍然保住了王位并开创了英格兰历史上最伟大的王朝,这都要归功于他的一些品质。

他及其后代都承认,需要与全部人民尤其是崛起中的商人中产阶级紧密结盟。玫瑰战争的惊涛骇浪还没有完全平息,他还必须镇压洛弗尔(Lovel)勋爵及其下属所领导的叛乱,还要对付兰伯特·西姆内尔(Lambert Simnel)和珀金·沃贝克(Perkin Warbeck)这些声称有资格继承王权的冒名顶替者。后来他灵光一闪,将被俘的西姆内尔关在王室厨房里负责烧烤。亨利·都铎还与法国打了一场简短的战争。本来亨利是希望避免这场战争的,但最后的结果却极具代表性:他从中大捞了一笔。

和平、金钱和英格兰商业的扩展,这不仅是国王的希望,也是民众的渴求——除了那些依旧生活在老旧梦想里的贵族和那些在路上游荡的"身强体壮的懒丐"(Sturdy Beggars),这些人部分是这个世纪的战争和骚乱的结果,部分是经济变革的结果,这就如同在下一世纪里那样。不过,渐渐地,由于其勇气和耐心,国王取得了进展。他任命越来越多的乡绅为治安法官，以此镇压身强体壮的懒丐和像罗宾汉那样的绿林好汉，同时也迫使贵族服服帖帖。

事实上，当时的英格兰是由君主和法官在治理，因为在整个都铎时期，议会所起的影响极小。人民渴望秩序和进步，而只要他们与君主之间的紧密联盟能够获得秩序和进步，他们也就满意了。不过，这并不等于说他就是独裁者，因为不管要做什么，所有的都铎君主都势必先了解民意。他们并不是胡作非为，而是依照一套与国民尤其是最能够代表议会的中产阶级的协议来进行治理。在中产阶级领导下的议会，尤其是在成功迫使亨利八世罢免托马斯·沃尔西（Thomas Wolsey）[1]后，成为英格兰治理结构中必不可少的要素。

王室不仅越来越依赖普通百姓而非贵族以获取支持，同时也从中选拔大臣和其他官员。政治生涯的回报如同商业回报一样，都相当丰厚，并越来越向有才能的人开放。国王咨议院成为政府越来越重要的组织。而在之前，国王咨议院都是由大贵族组成，他们都是为了一己私利。而都铎王朝的君主们则敢于并能够不拘一格，只挑选那些有才能的、合格的人。

亨利并不是依靠个人魅力来赢得百姓或亲信的喜欢的。不过，他虽没有个人魅力，却耐心、持久地努力工作，就像卡尼吉斯或其他伟大商人一直待在他们的账房里一样。他尽力为人民赢取对外贸易时的商贸优势，比如与荷兰签订的《马格努斯条约》

---

[1] 托马斯·沃尔西（1475～1530），英国的政治家和红衣主教，亨利八世的大法官和主理国务的大臣。

（Intercursus Magnus）。但我们也必须承认，他自己也敛财，时常还是以专横的方式敛财。恩普森（Empson）和达德利（Dudley）就是其中两个臭名昭著的经纪人。据估计，亨利最后大约留给他的继承人一百八十万英镑。不过，他主要是向富人征收罚金和"恩税"（benevolences），而不是向普通民众。于是，贵族就迎来了被掠夺的痛苦时期，而老百姓是不会对此感到惋惜的——尤其是在这个过程中，贵族那没用在正途上的权力也被削弱了。

私党和庇荫（livery and maintenance），这些领主的忠实随从，他们身着领主的制服、佩戴领主的徽章，长期以来就是扰乱公共秩序的罪魁祸首。国王在拜访牛津伯爵的时候，罚了伯爵一万五千英镑，因为在国王要离开的时候，伯爵让一大帮仆人列队欢送以示尊敬。民众无疑是支持亨利的。由此，亨利的收入颇丰；尽管其罚金过于严厉了，但也没有违法。而老百姓则可以松口气了，因为他们意识到统治者专注于控制那些大人物而不会去干扰他们。

在这个世纪的末期，1497年，在王室的资助下，发生了一件足以让当时的英格兰人自豪的事。我们已经知道，布里斯托尔人老早就把生意做到冰岛了。大约是在1424年，他们利用指南针去到了冰岛。这也是英格兰的航海史上第一次使用指南针。而哥伦布则走得更远，并以冰岛为前哨进而在1492年发现了新大陆。五年后，亨利也资助约翰·卡伯特（John Cabot）[1]朝那个方向航海。当然，资助额也如同以往一样少得可怜。不过，亨利的本意并不是要质疑西班牙关于新大陆的断言的真实性。而且西班牙关于新大

---

[1] 约翰·卡伯特（1450~约1499），意大利航海家。1497年受英王亨利七世委托出洋，发现了北美洲。

陆的断言已经得到了教皇诏书的确认，并由西班牙和葡萄牙两国瓜分了这块新大陆。

　　向北航行了很远的卡伯特，又发现了前人未发现的新地方，即北美洲——这可以说是大英帝国的第一块海外领地。尽管还要再过一百多年，英格兰人才会在那块不为人知的大陆上殖民。但是，当亨利死后传位于他的儿子亨利八世后，英格兰将逐渐从欧洲之滨的一个岛国走向全世界。不久，它将为了商贸和帝国疆域多次穿越海洋，并拥有当时世界上最强大的海上力量。我们所描绘的关于15世纪的两幅图景，其实只是即将出场的伟大故事的卷首插画。在亨利八世的统治下，英格兰不再依附于教皇和欧洲；而在伊丽莎白时代，英格兰更是横跨海洋抵达全世界。

第七章 亨利八世：英格兰的新航向

就如我们在上一章看到的那样，我们可能对历史时期以及相关人物有不同的阐释，这在很大程度上取决于我们强调哪些历史事件或要点。被我们称为"后来历史的卷首插画"的15世纪那两幅图景，不仅截然不同，而且从根本上说，它们是自相矛盾的。亨利八世的统治及其本人都是如此。就好像一个人如果同时阅读天主教和新教两派史学家的著作，甚至是同一学派里不同学者的著作，他也会对历史真相究竟是什么感到迷惑甚至绝望。

我们并不是要批判谁，也不是要为谁辩护，我们只是尝试着探讨发生在亨利八世统治期间的那些最为重要的变革，以及它们在多大程度上是亨利的个性或环境的结果。作为个性最强的英格兰国王之一，我觉得我们不能只是将亨利八世当作是受他人或环境操纵的傀儡，实际上，英格兰的许多变革都要归功于他。第二个问题，究竟是什么动机影响着亨利八世？这是个更难的问题，我们也只能给出一个看似可能的解释。

通过比较他登基时的英格兰与他去世后留下的英格兰，我们可以指出四点不同。

其中一点是英格兰、威尔士、爱尔兰和苏格兰这四个国家在结盟上取得了显著进展,并将在日后成为"大不列颠和爱尔兰共和国"。

再则是通过消灭大贵族这个国家治理的潜在军事威胁,英格兰完成了现代国有化这一漫长历程。我们在后面还将看到,虽然也有人在亨利还没有合法继承人时觊觎王位,但拥有坚强意志和强大力量的国王不能容忍任何竞争对手的存在。玫瑰战争之后残余下来的大贵族对和平的纷扰,也在他的镇压下消失了。从此以后,国家就处在国王和议会的统治下,不过后者在很大程度上是受前者"管理"的。不管如何,这也为民众所渴望的君主立宪制和议会控制的全面发展扫清了道路。

还有,民族主义通过两种方式得到大幅增强。摆脱了对欧洲的野心、不再受欧洲控制的英格兰终于可以集中精力越过狭窄的海洋,在全世界的舞台上创造辉煌了。英格兰与欧洲大陆之间隔了一条只有二十英里的多佛海峡,这种距离并不足以让英格兰完全不用担心其危险的邻居们。但利用力量和影响来维持权力平衡,与之前攫取欧洲大陆的疆土这样的野心之间是存在巨大差别的。前者可以让英格兰无后顾之忧地走自己的路。自亨利八世以后,尽管英国军队还经常在欧洲大陆打仗,但目的再也不是在欧洲大陆拓展疆土、建立统治。

不管对亨利八世的动机持怎样的观点或是怎样的宗教观,我们都得承认,亨利与教皇的决裂以及英格兰教会的创立,切断了英格兰与欧洲大陆的联系并推动了英格兰人民的独立,也大大推动了新教改革。而强烈的反教皇情绪还可能是后来与西班牙开战以及开创帝国的强有力因素。

这些都是极其重要的历史因素，而且都不能简单地归因于软弱无能、骄奢淫逸或嗜杀成性的暴君。当然，在历史中，这些因素也会呈现出迂回曲折。至于亨利时代获得的成就，历史学家们众说纷纭，我们也很难达成一致的认识。对于这个问题，我们或许可以从常识的角度去寻找答案，我们需要考虑到一个人的性格是会随着环境的变化而改变的。亨利的性格看来也经历了三个阶段。十八岁就继承王位的亨利，他继承到的不仅是政权稳固的王国，而且还有他父亲亨利七世留给他的前所未有的巨额财富。

亨利七世是个节俭、吝啬的统治者，说得委婉些，他绝不在宫廷里穿金戴银、打扮得光彩夺目。而年轻的王子收到大量的礼物，无所不有。所有见到他的人都夸他相貌堂堂、身材魁梧。他精力旺盛，活泼且强壮，喜欢各类体育运动如网球、狩猎和比武等。他还多才多艺，是名熟练的音乐家，同时还能够洞悉神学的神奇和文艺复兴新作品的微妙，他还通晓数国语言包括法语、拉丁语、英语和一点意大利语。他与他父亲明显不同，也经常不赞成他父亲的做事方式甚至性格。父子不同，这也是司空见惯的了。

在早期，亨利挥霍着父亲留给他的钱财，喜欢那些被父亲唾弃的奢华享受——这也是文艺复兴所带来的——他渴望把自己装扮成当时最光彩夺目的君主。事实上他也做到了。他将国家事务交给大法官兼红衣主教托马斯·沃尔西打理，自己则将聪明才智用到商业上，不过他也不会累着自己。沃尔西被罢免之后，他迎来了第二个时期，并亲自掌管朝政好些年。尤其是相对于他那样的脾气和身份而言，那可是令人烦恼的劳累岁月。而后就是最后一个时期。在这个时期，他充分宣泄了专制欲望及本性中最糟糕的部分。

王室的生育问题

在继续描述亨利时代以及前面所提要点的细节之前，我们必须谈谈一个不仅对都铎王朝而且对整个英格兰都相当重要的话题，这将有助于我们更好地理解那些即将到来的事情。尽管很多人尝试用一个因素如经济来解释历史，来模糊地讨论宏大的社会力量，然而，国家的命运如同家庭的命运，不仅受到个性的影响，也受到物理事件以及物质条件的影响。它们与其所产生的影响甚至可能看似完全不相称。

我们在此要探讨的是，都铎王朝在生孩子方面的古怪。这不是说这个家族不能生育，但的确存在不知什么样的身体缺陷，而这也产生了非同寻常的历史后果。虽然他们怀上了不少孩子——尽管相对于那个时代来说也不能算多——但很多都流产或夭折。就如研究亨利八世的最权威的学者波拉德（Pollard）所说，这并不能归因于当时的医学，因为"约克派的孩子生命力顽强，而都铎王朝的婴幼儿则脆弱得可怜"。

因为一次有争议的继承而导致全国性的大破坏，我们在前面已经领教到了。当形势需要一个强有力的统治者，而又没有直系男性继承人或继承人尚未成年之时，这样的继承多半会带来争议。对女性统治者的反对并非由于不尊重女性的能力——因为女性已经对国家和教会施加了很多影响——而是基于这样的事实，即只要她还没结婚，继承问题就会一直存在争议；而她无论是和本国人还是外国人结婚，也同样会引发继承争议。也正是这个事实，让都铎家族的生育问题产生了深远影响。

亨利七世曾希望通过迎娶爱德华四世最年长的女儿、约克派的公主伊丽莎白来联合兰开斯特家族和约克家族，也为其王位提供合法性，并进而为他的家族稳固王权、为国家带来和平。不过，都铎家族的生育病症让他的计划落空，也对其王朝和英格兰产生重大影响。亨利七世的三个儿子中，有两个死得比他还早，一个死于十五个月大时，一个死于十五岁时；四个女儿死于婴儿期，而且最小的那个还导致她母亲难产而死。最大的儿子亚瑟，十五岁时娶了西班牙国王斐迪南二世和伊莎贝拉的女儿阿拉贡的凯瑟琳（Catherine of Aragon）。不听咨议院劝告的亨利七世将这对年轻的夫妇送到拉德洛城堡居住，而在不到六个月的时间内，亚瑟就死了。而这个孩子的遗孀后来成为他弟弟亨利八世的妻子。我们在后面将会看到其影响。

亨利八世先后娶了六任妻子，但只有三个合法的孩子活了下来。儿子爱德华六世十六岁就去世了，长女玛丽没有子嗣，次女伊丽莎白一直未婚。而他的第一任妻子凯瑟琳的生育记录很有意思。结婚七个月后就流产，失去了一个女儿，第二次怀孕八个月后生了一个儿子，但三天后夭折，另一个儿子也难产或是生下来很快就死了，再接下来的那个也只是洗礼后不久就死了，后来的那个又是早产并死亡。经历了各式各样的流产和早产后，她终于迎来了成功存活的长女玛丽。

尽管亨利八世多次结婚，但就他的身份及那个时代而言，他还不算是淫乱放荡的。的确，除了妻子多及抛弃她们的方式比较恶劣外，亨利在其他方面与同时代以及后来的其他君主相比毫不逊色。大家知道，他有两个情妇，实际上可能还有更多，不过缺乏证据，而国王的情妇是从不躲躲藏藏的。在他那两个公开的情妇那里，他只生了一个孩子并公开养在宫廷里，即后来的里士满公爵。可能是考虑到没有其他继承人,他就想着私生子也不错吧,但这个孩子在十一岁时也死了。在此,不需要再进一步了解家族详情,我们大概也可以猜到亨利八世两个妹妹的情况也好不到哪里去了。

我们前面提到,亨利七世通过联合对王权有诉求的竞争对手来确保王朝的连续性。亨利八世更是不顾一切地娶了六任妻子;玛丽结了婚但没有子嗣;伊丽莎白则直接放弃了,一直不结婚,也由此断了都铎血脉。这对英格兰而言可真是个不幸,因为相对而言,都铎王朝的统治者可比后来的斯图亚特王朝的统治者要好。毫无疑问,都铎王朝的生育诅咒——如果我们可以这样说的话——对亨利的婚姻及其后来的性格裂变都产生了深刻影响。也正是出于这个原因,我们有必要把它当作英格兰历史的影响因素来进行讨论。

当然,还有其他原因在起作用。而且,英格兰迟早将会彻底摆脱罗马教皇并创建帝国。而亨利八世的行为则加速了这一过程,并引导至一个不同的方向,尤其是选择了一个其他人可能不会选择的时机。在历史中,方向和时机都是极其重要的。在很大程度上,正是由于亨利和都铎家族的诅咒,伊丽莎白时代的英格兰才会那么疯狂地反对西班牙和天主教,并成功夺取海上控制权,踏上开创帝国之路。而如果在另外一个时间、在不同的国际权力结构下,他们就未必能够做到。时机究竟有多重要?想想下面这个设想或许会有很大帮助:如果德国在16世纪或是17世纪而不是19世纪就完成了统一并有了帝国梦,这个世界会有多大的不同!现在我们可以接着更加详细地来讨论亨利时代了。

征服威尔士、爱尔兰

我们首先要明确大不列颠和爱尔兰的界限，这在伊丽莎白时代是相当重要的。在亨利七世期间，英格兰与威尔士的关系得到大幅改善。亨利七世比一个在威尔士受教育的威尔士人更理解和热爱威尔士的文学和历史。他的婚姻也让他联合了边界上的兰开斯特家族和约克家族。因而，在大约五十年甚至更长时间里，他们一直是听命于他的。

不过，最终还是在亨利八世期间通过了帝国历史上的第一部《合并法》(Act of Union)，实现了两个国家的完全结盟。亨利为威尔士人带来前所未有的和平与秩序的方式或许有点严厉，但更重要的是，他所实现的结盟受到了兴致勃勃的威尔士人民的欢迎。之前的政治界限如边防长官被废除了。如同英格兰一样，威尔士也设置了新的行政区划，被分为十二个郡，郡下再设县和市镇；各个郡县派它们的代表参加在威斯敏斯特召开的议会。

事实上，威尔士与王国的其他地方一样，成了英格兰的一部分。这得益于亨利八世的力排众议，并最终大获成功。另外，部分也是因为统治家族本身就是威尔士人，这唤起了威尔士人的忠诚。由于教会的变化以及英语取代凯尔特语成为法庭的官方语言，这也为两个民族间的新关系增添了不少张力。不过，就像在爱尔兰一样，地方政府还是控制在威尔士绅士而非英格兰人手里，而威尔士的上层社会不仅相当忠于这个新秩序，而且还在英格兰政府和仍旧讲凯尔特语的一般民众之间起到了黏合剂的作用。因而，自亨利八世以后，苏格兰边境以南的不列颠岛就是一个联合王国了。

不过，亨利在处理与苏格兰和爱尔兰的关系上就没有那么幸运了。英格兰与北面的苏格兰之间的战争，就如苏格兰和法国间的结盟一样，已经成为一种惯例。亨利与法国间的战争，我们后面再讲。在亨利登基后不久，苏格兰就在其盟友的资助下入侵了英格兰。苏格兰国王詹姆斯四世（苏格兰斯图亚特王朝第六任君主，1488～1513年在位），举全国之力侵入了诺森伯兰，不过却大败于弗洛登。这也是苏格兰历史上最大的败仗，这一天的悲痛也永远不可能被忘却。国王以及十三位伯爵，以及很多其他大贵族都死于此役。据说，"苏格兰低地里所有有地位的家族几乎都至少有一位先辈在此次恐怖的大屠杀中被杀害"。下面可能是关于此役的最早民谣：

直接告诉你吧，一万两千人被杀，
你说战争有多惨烈！
还有很多人成为阶下囚，
这真是苏格兰的好日子。

已故的詹姆斯三世之前娶了亨利八世的妹妹玛格丽特，也即亨利七世的女儿。不过，苏格兰与法国的传统友谊可要比与英格兰的家族联姻深厚得多。在威尔士问题得到和平解决之后的几年里，在1532～1534年，苏格兰和英格兰之间再次爆发战争。英格兰国王一直都想通过联姻或征服来实现南北两个王国的联盟，但这两种方式都未能成功。现在亨利双管齐下的尝试最后也失败了，这部分是由于他野心太大了。如果英格兰没有在1542年的索尔威·莫斯（Solway Moss）之战的大胜，亨利或许会慎重些，并有可能借助他年轻的儿子爱德华和只有一周大的苏格兰女王玛丽间的婚姻最终实现联盟。玛丽的父亲詹姆斯五世是亨利八世的外甥，在听到其军队的惨败时死了。玛丽出生时，他曾私下低声抱怨："女娃终究是女娃。"

苏格兰人同意了他们的婴儿女王与英格兰王位继承人间的定亲，但亨利八世显然不想等那么久，随后再次提出要苏格兰封他为苏格兰王。不仅如此，他还要求苏格兰人放弃他们所一直仰赖的与法国的古老结盟。苏格兰人认为这些要求实在过分，并解除了婚约。虽然在老朋友法国的帮助下，法国和苏格兰境内都暂无战事，不过，起码在好长一段时间内，英格兰和苏格兰这两个不列颠民族间是不可能通过战争或是联姻实现联盟了。

不过，有心栽花花不开，无心插柳柳成荫。亨利八世后来成功让英格兰摆脱罗马教廷的影响，这在无意间令两个国家在将来的联盟变得容易些。因为，坚定地支持新教的苏格兰，肯定是不愿意与天主教的英格兰结盟的。同个岛屿上的两个姐妹王国后来同时走上新教改革之路，无疑为政治联盟创造了精神纽带，这也让联盟变得更容易。

事实上，两个国家的宗教改革是沿着不同的路线展开的。在英格兰，主要是由国王领导的，主要目的是获得政治层面的国家独立。而在苏格兰，它是一个大众运动，是由在宗教理论上有学识、有争议的民间人士领导的，但统治者却强烈反对。在苏格兰，这个民主趋势是由管理教堂的长老会所培育和维持的。而在英格兰，教会则倾向于成为国家的一个部门。在爱尔兰，宗教运动又是以另一种形式展开的，也是最不幸的方式——最不幸的事情总是落在爱尔兰人的头上。在爱尔兰，永远都不适合爱尔兰人的新教和宗教改革，都是强加给民众的。

我们在前面已经提到，尽管亨利八世是个彻头彻尾的英格兰人，但他的威尔士血统让他能够更好地理解威尔士人，也让威尔士人愿意在他的领导下与英格兰人结盟。但在与爱尔兰的关系中，双方都没有这种理解或感情。爱尔兰不存在统一的政府，也没有中央权威。部族之间的凯尔特首领彼此争斗，而盎格鲁-诺曼人的领主们所施加的压迫以及持续的争斗有过之而无不及。

英格兰的"佩勒"，也就是召开爱尔兰议会的那个地方，如今也处在风雨飘摇之中。因为国王的代理人基尔代尔（Kildare）伯爵——是个盎格鲁-诺曼人——无耻地在那里滥用权力和国王的名义来谋取个人私利。亨利八世不仅驭人有术，而且还由衷地渴望秩序。而爱尔兰的地理位置是相当重要的。如果爱尔兰距离英格兰远点，英格兰可能就永远都不会去骚扰它，即使有骚扰也会很快撤出，就像对埃及那样。但爱尔兰就像是放在英格兰侧翼的一把长矛，一直摆在那，威胁着英格兰。打个比方，爱尔兰就好像是英格兰在欧洲大陆上的敌人用来从背后进攻英格兰的垫脚石。尽管爱尔兰是英格兰统治中的一大败笔，但英格兰试图控制爱尔兰的信念至少还是可以理解的。

亨利八世决定要实现控制。作为第一步，他把基尔代尔伯爵叫到伦敦并将他囚禁在伦敦塔。基尔代尔伯爵的儿子托马斯·菲茨杰拉德（Thomas Fitzgerald）勋爵以为他父亲已被处死，于是宣布不再效忠亨利，并发起了"杰拉尔丁"（Geraldines）[1]起义。当这次起义

---

[1] 菲茨杰拉德有时就被称为"杰拉尔丁"。杰拉尔丁其实是个女子名，这表现了对菲茨杰拉德的蔑视。——译者注

被镇压时,该家族的所有男性都被以各种方式处死市,仅有一个小男孩幸存。这是当时国家统治所特有的血腥事件之一,或说是恶治的结果吧。

亨利八世希望以处理威尔士的方式来对付爱尔兰,并依照英格兰的计划来改造爱尔兰。在好几个世纪里,英格兰都成功地阻止了爱尔兰人的自治。而如果需要的话,那些相互敌对的氏族也是能够自治的,并不需要英格兰亲自管理。结果,爱尔兰这个过去的学问之乡日益退化。充满智慧和知识的生活方式以及真正的宗教基本上已经死去,教士和普通教徒都没有受到文艺复兴的影响。在那些曾经辉煌的国家里,爱尔兰差不多是唯一一个没有大学,也几乎没有任何类型的学校的国家了。当亨利八世在英格兰和爱尔兰同时废除修道院时,爱尔兰人所感受到的损失应该要比英格兰人强,因为在爱尔兰再没有其他机构能够填补这个空白。

亨利看似是真心实意地要促进两岛的联合,他将英格兰的大量法规移植给爱尔兰,但在让爱尔兰人采用英格兰人的语言、服装和礼仪——为此甚至让教会和国家的公职优先提供给那些讲英语的人——以及试图将英格兰的土地所有制应用于爱尔兰等方面,亨利都失败了。他还试图安抚那些首领们,并通过封给他们英格兰的贵族头衔以将他们纳入英格兰体系。其中,奥尼尔(The O'Neill)变成了蒂龙伯爵(Earl of Tyrone),奥布莱恩(The O'Brien)变成了托蒙德伯爵(Earl of Thomond),民众则没有什么变化。亨利的确带来了和平,尤其是当首领们被允许没收修道院的资产的时候。但这并没有解决永恒的"爱尔兰问题",其代价也将由伊丽莎白和后来的统治者以及爱尔兰人来承担。

在耶稣会的教诲下，人们根本看不出来爱尔兰人将会在后来成为热心的罗马教徒。而如果亨利对爱尔兰民众世代沿袭的生活方式的改革以及其他方面的改革不那么激进的话，或许他已经是教会领袖了——一如被英格兰人民轻松接受那样。爱尔兰议会的管辖再也不局限于部分地区而是囊括整个爱尔兰了，拥有了新头衔的首领们也成为其中的议员。但亨利可能会觉得奇怪，因为他重组爱尔兰的努力远不如重组威尔士来得成功。不过，在一定程度上，他的确带来了和平与秩序；爱尔兰议会也授予他爱尔兰国王的头衔，这标志着两国政治关系进入了新阶段。而在此之前，亨利只是爱尔兰的"领主"，这是由教皇授予的头衔。这个领主头衔也意味着他只是代表教皇管理这个岛屿，其权力也来自教皇而非他自己。

这样，在亨利八世期间，英格兰和威尔士永久地、快乐地合并了；爱尔兰也被联合到英格兰王权之下；一代人之后，英格兰和苏格兰和平联合的道路也被扫清了。我们现在可以转向他那个朝代的其他方面，而且这些方面最好还是放在一起来讨论。

都铎的特色专制

当外表英俊、才能出众的亨利在十八岁继承王位时，英格兰人民兴高采烈地表示欢迎。此时，他的两个兄弟都已去世，他是唯一的合法继承人，没有任何争议，也不存在可能导致内战或混乱的诱因。考虑到其个人品质，他能够得到民众的崇拜也不是什么奇怪的事情。贵族已经基本上被清除，英格兰只剩下一个公爵和一个侯爵。亨利并不从豪门显贵而是从新兴家族或是出身相对卑微的人中挑选最重要的公职人员，如托马斯·沃尔西；他自己挑选的十六名摄政者的贵族头衔，也没有一个超过十二年。没有哪个朝代的君主和民众的关系能像都铎王朝的那么和谐，而且他们还是一种直接的关系。在兰开斯特王朝时期，有太多的贵族进入了议会，因而贵族被抛弃，在很大程度上就意味着议会被抛弃，这也说明议会还不能体现这个国家人民的真实意愿。

所谓的都铎专制统治实际上是国王意愿和民众愿望的幸运结合，这种结合也帮助英格兰渡过了危险的宪政发展时期。亨利和伊丽莎白有时候似乎拥有不受限制的权力，但他们都拥有非凡的洞悉民众以及民意走向的能力，进而带着国家走上民众愿意跟随的那条道路。特里维廉说得很好，尤其是关于亨利时代的宗教方面："没有国王的支持，国民什么也做不了；而没有国民的支持，国王也是什么都做不了。而当两者结合起来的时候，他们做什么都能成。"现代意义上的大众传媒——报刊、电影院和收音机——那时候都没有；"民意"就是真实的民意，它不是被创造出来的，而是真实存在的。

这样的统治，与早期的专制统治和现代的独裁统治完全不一样。那种认为英格兰一直是拥有自由和议会政府的想法是错误的。作为个体而言，再没有其他民族的民众如此持续地渴望自由，但实事求是地讲，英格兰人从不会为了理论而牺牲现实。因为政府软弱，英格兰人民已经吃够了苦头，所以他们相当愿意让渡部分权力给都铎王朝的统治者；而作为一个重要的附带条款，都铎王朝必须为他们提供善治——在亨利八世和伊丽莎白时期，他们的确实现了。但在这样做的时候，这个隐性协议的双方都从未忘记自己的权利或权力。如果议会被国王削弱了，那么民众就会依照先例运用必要的武器进行反抗。

大陆均势政策

文艺复兴是以不同于其在母国意大利的形式来到英格兰的。绘画和其他艺术在英格兰的发展并不理想，人们对由马基雅维利在《君主论》中开创的政治学理论也不怎么感兴趣，他们普遍渴望摆脱道德法的控制及其他约束。而且在研究此后的整个都铎时期时，我们必须考虑到对个人主义发展产生了巨大推动作用的、促使人们摆脱中世纪性质的理想和控制的那些因素——不管是好是坏。其中最低微的变革案例，可能出现在意大利的小气统治者身上；而伊丽莎白时期海盗的冒险精神也同样要归功于这次对个体控制的放开。现在，亨利八世需要思考他所继承的政治问题，以及他那个时代的知识和道德大气候了。

总体而言，英格兰的文艺复兴具有注重实用和严肃的一面，这也是文艺复兴最好的一面；而这正是其他国家的文艺复兴所缺乏的。在其他国家，文艺复兴的影响主要是在艺术和个人修养上。在英格兰，托马斯·莫尔的《乌托邦》可以说是文艺复兴的最高成就。托马斯·莫尔也是文艺复兴运动中最杰出的精神领袖之一，他在很长时间内都一直是亨利的密友。他这本书想要找到建立理想国的方法，至今仍引人入胜。它已经超越了它所在的那个时代，但值得注意的是，这一英格兰文艺复兴的最好成果实际上是对理想国的期待：在理想国里，穷人不再受富人压迫，也不再受统治者压迫；所有人各取所需、按需分配，人们不再渴望私人财产；信仰完全自由；由公共财政负责小孩的抚养，每个小孩都能够得到良好的教育和培养。亨利八世登基后首先做了两件事，一是将帮他父亲敛财且招人憎恶的达德利和恩普森关入伦敦塔，二是娶了他哥哥的遗孀——西班牙的公主凯瑟琳。后一件事跟罗马教皇有关，而这也使亨利八世卷入了正在欧洲大陆酝酿的新局势中。

查理八世和路易十二时代的法国曾进攻意大利，以图扩展其疆域。后来，西班牙、罗马教皇和神圣罗马帝国皇帝也加入进去，卑鄙地试图瓜分威尼斯共和国。但法国的强大给他们敲响了警钟。1511年，教皇、神圣罗马帝国皇帝、西班牙和意大利的主要联邦联合起来迫使法国退出意大利半岛。被认为起源于1494年法国第一次突袭意大利时的现代国家的权力平衡理论，如今开始成型并付诸实践了。亨利八世决定加入西班牙岳父的阵营反对法国。他计划同时从北部和南部攻击法国，而且北部的进攻在一定程度上还是成功的。也正是在这次军事行动中，沃尔西的组织能力第一次为其赢得了亨利的宠爱。

事实上，亨利正处于危险之中，因为他又梦想着占有法国领土。这也是英格兰历史上最后一次做这样的梦。幸运的是，他的同盟国实现了在意大利打击法国势力的目标后，联盟就立刻解散了。伤心且生其岳父气的亨利，孑然孤立。这是他在现实政治教育中学到的一部分，且他永远没有忘记这个教训。他与法国建立了新联盟，将自己的妹妹嫁给年迈的法国国王。尽管英格兰对法国的敌意已经成为传统，但英格兰还是由此建立起在欧洲大陆的权力平衡政策和不征服政策。

如今，国际形势瞬息万变且引人注目，命运之镰收割了很多大人物的性命。1515年，老迈的法国国王逝世，其女婿继位，即弗朗索瓦一世。第二年，西班牙国王斐迪南二世逝世，他那已经拥有荷兰（这是个对英格兰贸易相当重要的国家）的外孙卡尔继位，成为卡洛斯一世。不到两年，卡洛斯一世的祖父神圣罗马帝国皇帝马克西米利安（Maximilian）一世逝世，十六岁的卡尔又继承了哈布斯堡王室的所有领土，成为查理五世。

而在神圣罗马帝国，皇帝的头衔和权力只能通过选民的投票来获得。尽管亨利八世和弗朗索瓦一世也是候选人，但查理五世还是毫无意外地胜出。这样，查理五世也就拥有了荷兰、西班牙及其在美洲的领土、南部意大利、奥地利和部分德意志，而且德意志其他邦的统治者名义上也受他管制。这三个年轻人似乎已经瓜分了这个世界的大部分领土。当时亨利二十八岁，弗朗索瓦二十六岁，查理十九岁。

在接下来的十年，亨利与他的大法官红衣主教沃尔西一直为结盟和权力平衡而奋斗。弗朗索瓦和查理之间的平衡明显是不相称的，这仅从两者的疆域差距就已经可以明显感知到。神圣罗马帝国是多民族、多国家的大杂烩，分散、笨重、难以驾驭，而且很多都是不忠诚的。帝国内的不同种族讲着不同的语言，外表和传统也不一样，没有凝聚力；而团结一心的法国则刚好位于其帝国的中心地带。此外，就英格兰看来，作为荷兰统治者的查理五世，距离英格兰海岸的距离很近，属于传统上的敌人。英格兰的优势是它那主要在亨利七世期间积累起来的财富。而现在，国王和沃尔西都大方地想用这笔财富来让英格兰成为欧洲的裁决者。不过事实证明仅凭这点财富还不够。

在那些年里，沃尔西的权力达到顶峰。威尼斯的大使报告说当他第一次来到伦敦，沃尔西常说"国王陛下将会这么做"，后来变成"我们将会这么做"，而到1519年又变成了"我将会这么做"。沃尔西红衣主教将会是英格兰最后一个伟大的（由于他是最能干的）教会政治家，他以诡计多端、善于交际闻名，但他的政策最终都归于失败，就跟他的职业生涯一样。而这个人本身也几乎没什么好夸的。

威尼斯人认为，沃尔西的傲慢自大与其野心和贪婪一样，都大得离谱；而他所有行动的动机似乎都是为了追求无穷的权力和财富。他在担任主教和其他圣职时敛财，还利用职务之便从国外的敌人和盟友、国内同胞那里敛财，生活奢华、讲究排场，所有这些都让他不得人心，甚至于如果国王继续任用他的话，国王自己都会遭受谴责。弗朗索瓦与亨利会谈期间，正是沃尔西的巅峰时期。而我们通过下面一件事也可以稍微明白他为什么会倒台。酷爱奢华、爱摆排场的亨利允许那些在餐桌旁伺候他的人戴着帽子，这也是传统；但沃尔西则不仅坚持不让戴，而且还要他们跪着伺候。

显然，两个年轻的竞争对手弗朗索瓦和查理之间的和平是维持不了多久的，因为他们之间有太多分歧，如意大利和其他。英格兰要支持哪边？在接下来的八九年里，亨利显然听从了红衣主教兼大法官的建议——沃尔西的工作能力还是相当强的。最后，亨利还是"不听忠告"。亨利八世对英格兰历史所施加的重要影响，大部分还是要到以后才能感受到；而沃尔西大约10年的治理——如果我们可以还称之为治理的话——几乎没有为英格兰留下什么价值。

英格兰几乎是在与查理结盟和与弗朗索瓦结盟之间摇摆，而它也是小心谨慎地迈出第一步的。1520年,弗朗索瓦和亨利在离加莱不远的地方会面,当时会面的场景是如此的奢侈、豪华,以致人们后来称这个地方为"金缕地"(Field of the Cloth of Gold)。不过,这也是欺诈遍地的原野,因为那些惯用外交手腕的人本来就诡计多端。亨利和沃尔西实际上已经决定站在查理一边了。与往常一样,沃尔西也有自己的利害关系在其中,并想借此实现自己的野心。支持查理五世这个决定似乎部分是由于查理承诺在下次的教皇选举中支持沃尔西当教皇。而金缕地会议里的会谈及其他事件给弗朗索瓦的感觉却是,英格兰最起码会在他与还像个男孩的查理皇帝之间保持中立。

在两年后爆发的战争中,英格兰入侵了法国。与往常一样,苏格兰人也同时侵入了英格兰。其实英格兰的军事行动并不重要,查理五世实际上并不需要帮助,因为他自己的力量就具有压倒性优势。1525年在帕维亚,他粉碎了法军并俘获了弗朗索瓦。这样,查理也就拥有了原先属于法国的米兰公爵领地,甚至还俘虏了法国国王,查理五世俨然已是欧洲大陆的霸主。而这明显不是英格兰国王亨利八世乐意看到的结果。此外,查理五世俘虏弗朗索瓦一世的同一年,克雷芒(Clement)七世当选为罗马新教皇。[1] 显然,神圣罗马帝国皇帝查理五世并没有履行其诺言,协助托马斯·沃尔西成为基督教世界的最高领袖,他甚至什么都没做。沃尔西红衣主教和亨利于是调转枪头,与弱势方法国结盟。

我们不可能确切知道沃尔西的个人动机对国际关系的影响究竟有多大,但不管怎样,英格兰的确抛弃了以前征服欧洲大陆的

---

[1] 疑似笔误,克雷芒七世是1523~1534年担任新教皇的。

梦想，转而扮演起了维持欧洲大陆权力平衡的角色。这或许也是沃尔西的主张。不过，沃尔西的外交最终还是失败了。被打败的法国对西班牙奴颜婢膝，因为他们的国王在敌人手里。这样，非但权力平衡未能得到维持，查理甚至大有称霸世界之意。而出尔反尔的英格兰既分不到战利品，也不能对新独裁者施加任何影响。

此外，在这过程中，英格兰还花费不菲，国库也因而空虚，而大法官自己倒是敛了巨额钱财。在国际上几年前还灿烂夺目的英格兰，如今迅速陨落；而国内也将麻烦不断。不过，亨利的王位事实上还是稳固的，尤其是在处决了白金汉公爵后，王位就更加稳固了。白金汉公爵曾宣称有权继位，且在亨利七世的葬礼上无所顾忌地谈论他和亨利七世的故事，因而招人忌恨。但不管怎样，英格兰缺钱是不争的事实。在沃尔西负责治理的八年期间，他没有召开一次议会；亨利七世的积蓄倒是被他的外交和奢侈挥霍掉了。1523年，为了实现和平，沃尔西不得不召集代表开会。他要求议会给他史无前例的八十万英镑，相当于现在的一千二百万英镑。当得知下议院没有立即同意的时候，他亲自来到他们面前，与往常一样傲慢地与议员们争论。下议院议长托马斯·莫尔冷冷地跟他说，他这样的举动是不合规矩的。沃尔西只好灰溜溜地离开。

实际上他已前途尽毁，不过他自己还没有意识到。议会同意拨款，但数量远未达到要求的那么多。两年后，国王和沃尔西要求得到更多的钱。他们发起了"友善贷款"计划，这个计划实际上是胁迫人民缴款。这个计划究竟是亨利的意思还是沃尔西的意思，历史学家也没有共识。不管怎样，大法官沃尔西要负上过失责任，而这件事也让他更加不受欢迎。在实现和平并和法国结盟之后，查理五世以法国割让大幅领土为条件释放了法国国王。但弗朗索瓦一世安全返回之后马上就否认了协议。

亨利八世并不是唯一一个担心查理五世的权力不断扩大的人；教皇领导的意大利同盟也反对查理。结果是，查理皇帝的军队洗劫了罗马并俘虏了教皇。这个事件在我们的故事中相当重要。

漫长的离婚案

与此同时，欧洲大陆还发生了另一件大事。一个与查理皇帝及另外两个国王、红衣主教兼大法官，又或是人文主义者如托马斯·莫尔、迪安·柯利特（Dean Colet）都明显不同的人物，在德意志的新教徒运动中崛起，那就是马丁·路德。新教徒运动对宗教和政治都产生了巨大影响。马丁·路德从反对教会兜售赎罪券开始，继而宣讲人与上帝间的直接关系这一教义，并宣称在个人与上帝间的关系不需要任何其他人介入。

这一教义并不新鲜，但马丁·路德却在恰当的时机再次提了出来。1521年，亨利八世热衷神学，写过一本书，还在书中驳斥了路德，并因此受到了教皇的嘉奖，获得了"信仰守护者"的头衔。这个头衔至今仍是英国国王头衔的一部分。要想理解亨利那经常被人曲解的宗教态度，我们必须意识到两点：一是宗教和政治关系紧密，二是当时世界上有两种截然不同的宗教运动。

这两种截然不同的宗教运动中，一是新教的教义运动，这个亨利八世没有参与。亨利的性格比较叛逆，但他也是个虔诚的信徒，而且信奉的还是旧教义。另一种运动则可以说是由来已久的反教士运动。这是一个更具普遍性的运动，因为并不信奉新教教义的广大天主教徒都强烈反对教皇和教士的恶习及其对民众生活的干预。这个运动显然不仅会发生在天主教内部，随后也会发生在新教内部——后来也的确如此。

普通教徒反对教士、教皇或是英国圣公会大主教对权力的索取没有正当理由且索取过度。尤其是教皇，不仅要领导教会，甚至还要做领地的统治者。亨利八世本来是多少支持第二种宗教运动的，但当他自己最终取代罗马教皇成为英格兰教会之首时，他也就无意改变教会的教义了。这也就解释了他为什么会抨击那些渴望改变教义的新教徒和那些试图阻止由来已久的反教士运动的天主教徒。在亨利看来，反教士运动是必需的。他渴望能够在不改变教义的情况下，让英格兰摆脱外国的控制和教会的控制。而当新教徒运动更加牢固地控制住了英格兰民众且教义争端变得更加激烈时，作为教会之首的英格兰统治者也就自然会面临更加复杂的问题。这也是伊丽莎白将要面对的问题。亨利八世曾经一度建了中途之家（Halfway house）[1]，但在其女儿治下，中途之家住户间的宗教争端差点让其被彻底毁坏。

当罗马被查理皇帝洗劫之时，亨利八世已经三十六岁了。在经历了稍微有点慢熟的成长后，亨利终于完全成熟了。从此以后，他开始从在国内和国外都以失败告终的沃尔西手中接管统治权。尽管红衣主教沃尔西还没真正垮台，但亨利八世已经决定要亲自管理。亨利掌控局势的能力究竟有多大？从他与凯瑟琳的离婚事件可见一斑。不过，这次不幸的离婚事件却也历时不短、跌宕起伏。

---

[1] 又译为"重返社会训练所"，是提高环境适应能力的一种过渡性住宿式社区矫正机构。

亨利究竟是从哪天开始思考这个问题的，我们不得而知。而强烈反对亨利的历史学家加德纳（Gardiner）认为是在1521年，也即亨利遇见安妮·博林（Anne Boleyn）的前一年。很碰巧，在同一年，一群剑桥学生，包括廷代尔（Tyndale）、科弗代尔（Coverdale）、克兰麦（Cranmer）和拉蒂默（Latimer）等人，开始在一家酒馆聚会讨论路德的教义。这种巧合总是能让人浮想联翩。

在讨论离婚事件的时候，我们必须先考虑其中交织在一起的一系列极复杂的动机和力量。我们基本上没法用寥寥数语说清楚，更无法详细描述。简单地说，亨利八世是主角。其实作为一个丈夫而言，亨利的道德水平是在同时代国王的平均水平之上的；凯瑟琳、王室后裔、纯洁无瑕，也是英格兰历史最可怜的人之一；查理皇帝，凯瑟琳的侄儿，连罗马教皇都不敢否认其在意大利的权力；教皇克雷芒七世，丝毫不具备格里高利七世的高贵品质。克雷芒作为一个国家统治者所面临的困境，比他作为教会首领所面临的困境还要大。

另一个背景就是亨利八世成熟起来了。他想要掌控英格兰和他自己的野心开始占据主导地位，而他对继承人的渴望也与凯瑟琳的多次流产形成了鲜明对照。他那么多孩子当中，只有玛丽公主活了下来。我们已经提过女人继承王位对一个王朝和国家的危险性。而我认为，在这其中，安妮·博林所扮演的角色时常被过分夸大了。

比如，加德纳认为亨利八世对博林的渴求是其离婚的主要动力。这种解释相当不靠谱。如果这就是主要原因的话，那么整件事情就简单了。早在亨利给博林写情书的前五六年——尽管博林当时的大部分时间是在宫廷里，亨利就显然已经在考虑离婚的事情。博林并不漂亮——眼睛除外，而且还有点风流，人也不聪明。她是一个伦敦富商的女儿，她姐姐是亨利两个公开的情妇之一，而她自己在与亨利结婚之前也是亨利的秘密情妇。以我们目前所知的她那水性杨花的性格，根本就不可能具有抵挡国王多年追求——如果国王有这样做的话——的韧性，同样也没有能力拴住国王，更不用说坚持与国王结婚之前必须历经好些年的漫长离婚纠纷。所以，加德纳的解释是说不通的。

亨利八世总是给人留下一些想不通的谜团。他在当时那个年纪，奇妙地混合了迷信、宗教、自由思想和强烈的追逐私利的自我主义。在充分承认国王极度的自我主义的同时，我们同样必须考虑到其他几个因素的影响。我们在此还要加入其他东西——良心不安，这样之前那复杂的关系网就更加复杂了。

凯瑟琳虽然比国王大了六岁，但她仍然让国王对她有兴趣，她所继承的那些领地也都完全是她自己的，而且没有任何迹象表明她对与亨利的婚姻是不开心的。但他们没有男性继承人，现在也不可能再生育了。那个时期王室婚姻的重要性主要是政治上的而非宗教上的——教皇们自己就经常违反教会的法规。

想当初，就是教皇特准年轻的亨利迎娶他哥哥的遗孀的。本来这事在教会看来可是一桩罪孽。孩子的流产和夭折，是上帝的旨意吗？亨利的脑子里肯定老在想这个问题。为了家族和国家的利益，亨利渴望得到一个男性继承人。或许，也正是这个意图促使他迷恋品性欠佳的安妮吧。

但接下来的事情却要复杂得多。严格来说，已经拥有安妮的姐姐作为情妇的亨利，如果没有教皇的特许，是不可以和她结婚的；就像当年如果没有教皇的特许，他不可能娶他哥哥的遗孀一样。教皇一般乐意为国王解决这些问题，但对克雷芒却不行。克雷芒是在查理皇帝的掌控下，而查理皇帝是不愿意看到亨利抛弃他姑姑的。对付诸如亨利所处的这种左右为难的困境，教皇本来是有大量的惯常方法来帮忙解决的。亨利建议教皇宣布之前的特许无效，那么他与凯瑟琳的婚姻也就是无效的，而唯一活下来的孩子玛丽也就是非法的。国王也没有认真地考虑沿用《旧约全书》中的例子，通过重婚特许这个途径来解决问题。事实上，在1437年教皇就曾特许卡斯提尔的亨利四世在一定的时间内再娶一个妻子，以看看她是否能够怀上孩子。克雷芒建议亨利用这个方法解决问题，但国王否决了。

那剩下来的就唯有离婚了。教皇同意了亨利八世的姐姐玛格丽特、两个妹妹的丈夫的离婚要求。为什么亨利八世就不行呢？教皇甚至还愿意特许玛丽公主与他同父异母的哥哥、亨利的私生子里士满公爵结婚呢！教皇还建议亨利自己解决这个问题，即先娶了安妮，那么接下来的问题就只是他与安妮的婚姻是否有效了。不过，亨利既不想无限期地拖延问题，也不想给以后的继承人因为合法性的问题而困扰。如果不是查理皇帝在遥控教皇，如果亨利相信英格兰法庭会判定他与凯瑟琳的婚姻无效并且相信教皇会宣布他的第二次婚姻有效，那么或许很多事情都不会发生。

如果说教皇进退维谷，那么沃尔西也好不到哪去。如果他不能为国王争取到离婚，那他的职业生涯就玩完了。但如果他成功了，亨利娶了安妮，那他也同样完了。因为由于安妮的关系，那些将获得权力的人如诺福克公爵等，都是沃尔西的敌人。他注定是要得罪人的，尤其将会得罪凯瑟琳。

最后，教皇任命沃尔西和另外一个红衣主教在伦敦召开法庭审理这个案件；不过，任何决定都必须得到教皇同意后才能生效。亨利现在要求法庭宣布他的婚姻从一开始就是无效的。在公开法庭里，王后跪在亨利八世面前请求：作为一个二十年来忠贞不二的妻子，她不应该承受被抛弃的耻辱。

这是在1529年，不过亨利的离婚案后来还一再延期。而这正是教皇所希望看到的。克雷芒之前的提议已经表明他在这件事情上没有任何道德顾虑。事实也逐渐清晰起来：克雷芒并不是作为教皇在做决定，他只是一个临时的首领，他害怕惹怒他的上司——查理皇帝。英格兰的宗教问题，现在集中在婚姻问题上，本来显然是要由英格兰国王来决定的，而不是由教会的首领教皇来决定；现在倒好，反而成了由作为神圣罗马帝国皇帝和意大利领主的竞争对手查理来决定。于是，亨利八世决定在英格兰国内解决这个问题。

与教皇决裂

沃尔西被撤职，其财产和绝大部分官职也被剥夺，不过国王让他保留了约克大主教的职位、一定数量的财物以及其他一些肥差。无论如何，他的倒台都是短时间内的问题了。当沃尔西与法国人通信时，他被指控为叛国，并被判砍头。不过，幸运的他在前往伦敦断头台的路上就死在了莱斯特大教堂。沃尔西说过的很多话都很有欺骗性，不明当时情况的后人更是容易上当，因此我们也不要太当真。如果他所说的是真话，如"我勤勉地服务上帝、服务国王，上帝不会那么早带走我的"，那么可知：红衣主教总是先想到自己，而不是他的上帝或是他的国王。

接下来的历史，虽然拖沓冗长并持续了将近四年，但可以简短表述如下：1529年，亨利八世召开议会，而这次涉及宗教改革的议会接下来还连开了七年之久。它所做的事情在英格兰历史上是很重要的。而最为重要的是，亨利让议会起死回生了。议会的重要性本已越来越小，而如果沃尔西继续掌政的话，他还是会尽可能少地召开议会，那么英格兰的宪政发展就有可能走上欧洲大陆国家的路子。

红衣主教竭尽所能，都未能理解他的人民。议会是上天赐予都铎王朝的幸运符，它虽然还有很多不足，但通过它，都铎王朝的君主就可以了解人民，继而紧跟人民历史的主流。注意了，是议会而非教会会议，将带来英格兰教会的独立，并决定英格兰人民的宗教未来。

次年，亨利八世再次试图通过将问题放到欧洲的大学里来诱使教皇同意他的婚姻。在欧洲的大学里，国王的影响占据优势，舆论也偏向他；而查理皇帝的观点在此则不受欢迎。不过，亨利最终还是一无所获，又一年过去了。第三年，亨利宣称依照《侵犯王权罪法》（Statute of Premunire），整个英格兰教士群体都有罪，因为接受了由教皇授给沃尔西的使节权。尽管教士们付了大约相当于今日十二万英镑的罚金以求得到赦免，但亨利八世拒绝了——除非他们愿意接受他为最高首领。教士们最终同意了，不过加了含糊的一句："只要得到了基督律法的认可。"

亨利八世还没准备好与教皇决裂，而他要做教会的首领也只是想让自己在教士与普通信徒间的关系里成为首领，但这会对即将到来的另一样东西构成威胁。时光飞逝，又是新的一年，亨利让议会通过了一个法案，这个方案否决了议会未经国王召集就开会的权利。这可以防止议会在未经他同意的情况下对其离婚或结婚采取任何行动。这次"教士的投降"也迫使托马斯·莫尔爵士辞职。莫尔在沃尔西下台之后被国王任命为大法官，他也很为教会的教义担忧。事实上，尽管莫尔性格温和，也赞同乌托邦的信仰自由，但他毫不犹豫地烧死了英格兰的异教徒。这也有助于我们更好地理解这个时代的其他人物。大法官可能是明白将会发生什么，而他又不愿意参与和罗马决裂的行动而辞职的吧。

亨利自己也不愿意和教皇决裂，而只是希望能迫使教皇屈服，更确切地说，是希望能迫使遥控着教皇的查理皇帝同意。1532年，议会通过了《初年圣俸法》(Act of Annates)，该法规定教士第一年的收入将被扣留，而在之前是要上交给教皇的。教皇对此还无动于衷。随着年末的到来，亨利的耐心也算是到头了。1533年1月24日，他娶了安妮·博林。七个月后，安妮生下了伊丽莎白。

议会紧接着通过了《上诉法》(Act of Appeals)，其中宣称国王是这个国家所有世俗和教会法庭的首领，人们到任何其他法庭进行上诉都是无效的。被任命为坎特伯雷大主教的托马斯·克兰麦，几个月后就在议会里宣布凯瑟琳的婚姻无效，而后再次宣布反对凯瑟琳。尽管亨利八世请求教皇召开教会的大公会议(General Council)来裁决，但会议并没有召开。而克雷芒七世则决定要帮助凯瑟琳。在接下来的两年，亨利与教皇之间完全决裂，这主要是因为议会将之前要给教皇的那笔收入转给了国王。

现在问题解决了。早已立国的英格兰，如今摆脱了欧洲。在欧洲大陆维持权力平衡的策略依然重要，但英格兰不再有那种足以让他们陷入征服战争的开疆辟土的抱负，从此也不再有任何其他权力能够对英格兰人的生活施加道德或法律的控制。只要英格兰能够保护自己，那么它就会是自由的，独立于任何其他权力——不管是世俗的还是教会的。尽管这背后的动机纷繁复杂，但亨利八世和议会共同努力所带来的独立宣言，让英格兰能够在即将到来的新世界里把握自己的命运，能够自由地开拓其在精神上、知识上和物质上的发展。也只有充分了解她父亲亨利八世所作的这些努力，我们才可能真正理解英格兰人何以会在伊丽莎白时代爆发出身体和精神上的巨大能量。

从亨利第一次想宣布其与凯瑟琳的婚姻无效到他与安妮结婚并与罗马决裂，经历了漫长而拖沓的十二年。我们不能将亨利在这十二年的坚持不懈归因于纯粹的生理欲望。因为对于一个将世界和他的女人都踩在脚下的国王来说，解决这个问题根本不需要那么长的时间。但长时间的斗争或张力，又或是兼而有之，已对亨利产生了不好的影响。他的性格大变由此开始，并且越来越明显。

不过，幸运的是，第一阶段的新教革命爆发时，亨利还相当强大，能够维持和平与秩序，尽管他有时也冷酷无情。宗教改革正在全欧洲蔓延，英格兰也不可能置身其外。的确有人因为亨利的政策而受害，但毕竟是个别现象，英格兰终究还是没有经历像很多欧洲大陆国家那样的宗教战争或大规模屠杀的极大痛苦。这是由于亨利的强大力量，部分也是由于其子民对新秩序的默认。

我们多次提到，英格兰人通常都反对教皇干涉他们的事务，所以与教皇的最终决裂和这种强烈的民族情感是相一致的。而且，除了行政官员外，英格兰与罗马的联结并不强。打个比方，英格兰基本没有罗马教皇职位的股份：在历史上那么多任的教皇中，只有一个是英格兰人。教皇总是一个"外国人",而且通常是拉丁人种——这也是英格兰人最不喜欢、最不同情的一个种族。的确,与凯瑟琳的"离婚"(实际上是废除婚姻)起初是不被支持的,人们将同情慷慨地给予凯瑟琳,她是环境和时代力量的受害者,而鸠占鹊巢的安妮·博林根本不可能获得民众的喜爱或尊敬。

但是,如果看得更深远点,亨利八世的政策还是受欢迎的:这项政策的推行中,从头至尾都没有动用军事力量,没有因为失败而导致大众骚乱,没有严重的求恩朝圣(Pilgrimage of Grace)[1]——只是在北部有小规模的叛乱。这种有利于英格兰教会独立的总体态度,又通过亨利对僧侣和修道士的宗教教派的镇压、对他们财产的没收而得以加强。这些宗教教派曾经在知识、教育和慈善方面贡献良多,但如今已是堕落多时,且几乎没有什么有用的社会功能了。指控他们道德败坏,无疑是夸大其词,但他们的确过得优哉游哉,而且拥有英格兰的一大部分土地和财富。

依照现代观念来看,那些从教会那里没收的大量财富和土地应该被用来服务社会、重建秩序,应该被更加有效地利用起来,而不是分给个人。这些土地和财富从教会的"死人"手里分到其他私人手里,导致更有效地利用土地和财富,能够刺激国家的商业活动,并在城镇和乡村缔造一个规模更大的阶级——他们因旧秩序的解体而得到其财产,因而将会坚定地支持新秩序。

不过也可能产生其他结果。关于教会的土地,有三种可能的处理方法:一是继续留在教会手里;二是没收之后分到私人手里;三是变成国王的财产。民众很可能因为拒绝第一种做法、支持第

---

[1] 指1536年英格兰北部反对亨利八世政府及宗教改革的叛乱。——译者注

二种做法而蒙受损失。因为尽管教会有诸多不足,但与正崛起为新富阶层的、吝啬的私人所有者相比,他们在很多方面都更为其佃户或邻居着想。此外,尽管将这些地产售给新贵族的做法为国王笼络了这些人,进而促进了他正在开展的改革,却也造成了国王后来的贫穷以及以后的国王的贫穷。伊丽莎白就不是个富裕的统治者,她的优势在于其政策和人民的支持。不过,斯图亚特王朝的君主既没有伊丽莎白的老练,也没有她那样的声望,而且他们也经常陷入左支右绌的困境,宪政危机的出现很大程度上就与此有关。如果不是这样的话,他们或许还不至于滑入彻头彻尾的专制统治深渊。

亨利的教会政策还试图从整体上提高民众的智力水平。由议会起草、亨利同意颁发的《十信条》(Ten Articles),目的是想让教会的旧教义能够更容易被普通教徒理解和接受。由国王和克伦威尔授权出版的《圣经》新译本,也是想提高民众的智力。这个新版本是迈尔斯·科弗代尔的译本,其发行量可能比廷代尔译本的发行量要大很多。尽管同时还存在宗教迫害政策,但引导人们独立思考所产生的影响,仍然远远超出了亨利的预期。它甚至刺激了与国家或宗教相关的民族精神。

议会的位置也发生了变化。通过出台促使教会与国家的关系发生根本性改变的法令,使议会的权力增加了。亨利将他与议会的关系形容为"一个国家里的紧密联合和团结"。虽说他和伊丽莎白是在"操纵"议会,不过他们也依赖议会。虽说他们是专制统治,但他们也给予人民这样的感觉——他们和议会是精诚合作的。这种感觉也将在下一个世纪推翻王权,因为斯图亚特王朝的国王们非但没有促进民众的进步,反而抵制它。

在亨利八世的时代，议会经常顺从亨利的愿望。1534年通过的《叛逆法》(Acts of Treason) 和《君主至上法》(Acts of Supremacys)，授予了国王英格兰教会之最高首领的头衔，任何想要伤害他或其继承人，或胆敢称他为异教徒、暴君、分裂者或篡位者的人都被视为犯了叛国罪。这些法令赋予了亨利极大的权力，能够为他和托马斯·克伦威尔随意使用。现在克伦威尔已是其总代理人。莫尔和罗切斯特大主教费舍尔 (Fisher) 因为反对国王成为教会的最高首领而双双被砍头，而那些职位低点的反对者则被判叛国并被以更可怕的方法处死。

次年，王后自己也将走上断头台。不幸的凯瑟琳在那年年初就去世了。很多人都说亨利准备休了安妮，其确切原因不得而知。也可能是因为亨利对她厌烦了吧，而且如今的亨利比以前更无情、冷酷。在1536年前，他很多行为的出发点都是国家的需要，而且也不知道是因为好运还是怎么的，每次都能够为人民带来益处。但接下来的可就不是这样了。在1月，他开了一个国家舞会来庆祝凯瑟琳的死亡。他身穿欢快的明黄色衣服，神情愉悦。从这件事就可以看出他有多堕落了。安妮只有伊丽莎白一个孩子，此后还流产两次。由克兰默大主教主持的教会法庭宣判安妮与国王的婚姻无效。具体理由我们不得而知，但她同时还因为和她哥哥乱伦、和其他四个男人通奸而受审。

由她叔叔诺福克公爵率领的审判，全体一致宣判她有罪。5月19日，安妮在伦敦塔被砍头。上面提到的五个男人中有四个被以叛国罪处死，只有一个为了活命而招供。真相究竟如何，人们也不得而知。不过，就如波拉德所指出的那样，如果亨利八世只是想摆脱王后，那她被处死的两天前就已经和国王离婚了，也没有必要继续杀四个人。所以，诺福克公爵和二十六个其他审判官肯定是找到了什么理由才可能对这六个人（包括安妮）达成一致裁决。

安妮死后还不到十天，亨利就娶了简·西摩（Jane Seymour）。由于凯瑟琳和安妮都已经去世，新王后和亨利的孩子也就不存在合法性问题了。但为了解决继承问题，议会通过了一部新的《继承法》(Act of Succession)。凯瑟琳的女儿早已被宣布是非法的，如今安妮的女儿伊丽莎白也被宣布是非法的。这样，继承权也就自然留给简的后代了。第二年，简在生下一个男孩（即后来的爱德华六世）后，没过几天就去世了。

1539年，亨利八世娶了克利夫斯（Cleves）家的安妮。她是德意志贵族，之前亨利从没见过她。而当她抵达英格兰的时候，亨利对她的相貌很是失望，不过他还是完成了婚礼仪式。亨利甚至称她为"佛兰德斯母驴"（the Flemishmare）。几个月后，安排这次婚姻的克伦威尔也用头颅付出了代价。而在安妮的同意下，她与国王的婚姻也解体了。1540年，亨利和诺福克公爵的另一个侄女凯瑟琳·霍华德（Catherine Howard）结婚了。但凯瑟琳后被发现在婚前不贞、荒淫，并于1542年被砍头。1543年，亨利娶了凯瑟琳·帕尔（Catherine Parr）。帕尔活得比亨利长，并在亨利疾病缠身的最后日子里给予他温柔照顾。

这就是亨利的婚姻故事，及其对国家的影响。我们已经提过亨利本无意改变教会的教义。1539年，他推动议会通过《六信条法》(Statute of the Six Articles)，这个法令宣称基督在最后的晚餐中圣血、圣体之真在（real presence）、圣餐仪式、教士独身、永远遵守贞洁誓言、私人弥撒和忏悔等都必须遵行。不管是谁，如果否认第一条都会被烧死，讲人坏话两次就绞死。

如果依照这些教义来对比亨利的生活，我们多少会觉得好笑。但我们必须清楚，亨利在制定这些教义的时候是以国王的身份制定的，就好比是大海航行里的舵手，他必须作方向性的选择。英格兰人还没有准备好接受新思想，他们还是坚持旧思想。16世纪，宗教信仰分歧带来的暴风雨将让所有国家都处在风雨飘摇之中。英格兰已作好准备与罗马决裂，但这些裂教者要想走得更远并彻底战胜旧教义，可能还要经历不可估量的、大规模的流血冲突，就像欧洲大陆发生的那样。好在这场运动的推动者亨利知道什么时候要停下来，这表明他完全了解其历史职责和人民。

遗憾的是，玛丽一世正好缺乏他父亲亨利八世展现的都铎人那非同寻常的能力。在亨利时代，除了摆脱欧洲和放弃征服欧洲大陆的梦想外，还发生了很多大事。英格兰无意识地在为其岛国之宿命准备着，而亨利及其子民，可以说是英格兰皇家海军的创始人。自从"大哈里"号（Great Harry）在1515年下水航行后，亨利对海洋的兴趣就一直没有中断。而三十年后，也正是其一手创建的海军从法国的入侵威胁中挽救了英格兰。亨利成立了海军部，并在伍利奇和德特福德兴建了造船厂，他亲自设计的新式战船的效率比英格兰的任何商船和其他国家的战船都更高。不管怎样，亨利八世是个伟大但经常讨人嫌的国王，他让英格兰从欧洲大陆抽出身来为将来征服海洋作准备，他为英格兰的发展指明了方向。

第八章 都铎王朝的插曲

过完1546年,亨利八世的日子就不多了。在他统治末年,他同时压制了反改革势力和激进改革派。但现在他时日无多了,而他那只有九岁的娇弱儿子将会登上王位。在遗嘱里,亨利排定了继承顺序:爱德华、玛丽和伊丽莎白——一个婴儿、两个女人。一个孩儿王对一个国家来说,已经意味着混乱和灾难了,一个女性统治者也好不到哪去,而这里居然同时出现了三个!当爱德华戴上王冠,真正统治英格兰的究竟会是谁?

这个问题困扰着每个财产可能受到影响的人:垂死的国王、贵族和有思想的平民。亨利还为其儿子在成年之前指定了摄政院,成员包括改革派和反改革派;但这些大家族内部已经开始勾心斗角。亨利精心维持的平衡一下子被打翻了。被亨利在遗嘱中立为大法官的诺福克公爵让王室亲兵和他的私人卫兵住在一起,尽管赫罗德(Herald)派禁止他这样干。赫罗德曾被指控觊觎王位,而他的儿子萨里伯爵(Earl of Surrey)——"英格兰最愚蠢最傲慢的男孩"——还逢人就说他父亲最有资格成为英格兰的守护者。

1547年1月，这两个人都被判决了。20日，萨里，这个将十四行诗引入英格兰的年轻诗人被砍了头；27日，被关在伦敦塔的诺福克公爵，第二天将会被处决。现在他的生命也就剩下区区几个小时了。被宣判有罪的叛国者，再也没有缓刑的机会了。在公爵生命中最后的不眠夜里，国王在其威斯敏斯特的王宫去世，死时还紧紧地抓住克兰默大主教的手。

诺福克的性命因此得以幸存，但权力还是被剥夺了。最后，爱德华·西摩成为守护者和实际统治者。亨利八世大概死于28日的凌晨两点，但直到31日才发丧。在此期间，很多事情都在幕后快马加鞭地准备着，而当水落石出的时候，年轻的爱德华六世已经登基为王，摄政院的权力被改革派掌控，亨利八世的内兄爱德华·西摩、赫特福德伯爵是他们的首领。获得胜利的人马上给他们授予新荣誉，赫特福德成为萨默塞特公爵，达德利成为沃里克伯爵，亨利的另一个内兄帕尔成了南安普敦伯爵。

为了理解我们在这章介绍的两段短暂统治期间的事件，我们就不能忽视亨利去世时英格兰人生活的两个方面。一方面是经济状况，尤其是在亨利八世统治的后半期，他缺乏一个能干的财政顾问，而自己也完全没有他父亲那样的商业头脑。亨利和沃尔西都树立了奢华和挥霍的典范，这种习气也在整个上层社会弥漫；而从教会那里没收到的巨额财产更是助长了这种习气。

另一方面，下层社会则要面对正在变化的商业和农业状况。其中包括经济主体里最为危险的毒药，即恶性通货膨胀。摆阔和战争都很费钱，而新富者也是通过掠夺而非发展工商业致富的。亨利的兴趣和当务之急显然不包括像他父亲亨利七世和女儿伊丽莎白那样改善这个国家的经济状况。当税收已把民众榨干的时候，国王和国家的融资起初还只是变得困难，再后来就完全不可能了。尽管还有大笔外国贷款，亨利还是采取了似乎是很多统治者和政府——不管是以前的还是以后的——都会采用的方法，也是最简便的方法，那就是让货币贬值。货币贬值导致物价上涨，而生活成本的快速上涨和整个国家经济体系中的价格紊乱也只会让通过税收来增加收入变得更加困难。此外，西班牙从美洲获得的巨额黄金和白银也扰乱了整个欧洲的经济和价格水平。英格兰的情况已经每况愈下，而亨利还持续让其货币加快贬值。1551年银币的银含量甚至只有1506年的四分之一。

而农业和其他工作的报酬增长速度却未能跟上物价飞涨的速度，随之也就滋生了困苦和不满。此外，贪婪的地主将更多的公地圈起来放羊，也让很多劳动者丢掉了工作；而且由于工商业没有发展，他们也不可能找到工作机会。由于教会财产的所有权发生变革以及慈善救助的大幅缩水，劳动就业方面也极为混乱。在这个国家，满是身强力壮的懒丐，违法行为也大幅增加。商业、货币和穷人的问题都要到伊丽莎白时期才得以部分解决。

亨利八世死后，宗教也随之面临一个极微妙的境况。亨利尝试建造的中途之家，其基础一点都不牢。一方面，与罗马教皇决裂的时间不长，新的英格兰教会没有深厚的传统来确保获得民众的喜爱和忠诚；很多人，尤其是老贵族和其他上层社会，还是喜欢旧秩序。另一方面，城镇、英格兰东部和南部的老百姓越来越倾向于接受瑞士人慈运理（Zwingli）宣讲的那种新教。它相对于英格兰教会来说还是激进的，但比将在苏格兰占主导地位的加尔文教派要温和些。与经济问题一样，这个问题也要留待伊丽莎白来解决。但伊丽莎白的弟弟和姐姐的短暂统治期间所发生的混乱、耻辱、恐惧和危险等，在很大程度上也使得民众更加渴望并热情接受英格兰历史上最伟大的女王伊丽莎白的卓越领导。

孩儿王爱德华

我们甚至没有必要去探讨显然相当早熟且爱慕虚荣的爱德华六世的性格，他只当了六年国王，而后在十六岁时死于肺结核。亨利死后真正掌握实权的萨默塞特公爵是个奇怪的混合体。他清楚目标应该是什么，却完全不知道该如何实现，或是对实现目标过程中的困难一无所知。比如，他也梦想着一统英格兰和苏格兰，而他的方法是让爱德华娶比他小几岁的苏格兰女王玛丽。

本来这个目标也是可能和平实现的，但萨默塞特却打算推动一下：想通过施加军事压力来获取苏格兰王位。这一方法注定会激起苏格兰人的反抗，无助于实现其目标。虽然在平基－克鲁（Pinkie Cleugh）之战中，英格兰军队仅付出极小代价就屠杀了一万名苏格兰人，英格兰军队甚至也没有乘胜追击；但此战的结果是法国再次和苏格兰结盟反对英格兰，而苏格兰对英格兰的怨恨也进一步加强。

这还不是全部。年轻的苏格兰女王被送到法国宫廷与法国王室的孩子一起接受教育。她将会被培养成虔诚的天主教徒，并准备嫁给法国太子弗朗西斯。在伊丽莎白登基的那一年，法国和苏格兰之间还签署了一份秘密结婚协议：玛丽如果没有孩子的话，苏格兰王位将传给法国。一次的可能和平联合的机会就这样再次溜走了，这也再次延长了两个国家间的痛苦。

在经济和宗教领域，萨默塞特也表现出同样的愚蠢无能。他渴望能够像同时代的其他贵族那样骄奢淫逸，还利用自己获得的赃款兴建了富丽堂皇的萨默塞特宫殿，但他似乎还是比较民主的，并且对工人和其他下层民众面临的处境深感同情。不过，他非但没有采取措施改善他们的境况，反而使之恶化了。在宗教事务上，他也同样失败。他表现出超越他那个时代的宽容，不过就跟往常一样，他这样做的时候显然没有认清他当时所处的环境。

宽容，不仅生长缓慢而且还很脆弱，就如我们这个时代的欧洲所展示的一样；而且宽容还不是适合所有地方的。作为一个刚从中世纪脱胎而来的新国家，政府最重要的基本职责就是控制和维持秩序。亨利和伊丽莎白都意识到，如果没有其他方面的有序发展，国家是不可能在某一方面获得巨大发展的。政治和宗教是紧密交织在一起的，而容忍不同意见，在19世纪强大、守法的社会组织中完全是可以实现的，但在16世纪却完全不现实。

没有什么比那种认为一种理想能够在某种条件下实现也就能够另一种条件下轻易实现的想法更具误导性了。不列颠民族最大的成就就是在斯库拉（Scylla）[1]和卡律布狄斯（Charybdis）[2]的混乱和暴政下、在自由和对思想与言论实行危险的管制之间发展出民主。

在16世纪，中世纪的政府发展为现代形式的政府；在精神生活和知识生活领域里，新观念也层出不穷。现在的问题是，在这条道路上，英格兰究竟要走多快？该如何走？做这个决定就需要最高层具有治国之才。而在本章要介绍的都铎王朝统治期间，恰

---

[1] 传说中意大利和西西里海峡之间的海妖。——译者注
[2] 传说中吞噬水手和船只的六头女海怪。——译者注

好就没有治国之才。萨默塞特太宽容了，玛丽太不宽容了：两人都未能采取中庸之道。中庸之道是英格兰的出路，找不到就玩完了。

国家守护者对议会施加影响让其准许教士结婚，并撤销了亨利八世最残暴的一部分法令，比如《叛逆法》和反对罗拉德派的法令等。不过在政府的命令下，有很多画有圣徒的图画和彩色玻璃窗户被打碎、民众习惯和喜欢的教堂被拆除。在民众的压力下，政府不得不宣布只有获得许可的教士才能够布道。加德纳大主教和邦纳（Bonner）大主教因为反对教义改革和其他改革而被关入伦敦塔。议会还授权使用首部英文《公祷书》。这本书大部分是克兰默写的，很多庄重而优美的措辞都出自他手。

虽然教会在新教改革道路上进展神速，但萨默塞特并不进行宗教迫害而是允许完全自由的宗教对话。不过，持不同观点的天主教徒和新教徒经常将言论自由、观点自由变成争吵和打斗。有一次，他们在牛津造成严重骚乱，以致政府不得不介入平息，一些教士还因此被绞死。

在康沃尔和丹佛，骚乱甚至还发展为严重的造反。在康沃尔，大部分农民和工人还讲凯尔特语，他们反对用他们听不懂的英语来做教堂礼拜。他们其实也听不懂旧礼拜中的拉丁语，但他们已经习惯了并想保持传统，于是揭竿而起。丹佛人随之加入，不过他们的造反则是由教士发起和领导的。叛军最后被围困于埃克塞特。政府还动用了外国雇佣军。经过几个月令人绝望的战斗，叛乱被镇压了。显然，新教教义革新运动和萨默塞特的宽容都有点操之过急了。

与此同时，东部也爆发了严重叛乱，不过不是因为宗教，而是因为经济恶化。萨默塞特曾表现得好像是人民的朋友，也显得好像宽大仁慈，但当制革工人科特（Ket）率领数千农民在诺里奇扎营安寨的时候，他必须采取应对行动了。这次叛乱的原因并不新鲜，仍然是地主不断圈地放羊导致农民失地失业。而议会也已经在讨论这个问题了。

这些怨恨是有充分理由的。而这些起义者——如果我们能够这样称呼他们的话——如果自行解散，那么他们会被赦免。拒绝解散的科特被认定为叛国，其军队也在诺里奇被击败。秩序最终得到恢复，但镇压起义的军队是在西部使用过的那支由意大利人和德意志人组成的雇佣军，这是在约翰一世之后首次使用雇佣军。而使用雇佣军，也表明情势已经相当危急。约克郡的另一次叛乱则在当地就被轻易镇压了。

当时的国际形势也很严峻。根据1546年的协议，法国的布伦港口被当作是财政抵押品押给了英格兰。这无疑是法国人的痛处。法国觉察到了英格兰国内麻烦不断，于是不仅威胁要收回布伦，还攻击了英格兰的泽西岛。英法两国宣战，而萨默塞特的垮台也指日可待了。几个星期后，他就被捕并被关入伦敦塔。

不久之后将被国王封为诺森伯兰公爵的沃里克获得了领导权。无所不能的贵族——沃里克没有成为守护者——究竟是支持旧教还是新教这个问题再次受到人们的关注。并不怎么关心个人利益的沃里克，出于政治原因选择了后者。在这个问题上，国王的立场起着决定性的作用。国王虽然还年轻，但他已成为一名热心的新教徒。1552年，议会授权发行了《公祷书》的修订本，其中有微小的变化，此版本甚至沿用至今。第二年，该书共有四十二条信条，而伊丽莎白时代只有三十九条。改革者的高层认识到他们的权力其实来自国王，诺森伯兰公爵（沃里克）也同样认识到其权力来自于国王，因而采取了支持新教的立场。

不过，与此同时，公爵还必须和法国人签订一个不体面的和平协议：在限期未到之前将布伦归还给法国。英格兰的货币再次贬值，诺森伯兰公爵的应对方法是在1543年的旧标准上提高货币中的金银含量。但这个方法没有任何效果，因为旧的劣币还可以在市场上流通，结果就是劣币驱逐了良币。而新发行的好货币都被人们囤积起来了。商业状况也继续恶化，公爵也彻底失去人心。

已从伦敦塔释放出来的萨默塞特，曾一度据说还有机会重掌大权，但后来在其外甥、年轻国王的同意下被审判并被砍头。即便无用如诺森伯兰公爵，最终也成功支配国王的思想，但他的宗教政策却过于激进，他根本就不想和天主教妥协。国王的姐姐玛丽则是个虔诚的天主教徒，如果她继位的话，诺森伯兰公爵肯定会失去权力，甚至还可能丢掉性命。而现在，国王的病显然在迅速恶化，估计命不久矣。而诺森伯兰公爵的噩运也很快就要来了。

当时，只有一个大胆的计划能够挽回这种局势。亨利八世在遗嘱里规定，爱德华之后，由玛丽和伊丽莎白继位。诺森伯兰公爵尝试着利用爱德华的自负和对教会的恐惧让爱德华觉得，既然他父亲能够用遗嘱来安排继位，那作为国王的爱德华自己为什么不可以呢？而且如果玛丽继承了王位的话，新教就会失势。

不过，他没有考虑到亨利的遗嘱是获得议会法令认可的，而爱德华的遗嘱可没有。诺森伯兰公爵建议由亨利八世的一个妹妹的孙女简·格蕾（Jane Grey）继位，她也是一个新教徒。诺森伯兰公爵其至还通过让他儿子吉尔福德·达德利迎娶简来进一步保护自己。如他所愿，为了教会和国家的利益，爱德华立了遗嘱，但历尽千辛万苦才获得大法官的签署。大法官之所以不愿意签署，是因为他认为国王驳回议会法令的做法是违反宪法的。

其他法官也持同样观点。但他们最终还是签名了，因为他们觉得这个命令是国王下的，他们应该也能够得到国王的赦免。从支持国王的角度而言，这算不得是一件勇敢的事；但他们的强烈反对本身则显示了议会的强大——即使是在那些希望遵照国王的意思办事的大臣看来也是如此。

玛丽和伊丽莎白双双被剥夺继承权，理由是她们都被正式宣布是非法的，所以后来任何与此相违背的决定都是无效的。而简则毫无疑问是亨利七世的合法后代。

爱德华六世一去世，简·格蕾就在伦敦正式称王。但在游街巡礼的时候，整条大街却静寂得出奇，似乎充满不祥的预兆，甚至连一声欢呼都没有。有传言说令人憎恶的诺森伯兰公爵正在策划一些阴谋，不过大家都不知道具体是什么。这个国家本已为玛丽的继位作好了准备。玛丽不是早已被亨利八世、他的枢密院和议会指定为爱德华六世之后的合法继承人了吗？在她弟弟统治期间，她低调，但不失高贵威严。尽管大家都知道她信奉天主教，但还是愿意接受她。简·格蕾是个十六岁的漂亮、孤僻、有教养的女孩，但之前几乎没有在公众视野中出现过，大家甚至都不知道她是谁。不过，大家却知道一个女孩为王很危险，两个女人争夺王位那就更危险了；而比这个还危险的，就是诺森伯兰可能会控制其儿媳妇，把她当作傀儡女王。

在英格兰历史上，没有哪个小孩比她更可怜了，当然，她或许不算是小孩了：虽然当上了女王，却没有人为她欢呼。但人们的判断是对的。王位是不能被一个十六岁男孩的遗嘱改变的，也不可能被一个贵族违背人民意愿——体现在议会法令中——的密谋所攫取。全英格兰都不支持简。在她登基后没几天，玛丽就拉起了由三万人组成的大军。尽管诺森伯兰公爵试图抓住她，但徒劳无功，甚至诺森伯兰自己的军队都抛弃了他，其舰队也强迫其指挥官支持玛丽。于是，诺森伯兰公爵的整个密谋很快就支离破碎。在九天内，玛丽登基。她对密谋策划者宽大仁慈：只有简·格蕾及其丈夫和少数几个人被囚禁。她也只是在其所有顾问都一致强烈的要求下，才处死诺森伯兰公爵及其两个同伴。

如果玛丽继续宽容、仁慈，连对最危险的私敌都吝于下杀手，那么她日后就不会叫那些宗教信仰上的异敌血流成河。她那短短五年的统治，被证明是一场彻头彻尾的灾难。由于这些事件如宗教迫害、婚姻、对法战争等都极其重要，我们还是需要一一述及。

血腥玛丽

玛丽具有都铎人的强大意志，甚至比她父亲更固执，但对事件可能性的判断却缺乏她父亲那样的老练。她对人民认识不足，也缺乏为未来英格兰的发展奠定基石的欲望。她还缺乏所谓的都铎专制这一优点。玛丽在很大程度上将自己继承王位归功于人民的善意，但她在临死前知道自己为人民所憎恶；渴求得到爱的她，忠贞不渝且牺牲良多，结果仍被丈夫抛弃；她的终极目标是推动她全身心敬奉的教会事业，但她毁得再无挽回余地。总体来说，与同时代的人相比，历史对她并不仁慈。还有另一件很讽刺的事情就是，对她的敌人，她比英格兰之前的统治者都表现得更仁慈，但她最后却因为其宗教迫害政策而被称为"血腥玛丽"。

英格兰人渴望和平、生活水平的恢复和商业发展。如果玛丽能够给予他们这些东西，或者只是让他们知道她在为此努力，她就很有可能重建亨利八世的宗教中途之家。她召开的第一次议会很容易就恢复了教堂礼拜中的弥撒，撤销了允许教士结婚的法令，但也断然拒绝承认罗马教皇，拒绝归还那些被没收的教会财产。玛丽知道，让英格兰教会再次顺从罗马是与英格兰民族的发展大趋势相冲突的，也会触犯新教徒内心最深处的情感；而归还教会财产将会为她带来更多敌人，即那些从之前的没收中获益的群体——包括上层社会和下层社会。

就在她的第一次议会里，玛丽还尝试让议会同意其与一个外国人结婚：她想要嫁的人是西班牙的腓力。议会之所以不同意，不仅是因为他是英格兰人所痛恶的西班牙人，还因为他是一名天主教徒。玛丽比她想嫁的那个男人大十二岁，她相当宠爱他。而这个为刚从欧洲大陆和其他世俗的、宗教的权力中独立出来而感到自豪的民族，如今却要担心因为一个溺爱丈夫的妻子而使整个国家受缚于世界上最强大的天主教势力。不仅如此，玛丽还要求恢复迫害异端的旧法令。

玛丽的种种打算滋生的不满，促成了由简·格蕾的父亲萨福克公爵和托马斯·怀亚特（Thomas Wyatt）所领导的造反。虽然玛丽登基还不到一年，但她是由人民和议会扶上去的；而且，虽然她的计划让很多人感到忧虑，却还没到打内战或是推翻一个合法统治者的地步。这次造反最后彻底失败，萨福克和怀亚特被处决。萨福克并不是想让自己的女儿重返王座，他实际上是想让玛丽的妹妹伊丽莎白坐上王位。

计划好的婚姻、密谋和造反，这些都是亨利八世试图避免的危险，即让一个女人当国王，尤其是继承有争议的话，是多么危险。与密谋没有丝毫关系的伊丽莎白，尽管已经很明智地不与造反者扯上任何关系，但她还是被暂时关押在伦敦塔，不过不久就获准在有监视的情况下，可以去伍德斯托克，而后可以去哈特菲尔德。简·格蕾的问题就完全不一样了。上一次密谋的结果是她当上了女王，而她丈夫甚至也要求称王。如今她父亲又搞了一次密谋并造反。不过，简没有参与这次密谋，这次密谋对她也没什么好处。

在伊丽莎白时代，伊丽莎白花了好几年才决定将一个更危险的人物判处死刑，那个人就是苏格兰的女王。而苏格兰女王反对伊丽莎白的密谋也是臭名昭著的。相比之下，玛丽对简的处置就显得不够仁慈了。尽管有一些历史学家帮玛丽开脱，但处决简及其丈夫，对于玛丽女王的仁慈、人道而言就是一个污点。在宗教迫害上，玛丽可说是受到宗教力量的强迫，而不是出于个人或是政治动机；可处死简夫妻，则是出于个人动机或政治动机了，因而是个污点。

下一次议会最终同意玛丽与腓力结婚，腓力也由此成为英格兰国王而不仅仅是女王的配偶。另一次议会更加顺从：它甚至同意英格兰教会应该再次从属于罗马教皇，同时也认为那些被没收的教会资产的新主人仍旧拥有那些资产。这明显是肮脏的妥协。此外，女王、国王和议会的两个议院都跪倒在教皇使节、红衣主教珀尔（Pole）面前，供认他们的罪行——因为这个国家不承认罗马教皇的最高权力——并获得了宽恕。关于烧死异端的旧法再次被通过，这也为即将发生的事情作好了准备。虽然所有指责都指向女王，而女王也无疑是整个系列事件的最主要的推动者，不过，对女王和罗马教皇奴颜婢膝的议会也必须承担责任。其实，如果议会能够像关心财产那样关心国家——哪怕只是一点点，玛丽的统治极有可能会很不一样。

不久之后，宗教迫害开始了。胡珀（Hooper）大主教和其他人首先被烧死，而后是里德利（Ridley）大主教和拉蒂默（Latimer）大主教一起被烧死于剑桥。在这个恐怖的折磨中，拉蒂默不忘鼓励他的同伴。他说："很舒服的。我们将为今日点上一根蜡烛，仁慈的上帝啊！在英格兰，我信仰的永远不会被扑灭。"再后来就是《公祷书》的作者克兰默。在高压之下，克兰默曾放弃信仰，但这也没能挽救他。因为之前放弃信仰而感到后悔的他，在被火烧时举起之前签署放弃声明的那只手直到烧尽。

宗教迫害总共持续了不到四年，共有三四百人因为他们的信仰而被处死。这个数字与当时欧洲大陆的很多国家相比，根本算不了什么；但如同它自那以后一直留下的恐怖回忆一样，宗教迫害对当代英格兰的巨大影响已经成为英格兰人性格的标志了。英格兰的宗教迫害无情、冷酷，却从不嗜血，也不是报复性的。总体而言，与通过暴力来强加信念相比，它更喜欢妥协和理性的容忍。法国大革命和其他历史时段的恐怖，在英格兰的几乎所有时期看来都是不可想象的。玛丽的宗教迫害效果是相当明显的，不过它最终巩固的不是天主教而是新教。女王在死前也终于知道，她的手段不可能实现其目标。

她的婚姻也同样失败。丈夫腓力从不关心她，而只是为了获得英格兰的王位和帮助。在他父亲退位之后，他成了西班牙在欧洲、美洲，还有部分法国、意大利和整个荷兰的巨大属地的统治者,并拥有新大陆上多得不可思议的巨量黄金和白银资源。他这位妻子只关心他和天主教会,偶尔也会想要和他生个孩子;而他则将大部分精力放在欧洲大陆上。最终,他意识到她已经无法怀上孩子,而新教徒伊丽莎白将会继承王位。玛丽虽被丈夫抛弃,但并没有将英格兰拉入与法国——腓力在法国有领地——的战争,只是丢失了加莱。加莱已属于英格兰超过两个世纪,也是英格兰在欧洲大陆的最后立足点。丢失加莱,虽然刺伤了英格兰人的自尊,但对英格兰来说也是一件幸事。

民意几乎一边倒地反对玛丽。宗教迫害、与西班牙人的可恶婚姻、不成功的战争,不如意事实在是太多了。英格兰的商业甚至也衰败了,更为重要的是,强大的西班牙联盟宣称拥有海洋和新大陆,这实际上就限制了英格兰的水手和商人的活动。整个英格兰都渴望独立自主,渴望以符合英格兰人性格和民族特性的方式来解决宗教争端——尽管肯定会存在不同的观点——并渴望有一个机会来大展拳脚并实现扩张。在各方面,这个民族的力量都被禁锢起来了;而他们现在就在等玛丽女王去世,以便从这种束缚中解脱。受水肿折磨的玛丽最终于1558年11月逝世,教皇使节珀尔也于两天后随玛丽而去。之前说的种种束缚也随之消失了,伊丽莎白登基为女王,一个辉煌的时代由此开启。

第九章 / 伊丽莎白的荣光

伊丽莎白即使不是历史上最伟大的女性统治者，最起码也是其中之一。虽然用她的名字来命名的时代就那么几十年，但她的影响却远不只是那几十年。实际上，她再次缔造了英格兰的辉煌，也塑造了英格兰人的新品质——而这些新品质将在帝国缔造中大展身手。当然，我们不能忽视那些同样在起作用的客观社会力量；不过，这些社会力量本身是无规律可循甚至是相互冲突的，而女王那独特的思维和理解能力，则将它们熔合进正在缔造帝国的英格兰人的品质中。

在姐姐玛丽一世死后，虽不漂亮但还算清秀的伊丽莎白登基，是为女王伊丽莎白一世。时年二十五岁的她，扭转了英格兰历史的航向。不过，她也具有其父在展示华丽与壮丽方面的特有才华，她喜欢看盛装游行，也喜欢亲身出现在盛装游行中。她被斯宾塞（Spenser）颂扬为"光荣女王"。这个光荣来源于人民在她的统治下辛勤努力所作的贡献，而她则成为一个象征。伊丽莎白在全国的"游行"并不仅仅是场"秀"，还有助于给人民留下深刻印象，让人民铭记她那令人瞩目的华丽和威严。

自诺曼底的威廉这个外国人入主以来，相比于其他统治者，她是一个更纯种的英格兰人，尽管她的性格和脾气都更像其父亨利八世而不像她那英格兰籍的母亲安妮。她也以自己与人民一样是纯种英格兰人而自豪。在她那么长的统治生涯里，她一直没结婚。极少有统治者能像她那样把国家建设看得比自己的个人生活还重要，也很少有统治者能够像她那样成为一个民族的个性和抱负的象征。

当她得知玛丽的死讯并要开启自己的新时代时，她正坐在哈特菲尔德庄园的一棵树下。她的教育和经历让她足以胜任摆在面前的那些艰巨困难的任务。由于文艺复兴的影响，贵族阶层渐渐能接受那些有学问、有文化的女人。而在这样的一个时代，伊丽莎白也更容易获得他们的尊重和敬仰。她能像讲英语那样流利地讲法语和意大利语，拉丁语和希腊语也很不错。她将之主要归功于书籍和她的老师罗杰·阿斯克姆（Roger Ascham），但其实更应归功于她自己的经历。

伊丽莎白还不到三岁，母亲就被斩首。自那时起，这个年幼的公主见过了太多的生与死、大起与大落、阴谋与反阴谋。在其中一次阴谋中，她还曾被怀疑是同谋，并被关入伦敦塔。当时她都想着可能要被处决了。她开始变得谨慎小心且不怎么信任别人。由于没有武力支持，她不得不将其女性的心智和魅力发挥到极致——在其整个统治生涯都如此。她能够利用男人的爱慕或野心、花花肠子和谎言，发现危险并找到出路，有时甚至能够快速作出大胆决定。经过童年时期的那段经历后——从现代标准来看有点品性不佳，但本质上却无所谓对错——她牢牢地控制住自己的情感。尽管她为此饱受折磨,但冷静的头脑还是指引着她不断前进。

最重要的是,伊丽莎白拥有都铎家族那理解和信任其子民的全部本能,并将人民的利益和自己的利益合二为一;而这恰恰是玛丽一世缺乏的。除了这个本能外,她还相当钦佩她的父亲,也很好地继承了他的理念和政策。此外,当她被玛丽一世关入伦敦塔、身处危险之中时,是议会和人民保护了她。她也一直没有忘记这一点。的确,当英格兰的权力和财富实现增长的时候,她的权力和财富也会随之增长;但事实上并不是狭隘的个人野心驱使她去实现国家的独立、强大和繁荣,而当国家意识到这一点的时候,它就用忠诚来回报她。

伊丽莎白对官员甚是严厉,她必须小心谨慎地提防随时可能出现的陷阱,这也让她时常看似残酷、吝啬。但这不是为了她自己,而是献身于整个国家的理念。这似乎也重新焕发了这个国家的活力,使得所有人都愿意自担风险地为她服务。她表现出具有都铎特色的专制,也操控议会,但一直尊重并顺从国家的真实意愿和目标,以致她在生命的最后时刻可以这样跟下议院说:"上帝荣耀了我,我也为我的王冠增添了荣耀。而你们的爱是我统治的基础。"

事实上,我们还要提及与故事相关的另一点。那就是,玛丽和伊丽莎白都曾被英格兰法庭宣判为非法的继承人。从合法性的角度来看,苏格兰的女王、法国太子多芬的妻子玛丽·斯图亚特才应该登上王位而非伊丽莎白;伊丽莎白是根据她父亲的遗嘱和议会的法令继承王位的。她登基后召开的第一次议会肯定了她的合法性,并根据血统接受她为合法的统治者。如果议会是最高权力,那么伊丽莎白的权利是无可置疑的。但与玛丽不同,伊丽莎白的合法性从来没有得到过罗马教皇的承认，因而也违反了天主教条——就像议会拥有最高权力也违背了君权神授的斯图亚特王朝的教条一样。因此，伊丽莎白的女王头衔只是议会赋予的，她也从没有忘记这一点。在她的一生中，关于她的继承问题以及她死后谁将继位的问题交织成一张极为复杂的网，需要极高的智慧和技能才能解开。有些评论家指出伊丽莎白的政策有时左右摇摆、漫不经心，很大程度上就是因为上述原因。

宗教改革

不过毫无疑问，伊丽莎白一登基就面临种种困难。国内外都面临严重的问题，国库空虚、海军衰弱、没有陆军等。一方面，没有经验的新女王马上展现了她那非同凡响的能力。在玛丽一世逝世（即1558年11月17日）后几个小时，威廉·塞西尔（William Cecil）拟定了宣布伊丽莎白继位的公告。新女王深谙塞西尔的能力和特殊品质，立刻任命他为总顾问。她做了一个其他人很难做到的最好选择。塞西尔不是大贵族，作为政治家，他的名声也没有佩吉特（Paget）大。不过，他的勇气、诚实和可信赖是毫无疑问的，他在工作上不知疲倦，还是一流的组织者。与女王一样，面临不确定情况时，他不会焦急地仓促处理；他也同样小心谨慎。

在国内，最紧迫的问题就是教会问题，因为处理教会问题需要仰赖国家的团结甚至是和平以及一些其他因素。爱德华和玛丽的两段短暂统治已经给出了教训：爱德华告诉我们过于急速、强硬的新教改革是不可行的，玛丽则告诉我们仅通过火刑是不可能镇压信仰变革的。

伊丽莎白一辈子都要面对的问题，不是建立像亨利那样的中途之家，而是要创立一条相对灵活的、大部分国民都赞成或是能够容忍的"中庸之道"——而两派中的极端分子则留待单独处理。在国际上，伊丽莎白与其国家同心协力，反对让英格兰再次顺从于外部控制。在国内，天主教的反攻势头固然很猛烈，但其导致的危险明显不如各类更为激进的清教徒的无序化趋势那么大。

伊丽莎白任命的一个由比较中庸的新教教士组成的委员会已经为她的宗教政策奠定了基础。她统治期内的第一次议会也通过了《统一法》(Act of Uniformity)，要求轻微修改爱德华统治期间的第二版《公祷书》并投入使用；还通过了《君主至上法》，要求相关人士宣誓承认女王为"世俗、精神和宗教上的"最高统治者。

不过，只有那些获得了大学学位或担任公职的才需要宣誓；而拒绝宣誓的人也只是失去学位或公职。伊丽莎白无意用宗教迫害来划分民众，甚至还愿意容忍那些私下里做弥撒的。另一方面，她也没有放任新教的左翼极端分子不断妨碍国家的统一，因为他们所持的理念根本不能为公众接受。

幸运的是，与爱德华和玛丽不同，伊丽莎白不管对新信仰还是旧信仰都算不上狂热，因此她才能清醒地将宗教问题当作是政治问题来处理。而且，她解决宗教问题的唯一标准是：能给国家带来和平与好处；如果条件允许，能得到大家一致同意那就更好了。在她统治早期，在她与人民的共同努力下，他们的确实现了这个目标。伊丽莎白还提拔了大量天主教教士或具备天主教知识的人，结果导致议会并不怎么支持她，大主教和上议院里的很多上层贵族也不支持她，由此，伊丽莎白很难落实她的政策。这样英格兰教会的重建就成了女王和下议院的事情。不过，尽管只有一个大主教接受改革，而其他大主教被剥夺了职权，但由于顺应了大众意愿，伊丽莎白还是很容易就得到了至少八分之七的教士的支持。

这样，普通信徒就控制了教会，宗教事务也越来越多地由女王和议会来裁决。这一体系也一直延续至今，而且容忍度还不时提高。即使在诸如今日的美国，虽然没有国家教会，在宪法上所有宗教都是允许存在的，其政治也不能说不被宗教因素所部分影响。伊丽莎白时代的此类容忍可能会带来政治混乱，不过要到下个世纪才爆发出来。

很多在玛丽的宗教迫害下被流放的英格兰新教徒现在回来了。而那些排斥宗教仪式和教会法衣的人往往认为这些都是天主教而非基督教的，他们为伊丽莎白团结民众增加了困难；而那些信奉加尔文宗（长老会）的人对于解决宗教－政治问题而言是个更大的威胁。约翰·加尔文组织的教会更是严厉，并要独立于教皇和政治国家。不过，长老会本质上又是民主的，因为它的权力来自每个会众——不论这些会众多么卑微。在长老会，没有大主教；不过在一些国家如法国，是由会众选举代表组成。公会议是个全国性的机构，它的权力植根于普通会众，它抵制独裁政治的统治。

在苏格兰，加尔文教派的领袖是约翰·诺克斯。苏格兰也成立了一个相应的组织，这个组织里还包括了很多贵族，他们希望推翻和攫取旧秩序下的那些大主教的财产。不过，整个运动的主要力量还是来自农民和普通大众。比之于英格兰，苏格兰加尔文教派对信徒的控制要更深，这部分是由于两个民族的政治观点的差异。因为都铎时期和后来的英格兰，一个国家教会比独立的教会——不管是由教皇从上而下控制的，还是由普通教徒从下而上控制的——更适合普通大众。

可能在更大程度上，这也是因为加尔文教派这个教会组织自身的苦行和严格的纪律。每个地方教堂都选举一名普通教徒为长老，负责对会众的私人生活和道德进行最严格的监督，并有权开除那些犯有以下恶行者的教籍：玩扑克、唱歌、在安息日搞娱乐活动。这套制度适合"不苟言笑"的苏格兰人，但不可能被伊丽莎白时期的英格兰大众所接受。至于后者的性格我们将在后面提到。不过，在同一年，英格兰重新恢复新教、苏格兰接受了更加激进的新教这些事实——尽管两者的形式有所不同——在两个长期敌对的国家关系中极为重要。

新教和天主教之间的斗争遍及欧洲全境。天主教加强了老的欧洲大陆权力的政治结盟，不过新教还是占据了主导地位。在伊丽莎白刚登基的那段权力平衡尚不稳定的时期，苏格兰意外地成为整个局势的核心。西班牙仍然是最强大的帝国。但苏格兰的女王玛丽·斯图亚特，不久之后就在其公公去世后成为法国的王后。我们在前面提过，玛丽与法国太子多芬结婚时双方签订了一个秘密协议，协议规定如果玛丽没有孩子的话，苏格兰就归法国管辖。但结果恰恰相反。

玛丽还宣称英格兰王位是属于她的，而当她成为法国王后后，她还让英格兰士兵与她的士兵一起扎营。苏格兰-法国的结盟，对英格兰来说可谓是由来已久的危险了；如今这两个国家联合在一个统治者之下，英格兰所面临的危险就更大了。英格兰所处的位置就好像是铁钳中间的坚果。它还面临欧洲大陆的两大天主教权力——西班牙和法国。后者穿过多佛海峡到英格兰只有二十英里，而前者由于占据了荷兰，到英格兰的距离也只有六十英里。不过，事实上，英格兰也有优势，而伊丽莎白迅速捕捉到了这一点。

英格兰已故女王玛丽一世的丈夫西班牙国王腓力二世是个天主教徒，同时也是欧洲最有权势的君主，尽管他统领的领土是分散的。而如果法国、苏格兰和英格兰都归一个统治者所有，那么腓力二世的优势地位就会荡然无存。所以对他而言，如果他不能占有英格兰的话，那么英格兰最好就不要被他人占有。尽管伊丽莎白的这个姐夫提出要娶伊丽莎白，不过伊丽莎白从玛丽的遭遇和民众的脾性中清楚地看到了与西班牙人结婚的危险。所以她虽暗示腓力二世适合她但她就是不结婚，一直吊着腓力二世的胃口。她还清醒地认识到，菲利普四世和法国国王亨利二世其实都不希望她好，他们也都不会让其他人控制她的岛国。

此外，事件还将戏剧性地发生变化。亨利二世意外被杀，苏格兰女王玛丽作为亨利二世的儿子弗朗西斯二世的妻子，成为法国的王后。与此同时，伊丽莎白与法国签订协议，结束她姐姐发动的对法战争，不久之后还与西班牙达成和平协议。年幼的玛丽由其母亲玛丽·德·吉斯（Mary Guise）以摄政的名义统治苏格兰，她是一名虔诚的天主教徒，对苏格兰人民冷漠无情。议会里的贵族与其农民追随者曾起义反对她，担心被打败的她还曾请求伊丽莎白帮忙。

伊丽莎白犹豫了一年之久。但吉斯在苏格兰召集了一支法国军队，而她的女儿不仅宣称是苏格兰和法国的女王（王后），还宣称是英格兰女王。这时候，伊丽莎白从陆地和海上同时出兵并夺取利斯。好几个世纪以来，苏格兰人虽然乐意与法国结盟，也对法国盟友心存感激，但他们并不想成为法国的封地。而加尔文教派也在之前苏法联盟的心脏要害处插上了一块劈裂楔。

事实上，法国人在苏格兰的不受欢迎程度都赶得上西班牙人在英格兰的不受欢迎程度了。1560年末，弗朗西斯二世在法国去世，他年幼的弟弟查理九世成为新国王，他的母亲凯瑟琳·德·梅第奇（Caherine de Medicis）成为摄政者。当梅第奇反对吉斯派系并猜疑玛丽时，之前宣称拥有三个王国的年轻女王不得不撤回爱丁堡谋求臣民的保护；她也由此失去了法国王冠。而在伊丽莎白夺取利斯之后，法国人承认伊丽莎白是英格兰女王。玛丽则拒绝承认，因而也就只能经由海路回国，因为伊丽莎白不会愿意让一个王位觊觎者登陆英格兰。

女王的选择

这两个女王间的对立几乎持续了一辈子，估计没有任何人之间的对立会比她们的更大更长了。玛丽个性更娇弱，因而也易动感情。她能够密谋、策划复杂的长远计划，但也可能因一时冲动而前功尽弃。伊丽莎白更冷酷无情，不过也很女人化。几乎就在玛丽回到苏格兰之时，伊丽莎白的确在一个男人身上犯下了愚蠢的错误。这个男人就是诺森伯兰伯爵的儿子罗伯特·达德利勋爵。伊丽莎白让自己陷入了与罗伯特·达德利的流言蜚语之中：有传闻说，罗伯特·达德利会毒死他的妻子艾米·罗布萨特（Amy Robsart）来跟伊丽莎白结婚。

作为英格兰的话题人物，如果他恢复单身了，那么女王是否真的打算和他结婚？对此，我们不得而知。但当他的妻子真的意外身亡且死因可疑时，伊丽莎白立即意识到他们之间是不可能的，并选择了退缩。如果伊丽莎白继续在此犯傻，那估计就是她最后一次犯傻了。自那以后，尽管伊丽莎白喜欢有男人陪伴，也可能真的爱上了莱斯特和埃塞克斯，但她主要还是利用婚姻传闻来服务于国家治理。虽也有各种医学上的猜测，认为伊丽莎白是因为身体上的缺陷而不适合结婚，不过这种猜测没有得到证实。但是很显然，她拒绝结婚是为了国家利益着想。

不过，苏格兰的玛丽女王就缺乏这种自我控制了。对于这个打小就没在苏格兰生活、喜欢享乐的女孩而言，霍利鲁德与凡尔赛间的差异是相当惊人的。不过，不管当时她是否主动选择回苏格兰，她选择的时机还是相当不错的。伊丽莎白刚刚因为拒绝了阿兰（Arran）伯爵的求婚而与苏格兰的一个强大派系结仇。而且，尽管伊丽莎白挽救了这个国家的宗教改革，但这个国家还是准备迎回它自己的女王——玛丽。玛丽不仅已经不再是法国的王后，而且在法国也不再重要了。这样，苏格兰人接受玛丽也无碍于苏格兰的独立，苏格兰不会因此成为法国的附庸。而且玛丽似乎还乐意维持加尔文教派的秩序，尽管她因为坚持要在自己的王室教堂里做弥撒、热爱跳舞和其他娱乐活动而惹怒了诺克斯。

尽管诺克斯不停地对她进行讽刺、谩骂，但她还是赢得了绝大部分贵族的支持。而在当时的苏格兰，也就只有贵族和农民，中间没有任何其他阶层。想再次结婚的玛丽，拒绝了伊丽莎白的建议，最终与达恩利（Darnley）勋爵亨利·斯图亚特结婚。亨利·斯图亚特是个粗人，人也不聪明，在很多方面甚至就是傻瓜一个，但他最终成为英格兰的斯图亚特王朝的开创者。于是，玛丽煽动起义。玛丽的私生兄弟默里伯爵（Earl of Murray）纠集了一些人发动叛乱但被击败，并逃亡英格兰。与此同时，达恩利勋爵也开始怀疑他妻子与其意大利秘书大卫·里奇奥（David Rizzio）间的关系。很难说达恩利勋爵对女王不忠的怀疑是否有理，但从她丈夫和宫廷生活中解脱出来的女王，在精通音乐、文雅的拉丁人的陪伴下应该会很快乐。

不管怎样，玛丽那心怀嫉恨的丈夫参与了一场密谋，将里奇奥谋杀于王宫。大约在三个月后，玛丽生了一个孩子，也就是后来苏格兰的詹姆斯六世和英格兰的詹姆斯一世。玛丽后来又和博思韦尔（Bothwell）伯爵恋爱了。博思韦尔是个粗鲁、野蛮、做事不择手段的人。至于说他的动机是源于对玛丽女王的爱还是对权力的渴望，就不得而知了。女王和博思韦尔都是已婚人士。后来玛丽的丈夫达恩利勋爵被引诱到一栋孤零零的别墅并在那里被火药炸死；而博思韦尔则与他的妻子离婚，从王宫里诱拐了玛丽并与她结婚。

如同对这个可悲的女王生命中的其他事情一样，人们的看法不一，很难说她是否参与了谋杀丈夫；但不管怎样，她已经众叛亲离。当废物博思韦尔流亡丹麦时，她也被迫退位。而为了躲避追捕者，她到英格兰寻求庇护，从伊丽莎白那里寻求保护——而之前她还宣称伊丽莎白的王位是她的呢。怎么处理玛丽就成了伊丽莎白的一个棘手问题。她显然不能把玛丽送回到苏格兰王位上，也不能让她回到密谋策划之中心——法国，伊丽莎白也不想承认国民有权罢免他们的统治者。玛丽的事情最终交由负责调查达恩利勋爵谋杀案和著名的"银匣信件"事件[1]——这也是历史上最著名

---

[1] 据说是玛丽女王与博思韦尔在1567年1月至4月间往来的八封书信及若干十四行诗，后成为二人私通并谋杀亲夫的证据。

的谜团之一，不过最终被认为是真实的——的委员会处理。委员会最终证明玛丽女王是有罪的，她参与了谋杀其丈夫。在接下来的日子，玛丽成了一名囚犯，而且还是一名带来大量麻烦的囚犯。

与此同时，法国的天主教和新教间爆发了内战，英格兰也卷了进去。双方于1564年达成了和平协议，但英格兰就颗粒无收了。这也让伊丽莎白在接下来的大约四分之一个世纪里没法在欧洲大陆用兵。

我们在前面已经提过，女王虽然努力在宗教和教会组织里寻找一条中庸之道，以图凝聚绝大部分国民，但她仍面临着来自两派的压力。英格兰北部和苏格兰低地结合为一派，大贵族则是另一派。更特别的是，信奉旧信仰的威斯特摩兰（Westmoreland）伯爵和诺森伯兰伯爵肯定很乐意用被罢免的玛丽——此时玛丽计划跟天主教徒诺福克公爵结婚——来取代伊丽莎白。1569年爆发了"北方叛乱"[1]，但被轻易平定。结果是伯爵逃跑，其追随者很多被处决。

这两个伯爵逃到了苏格兰。而在苏格兰，当年幼的詹姆斯六世的摄政者默里被谋杀后，一些贵族密谋恢复玛丽的王位。这对伊丽莎白而言可是个巨大的危险，因为每个国家的天主教都会支持玛丽坐上苏格兰和英格兰的王位。而且在其他人看来，有个儿子的玛丽显然比没结婚、没孩子的伊丽莎白更有可能实现王位的和平继承。1570年，天主教会给了英格兰女王又一次打击：罗马教皇庇护五世开除了伊丽莎白的教籍并要求英格兰国民不再拥护她。

至于谁将统治英格兰这个问题就更是被明确提出来：统治者

---

[1] 1569年，英国北部天主教贵族因反对新教，在诺森伯兰、威斯特摩兰等郡发动了大规模叛乱。叛乱被镇压后，北部天主教势力遭到沉重打击。

应该是罗马教皇提名,还是议会提名?这之间的斗争究竟有多激烈?在十年后,教皇格里高利十三世在给某些阴谋家的信件中宣称,刺杀伊丽莎白不算是犯罪。枢机秘书在1580年12月写给教皇在马德里的教廷大使的那封信,也显示了罗马教皇对伊丽莎白的仇恨程度及其想要达到的目的。

与此同时,还存在其他危险。英格兰与法国、西班牙的关系因为不同的原因而僵化了。西班牙在阿尔瓦(Alva)的领导下,试图摧毁荷兰的新教。而它采取的手段实在是太残酷了,以致信奉新教和天主教的国民都反对,这导致它疲于应付。在法国,新教徒和天主教徒间的内战再次爆发,尽管后来也实现了和平,但统治者不希望英格兰重归天主教,因为那样的话,英格兰就可能和法国的天主教联合起来。

于是,英格兰的天主教徒求助于西班牙。他们通过在伦敦的一名叫里多尔菲(Ridolfi)的意大利银行家与阿尔瓦取得书信往来。他们希望阿尔瓦派遣军队到英格兰来领导起义,他们声称能够取得成功。他们计划的第一步是谋杀女王,而西班牙的腓力二世也同意了这个安排。只知晓该密谋部分内容的伊丽莎白,开始玩弄法国人:提议和安茹公爵结婚,但实际上她根本没想过要结婚。当她的情报机构搞清楚了整个阴谋的详细内容后,那个曾被提议和玛丽结婚的诺福克公爵,被发现牵涉其中是,因而被送上断头台。此时,议会要求处决玛丽。

这些事件和接下来一年的大事件,孕育了英格兰最重要的果实和帝国的发展。在法国,梅第奇诱使她那尚未成熟且地位不稳固的儿子查理九世相信胡格诺派正密谋反对他。而查理九世本来是支持胡格诺派的,其后突然而至的惩罚就是恐怖的圣巴托洛缪大屠杀[1]。海军上将科利尼（Coligny）就是其中诸多受害人之一。胡格诺派教徒的社会职衔主要是法国各行各业最能干的工匠，其中的许多人由于这次大屠杀而移居英格兰。这类迁移本身就很重要了，但可能更重要的是这些工匠本来在科利尼的领导下，在很大程度上组成了法国最好的航海群体。如果科利尼和他们没有被法国人屠杀，那么法国与英格兰的海军竞赛就会更激烈，法国也不至于落后那么多，更不至于输在起跑线上。我们将在下一章具体介绍的德雷克和其他"海盗"也不可能那么快速地推动英格兰走上帝国之路——如果没有1572年大屠杀的话。查理九世死后爆发的另一次内战，也同样绑住了法国人的手脚。

这些年见证了荷兰共和国的崛起，也见证了西班牙和天主教权力在荷兰的衰落。西班牙极大地浪费了它自墨西哥和秘鲁的矿山获得的看似取之不尽的财富。由于那残酷、愚蠢的压迫，西班牙被驱逐出荷兰的十八个省。尽管十一个信奉天主教的南方省份仍听命于帕尔马（Parma）公爵，但七个主要信奉新教的北方沿海省份，在奥兰治王子的统治下建立了共和国。这也降低了荷兰对其近邻——新教英格兰的威胁，但这又影响到英格兰将来的大陆政策。

不过，来自爱尔兰的危险还没有解除。这个时常威胁着盎格鲁人和爱尔兰人之间关系的讨厌命运，一直持续到玛丽时期：玛丽派遣殖民地开拓者去爱尔兰为国王和王后占领土地。事实上，一直以来，就像19世纪的意大利一样，爱尔兰也只是一个"地理

---

[1] 1572年8月24日前夜开始，从巴黎到法国各城镇，持续数月的天主教暴徒屠杀胡格诺派教徒的惨案。

词汇"而不是一个国家。爱尔兰被看作是坐等殖民的蛮荒之地,就好像美洲大陆。结果也是一样的——殖民者和土著之间爆发了灭绝之战;土著人中的首领彼此之间也战争不断。伊丽莎白,与之前的统治者一样,并没有资源来完成征服或维持秩序。另一方面,一直以来,爱尔兰并不仅仅只是英格兰的敌人,它还是其他准备入侵英格兰的敌人的便利的登陆点和聚集点。

宗教形势增强了这个危险。试图改革和合并天主教会的特伦托大公会议,最后促使西班牙骑士依纳爵·罗耀拉(Ignatius Loyola)创建了耶稣会。耶稣会的主要目标是恢复教会、重振声威,其铁律及其对各类人群——从彻底的野蛮人到最有教养的人——所具有的非同寻常的适应性,让它具有了巨大的权力和影响力。爱尔兰人传统上是信奉天主教的,但信仰的强度也随其民众陷于半野蛮状态而减弱。耶稣会的到来带来了重大变革,爱尔兰土著逐渐变成好斗的天主教徒,并被英格兰的天主教引以为非常时期的同盟。

1580年,耶稣会在坎培奥(Campion)和帕森斯(Pasons)的领导下进入英格兰,为那里的天主教事业带来了新希望。同一年,西班牙战胜了荷兰,腓力二世霸占了葡萄牙及其殖民地,一支意大利和西班牙联军登陆爱尔兰。1579年,由教皇授权的另一支规模小些的军队也登陆爱尔兰。虽然他们都被击败了,但也为英格兰敲响了警钟。在同一年,教皇授权暗杀伊丽莎白——这个计划现在已经得到了文献的证明,但当时人们是不知道的,直到共谋者泰瑞尔(Tyrrell)和帕里(Parry)后来经受不了严刑逼供后招供,他们随后也被处决。1577年,法国在杜埃兴建了一所大学,专门培训神父,尤其是在英格兰工作的神父。现在,开始有大量毕业生回到英格兰。

击败无敌舰队

在那个时候，宗教政治与国家稳定之间的关系是显而易见的。在英格兰，议会通过了第一部《不服国教法》。其中有一条规定，那些不去英格兰国教里做礼拜的人将会遭到惩罚。坎培奥因此被折磨并处决；而帕森斯得以逃脱，并伙同西班牙的腓力二世和法国的吉斯公爵密谋杀死伊丽莎白。在爱尔兰，德斯蒙德（Desmond）伯爵领导了一次起义，但最终失败，他本人也被杀死。据说有三万名爱尔兰人死于1582年。在苏格兰，天主教徒伦诺克斯（Lennox）成为摄政者，并影响了还是个孩子的国王的思想。到1583年，帕尔马已为西班牙征服了荷兰共和国大片国土，包括沿海的重要港口。法国、西班牙和苏格兰也计划着入侵英格兰。

但他们的阴谋最终暴露了，西班牙驻英格兰大使被解职。几个月后，奥兰治王子被那伙试图谋害伊丽莎白的人暗杀。身处各种危险包围中的女王，有段时间故技重施，即用可能的婚姻来分化她的敌人。这次，她的求婚人是法国人德阿列松（D'Alençon）公爵。不过，德阿列松在1584年就死了；胡格诺教徒纳瓦拉的亨利（Henry of Navarre）继承法国王位。结果就是法国再次爆发宗教战争。这看起来似乎是腓力二世利用法国来壮大其西班牙帝国，而西班牙入侵英格兰的威胁也比之前任何时候都要逼近。

1586年，伊丽莎白王宫里的一批经她允许留在那里的年轻天主教徒在安东尼·巴宾顿（Babington）的领导下密谋杀害她。证据链表明或似乎表明，苏格兰女王也是参与者。经过审判，玛丽被判处死刑，议会给伊丽莎白递交了请愿书，请求她在处死玛丽的授权书上签字。那时，伊丽莎白犹豫不决——不管是真的还是假装如此，但她最终还是签字了。玛丽也于次年1月在福泽林盖城堡被处决。由于玛丽在苏格兰的儿子詹姆斯六世也是信奉新教的，而且如今成了英格兰王位的继承人，因而也就不可能再像以前那样通过暗杀伊丽莎白并让天主教徒玛丽登基，来让英格兰皈依天主教了。这只有通过征服或革命或改朝换代来实现了。

由此，伊丽莎白的生命威胁是减小了，但英格兰被入侵的可能性却增加了。不过，英格兰国内爆发革命的可能性几乎没有。伊丽莎白的性格、对西班牙的憎恶、对她持续的谋杀阴谋也增加了英格兰人民对她的忠诚度。不过，我们已经清楚地知道，她主要依赖的不仅有她的子民，还有他们那非同寻常的个人主动性以及在她治下所发展起来的勇敢。当然，伊丽莎白自己也做了很多工作来培育国民的主动性和勇敢。她自己手头没什么钱，就试过找议会要补助金。英格兰没有国家军队，也几乎没有海军，但到处都是冒险者，他们还随时准备着为女王和英格兰而战，他们渴望着与西班牙和罗马教皇开战。

1584年末，一大批人自发联合起来要保卫女王的安全，并要将任何牵涉进谋害女王阴谋的人置于死地。第二年，议会承认了这个团体；同时还驱逐所有耶稣会会士和神学院神父，违者以死刑论处。事实上，伊丽莎白的确派遣了一小支军队去帮助荷兰人，不过这支军队的领导莱斯特伯爵相当不称职。在那段时期，很多年轻的英格兰人就靠这种方式赢得了无上荣耀，如孤身前往的志愿者菲利普·西德尼爵士。

虽然英西两国没有宣战，但在女王的默许甚至时常是高度肯定下，很多人自发跟西班牙人打了起来。德雷克和其他人抢劫西班牙商船，尤其是从腓力二世的美洲领地带回黄金和白银的大型帆船；他们也抢劫通过西班牙与西属荷兰之间的海峡的西班牙船只。不管怎么说，这些战斗在海战中都相当著名。每一次的冲突都几乎要导致宣战，但双方都还没准备好开战。而且依照当时的传统和国际法，也很难说得清楚究竟是海盗掠夺、个体间的私斗还是国家间的战争。荷兰人和伊丽莎白时期的英格兰私掠者就利用了这一点。

最终，西班牙还是准备开战了。腓力二世宣称在玛丽一世死后他就该继承英格兰王位，并准备在1587年率领一支舰队入侵英格兰。不过最后不得不延期，因为德雷克率其舰船冲入西班牙港口并摧毁了大量西班牙的粮食补给船，这使得西班牙舰队无法启航。不过，在第二年，西班牙人眼里的"无敌舰队"还是出发了。他们计划先穿过海峡到弗兰德，接上帕尔马的军队并与已经登船的士兵——这些士兵的数量远远多于水手的数量——一起袭击英格兰海岸并侵入英格兰。

英格兰取胜的机会看来是相当渺茫了。但事实上，无敌舰队没有想象中那么强大，也不如它看起来那么强大。经过多次拖延后，无敌舰队的确有一百三十艘船，外加皇家海军的三十四艘，再加上志愿者，总共有一百九十七艘船。西班牙舰队的总吨位差不多是英格兰船只总吨位的两倍，人员和枪炮数量也差不多是英格兰的两倍。但西班牙舰队的指挥官梅迪纳·西多尼亚（Medina Sidonia）不仅无能，而且还不愿意打这场仗。

另一方面，英格兰舰队的指挥官霍华德·埃芬厄姆（Effingham）勋爵麾下聚集了一批能人，如德雷克、霍金斯（Hawkins）和弗罗比舍（Frobisher）。西班牙的船只和战术仍停留在老式战争模式中；而英格兰舰队则从海洋中学到了很多新招数，而且早在一个世纪甚至更早前他们就从与法国的陆地战争——英格兰人取得了克雷西战役和阿金库尔战役的胜利——中积累了很多经验。英格兰人的航海技术要好得多，他们的士气也更加高涨。

英格兰舰队在普利茅斯集结，并于7月19日看到了无敌舰队。从那日直到8月2日，缺乏弹药的最后一条英格兰船从西班牙舰队中撤离，全速往北航行，远离英格兰的东海岸。在这期间，船只调动和战斗一直持续不断。有一次西班牙人在敦刻尔克海港避难，但因为遭到英格兰火攻船的突然袭击而被迫离开。英格兰人还砍断了他们的缆绳，使得西班牙人丢掉了锚，这个损失最终让他们很多人丧命。在逃跑中，西班牙舰队遇到了英格兰人，编队被打乱。而英格兰人则避免与西班牙人近距离作战，充分利用自身优势与西班牙人纠缠。英格兰重炮的表现相当卓越，而挤在甲板上的西班牙士兵根本发挥不了一点作用，成为英格兰大炮的靶子。恐怖的大屠杀由此上演。

西班牙舰队撤出海峡，驶入北海。他们不敢再回去，试图绕着苏格兰北部返航。没有了锚并遭受重创的西班牙舰队，还遭受了暴风的毁灭性袭击。苏格兰海岸和威尔士西部海岸到处都是被毁坏的船只。虽然人们对究竟有多少船只返回西班牙海港的估计有所差异，从三十四艘到六十艘不等，但可以确定无疑的是，这是场完败、彻头彻尾的灾难。而英格兰全国上下则如同一片欢乐的海洋。通过这一仗，英格兰的压力得以缓解，民族自豪感和自立精神都大大增强。虽然暴风加剧了西班牙的损失，但西班牙的失败主要还是因为英格兰对西班牙的海上优势。其实早在还没正式宣战前的多次较量中，英格兰对自己的优势就已经心知肚明。此役之后，英格兰水手都相信他们是不可战胜的，而大不列颠也将统治海洋。

尽管西班牙后来还进行了第二次尝试，但还是失败了，而且也没有得到法国的帮助。法国国王和吉斯公爵相继被谋杀后，通过名义上皈依天主教来取悦巴黎人的纳瓦拉的亨利最终登上了王位。当腓力二世试图干涉的时候，法国表现出与英格兰人一样的愤怒。伊丽莎白曾在人员和金钱上都帮助过纳瓦拉，法国也就自然成了英格兰的盟友，共同反对西班牙。虽然西班牙和罗马教皇这个对于英格兰来说最大的危险暂时算是过去了，但英格兰国内还是存在一些困难，如宗教问题和爱尔兰问题。关于这些问题，我们将在本章简要描述下。而在下一章，我们将描述这个非凡时代在政治领域之外的诸多其他方面。

尽管天主教也参与了反对伊丽莎白的阴谋，但很多天主教徒在与西班牙的战争中也表现出了忠诚。事实上，舰队的司令埃芬厄姆就是一个天主教徒。不幸的是，由于西班牙人和罗马教皇对英格兰的攻击已经深深印在全体英格兰人的脑海里，反天主教的法律在近一年来非但没有软化，反而更加严厉了。

不过，天主教徒几乎没有再制造麻烦，反倒是更为激进的清教徒带来了麻烦。虽然很多人很重视诸如法衣和仪式等，但惠特吉夫特（Whitgift）却认为这些都不重要，他也相信作为教会首领的女王能够很好地为他们做主。但由于存在反对者，而为了保持一致性，英格兰成立了宗教事务高等法院，以处理那些违反规定的教徒。虽然只有牧师才会被上诉至该法院，但还是有很多人因为不遵守此规定而被判处死刑或囚禁。

虽然很多清教徒不愿遵从，但他们中的绝大部分还是渴望有一个国家教会，因此他们也不怎么反对采取措施抑制独立派

（Separatists）或说是布朗派（Brownists）——根据其领袖罗伯特·布朗（Robert Browne）来命名。在下一个王朝，独立派将成为大英帝国开拓美洲的重要力量。它主张从国家教会中独立出来了，而不是试图改革或是改变国家教会，并由教众自己实现自我管理，也只有他们自己才能决定谁完成了救赎。在马尔普雷莱特小册子事件[1]中，这种教义宣传还导致发生暴力冲突。政府也觉得需要采取一些措施来收拾那些鼓吹此类信念的人了，因为如果依照这种信念，政府就没有权利干涉个体的宗教自由了。

世界在缓慢地进步，宗教教义也在进步，但在当时的情况下，宗教教义的进步只能导致政治混乱和社会混乱而不是宗教自由。这也几乎是绝大多数当代英国人的观点。随着独立派的信众增加到一定规模，他们也遭受到那些与他们持不同意见者的公开谴责。这也是改革者所必然会经历的吧。议会通过了一条法令以惩罚那些参加私人宗教集会而不参加教堂礼拜的人。独立派的三个领袖也被绞死。

与此同时，爱尔兰问题也一直得不到解决。由于没有足够多的英格兰人愿意移居爱尔兰，导致殖民政策失败。而爱尔兰也最终团结在一个领袖之下，他就是被英格兰驱逐出境的蒂龙伯爵休·奥尼尔。西班牙答应提供帮助，但腓力二世后来去世了，直到他儿子继位后才真正派遣军队到爱尔兰。同时，奥尼尔还赶跑了一支英格兰军队。如此看来，英格兰似乎要失去爱尔兰，而爱尔

---

[1] 即马尔普雷莱特论战，英国清教徒在1588～1589年期间通过秘密出版小册子发动宣传，嘲讽攻击国家教会的制度，最终相关印刷业者全被逮捕，但该事件对统治者不无冲击。

兰也将成为菲利普三世治下的信奉天主教的西班牙的前哨了。埃塞克斯伯爵，伊丽莎白心仪的一个男子，被派遣去拯救局势，但最终彻底失败了。埃塞克斯最后擅离职守，只身逃回英格兰，让其残军败将在爱尔兰自生自灭。他认为凭着伊丽莎白的宠爱，自己能够保住位子。不过，当他衣服都还没换、满身尘土地去见伊丽莎白时，他所面对的是女王而不是之前的那个女人；而且他的临阵逃跑实在是不可宽恕。被关了几个月后，他最终还是被释放了，但不许返回王宫；不过后来他却愚蠢地领头造反，反对女王的首相。或许，他也不是要反对女王，而只是想官复原职。在审判他的过程中，人们还发现他与苏格兰的詹姆斯六世有叛国性质的书信往来。女王不再受之前的感情左右，同意了对他的处死裁决。

同一年，也即1601年，西班牙军队最终抵达爱尔兰。但取代埃塞克斯的芒乔伊（Mountjoy）勋爵可与前者完全不同，他打败了西班牙人。1603年，奥尼尔及其部队也被包围。不过在当时，英格兰并没有彻底征服爱尔兰，而是选择了离开。

伟大的女王也时日无多了。与她同时代的人都已去世，包括她非常依赖的伯利（Burghley）勋爵塞西尔。老朋友和旧敌都已先她而去，如西班牙的腓力二世、法国国王、苏格兰女王玛丽和刚去世不久的埃塞克斯伯爵——女王还戴着他送的戒指呢。幸亏有女王，英格兰之星才会冉冉升起，而法国和西班牙之星则黯淡无光了。英格兰没有在欧洲大陆占领一座城池或一小块地，但最终合并了威尔士、征服了爱尔兰，而英格兰和苏格兰不久也将在同一个统治者治下实现联合，因为女王将苏格兰国王指定为她的继承人。

在女王的统治初期，当女王被催婚时，她宣称只会和英格兰这个国家结婚；她至死仍保留处女之身。尽管有时为了国家利益，她有结婚的打算，但她最终还是坚守了自己的诺言。没有哪个统治者能像她那样如此忠贞地服务人民了。在下一章，我们还将介绍在她长期统治期间所实现的海外帝国的开创和英格兰人富裕生活的兴盛；但如今，女王的生命行将结束。好像是为了向人民彰显其不结婚的决心，她从没将加冕礼戒指从手指上取下来过。但现在，这个戒指却不得不从其手指上锯下来，因为戒指已经长到肉里了。

1603年3月24日清早，伟大的女王呼出了最后一口气。信使们随之急忙通过设在北方大道（Great North Road）上的邮站，将消息送到爱丁堡，通知苏格兰的詹姆斯六世，现在他已经是英格兰的詹姆斯一世了。随着女王的逝世，都铎王朝结束了，斯图亚特王朝随之开启。都铎王朝以内战和混乱为始，但最终将英格兰送至光荣之顶；而继任的斯图亚特王朝虽然和平地开创了联合王国，最终却以灾难和不光彩的逃跑收尾。

第十章 活力大爆发：航海、探险与文艺

尽管英格兰人担心女性统治者会带来危险，但奇怪的是，在伊丽莎白和维多利亚两个伟大女王的治下，这个民族的生活水准都提升了一个层次，并迎来了新的辉煌。在这两个时代，政治基本上都从属于其他国家活动，新发现和才智的自由发挥似乎也为人类的未来打开了无穷无尽的远景。这两个时代都充满了活力与乐观主义，日常生活也发生了重大变化。

这也是伊丽莎白治下"波澜壮阔的时代"的重要特征。英格兰似乎突然获得了很多年轻人的品质：大无畏的勇气、冒险精神、理想主义、热爱诗歌、对生活的巨大热情。在充满非同寻常的活力和事业心的同时，这个时代也有其阴暗面，如贫富差距的扩大、投机活动、财政滥用，以及由于经济秩序转型中的失调导致的失业等。

正如我们前面所说，这不是一个对政治有强烈兴趣的时代。女王及其议员们引导这个国家走进一个更加波澜壮阔的天地。在伊丽莎白四十四年半的统治内，议会的会期只有三十五个月。而

伊丽莎白与人民是一体的，虽然议会没有经常开会，但它的宪法地位还是在很大程度上得到了维持，包括言论自由、成员免于被拘捕的权利，以及其他一些在之前已经获得的权利。统治者和立法机关（即议会）虽也偶有尖锐的冲突，但一方面，女王知道什么时候要让步；另一方面也不存在严重的宪政危机，因为伊丽莎白稳步朝着人民及其代表希望的方向前进。对一个正在帮助你实现目标的人，你是很难与她长时间争吵或是激烈争吵的。

宗教争端基本上也暂停了。虽说伊丽莎白在宗教事务上的中庸之道不可能让极端分子满意，但它的确让作为一个整体的国家暂时心满意足了。直到下个世纪，宗教争端的风暴才真正威胁到政府的政治结构。这样，人们的才智得以自由地转向与他们日常生活相关的非政治领域和非宗教领域。而其他领域的活力大爆发也相当引人注目。

迅速发生的变革，并非受所有人欢迎。生活在那个时代的有些人常常还作出恶毒评价，不过现在回过头来看当时的一些评价，真的觉得很不可思议，甚至违背了最基本的事实和判断。对于我们来说，那个时代值得注意的是出现了一些伟大人物，以及个人成就所达到的非常高度。杰出人士实在是太多了，我们无法一一列举，但我们只需提及几个人的名字，就能大概知道伊丽莎白女王对英格兰的辉煌所作的巨大推动作用。德雷克、霍金斯、格伦维尔、吉尔伯特、弗罗比舍、斯宾塞、雷利、弗朗西斯·培根、菲利普·西德尼、克里斯托弗·马娄、莎士比亚，以及其他一大群人。

因为橡木开始被应用于私人房屋建筑，生活在这个激动人心的时代的哈里森才能写到这方面的革新："看看变化吧，我们之前的房子是由柳树盖成的，而我们的人可是橡树人；但现在我们的房子由橡树盖成，我们的人也不仅成了柳树人而且简直就是稻草人。这真是令人伤心的变化。"但不久之后，就有了德雷克著名的航海和让西班牙人蒙羞的无敌舰队大败。

都铎王朝的统治，除了玛丽一世和爱德华一世期间的短暂歇息外，稳步积累了英格兰人的财富、权力和自豪。但除了国家层面的影响外，也还有其他影响。在时机成熟的时候，新发现就会成为精神的解放者。而新发现又是由一个已被以往的精神与艺术世界和一个充满光彩夺目的物质世界所激发的。这首先要归功于文艺复兴以及其对已被埋葬的希腊和罗马文明的恢复。欧洲突然——从历史学的时间概念来看——被带入一个之前基本上不被人所知的思想的世界，这对被压抑已久的人类天性产生的心理效应是极其深远的。其次要归功于哥伦布、麦哲伦和哥白尼等人的探险旅行和科学著作。欧洲不再是大家都知道的老样子，地球也不再是宇宙的中心。这些发现不仅对人类的心智有深远影响，也对古典思想、艺术和生活方式有深远影响。所有这些最终解放了精神，创造了活力，激发了前所未有的乐观主义，直到19世纪和20世纪的科学时代才能够与之媲美。

参与殖民掠夺

英格兰人曾有一段时间没有参与探险。自亨利七世派遣卡伯特航行到新大陆后，大约在六十年的时间里英格兰人在探险方面几乎一事无成。英格兰人总是在很多方面都显得有些偏狭，甚至当他们控制了四分之一地球时也是这样，他们在很大程度上总是游离在主流的欧洲生活之外。而且在都铎王朝时代，尽管英格兰的商业已有增长和扩展，但它还是一个相对贫穷的小国家。布业和羊毛工业是英格兰的主要经济支柱，这占其一百多万英镑的出口总额的80%以上；其商人的收入尽管在稳步增长，但谈不上富裕。根据威尼斯大使的估计，其中最富有的资本大约是五万英镑。与奥格斯堡富格尔家族的公司相比，英格兰商人就显得太寒酸了。富格尔家族控制了大约八十七万五千英镑，他们还在欧洲的主要商业中心拥有一家非同一般的私人通讯社。

不过，跟对奢华和财富的渴望一样，英格兰商人的资本也在增长。另外，我们前面也已提过，中产阶级的重要性也提高了。中产阶级一直得到都铎王朝的特殊关照，也正是他们造就了伊丽莎白时代在商业、战争和文学方面的辉煌。到伊丽莎白统治时期，他们已经准备好要登台表演，而且也获得了机会。对于英格兰来说，世界之门突然打开而且扩大了。我们先来注意下第一批探险家，他们的目的并非科学而主要是商业利益，另有部分是满足好奇心。

哥伦布于1492年发现了新大陆，二十七年后麦哲伦穿过了以他的名字命名的海峡。尽管哥伦布死在了菲律宾，但他的其中一艘船完成了环绕全球的航行，并经由好望角回到了西班牙。此外还有其他探险活动。葡萄牙人绕行非洲并抵达了印度、东印度群岛甚至日本。意大利人同样达到了地球的远端，但与西班牙人、葡萄牙人不同的是，他们没有设立永久性的移居地和商业点。西班牙和葡萄牙在探险后宣称他们排他性地拥有所发现的那些地方——除了东方的日本和北非的西北部。所有这些活动，英格兰都没有参与，甚至他们原先在地中海的贸易也被海盗赶跑了。与几个世纪后的德国一样,在大部分已知世界都已经被其他国家瓜分完之后,英格兰才加入抢夺市场和殖民地的竞赛。

不过,地球的北端,尽管其部分已有主,但还是可以自由探索和贸易的。自16世纪中期开始迸发活力的英格兰商人和探险家就将他们的注意力转移到了这块区域。大法官休·威洛比(Hugh Willoughby)爵士和其他人绕行北角(North Cape),大法官甚至还下船往南走直到莫斯科。商贸也由此被打开。在伊丽莎白统治的第一年,詹金森(Jenkinson)沿着伏尔加河直达里海,并到达了希瓦和布哈拉。在下一次的探险中,他与波斯建立了联系。通过这条新线路,英格兰人于汉萨同盟在俄罗斯的贸易和意大利人在波斯的贸易中开辟了一个后方。在俄罗斯北部与拉普人及其他人的贸易中,主要商品是鱼、毛皮和石油。不过很快,英格兰人的生意就被法国人和荷兰人瓜分了一部分。

新市场刺激了商人和冒险家的胃口,接下来还有人敢于向南方的西班牙人和葡萄牙人发起挑战。1562年,约翰·霍金斯远航至葡属非洲,在那里抓到一些奴隶并将他们卖到西属西非。非洲海岸线实在是太长了,葡萄牙船只根本巡逻不过来。另一方面,西班牙在非洲的种植园主又太需要奴隶了,以致他们即便违反禁令也要从英格兰人手里购买奴隶。此类奴隶贩运一直没有中断。1567年,弗朗西斯·德雷克加入进来。但他们的船队在乌略亚海港被西班牙舰队发现,只有两艘船逃脱。他们逃回英格兰时,全体船员都已经极度饥饿。也正是由于此类悲惨遭遇,才使得英格兰人对西班牙人一直怀恨在心。

但霍金斯和德雷克的业务可不仅仅是从被禁止的海岸贩卖奴隶到被禁止的港口,他们还攻击并掠夺西班牙人在新大陆的移居点。在上一章,我们提到了英格兰与西班牙的关系,以及伊丽莎白与其人民所处的危险境地。新教和英格兰人的独立都受到来自西班牙的威胁。如果英格兰无法在公开战争中打败西班牙,那也要尽可能地骚扰它、伤害它——无论在哪儿。这项工作最后由霍金斯、德雷克以及其他一些人在海上和遥远的陆地上完成了,不过还不至于挑起国家间的宣战。他们不是海盗也不是完全的武装民船——有些作者喜欢这样称呼他们,他们不能得到来自政府的任何保护,他们只能靠自己。

弗朗西斯·沃尔辛厄姆(Francis Walsingham)的勇敢与塞西尔的谨慎刚好相辅相成,他支持他们为所欲为——女王也是这么干的——并共享掠夺带来的政治好处。1577年,他们制订了一个更大胆的计划,伊丽莎白对此计划欣然默许。这个计划相当冒险且新奇,他们准备掠夺西班牙的运宝船。之前在整个太平洋,西班牙人还从未被抢过呢。西班牙人从秘鲁运送大量珠宝到巴拿马地峡的西面;在那里,这些珠宝转由陆地运输,而后再用船运回西班牙。

德雷克虽然只有几条船,但他打算经由麦哲伦海峡驶入禁海去抢劫那些几乎没有武装的西班牙运宝船。德雷克说干就干,但最后只有他自己的那艘"鹈鹕"号(后改名为"金鹿"号)成功穿过了凶险的麦哲伦海峡。不足一百人的他们攻击了西海岸的港口和船只,抢了他们的珠宝,包括黄金、白银和宝石,而后环航全球回到英格兰。至于他们究竟抢了多少珠宝,则一直没有透露。当他绕过好望角时,船上只剩下五十七人和三桶水。不过他最终还是成功回到了普利茅斯,其时距离他出发已将近三年。而他劫掠西班牙人的消息早就越过大西洋传到了西班牙,西班牙强烈抗议。如果他是赤手空空回来的，那么女王为了避免麻烦，很可能会判他刑。但稍微迟疑之后，女王表现出对西班牙的挑衅：她亲自来到德雷克停靠的德特福德，并在德雷克的船上进餐，甚至还在德雷克的甲板上封他为爵士。

不管是在大西洋还是太平洋，针对西班牙的"海盗"战一直持续不断。那些藏有大量金银财宝的港口和大帆船都容易受到攻击和洗劫。1586~1588年，一个名叫托马斯·坎迪什（Thomas Candish）或卡文迪什（Cavendish）的人在美洲的西海岸复制了德雷克的事迹，也做了一次世界环航，带回了大量的战利品并照例与女王分享。在这些令人炫目的成功以及打败西班牙无敌舰队的激励下，英格兰精神慢慢崛起，而英格兰也终于一往无前地走上了海洋开拓之路。在正式宣战之前，英格兰继续更加有规律地攻击西班牙在美洲和欧洲的港口以及将从美洲矿井中获得的宝物运回西班牙的"珍宝船队"。1591年甚至发生了一次很乌龙的打劫事件。当时大约有二十艘船——包括了女王的六艘——埋伏起来等候西班牙的财宝大帆船离开亚速尔群岛，但最终等到的却是在船只和人员上都拥有巨大优势的西班牙海军舰队。英格兰人根本没有能力与之作战，他们的船只还在一场暴风中受损，甚至缺乏供给和饮用水，而且一大部分船员都生病了。

所有人都很明智地逃往大海深处，除了心怀报复的理查德·格伦维尔爵士。他以一艘船、一百九十人——其中还有九十人因为生病而丧失了战斗能力——直面西班牙大约一万人的舰队。被两艘最大的西班牙舰船缠住的他们，一直战斗至第二天上午，直到船只被完全毁坏，甲板被鲜血和尸体覆盖，宁愿炸毁船只也不愿投降的格伦维尔受了致命伤。虽然西班牙人最后夺得船只，但格伦维尔的船最后还是在一场风暴中沉于大海。这些斗争虽然悲壮，却不是战争。不管怎样，这次事件已成为伊丽莎白时代的一部分，格伦维尔也由此成为英国海军永远的传奇英雄。就培育英格兰精神而言，最后的复仇之战比很多精心策划的辉煌胜利作用都要大。

在读到伊丽莎白时代的私掠者们的事迹时，我们的思维就会本能地想到丹麦人和维京人在英格兰海岸掠夺的那些日子。尽管其间的细节存在大量差异，但不可否认的是，此类故事的确贯穿整个大英帝国的历史。

与西班牙人的斗争，最终让英格兰成为海上霸主——对此我们只能够对几个片段作详细描述。而与其纯粹的国外贸易相比，这才是大英帝国的开始。虽有几个英格兰人经由陆路抵达了印度，但与水路比起来，陆路实在是太难走了。在这种时代精神的激励下，当一些人在西方与西班牙的垄断权作斗争时，也有另一些人在远东攻击葡萄牙。詹姆斯·兰开斯特爵士和本杰明·伍德（Benjamin Wood）两人都多少绕过好望角，到葡萄牙人的东非和马六甲进行掠夺性的远征探险。1600年，兰开斯特爵士和其他一些人被授权组织最初的英格兰东印度公司，并远征东印度群岛。1608年，在航程的三分之一处，他们在印度的苏拉特（Surat）留下了一个代理商或说是经纪人。英格兰与印度那永久性的联系也就由此开始，它将产生巨大的影响。

马丁·弗罗比舍、约翰·戴维斯和亨利·哈德逊（Henry Hudson）等人的远征探险甚至到达了荒无人烟的北极。甚至早在1583年，汉弗里·吉尔伯特（Humphrey Gilbert）就在纽芬兰获得了一块殖民地，但最终被迫和其他殖民地居民一起返回。在返回途中，他和很多人都在一场风暴中失踪了。沃尔特·雷利（Walter

Raleigh)爵士也不顾西班牙人的主张,试图在弗吉尼亚创建殖民地,但最终失败。直到1607年,弗吉尼亚才有英格兰人的永久定居点。他那试图在圭亚那地区殖民的疯狂计划也失败了。吉尔伯特和雷利虽然暂时失败了,但他们所展现的英格兰人的精神很快将获得胜利。谈及在新大陆建立英格兰殖民地,吉尔伯特说过:"它根本不值得我们在那里生活,因为那里充满危险和死亡。我们只是为了服务国家,为了荣耀自己。"在吉尔伯特死前不久,雷利也曾轻声低语说过:"我仍将视它为英格兰的一个部分。"

在伊丽莎白统治末期,英格兰的人口可能不到五百万;而它的资源,虽然已有增长,但还不足以支持它从西班牙手里攫取帝国。其中有运气的成分。如果它不能获得中美洲和南美洲的财富,那么它那勇往直前的注意力就会被分散,大英帝国及其人民的故事就可能完全不一样。对于英格兰来说,能够从西班牙手里抢得黄金又不受其诅咒,真是莫大的运气。

商贸发展

国内的场景则是繁忙且美丽的。用现代标准来看,英格兰的农业恶化,农村也显得很穷。这里没有冬播作物,几乎没有排水系统,没有化学肥料,家畜数量也难有实质性增加。陈旧的三圃制、用于放牧和植树的公地制度,在许多方面都极不利于农业改进。每个村民自家的粪便都必须由他们自己弄到田地里去。所有村民的动物混交的现状也不利于有志村民改良其品种。那时的母牛要比现在的小很多,也不适于做种牛。公牛被使用的频率要高于马匹，但公牛又太瘦了以致不宜食用。绵羊的价值也主要在于它们的皮毛，而不是作为餐桌上的羊肉。当时的日常饮食主要是肉类：法律规定一周内起码要三天有鱼肉，但几乎没有蔬菜。

农庄和村庄基本上都是与世隔绝的，也基本上是自给自足的，村民几乎不需要现金；食物、衣服和家庭用品主要都是各个家庭自己饲养或制造。不过，此时已经开始进行一项农业改革，而这项改革也将为很多人带来灾难性后果。事实上，在美洲也正上演着同样的冲突。这就是作为生活方式的农业向作为商业的农业转型。以公地和公共管理为基础的老式村庄农业生产无疑是不经济的，并阻碍了改良。在那个体制下，一个人或一个小群体就能够否决任何改良建议。

另一方面，共同所有权和相对简单的经济状况也让农民专心于农业，并保护农民免遭来自私人所有权的危险和风险的冲击。此时，封建制度基本上已完全消失。自由农业工人、小佃农以及只想从土地中获得金钱和声望的中产阶级等新的阶级发展起来。更先进的耕种方法带来了进步，但也挤压了那些没资本或没能力采用这些先进方法的农民。经过改良的新方法降低了对劳动力的需求，还导致土地的合并和耕作规模的扩大，由此，很多人失业，很多小块土地所有者失去了他们的土地。

结果就是贫穷和失业现象剧增，扰乱乡村的"身强体壮的无赖和游手好闲者"也随之迅速增多。拦路抢劫的强盗时常出没于偏僻道路或是较大城镇周边。莎士比亚在《亨利四世》中也让年轻的王位继承人在那时候加入了此类冒险活动，至于他是否有犯罪事实就不清楚了，但的确可能有很多家庭背景良好却前途渺茫的年轻人选择了这条路。这些不能履行社会功能的人，用今天的行话来说，就是"技术性失业者"，其中的很多人在几年后都被吸纳为在海上和陆地上参与缔造大英帝国的成员，成为殖民开拓者。伊丽莎白时代的刑法是相当严厉的：在她统治末期，除了盗窃十二便士价值物品以下的，其他都算是重罪并要处以死刑；在一个人口不到五百万的国家里，每年有大约八百人被绞死。当因犯重罪而要被没收财产时，很多人都拒不认罪。这样，他们虽然保住了家庭财产，但也会因此面临被判死刑的惩罚。

1569年，有个关于"无主之人"的调查，可以被看作是第一次失业普查。最后超过一万三千人被拘押。英格兰通过了各种济贫法，其中的很多法规也在《法令全书》中一直保留了将近两个半世纪。要想详细描述伊丽莎白漫长统治期间的所有此类法规是不可能的，但我们可以通过一些具体内容来了解其法律精神。比如那些"游手好闲者"如果不能找到雇主雇用他一年，那他就要承受"严厉鞭刑"并被烧穿右耳。"游手好闲者"的范围甚广，包括那些没有雇主或者土地或没有从事商业或手艺的肢体健全者，也包括那些拒绝在他所生活的那个地方的惯常工资水平上工作的工人。

最后一点，作为官方固定价格和工资的最重要努力，是尤其重要的。这个做法源自中世纪的理论和实践，甚至在我们当前时代也被作为一个新发现再次流行起来。但实际上它已垂垂老矣，失去了其初始功效。穷人家的孩子被安排去当学徒，政府还通过征税来为那些不能被归为"游手好闲者"的穷困老人提供一些照顾。值得一提的是，上议院比主要由中产阶级新贵组成的下议院更加同情那些穷人。

虽然英格兰还是个农业社会，但它的商贸发展相当快。它那成就了市镇和城市的奢华并流入乡绅腰包的财富，主要来自地球的遥远角落。股份公司在当时相当受欢迎,而且这些公司通常都拥有对特定国家的贸易垄断权。如由十五名董事掌管、拥有大约一百六十名成员的俄国公司垄断了对俄罗斯、亚美尼亚、波斯、里海及其他区域的贸易。它甚至曾经通过垄断市场将绳索的价格提高了150%。我们前面提到的东印度公司控制了与远东的香料贸易。不久后由詹姆斯一世所组建的弗吉尼亚公司则控制了在美洲的烟草进口。东方公司垄断了重要的波罗的海贸易,黎凡特公司垄断了与土耳其的贸易。

这些具有垄断性质的公司,主要是由英格兰商人组成的。这激起了未能参与其中的伦敦人以及其他港口如布里斯托尔商人的抗议。有时候,这些所谓的垄断并不可能完全实现。比如,黎凡特公司宣称与土耳其的所有贸易都要由它负责,为此他们不得不在君士坦丁堡安插大使并巨额贿赂官员。另一方面,虽然风险很大,但商业利润更加可观,以致很多独立商人不顾股份公司在各地宣称的垄断权,坚持派他们的船只到这些地方进行贸易。事实上,这些所谓的"闯入者"可能瓜分了各行各业的大部分贸易。而垄断与"自由贸易"间的争辩也一直困扰着伊丽莎白和斯图亚特王朝时期的政治和商业世界。

英格兰很多港口的商人越发有冒险精神和活力,他们不认同西班牙人的垄断,也不接受其他英格兰人的垄断。西班牙在武力保护下的与美洲的专属贸易都得不到英格兰人的认可,可以想象,诸如像科尔特斯特(Colthurst)这样的伦敦公司怎么可能乖乖接受黎凡特公司对土耳其贸易的垄断呢?

即使时至今日,这里也还存在着抵制所有垄断行为的精神。在研究伊丽莎白的时候,我们必须时常记住,她是一名统治者,但她又是贫穷的——因为她不愿意对她的国民课以重税。如果说后者部分解释了她为什么那么受欢迎，那么前者就解释了在她统治期间为什么英格兰人拥有那么丰富的创造力。虽然人们不得不独自奋斗，但也从来没有哪个时代的国民对国家的忠诚度要高过伊丽莎白时代。当然，国民也能得到一些回报，比如销售特定物品的垄断权。但随着民众对垄断权的不满越来越强烈，女王也不得不作出让步，这很好地体现在她统治末期那最受大众欢迎的演讲中。

尽管在当时，这种前无古人的做法的坏处往往被夸大了，但的确有很多小城镇被阻止在一般的商贸流通之外——尽管17世纪英格兰出色的地形测量图显示，当时的道路网最起码连接了这个国家南半部那些稍微大点的地方，甚至和现代的铁路地图相差无几了。商品交易会的流行——甚至至今仍流行，主要是因为人们相信它们在某种意义上代表了自由贸易和竞争，并倾向于阻止地方商人的垄断。所有大型城镇至今每年仍有一两次交易会，一些地方的交易会甚至更多。一些交易会限定了商品种类，而一些小城市则是临时举办，几乎所有种类的物品都可以带过去，甚至还可能会有游戏和各种助兴表演——就像本·琼森在其戏剧《巴塞洛缪市集》中所描述的那样。由于这些物品的价格都被限定在产地价格之下，同时又能带来欢乐和社交活动，因此民众，尤其是小城镇里的民众，相当喜欢交易会。

中世纪的价格制度实际上已经开始崩塌。比如食物，在交通不便的时代，一个地区主要依赖本地作物，那么就会出现某些地方饥荒而有些地方食物过剩的情况。这使得很多社区要在好年头储存食物以备坏年头，但固定价格却几乎都只能是地方性的、相当粗糙且必需的。随着路况的改善，社区间的物品交换变得越来越多，交易越来越专业化，供应也变得越来越全国化。这个时候，各地不一样的价格就很难协调，通过官方来管制价格的困难也就越来越大。

随着路况的改善，出差和旅游开始增多。1572年，还沿着主干线建立起了邮政系统。虽然政府并不负责收发信件，但民众可以利用这套系统雇用驿马来传递信件。路况好的时候，一小时大概能走十英里。偶尔我们也能看到一些令人瞩目的记录，比如在向苏格兰传递女王去世的消息时，罗伯特·凯里创造了不到二十四小时走完一百六十二英里的记录。

尽管大部分旅行主要依靠马匹或步行，但四轮马车和四轮运货马车开始得到更大规模的应用。第一本道路指南或者说是旅行指南也于1577年出版。很多给旅行者提供住宿的小旅馆已经经营得相当不错。道路上那繁忙的景象以及漂亮的田园风光已经和现代景象很接近了，也开始出现现代意义上的出国游玩和商业旅行。这不再是我们前面所讲的探险，而是为了观光和教育而在欧洲进行的"教育旅行"。很多人旅行到了波兰、德意志、奥地利、法国、低地国家和意大利，以及一系列小国。而其中一个特别吸引英格兰人的地方，可能就是威尼斯。在其全盛时期，威尼斯是最受欢迎的度假胜地。

在国内，伦敦无疑是无可比拟的最大的城市，也是国家生活的中心。到1600年，伦敦可能已有二十万人口。街道曲折蜿蜒、狭小，颇具中世纪风格，其最大的道路就是河流。所有人都在使用河流，女王、大主教、市长、城市商人以及老百姓，他们在河上的主要交通工具就是驳船。岸边还有很多戏院，以及一些著名的奢华私人宫殿和房屋，其中每一幢都有自己的栈桥甚至是"水门"。河上的很多船夫扮演的角色在很大程度上就相当于今天的出租车司机或威尼斯船夫，甚至国葬有时候都是在河里而非在街上举行的。伊丽莎白刚上台的时候，这里还没有四轮大马车；但到她的统治结束时，伦敦街上已经拥堵不堪。民众对拥堵的抱怨丝毫不亚于现在。在伦敦，到处是人群和喧闹，户外生活比之前更加欧洲化了。有露天木偶戏、各类展览和小贩，各类物品应有尽有。这些表演和买卖的场所可能是固定的也可能是流动的，他们的大声吆喝甚至在很久以来就成为这个城市的特色。甚至是在今天，我们还能听到其中的某些吆喝声。

除了18世纪，没有哪个时代的服装尤其是男装会比这个时代的更加豪华或是奢侈了，不管是在风格上还是在价格上。服装的颜色及样式的种类，如从富人的绸缎、天鹅绒、蕾丝、锦缎，到工人的粗糙衣服和皮革，与伊丽莎白时代的建筑背景相映成趣，它们结合成非常有趣且美丽的景象，就像万花筒那样。正如我们在导言中指出的那样，对此类花哨的热爱，一直是英格兰人个性和品位的永恒要素。而当其他绝大多数国家，甚至是之前也热爱色彩、服装样式和盛装游行的东方人，都满足于现代汽车、满足于黑色的男性服装且难于区分的时候，英格兰人仍然热爱华美。在国家游行里，统治者要坐在一辆由玻璃和黄金制成的四轮大马车里，身穿传统服装；市长大人的就职日和威斯敏斯特大教堂加冕礼上的盛装游行也是如此。在今天，人们之所以热爱这些东西，不仅仅是因为它们本身，还是因为它们象征的统一、历史以及所有过往的胜利、荣耀和抱负。但在伊丽莎白时代，这些东西几乎都还没有什么历史感，人们对这些的喜爱和沉迷完全是出于朴素的、单纯的快乐，而不是因为什么神秘的深层意义。

但有一个相当奇怪的例外。在那个时期的戏院里，演员们的衣着华丽，但舞台上却没有布景。那些在日常生活中已经抛弃了色彩与华丽的国家，仍然会在戏院和歌剧里保留这些东西。而伊丽莎白时代的戏院里，大幕旁的指示牌反倒是最鲜艳的，而整个舞台布景却暗淡无光。这个时代的早期，戏剧是在客栈的院子里露天演出的，四周有给观众坐的长廊。当然，观众也可以坐在窗户边或直接坐在院子里。不久，随着戏院越来越受欢迎，就出现了很多专门的戏院，"球体"戏院就是其中最著名的一个。整个戏院的布局模式跟之前客栈院子里的差不多，甚至是现代剧院在很大程度上也沿用了同一种布局。所不同的是，伊丽莎白时代的戏院，其舞台设计并不是让所有观众都从同一视角来观看演出，它的舞台是伸入到观众席中的。这样，观众起码能从三个不同的方向来观看演出，而这种设计也就让舞台布景不得不退出舞台。

伦敦另一个相当著名的地方是它那数量惊人的私人花园，这也让伦敦成为绿化最好、最乡村化的城市。伦敦人不仅热爱他们那千奇百怪的乡村式公园，也热爱他们自己的私人花园。现代伦敦人对花园的热爱在很大程度上就始于伊丽莎白时期。在这一时期，除了更早的菜园和果园外，花园获得了永久性的重要位置。就如伊丽莎白和都铎王朝早期的标志性人物、智者培根在其散文《论花园》中所写的那样："全能的上帝首先种植了一个花园。事实上，它是人类最纯粹的快乐。"就花园而言，英格兰人大约就是在这个时期首次开始种植的。就像在美洲的开拓者没有时间和精力伺候花草一样，英格兰人起初在国内也没有如此闲情逸致，但随着很多人的居住条件的改善、财富和休闲的增加，种植花草很快就赢得了英格兰人持久不息的热情。

这些因素同样影响到国内城镇和乡村的建筑和生活。新房子，而且很多时候还是大房子，如雨后春笋般在全国迅速崛起。对于那些能够负担得起的人来说，房间的数量和多样化用途大幅增加，这不仅表明了财富的增加，也体现了品位的精致化。我们可以发现紧靠厨房以方便取暖的"冬季客厅"、富有特色的长廊、起居室、早餐室、书房以及图书室。这与老传统下的工事性或半工事性的房子或城堡完全不一样了，这些房子再也不用担心遭到战争和突然袭击的破坏。

"家"这个如此英国化的词，也差不多可以说是始于这个时期。伊丽莎白时代的新建筑从性质上来说几乎都是家用的，这个时期甚至没有修建一座教堂，唯一的公用大型建筑就是皇家交易所。这所交易所是为了商业目的而修建的，由女王亲自剪彩，这彰显着商业的崛起，并标志着商业已经成为国家生活中的引领者。中世纪的建筑在风格和设计上都非常不规则，房间和窗户的位置都是依据方便使用者的原则来设计的，丝毫没有考虑到外部的对称问题；尽管从结果来看，通常也显得很美观，并成为英国建筑的一个特色。在这个时期的早些时候，此类不规则的建筑还出现在甚至诸如诺尔、彭斯赫斯特和哈登霍尔等地；但在后期，意大利人的古典品位开始显现，这或许和英格兰人更多地到意大利旅游有关。

英格兰人通过结合中世纪、哥特式和古典式风格，创造了英格兰式的房子——不管是大宅还是小房子，这即使不完全是英格兰本土风的，但起码也是别具一格的。没有人会将伊丽莎白时代的大宅或庄园错认为是欧洲大陆什么地方的。房子的整体设计多少变得标准化了，并通常建成 H 型或 E 型，中间都是露天的庭院。在建筑中，人们追求外部的对称性，并在这个原则下设计里面的房间。其中典型的有如南萨奇王宫、朗利特庄园、哈迪维克·霍尔庄园和霍尔登比庄园等。后者的屋前空地有四百一十英尺宽，也像其他新式房子那样有很多窗户，甚至至今还镶有玻璃，只是有点褪色了——而之前只有教堂才能够使用玻璃。事实上，培根还抱怨说房子都"装满了玻璃，以致人们都不知道哪些是太阳光，哪些是反射光"。因此，培根提倡使用凸窗。他认为这不仅能够挡风遮阳，还因为"它们相当可爱，也适合隐居"。

另一个新特征就是宽大的木楼梯，且其扶手和雕刻往往都极其精细，比如哈特菲尔德庄园。在没有中间过渡的情况下，这些新式木梯就直接替代了之前所有建筑惯用的环形狭小楼梯——就像教堂塔里的楼梯。后者能够用来抵御敌人的攻击。虽然这种环形楼梯一直存在，但其社会目的却发生了巨大的变化：衣着华丽的朋友在楼梯上走上走下，楼梯自身自然也要足够华丽才足够般配。

大宅的尺寸甚至让人心生困惑，比如霍尔登比庄园的一楼就有将近六十个房间；而更早的诺尔庄园经过多次重建后，内部的庭院就有好几英亩。此类永久性的家用建筑，需要容纳整个家庭、从属和仆人——相当于旧时封建男爵的家兵——更不用说川流不息的客人和流连在大门外的穷人了。维护这些房子的费用也是相当庞大的，尤其是当这些房子的所有者受到"巡行"中的女王及其随从垂青的时候。比如，伯利勋爵在他的西奥博尔兹庄园里一共招待了女王十二次，每次的费用都要两三千英镑，相当于现在的一万至一万五千英镑。

那时候的礼仪，虽然已有进步，但还是比较粗鲁的，甚至女王自己都可能对其侍臣吐口水以表示她不喜欢他的衣着、当着他人的面刮人耳光、用恶毒的词汇咒骂人等。女王的言行也树立了一个风格。但如果你认为当时的人们模仿女王的粗鲁行为就算是愚蠢的话，那么下面的模仿可能就不只是愚蠢了。由于女王脸色苍白、身材苗条，而那些想要变得跟她一样的女人，开始吃沙砾和灰烬。正如一个同时代的人所抱怨的那样："为了得到一副苗条的身材，她们将要经受什么样的箍缩、揉捏和拉长啊？"当时的卫生设施也是相当简陋的，人们不会经常洗澡，这也解释了为什么需要香水。在大宅里，家人和客人共用一张餐桌，而仆人在同一间房里较矮的餐桌吃饭。当时还没有刷牙的记录，这要等到半个世纪后才会出现。餐叉也还没有出现。在苏格兰，甚至是餐刀也通常被精明地用链条锁在餐桌上。很多小房子的地板基本上还只是铺着灯心草。人们用牛粪或者其他替代品来在河里甚至是井里洗衣服，而肥皂在那时还属于奢侈品。在城市里，厕所里的污水和垃圾通常都是直接从前窗扔到大街上的，反正这些街道本来就已经被来来往往的马匹弄得肮脏不堪。由于人们缺乏医学知识和卫生知识，瘟疫时不时地就会光顾，并夺走数量惊人的生命。英格兰人的奢华和消耗虽然已有巨大增长，但在很多方面，生活还是令人难以置信的简陋。

盛放的诗歌与戏剧

然而，所有这些混杂的生活，及其老练的水手、私掠者和商业冒险家、流氓、游手好闲者以及粗糙与浪费等，最终却将英格兰的文学和思想提升到最高水平。在探讨英格兰的文学和思想之前，我们先简要地了解下其他艺术。多少有点奇怪的是，新商人和中产阶级的崛起、财富的增加，并没有对绘画产生像在其他国家如意大利和荷兰那样的影响。英格兰的商业新贵宁愿把钱浪费在家具和碟子上，也不关心绘画——除了肖像画，而且即使这些肖像画也主要是由像霍尔拜因（Holbein）这样的外国人画的。这些外国画家在一定程度上可以说是被英格兰圈养的御用画家了。

英格兰人的家具倒是相当出众，其中很多的制作费用也是高到难以想象。那些大宅里面的"大床"通常价格都不止我们今天的一千英镑。在伊丽莎白死后，詹姆斯一世在诺尔庄园里的那张吊着绣花金缕帷的大床，用我们今天的货币来衡量的话，其成本超过四万英镑——真是不可想象！从美洲持续流入欧洲的金银，使得一些农民的家里都出现了银碟子。在各类碟子的设计和工艺上，这一时期可能超越了其他所有时期。而在这种艺术上，英格兰人又走在了欧洲的最前列。

在音乐方面，经历了上个朝代的衰落之后，如今又获得了快速发展。尤其是在世俗音乐上，英格兰即使还没有超越其他国家，那最起码也是可以并驾齐驱的。这并不是社会培育的结果，而是一场由民众自下而上发起的真正的民间运动、民族运动。英格兰甚至被称为是音乐之国：据估计，仅莎士比亚戏剧里就用了大约四百二十首音乐或歌曲；其中最重要的作曲家有威廉·伯德（William Byrd）和奥兰多·吉本斯（Orlando Gibbons），以及其他很多人。英格兰的音乐如此流行，以致很多英格兰音乐家独自或是结伴在欧洲大陆的很多城市——也包括德意志的——演出。

但伊丽莎白时代最为杰出的还是文学方面突然而至的卓越发展，这也让伊丽莎白时代永远成为整个人类知识与艺术史上的一个伟大时代。我们不清楚究竟是什么让这个时代在这些艺术方面取得如此高的成就，但我们却知道一些要素好像能够带来无尽活力：新阅历刺激了想象力，冒险事业以及对个体的重视激发了雄心壮志、自豪和自信。很多这些要素都曾在全盛时期的希腊出现并活跃过，如今也出现在伊丽莎白时代的英格兰。它们不能解释全部，但有助于我们理解那个时代的发展。文艺复兴和宗教改革极大地解放了人们的思想和精神，而新大陆的发现则给了人们新的世界观和宇宙观，这似乎为人类打开了之前做梦都想不到的新世界，也带来了无尽的机会。

不过在英格兰，除了这些因素外，还有国家力量在起作用。主要是在女王的英明指引下，这个小国发现自己正在成为一个大国，成为全世界新教信仰的主要捍卫者，甚至能够公开挑战、反对全世界最强大的宗教帝国——天主教西班牙。一股强烈的民族主义和爱国主义、对英格兰的深深热爱、不顾一切地为女王和国家献身的浪潮席卷了整个国家。此外，部分因为政策，部分因为必要性，伊丽莎白通过逼迫民众冒险和赢得荣耀来释放他们的活力。他们是作为个人在代表着国家，而不只是作为国家陆军或海军这个庞大机器中的一员，在战争和商业上有所斩获的人们都将获得女王的奖赏。这样，个人也就获得了相当大的自由。女王的奖赏成为人们奋发的一个源泉，并激励着人们释放全部能力和勇气，生活也由此成为一种冒险并激发着人们的血性和思想。而一个处处都受政府控制的民族是不可能迸发出这样的活力的。

这个时代的伟大文学就是以这种感觉为标志的，令人惊讶的是，它几乎不关心政治或宗教，而是关注人的本性和冒险生活。这也是它在多个时代都生机勃勃而不仅仅属于某个时期的原因所在。这中间还存在作用和反作用。英格兰人的生活和性格建构了文学，而文学反过来又影响了人们的生活和性格。令人惊奇的是，伊丽莎白时代的作者所用的词汇及其思想大量融入了我们如今日常生活中的话语和思想中，尽管很多人可能并不知道源头在哪里。虽然这个时期的很多作家一直活到詹姆斯一世统治时期，但把他们纳入伊丽莎白时代更恰当些。这是因为基本上所有文学领袖都生于那个时代，他们的不朽名著也是在那个时代完成的。而且在那时，伊丽莎白女王也还一直是这个国家的鲜活灵感之源泉。

要想详细阐述伊丽莎白时代的最后二十年和詹姆斯一世早期的文学作品，那是不可能的，我们所能做的也不外乎是罗列一些伟大人物的名字。不过，首先我们还是先讲讲于1611年刊行的英王钦定本《圣经》。这版《圣经》以其令人赏心悦目、庄严、美妙的咏叹式散文体，对后来的帝国及其他地区那些讲英语者的语言和深层思想产生了微妙的影响。这些民众表面上看虽有很大差异，但他们本质上有着相同的表达深层精神生活的最好方式，而这就是一种强力黏合剂。这个版本的《圣经》对语言的影响同样巨大。我们还将在后面的章节里提到的班扬（Bunyan）的《天路历程》(Pilgrim's Progress)，其所用的短语很受欢迎，甚至足以构成整个语言体系；它的宗教影响也仅仅次于《圣经》。此外，我们一定不能忘记有数百万人从不写字。而一小群学者则给予了这些英格兰人在全世界传颂最广的一本书——这也是唯一一本被使用超过三个世纪的《圣经》。而经过持续的阅读，他们的语言和表达也从中获得了一种朴素美和庄严。

在这个时代的早些时候，散文方面有哈克路特（Hakluyt）以及后来珀切斯（Purchas）的那些伟大的航海游记。其中前者更是英格兰航海史上的伟大传奇，影响深远，引导了很多年轻人走上英勇的冒险之路。哈克路特以他那英文散文的巅峰之作，为他们开启了新世界的大门。

的确，散文方面相当突然的发展正是这个时期的特征之一。到目前为止，没有什么其他英文散文比托马斯·胡克（Thomas Hooker）的《教政体制》(Ecclesiastical Polity)和培根的《随笔》(Essays)更好了。培根在《随笔》中赋予了它韵律、高贵和清新。事实上，培根虽然觉得他应该用拉丁语写作，但他写得最多的还是英文散文。甚至是过了三个多世纪后，也没有其他散文集比他的散文流传更广。而他之所以比其他人著名，也是因为他是第一个运用散文这一文学体裁的人。尽管其他形式的文学体裁如戏剧和小说在不同的时期起起伏伏，但散文一直没有失去它那独特的吸引力。不过，事实上也很少有哪种新体裁的发明者的作品能够在好几个世纪里都保持长盛不衰，尤其是考虑到后来者有更新鲜的主题、拥有更完美的表达工具。这些事实也佐证了培根思想的深度、完美和普遍性。

稍早一些，阿斯克姆（Ascham）出版了他的《校长》(Schoolmaster)，福克斯（Foxe）出版了《殉道者》(Book of Martyrs)，李利（Lyly）出版了《尤弗伊斯》(Euphues)，西德尼出版了《阿尔卡迪亚》(Arcadia)和《诗辩》(Defence of Poesie)。但这些人都没有展示出散文可以作为一种文学体裁的可能性。尽管编年史学家霍林斯赫德（Holinshed）和斯托（Stowe）为伊丽莎白时代的伟大剧作家们提供了很多故事情节的素材，但他们的价值仍只停留在他们所汇编的史料上。

这个时代所特有的荣耀还是在其诗歌和戏剧上，仅仅这两样就应该能够为这个时代赢得所有赞誉。诗人中最伟大的莫过于被称为"诗人中的诗人"的埃德蒙·斯宾塞（Edmund Spenser）了。他最著名的作品《仙后》，里面包含了最好的一些英文诗歌。但由于它是寓言形式且篇幅太长，使得现在的人们更多地阅读他那些篇幅短些的诗歌，如《牧人月历》(Shepherd's Calendar)、《爱星者与星》(Astrophel and Stella)、《婚曲》(Epithalamium)和一些十四行诗。甚至如乔叟或莎士比亚，都没能像斯宾塞那样对英格兰的诗歌产生如此深远持久的影响。这从其作品在18世纪末的再次风靡这一现象中可窥端倪。而这在很大程度上又是三代人后的文学浪漫主义运动的直接原因。现在，除了文学院的学生，很少人会去读历史上的那些诗人如沃纳（Warner）、德雷顿（Drayton）或是丹尼尔（Daniel）的诗歌了，但那个时代的歌曲和歌词却仍然是无价之宝。坎培奥、李利、皮尔（Peele）、雷利、格林（Greene）、本·琼森和其他人——当然首先是莎士比亚的歌曲和歌词，至今仍然不断地被传诵、吟唱。有谁会不知道下列这些欢快的歌曲？如斯蒂尔主教（Bishop Still）的《无肉不欢》(I Cannot Eat But Little Meat)、代尔（Dyer）的《我的心灵就是我的王国》(My Mind to Me a Kingdom is)、《与我同栖，做我爱人》(Come Live with Me and be My Love)，以及琼森的(Drink to Me Only with Thine Eyes) 等。我们一会将讨论莎士比亚这个英国也可能是全世界最著名的戏剧家那浓厚的英格兰特色，不过在这之前，我们先要知道，英格兰的戏剧极其不同于希腊、法国及其他国家的戏剧，它是由前面提到的中世纪的奇迹剧直接演变过来的——当然，其中又加入了浓厚的英国特色，并有了很大的发展。与主要描述圣人生活的法国奇迹剧不同，用本国语言和本国方式呈现出来的英格兰奇迹剧，充满了大量的英格兰式幽默。它以《圣经》中的故事为基础，同时在技巧和特征上也是世俗戏剧的先驱。

伊丽莎白时代和斯图亚特时代的早期，著名的戏剧实在是太多了，以致我们都难以完全罗列这些戏剧家的姓名。

其中的第一批就是所谓的"通才"，基德（Kyd）、纳什（Nash）、洛奇（Lodge）、皮尔、格林和其中最伟大的马娄。他们中的大多数都英年早逝，生前常常在酒馆——后来就更像是俱乐部了——里聚会并互相激发灵感。马洛二十九岁时在一次打架中被杀死。他在其《帖木儿大帝》(*Tamburlaine*)、《马耳他岛的犹太人》(*Jew of Malta*)或是《爱德华二世》(*Edward II*)中大量使用华丽、浮夸的辞藻，但在诸如《海洛和利安得》(*Hero and Leander*)的诗歌和戏剧的章节里，他的诗又是那么美丽并充满想象力，以致让他能够和斯宾塞与莎士比亚并列。比如，谁能忘记当浮士德博士幻想到特洛伊的海伦在他面前恳求的时候他那慷慨激昂的演讲？

就是这张脸招致了千艘战船，
并使得伊利昂[1]的高塔被焚烧？！
可爱的海伦，一个吻就能够让我永生。
她的双唇吸走了我的灵魂：看，她正飘在那里。
噢，你实在是太美了，
甚至胜过那夜空中的美丽星光。

---

[1] 古代特洛伊城的拉丁文名。——译者注

在那些属于伊丽莎白－詹姆斯一世时期的人中，我们还要提到博蒙特（Beaumont）和弗莱切（Fletcher）——他们如此亲密地一起工作以致他们的名字经常被一起提及——乔治·查普曼（George Chapman）、约翰·马斯顿（John Marston）、托马斯·德克（Thomas Dekker）、约翰·韦伯斯特（John Webster）、西里尔·特纳（Cyril Tourneur）、托马斯·海伍德（Thomas Heywood）、托马斯·米德尔顿（Thomas Middleton），还有在莎士比亚之前那最伟大的、"绝无仅有的本·琼森"。琼森可能是所有戏剧家里面最博学的一个，但他那些最流行的戏剧都是关于他所熟知的伦敦的生活及其人物的戏剧，如《人各有癖》(*Every Man in His Humour*)、《沉默的女人》(*The Silent Woman*) 和《炼金术士》(*The Alchemist*)。

戏剧于是成为一种被认可的文学体裁，就好像我们当前要认可小说这种文学体裁一样。上面所列的那些光彩夺目的作家，甚至可能是任何一个其他时代都无法比拟的。他们是那个时代的标志，代表了各个方向的探索，他们充满活力，具有那个时代所特有的冒险精神和干劲。甚至是博学的琼森都会在酒馆里痛饮，并与莎士比亚进行才智上的交锋。如果没有莎士比亚，这个时代仍然是所有文学史上的伟大时代；但有了莎士比亚之后，这个时代就是个无与伦比的伟大时代。

令人惊奇的是，莎士比亚的公开生活几乎不为人知。人们对一个如此伟大的人物的了解是如此之少，以致时不时有人认为莎士比亚其实并不是那些伟大作品的作者，认为培根、牛津伯爵或其他人才是真正的作者。莎士比亚于1564年出生于斯坦福，后来去到伦敦并逐渐成为一名演员、老戏剧的改编者、剧场管理人和所有者，最后成为人类历史上最伟大的戏剧家。他最后带着大量财富回到他出生的乡村并于1611年终老于斯。关于他的各种语言的文学作品要比其他任何作家都多，我相信大约有三万册。我们在此也无需对其作品进行详细介绍，我们可以将其作品大概分为三类，即诗歌、十四行诗和不朽的戏剧。

没有其他作家能够对人性——除宗教信仰外——有如此全面、透彻的理解。他的戏剧本身就是一个世界。正如他自己写的那样，"世界就是一个舞台"。反过来，说他的舞台就是整个世界也未尝不可。莎士比亚虽然是世界性的，但他同样是深深英格兰化的。他一刻不停地创作，并以自己的作品为镜子。他最大的兴趣是以各种形式展现人性，他的历史剧包含了对伟大人物的研究而不仅仅是真实历史细节的重现。如在《约翰王》中，他甚至都没有提及《大宪章》。但他那对英格兰充满真挚感情的作品，为那以奉献与荣耀为主基调的英格兰传说的塑造施加了无可估量的影响。他的作品还是联结全世界讲英语的人的思想和语言的重要纽带。三个世纪后，他作品里的那些警句仍然为千百万人传诵——尽管他们可能并不知道具体出处。

我们可以从其大量、丰富的作品中引用一段来展示他对英格兰感情的真切与深沉，而这种感情也经由他的文字传递给了无数同胞。在《理查二世》中，他将下面一段话作为兰开斯特和约克对白的一部分。兰开斯特是这样谈论英格兰的：

这个国王的宝座，这个帝王的岛屿，
这片庄严的大地，这个战神的别邸，
这个新的伊甸园，地上的天堂，
这个造化女神为自己建造的堡垒，

用以防御毒害和战祸的入侵,
这个英雄豪杰的诞生之地,这个小小的世界,
这个镶嵌在银色海水之中的宝石,
那海水就像是一堵围墙,
或是一道沿屋的壕沟,
杜绝了来自苦难之地的宵小的觊觎,
这片幸福的国土,这片陆地,这个王国,这就是英格兰。

在这篇充满激情的短文里,我们发现之前的很多特质,如今已经成为英国的特质了!"这个帝王的岛屿",人类历史上从不缺乏国王,但别国的国王们从来没有像英格兰及其后来的大英帝国的国王那样具有国家感情。在其他国家,国王无论好坏都属于个人统治者;而在英国,就像我在导言中指出的那样,王权已经成为一个象征。那个形容词"帝王的"(sceptred)具有"公正的"这一微妙含义,但欧洲的其他王国里则完全没有这个意思。此外,我们有将英格兰视为一个独立世界的感觉,觉得这样就挺好的,不希望和其他国家混在一起;这就要独立开来、要防御国外毒害和战祸的入侵。它那受海峡和大海保护的独特位置,一直持续了好几个世纪,到莎士比亚时期已经深深渗入到人们的潜意识里。最为重要的是,这个伊甸园也与这个世界的其他地方隔离开来,为幸福、满足的人们提供庇护所,而人们对这个"新的伊甸园"的热爱也火速升温,这种感情静悄悄地、深深地烙在所有英国人的心窝里。这与法国人对自己的那一小块土地或是"国家"的"光荣"的感情是完全不一样的。与英国的其他很多东西一样,我们很难对此进行分析,幸运的是,这些都能够在莎士比亚和创造了这些

无价珍宝的其他作家的诗歌中找到最合适的表达。这些充满了自由、法律和自治精神的诗歌，正是对这个"店小二民族"[1]最无与伦比的馈赠。

---

[1] 来自拿破仑的讽刺。

第十一章 詹姆斯一世：从对外贸易到海外殖民

我们在上一章所提到的莎士比亚以及其他很多人都活到了詹姆斯一世时代，而他们的一些最出色的作品其实并不是成文于伊丽莎白时代，用詹姆斯一世时代来称呼它们或许更准确。不过，尽管在伊丽莎白死后，英格兰的文学和生活的其他方面似乎还将在惯性的作用下延续好几年，但事实上，16世纪和17世纪、都铎王朝和斯图亚特王朝统治下的英格兰人的生活之间还是存在巨大差别的。

斯图亚特时代的主题是反抗权力和老传统。随着历史的稳步前进，每个时期都是某种意义上的传统。上一个世纪成功实现了从封建时代的残余向更加现代的方向转型。在这个过程中，的确需要强大的君王来作为助推器。而英格兰刚好幸运地在这个时候遇到了亨利七世父子和伊丽莎白，他们都非常清楚人民和时代的需求，他们带领人民朝着他们所渴望的方向前进；作为回报，这些君王也获得了人民的尊敬和景仰。

不过，都铎王朝花了很多精力培育起来且已经启动的力量，如中产阶级的崛起，是不会就此终止的，它们还将沿着其固有的方向发展、壮大。英格兰已经变得大不相同。尽管在詹姆斯和查理时代，所谓的君权神授达到了顶峰，但人民本能地感觉到这不是也不可能是合乎宪法的统治手段。在宗教领域，他们表现出了更大的宽容；在思想领域，他们追求更大的自由；同样，在政治领域，他们正寻求能够控制自己的命运。"都铎专制"运行良好且很受欢迎，但即便如此，他们还是需要通过斗争来解决宪法问题。曾经风光无限的个人统治已经不可能得到认可，议会虽然还没有发展成为民选政府的实现手段，但也为时不远了。关于用来联结立宪君王和民选议会的内阁的理念，也还没有出现。

准确地说，英格兰人其实并不是发明了这种政治理念，他们只是在缓慢的发展过程中自然地孕育了这些理念。在这个过程中，他们将要花上一个半世纪甚至更长的时间来解决他们与斯图亚特王朝所面临的问题。指向建构新的立宪政府但又多少有些盲目的民众力量究竟有多强大，看看下面的事实就知道了：他们通过内战，先尝试了一下共和国体制；而后是独裁专政，恢复君主统治；而后还在不具备有效政权基础的前提下再次革命。睿智且能够理解民众的都铎君主无疑能够舒缓这个过程，但在历史发展中作假设并无多大帮助。如今，占据王位的是斯图亚特家族，而诉诸暴力来解决问题也似乎变得不可避免了。

毒瘤：君权神授

不过，当詹姆斯完成奢华旅行、从昏暗的霍利鲁德来到伦敦的时候，民众毫不犹豫地接受了他为詹姆斯一世。一方面主要是因为和平地实现了王位继承，而且这个继承人还是名男性，具有可延续性。另一方面，詹姆斯有学问，尽管可能是个书呆子，心地也善良，不像是个暴君，也似乎愿意继续伊丽莎白时代的统治形式。虽然，将在美洲兴起的自由和自治，在很大程度上要归功于詹姆斯准许的宪章；而后来的查理二世也在马萨诸塞实行了宗教信仰自由政策。但不幸的是——这不仅是斯图亚特王朝的不幸，可能也是英格兰的不幸——我在前面已经提到过的宪政危机在他们的统治期间爆发了，而他们不是能够驾驭斗争或引导国家走出风暴的那类人。

詹姆斯一世从来没有在英格兰生活过，对英格兰人的性格和愿望几乎没什么了解；而他的儿子，虽然生活在英格兰，但所知更少。詹姆斯一到伦敦，麻烦就接踵而来。但在介绍详情前，我们先要知道斯图亚特血脉中一直延续着的恶瘤——君权神授的信念，这个恶瘤将会毒害他们与国家的关系。詹姆斯相信他对其国民负有义务，但他同时还坚信要由他自己来决定什么才是最好的，并认为要由他自己来为国民制定法律。他认为国王是"上帝在地球上的助手"，所以国王的法律和秩序也该像上帝的启示录那样被毫无保留地接受。国王不应该受议会或法律的约束，而应该凌驾于议会和法律之上。这样的信念必然与民众对不断增长的自治的渴望产生激烈的冲突。詹姆斯在将自己视为上帝并极其鄙视其国民的同时，还被自己极端的虚荣自负所蒙蔽，丝毫没有认识到自己的无知。

最为重要的，詹姆斯还不像伊丽莎白那样圆滑、老练。伊丽莎白即使在选择继承人时，也还在很大程度上考虑到她的权力与地位的影响。跟她的父亲亨利八世一样，伊丽莎白总是清楚如何在保持住国民的善意与忠诚的基础上，尽可能地展示自己的宽容并做自己想做的事情。詹姆斯就没有这样的政治敏感性。在他登基前，没有人表示要忠诚于他或其家族，民众只是出于对都铎王室的情感而接受了詹姆斯。事实上，苏格兰人并不受英格兰人欢迎，而詹姆斯国王与民众间的新"婚姻"也只是出于便利而非真爱。所以，民众虽然接受了詹姆斯并表示了好感，但詹姆斯仍然要小心谨慎。

新国王保留了伊丽莎白时期的国务大臣罗伯特·塞西尔爵士的职务。新国王上任的第一件事就是和西班牙议和，并将主战派的领袖之一沃尔特·罗利关入伦敦塔——罗利本来是被认为犯了叛国罪并要判处死刑的。基于宗教原因，这个和约不受普通民众欢迎，商人阶层也出于商业原因不喜欢。由于签订了和约，对于英格兰人来说，西班牙的船只及其海外殖民地就不再是合法的攻击对象了，也就无利可图了。

在伊丽莎白时代，即便是在政府和欧洲处于非交战状态时——从严格的法律意义上而言——诸如德雷克等人的"越界行为"或是横跨大西洋，都在某程度上得到了政府的首肯并获得了一定的支持；而在詹姆斯一世的统治下，这种支持就再也没有了。尽管还有人在继续发动像伊丽莎白时代那样的海上战争，但由于他们是非法的、行为没有得到承认，他们也就堕落为纯粹的强盗和海盗了。而且，詹姆斯并不认为英格兰的命运是在海上，因而极其忽视海军。鉴于这些事实，即詹姆斯与伊丽莎白迥然不同的态度，英格兰的水兵对新王朝没有丝毫的忠诚。这就对这个国家正在改变的生活中一个最强大的趋势构成了阻碍，更谈不上促进这一趋势的发展了。

另一个趋势就是对新教那不断增强的忠诚与热爱，其中很多又是献给清教的。这样，要么是对国家教会之外的信徒表现出更大的宽容，要么是扩充国家教会并将这些清教徒也纳入国家教会。现在，詹姆斯就有了这么个机会来进行决断。千人请愿书——之所以这样称呼它，是因为当初是设想让一千个清教教士签名——被送到了詹姆斯面前，要求国王在不将他们完全独立出去的情况下，免除他们在教堂里必须穿白色法衣的责任以及参与、举行其他宗教仪式的义务。

一些大主教和清教教士被召集在汉普顿宫开会商谈这件事，这个会议由詹姆斯一世主持。对英格兰了解不多但深谙苏格兰的国王，深怕在英格兰的教会管理中发展出长老会的形式。在会议期间，他作了"没有主教，就没有国王"的著名陈述，并愤怒地说，那些不严格遵守由主教和教会制定的规章的教士，将会被他"赶出英格兰"。不久，就有大约三百人被驱赶。显然，英格兰再也不能容忍意见分歧，甚至是教会内部或外部的小事上的分歧也不行。从此，政府的控制，或者说是教会的直接控制，成为分散民众激情的头等重要之事。

国王自己也卷入了与罗马天主教的纠纷中。1604年，他将神父驱逐出伦敦；1605年，他再次对天主教徒征收罚金——他之前曾经取消了这个罚金。对此不满的天主教徒，在罗伯特·盖茨比（Robert Catesby）的领导下，密谋在国王及其两个儿子出席议会时，炸掉议会大厦。盖伊·福克斯（Guy Fawkes）负责在地下室安置火药桶，一切准备就绪。1605年11月5日，当这个阴谋泄露的时候，所有参与人都被逮捕并处死。

不过，国王越来越不受欢迎。他那合并英格兰和苏格兰的计划也招致诸多不满。他计划的不仅仅是两个王权的结合，而是要将所有苏格兰人英格兰化，并在两国之间实现自由贸易。他和议会也因为金钱问题争吵不断。他还因为试图改变爱尔兰的首领与其部落间的传统关系，因为无视爱尔兰人的土地法而使得他们对他的不满升级。当奥尼尔和奥唐尼尔两个部落的首领逃亡至西班牙时，詹姆斯没收了不属于他们但属于他们家族的六个郡，并让大量英格兰人和苏格兰人移居去那里。当爱尔兰的麻烦需要国王拿出更多的钱来解决时，国王早就山穷水尽了。

当时，国王对葡萄干征收进口税，这在当时来说，是一个很小的税源。但这个案例却很有意思，我们可以将它看作在下个世纪的革命前英格兰和美洲殖民地之间的争论的一部分。商人约翰·贝特否认国王有权征税，认为只有议会才有合法征税的权利。在财税法庭上，法官裁定这种税是为了控制贸易，完全不同于纯粹的敛财。当国王完全控制了对外关系后，这种税就会成为特权的一部分。虽然詹姆斯立刻利用这个裁决，在不求助于议会的情况下增加了收入，但这还远远不够。

这其中有各种原因。如我们前面提到的，亨利八世将从教会没收的土地慷慨地转送或是低价转让给了个人。此外，国王面临的那些问题里，就包括了物价的大幅上涨。这个通胀压力是普遍存在的，所有私人收入的购买力都下降了，国王收入的购买力也同样下降。抛开他们的性格不论，斯图亚特王朝面临的种种问题——与议会的纠纷、对法国的依赖以及很多我们将会提到的问题——的关键，其实就是财政困难问题。对于这个问题，他们自己无疑要负上相当大的一部分责任，但不是全部。

1611年，詹姆斯非常气愤并下定决心要解决财政问题，于是他开始和议会商讨解决办法。而在这之后，他就解散了议会并有持续三年不再召开议会。

　　在1614年那届所谓的"愚蠢的议会"中，詹姆斯也没有获得更多成功。由于议会要求他恢复那些在1604年被驱逐的教士的身份并承诺作出某些改革，否则就不答应给予钱款，所以他再次解散这次议会。与此同时，宫廷里任人唯亲和腐败现象不断加剧，国王拒绝召开议会并通过各种方式敛财。他甚至还创造了准男爵这个新爵位：任何人只要三年都上缴一千英镑就能获得这个爵位。他还售卖贵族爵位和官职。1620年，新的财政大臣支付两万英镑就得到了其职位。

　　为了供养白金汉[1]和其他宠臣而授给他们的各类垄断特许权提高了民众的生活成本。詹姆斯不仅没有做任何能够受民众欢迎的事情，而且恰恰相反，他还不断地扩大自己的特权。考虑到总是有国民指指点点说国王能干什么不能干什么，他干脆在1616年提出，"国王要做的一件合法且恰当的事情就是，让每个法庭都管好自己职责范围内的事情"。而且国王的另一个职责就是要保证法官不能违反君王制定的法律。

　　此外，欧洲大陆上那些将会导致三十年战争的事件也使得他采纳了支持西班牙的政策，因为他需要借此来保护他的女婿在巴拉丁领地（Palatinate）；而且他还计划让他的儿子查理迎娶西班牙

---

1 即乔治·维利尔斯（George Villiers，1592～1628），1616年被封为维利尔斯子爵，1617、1618、1623年连续获授白金汉伯爵、侯爵和公爵，在1628年去世之前他是英格兰实质上的首相。

国王的女儿。不过,这两项政策对英格兰来说却是大灾难。此外,其他一些事情也使得国王更加不受欢迎。如,埃塞克斯伯爵夫人为了与詹姆斯的宠臣罗伯特·卡尔结婚而与埃塞克斯伯爵离婚。试图阻止伯爵夫人的托马斯·奥弗伯里爵士被谋杀了。后来,罗伯特·卡尔和他的新夫人因为投毒害死奥弗伯里而被判有罪,但詹姆斯赦免了他们,由此导致民众对王室的尊敬大大降低。这时,詹姆斯也尝试用更独裁的方式来维持统治。

首席大法官爱德华·柯克爵士(Sir Edward Coke)被解职也引起了很大不满。柯克在维护习惯法上所做的工作比其他法官加起来都要多,而他被解职的原因是他和国王意见不合。

最后到了不得不召集议会的时候了,议会最终于1621年召开。议会首先着手解决的是各类权力滥用问题,其中就包括要求国王收回那些有利于白金汉的垄断权。下议院接着攻击了已经成为大法官的弗朗西斯·培根。支持垄断的培根被发现在判决前收受贿赂,他因此被解职、处罚金并监禁。下议院进而向国王请愿,希望他的儿子能够娶一位新教徒,并表示他们宁愿打仗也不愿意让国王的儿子娶西班牙人。国王则认为自己没让下议院讨论而且下议院也无权讨论这个问题。而下议院则认为他们有权讨论所有公共问题,并将这种强硬表态体现在会议记录中。詹姆斯撕毁了那一段记录并解散了他的第三次议会,而这次议会也没有答应给予他任何东西。

另一方面,我们还需要考虑国王与议会斗争的另一面。议会,绝不可能代表整个国家——这要到19世纪甚至20世纪伟大的民主改革之后才能实现。在詹姆斯一世和查理一世时代,这实际上是个财阀时代;在很大程度上,议会也只是为其成员的私人利益服务。从某个角度来看，这实际上是国王特权和议会特权之间的竞争，而广大普通民众根本就没有机会进入这个斗争圈子。他们在都铎王朝的家长式管理下兴旺发达，也很乐意接受这种管理方式。不幸的是，斯图亚特王室不会像都铎王室那样，将他们视为一个整体。他们将自己与过于尊重法律的议会的争吵视为个人恩怨，而非国家事务；这样他们也就一直未能拓宽其统治基础。如果他们能够用一个更加宽广的视角来看待宪政问题，并依靠平民大众的支持来抑制越来越贪婪的上层阶级，就像之前的国王在与贵族们的斗争中所采取的策略那样，那么他们就会发现，议会的壮大其实是件好事，后来的很多危机和麻烦也就能够避免。不过，这些都只是假设。在当时的英格兰，其实有两种专制统治，那就是国王的专制统治和议会的专制统治。不过，这两种专制统治都无法以惯常的英格兰方式将人们带上惯常的英格兰发展之路，它们只会将英格兰人民带上一条充满残酷斗争的血腥之路。

詹姆斯的外交政策也像其国内政策一样，以彻底失败告终。除了那些惧怕他的人的一些"自愿"捐款以外，詹姆斯根本没钱来支持他的女婿，他们最后也失去了巴拉丁奈特。抱着查理娶了西班牙公主后西班牙可能会帮忙夺回巴拉丁奈特的希望，年轻的查理和詹姆斯的宠臣白金汉亲自到马德里去求婚并协商相关事宜。在当时马德里这个大背景下，神学家们的讨论、政客和廷臣的阴谋诡计以及两个年轻人的胡作非为，都快构成一部精彩纷呈的滑稽剧了。最终的结果似乎也很明显：查理不可能娶到西班牙公主，而西班牙也不会帮助查理的姐夫夺回巴拉丁奈特。

查理和白金汉这两个年轻的"外交官"垂头丧气地回到了英格兰。不过有那么一小段时间，他们倒是没那么惹人讨厌了，因为他们搞砸了一个民众讨厌的计划。白金汉回国后就获得了公爵头衔,而气败坏急的查理则强烈希望能够通过战争击败西班牙。很快,英格兰和法国就查理与法国公主亨莉雅妲·玛利亚(Henrietta Maria)的婚事展开了谈判。尽管查理和詹姆斯都曾向1624年的议会承诺过:即使查理娶了一个天主教徒,也不会让英格兰对天主教徒开放,但斯图亚特家族那典型的表里不一和不可信赖再次表露无遗。在法国国王的坚持下,詹姆斯和查理都同意英格兰人可以自由信奉天主教。

1624年末,一支一万二千人组成的英格兰军队被派往巴拉丁奈特,但法国国王拒绝让他们从法国过境。于是,他们不得不绕道荷兰。不久,缺钱少物的他们,在还没见到敌人——除了查理新岳父外——前就已经死掉了四分之三。自马德里之行后就成为查理的最亲密宠臣的白金汉公爵,发誓要在全国征收重税。他很快就会攀到权力之巅,因为查理将在几个月后(即1625年3月)登基。骨瘦如柴、步履维艰、嘴流口水、狂傲自负的詹姆斯一世最终被疾病击垮,斯图亚特王朝的首位君王就这样去世了。

殖民印度

不过,在我们翻过"基督教世界里最聪明的大傻瓜"——法国的亨利六世对詹姆斯的称呼——这一页前,我们必须注意到他统治期内的一个方面,这是最具建设性也是最重要的一点,即海外大英帝国的真正奠基。我们在前面已经提及贸易的创始,甚至是为了商业交易而出现的固定"代理商馆",而在詹姆斯治下所发生的事情则重要得多——尽管英格兰在印度和美洲新大陆的发展呈现出两种完全不同的进程。

我们在前面提过始于远东的贸易，这里面有许多分支，其中比较重要的两支分别是与亚洲大陆的印度和马来西亚群岛——包括香料群岛（即马鲁古群岛）。葡萄牙人是最先抵达这些地方的，但西班牙和葡萄牙始于1580年的短暂合并，却将这些小国卷入了欧洲政治和战争的漩涡之中，就好像紧跟在西班牙大帆船后面的小划艇一样。西班牙人已经是香料群岛和其他岛屿的主人，并成功在印度建立了殖民地。不过在一个世纪的时间里，他们对土著的极端残酷、他们的不道德、与当地人的异族通婚而导致的种族地位下降等，都大大削弱了葡萄牙人在这些地方的地位。

荷兰人和英格兰人都渴望瓜分远东地区的贸易，他们甚至还在一定程度上联合起来反对葡萄牙人。詹姆斯时代发生了几件事。其中，尽管荷兰和英格兰都曾和西班牙开战，而葡萄牙也被视为两国的共同敌人，但詹姆斯在1604年先和西班牙而后和葡萄牙达成和平协议，而荷兰则一直和这两个国家处于战争状态，直至1641年。

由于这个缘故，尽管英格兰东印度公司的船只和代理人一直在和葡萄牙人打私人战争，英格兰政府没有给他们丝毫支持，但荷兰政府却给予了其国民支持。

此外，荷兰东印度公司更加富有、强大，他们在岛上建起了堡垒并驻军。而荷兰人对英格兰人不劳而获的行为愈加心生忌恨，之前的友好合作也逐渐演变为两国商人间的战争。对抗的结果就是，在一群英格兰商人被俘虏、折磨、残杀后，英格兰人被赶出这些岛屿。英格兰人永远不会忘记这段历史，而这也是后来爆发了克伦威尔领导下的英荷战争的一个原因。

英格兰人在这些岛屿的贸易由此被中断，这也迫使东印度公司将其全部注意力转向印度。那里的局势已经大不同于早期的葡萄牙人时代了。印度南部还是被分为许多互相敌对的联邦，而蒙古人在一连串能干的统治者——如开国君主巴布尔（Baber）, 以及后来的阿克巴（Akbar）、贾汉季（Jehangir）和沙·贾汉（Shah Jehan）——的努力下，也在印度北部建立起了强大的莫卧儿帝国。其中，和英格兰的查理一世同一时代的沙·贾汉，在阿格拉兴建了泰姬陵和珍珠清真寺，以及其他很多极具魅力的建筑。

在与这个强大、高度发达的帝国接触之时，詹姆斯派了一个使节面见贾汉季，请求得到贸易特权。不过，这个所谓的"大莫卧儿"帝国多少有点担心葡萄牙人会因为其将贸易特权给了别人而不高兴。所以很显然，英格兰人首先要解决葡萄牙人。1612和1614年，东印度公司分别以两艘和四艘商船彻底击败了强大的葡萄牙海军。1622年，英格兰人还占领了葡萄牙人在霍尔木兹海峡的堡垒。

英格兰人现在再也不怕葡萄牙人了，他们在印度的声望也很高。他们在孟加拉湾附近建起了各类代理商馆或交易站。不久后，历史进入了查理一世时代。1639年，东印度公司从当地王侯那里获得了第一块地盘，并在那里建立了圣乔治堡垒，后来发展成为今天的马德拉斯市。

大英帝国在印度的扎根、发展也正是由此开始。需要指出的是，与帝国在世界其他地方的扎根一样，这些都是私人公司行为的结果，而不是政府行为。葡萄牙、西班牙以及后来法国的海外帝国，都属于政府事业。荷兰的海外帝国在很大程度上也是如此。

这样，虽然在某些方面有优势，但也会导致在其他一些方面的明显不利。比之于英格兰那毫无计划的随意为之，其他国家的做法缺乏活力和驱动力，也更不灵活。英格兰的模式使得地方政府拥有巨大的多样性，而那些离乡背井到新移居点进行贸易或生活的人也得到了更多自由。

我们还将时不时地提及英属印度后来的历史，但在这里我们要先指出一点，即那里的气候和拥挤的人口使得它并不适合殖民。英国人统治印度的故事绝对是个迷人的故事。英格兰的统治并不是通过武力强加在印度人身上的，而印度也从未而且也不可能成为不列颠民族和不列颠文明的分支。

建立新英格兰

詹姆斯一世统治期间，帝国在其他地方的扎根就不是这样子了。现在，我们必须再次转向美洲新大陆。与远东一样，新大陆也是由大陆和群岛组成，但西班牙已经宣称拥有并实际占领了紧靠大陆北面的那些岛屿。这些岛屿的气候很适合白人居住，而且上面也少有土著。尽管要在半个世纪甚至更长时间后，法国才成为英格兰在印度的竞争对手，但在建立新美洲帝国的竞赛上，英法几乎是同时开始的。

伟大的法国探险家尚普兰（Champlain），在1603年就已经溯流而上，抵达了新英格兰和加拿大海岸，并于第二年尝试在新斯科舍的罗亚尔港殖民。四年后，他在圣劳伦斯上方的陡岸上建立了一个永久性的交易点并创建了魁北克。虽然法国人将会成为整个加拿大东部、五大湖地区和密西西比河流域的勇敢探险家和传教士，但法属加拿大在很长时间内都是一个毛皮贸易中心而不是一个农业社会，其人口虽有增长但很缓慢。同时，法国的做法是选择美洲大陆的小部分地区进行开拓，这对英格兰人而言可是一件幸事。法国于1763年将加拿大割让给英格兰之前，他们一直是寡不敌众的。此外，除了荷兰人占据的纽约港附近和哈德逊河地区、少许瑞典人占据的部分特拉华的小殖民地外，法国人占据的加拿大和西班牙人占据的佛罗里达之间的整个海岸都向英格兰人敞开。

弗吉尼亚被选为英格兰人的第一个移居点。不幸的是，曾经预言弗吉尼亚将会属于英格兰的沃尔特·罗利爵士却没有机会亲自投身这个事业。他一直被关在伦敦塔，直到1617年才被释放并允许前往圭亚那地区搜寻金矿。没有找到金矿的他遇到了西班牙人，双方爆发了武装冲突。为了安抚极度不满的西班牙首相，罗利作为牺牲品被处决了。

与此同时，有两家公司在1606年获得了在大西洋海岸建立殖民地的许可。弗吉尼亚公司在北纬34度和41度之间，普利茅斯公司则在38度和45度之间——其中对两者重叠的那一长块区域还有相应的限制。普利茅斯公司在缅因州的努力并不成功，此处略去不提。但在1607年，弗吉尼亚公司派出的一伙移民在切萨皮克湾的海滨登陆，并于几周后在一个倒霉的地方建立了英格兰人在美洲的第一个定居点——詹姆斯敦。尽管存在印第安人、饥荒和管理不善等不利因素，殖民地还是渡过了难关。当然，我们真正感兴趣的并不是这个公司的局部故事，而是一些更加宏观的方面。

我们首先要留意最初的殖民特许状及其在1624年的几个修改版。特许状是用来支持政府与私人公司的合作的，也是英格兰人发展殖民地的惯常方式。另外，谁在给予此类冒险活动资金支持同样很重要。1609年版的特许状被分发给了伦敦的五十六家公司和六百五十九个人，后者中有二十一名贵族、九十六名骑士、十一名医生和牧师、五十三名船长、二十八名地主、五十八名绅士、一百一十个商人，还有二百八十二人未被分类。显然，这次冒险活动的利益——经济和其他方面的利益——广泛地分散在各个阶层。这些公司的内部事务完全是私事，但首张特许状就要求这些公司要接受枢密院的监督和检查。到1624年，私人公司的直接控制被终结，国王获得了任命总督的权利。而这个总督又有权委派当地立法机关的上议院议员，尽管下议院议员是由民众选举产生的。新大陆上的第一次公民大会于1619年召开（百慕大群岛于1620年也召开了公民大会）。

总体来说，除了个别例外，这就是每个殖民地的发展模式。自那以后，代表国王的总督和由民众代表所组成的立法机关，拥有很大程度的地方自治权，并得到英格兰国家的支持和英格兰法律的保护。

我们已经说过，英格兰的宪政发展虽然缓慢但稳定，只有在极少数的僵局中才需要诉诸武力来解决。在本章的后面，我们将不得不讨论英格兰的内战，美国的独立战争则算是殖民过程中的此类僵局之一。但除此以外，英格兰的殖民制度总体上运转得相当顺畅：这套制度保持地方自治的同时又维护了帝国的统一，殖民地也能够得到帝国的庇护。这也造就了今日的英联邦，也就是大英帝国。在指出斯图亚特王朝致命缺陷的同时，我们最起码也要知道它为海外英格兰开创了法律框架下的自由制度。

弗吉尼亚公司，如百慕大群岛的殖民开拓，都是为了追求利润的。但在他们于1620年开辟了普利茅斯定居点后，帝国的发展迎来了另一个要素，尽管这在当时主要还被视为商业性的。很多对教会现状不满的人从英格兰迁到了荷兰，这些人中包括布朗派（或称独立派）的教徒。于1606年来自斯克鲁比的独立派牧师，在几年后觉得荷兰的条件不适合他们，他们更喜欢新大陆里的新英格兰。

在综合了各种建议后，他们决定移居弗吉尼亚，并得到了弗吉尼亚公司的允许。他们没有什么钱，只能靠伦敦的一家公司为新定居点提供的资金支持。后来大约有一百人在1620年乘着"五月花"号轮船出发了。因为偶发事故，这些人不得不在科德角湾那阴冷的海岸登陆，他们还将这个地方称为普利茅斯。实际上，这个地方已经不在弗吉尼亚公司的特许状范围内了。

虽然这些移民克服了种种困难抵达了美洲，但他们却有两类不同的利益诉求。那些只占移民数量三分之一的朝圣客——这是他们在荷兰的称呼——是为了追求自由而来到美洲的。另外三分之二则是有伦敦资金支持的普通移民，他们比较爱惹麻烦且难以驾驭。而当弗吉尼亚公司准备在其特许范围外登陆的时候，秩序和治理的问题也就随之在海岸上爆发。在船上的时候，船长还有绝对的权威并能够维持秩序。就如今天一样，有些人可能会认为同样的方法也能在岸上奏效，并设想他们会指定一个发号施令者。

不过事实并非如此，他们拟定了《"五月花"号公约》。这份公约建构了一套治理规则：所有人都要遵守大多数人认可的规则。这份公约也显示出英格兰人的自治意识已经相当成熟了。这并不是一个历史性文件，也不是要突然创建一个民主国家，这只是一般的英格兰人对此类情势的正常反应，而这也有助于解释几年后克伦威尔在英格兰的独裁为什么还未开始就注定会失败。

　　这只是英格兰人用简单方法来解决麻烦并由此建构其政治生活和政治制度的另一个例子。英格兰人极少将这类麻烦看作"危机"。他们总是能够抓住关键，并建立一般性的原则。当他们被要求解决问题时，他们就像一个生意人解决日常工作中的问题那样去解决问题。在解决问题的时候，他们根本感觉不到是要提出一整套理论经济学，他们只是针对具体问题。

　　对于在12月寒冷夜晚的"五月花"号上的那些朝圣客来说，这份公约只是一点常识在必要时刻的应用，根本算不上提出一套治理理论。而民主制能够在美洲大陆稳定地发展、扩大，也是因为英格兰人的政治天性与其边境生活的必然结果之间的强大结合。不过，后者固然重要，但为什么那么多生活在边境上的人都没有实现自治？所以我们还是要着重强调难以捉摸的"政治天性"。这个政治天性有多重要，多稀缺？只需看看除了在现代大英帝国及其分支美国之外，还有哪个国家有如此稳定的民主制度就一清二楚了。

　　在詹姆斯时代，除了美洲大陆外，一些岛屿也被开辟成定居点。之前提到的百慕大群岛就是一个，巴巴多斯岛和圣基茨岛也分别于1625年和1623年成为定居点。在大陆上普利茅斯殖民地之外的马萨诸塞海岸也有一些个体移民和小群移民，他们从安角迁至如今的塞勒姆。英格兰无疑已经从单纯的对外贸易阶段过渡到在海外殖民和建立新英格兰的阶段。这对英格兰甚至全世界来说，都是一个重大的变化。在完成这个过程之前，尽管英格兰后来还失去了美洲，但它仍将会成为拥有四分之一个地球的国家并建立了有史以来的第一个，也是唯一一个海上帝国。

《权利请愿书》

继承其父王王位的查理一世,是个顽固的年轻人,而且毫无政治智慧或经验,他那君权神授的观念甚至比他父亲的还要厉害。他还有个致命的不足,那就是缺乏决断和自信。不过,他也改良了宫廷礼仪,收藏艺术品,在某些方面和场合也表现得相当绅士。但在其整个统治期间,他无疑是个不可靠的、完全不能信赖的人。这些品质甚至在其刚上台就已经显露出来了。由于曾经向法国国王许诺如果他能够娶得亨莉雅妲·玛利亚,那么天主教徒将会在英格兰得到庇护,查理在正式完婚——而且还是委托代表结婚——之前都不敢召集议会。而在召开议会的时候,为了给与西班牙的战争争取到资助,他又同意恢复对天主教徒的迫害。在短短几个月内,他就尝试欺骗和回避议会及其岳父。而且他一辈子都是如此,真是个悲剧啊。

不过,议会对上述事情并不满意,也不愿意在欧洲大陆发动灾难性的远征,所以只给了少量拨款。而且议会提出,除非查理一世任命他们信得过的首相,否则不会给他拨付更多的资金。这实际上就是直接指向腐败、贪婪、无能但又能深深影响国王的白金汉公爵。国王拒绝了议会的请求并解散了议会;他不仅不愿意牺牲白金汉公爵,甚至认为如果他只能委派下议院喜欢的大臣的话,那他也就丧失了大部分专断权。正如后来的漫长历史所展示的那样,这条路最终将导致大臣个人负责制、内阁集体负责制和君主立宪制。我们不认为当时的下议院就已经想到了这一点,因为他们根本就没想过要制定一部新宪法。

查理一世和白金汉公爵决定,如果他们能够通过掠夺满载而归的话，议会或许就会满足了。于是他们派出一支舰队去占领加迪斯，如果可能的话，也夺取那些每年从美洲运金银财宝回国的舰队。这次计划和实施都极其糟糕，最终丢尽颜面。这支部队毫无纪律可言，当他们登陆的时候，他们并没有占领加迪斯，反而都喝得酩酊大醉。而西班牙人的运宝船也成功抵达目的港。

努力建立大陆联盟的白金汉公爵，曾去到阿姆斯特丹协商并想通过典当王室的珠宝来筹款，但精明的荷兰银行家不愿意借钱给他们。于是，国王不得不再次召集议会。由于郡守们不得离开他们的郡，于是查理将那些他最畏惧的下议院领袖们委派为郡守，以防止他们参加议会。不过，在新领袖约翰·埃利奥特（John Eliot）的领导下，议会继续攻击白金汉，直至国王再次解散议会。

由于得不到拨款，查理要求他的国民为他捐赠礼物，但最后也没有得到什么东西。而后有人建议，尽管法律禁止国王没收其国民的财产，但他可以强迫他们发放贷款——而国王压根没想过要还这笔贷款。国王随即发出命令要求大家给予放贷，很多拒绝放贷的人仅仅因为国王和枢密院的命令就被关入监狱。

无可置疑，那个时期的议会对查理吝啬、小气，根本没有意识到国王那实实在在的财务需求。他们不知道国王和民众都为经济压力所困扰。我们在前面提到的物价上涨极大地改变了所有生活、所有制度的经济结构。小麦的价格在1570～1648年间上涨了250%，而诸如此类的生活必需品价格上涨必然会对整个国家造成深远影响。甚至时至今日，经济失序都可能导致一个政府垮台并改变全世界，其影响更是要远远超出那些中世纪人们的认识。国王和所有人都饱受通货膨胀的折磨，并试图逃出这个财务泥潭，但他们发现自己已经陷入这个自己根本无法理解、无法解释的困境之中。

与此同时，欧洲大陆上的事务也开始变得糟糕起来。英格兰在巴拉丁奈特的战争中被打败；白金汉率军亲征雷岛以解救罗谢尔的胡格诺教徒，但被一支法国舰队彻底击溃；他回到英格兰时，带回的士兵已不到出发时的一半。

斯图亚特王朝的第二个国王查理一世面临的问题，除了宗教问题和大陆问题外，还包括那将盛行于英格兰法律中的基础理念。其中又有两点。一是源自罗马法的，即国王是法律之源，他可以强迫法官制定和执行法律，也可以自己亲自作出决定。所谓的大主教法庭（包括星室法庭[1]）就是这样干的。另一个是英格兰习惯法的理念，尤其是由首席大法官柯克发展起来的那个理念，即法律凌驾于国王和国民之上；当现行法律需要作出改变时，也只有议会才有权力作出修改。

在都铎王朝时期，这两套法律体系能够和平相处。这是因为两个亨利和伊丽莎白没有过多索取特权，也因为很多事情在大主教法庭都能够更加迅速、经济地解决，所以他们面临的反对力量很小。都铎王朝时期的星室法庭甚至还很受欢迎。

在斯图亚特王朝，局势发生了变化。君主索取的特权已经远远超出英格兰人民所能容忍的限度。但是，当查理一世在普通法庭中塞满自己人的时候，显然，所有法庭都可能变成大主教法庭了。在那些由于拒绝贷款给国王而被关入监狱的人当中，有五位

---

[1] 15～17世纪英国最高司法机构。1487年英王亨利七世创设，因该法庭设在威斯敏斯特王宫内一座屋顶饰有星形图案的大厅中，故名。它与枢密院、高等法院等构成英国史上最重要的专制机器。

骑士向王室法庭上诉，要求得到一张人身保护令。当被带到法庭的时候，他们才发现自己仅仅因为国王和枢密院的命令就被关入监狱，甚至根本没经过审判。他们要求进行审判并要知道自己为何被关起来，或是要求获得保释。但国王的律师表示，国王一直都有无需出示理由就囚禁国民的权力，只要国王认为国家安全受到威胁。尽管法官未能就此作出裁决，但他们还是将这些骑士再次关入监狱。虽然查理不久就释放了这几位骑士，但他已经迫使英格兰人民去思考相关的问题。这些问题最终都在查理于1628年不得不召集的议会上公开讨论。

埃利奥特和托马斯·温特沃斯（Thomas Wentworth）爵士都因为拒绝给国王贷款而被关入监狱。现在，他们成了下议院的领袖，但属于完全不同的两种类型。埃利奥特是个乡绅，一心只为公共利益，而后来成为斯特拉福德伯爵的温特沃斯则想抛弃民众取悦查理国王。尽管在那个时候两人团结一致反对白金汉的贪婪、管理不善以及国王选择的方向；但值得注意的是，温特沃斯并不相信议会，他反而更信奉斯图亚特王室的政府理论——只不过，他认为查理因为将自身利益作为立足点而在实践中出错了。他和国王都强调有效率的管理而非管理理论。议会通常是无法提供高效管理的，温特沃斯认为国王最热爱这个国家，也最能够为之服务，最能带领这个国家克服所有困难。无论在国内还是海外，也只有国王才能够行之有效地进行管理。我们现在已经再清楚不过，效率和自由并不一定能够共存。有些人偏向于效率，有些人偏向于自由。他们甚至对可能导致的结果都困惑不已。当温特沃斯最终抛弃议会、皈依国王这个"迷失的领袖"的时候，这并不意味着他不爱国，他实际上只是想追求效率。

另一方面，埃利奥特则认为国王应该接受下议院的领导。如今下议院正在酝酿一个法案，即《权利请愿书》。这份请愿书主要由埃利奥特、柯克和塞尔登（Selden）等人起草，其中规定英格兰要废除戒严法、不再强制让士兵驻扎于人民家里、不再强制贷款给国王、没有议会的同意谁也不能课税、不能再以莫须有的罪名监禁人民等。查理想拖延着蒙混过去，但由于需要议会拨款，最终还是被迫让步并签署了这个法案。作为回报，他也获得了一笔巨额拨款并足以让他进行另一次远征——目的是给罗谢尔解围。这次远征本打算由其心腹白金汉公爵领导，但在启航前，查理的这个宠臣就被暗杀于朴次茅斯。

不过，财务问题并没有得到解决。依照过去的惯例，议会会给每个统治者某些关税，也即吨税和磅税；但查理从来没有得到过这个待遇，因为他自己还在征税。议会现在同意按年度给查理拨款，同时依照《权利请愿书》要求国王在没有议会同意的情况下不可以征税。从《权利请愿书》的意义上来说，这是否是严格意义上的税种已没有实际意义，但如果国王愿意就能征税的话——实际上这已构成了王室收入的三分之一——那么他在没有议会的情况下也能过得很好。

宗教问题也开始涌现出来。查理曾经宣布将来不能公开讨论有争议的问题。这可气坏了下议院。当埃利奥特希望从议会权利的立场提起吨税和磅税——许多议员的货物都被征了这种税——这个问题的时候，另一个乡绅约翰·皮姆（John Pym）大声呼吁议会不要那么狭隘而要从"国家的自由"这个角度去思考问题。埃利奥特的动议最终获得通过，但当他们要求那些在海关扣押了货物的官员到下议院来听证时，国王拒绝了。

国王和下议院间发生了直接冲突，查理下令议会休会。但在休会期间，他并没有找到解决问题的方法。议员们重新开会的时候，当下议院院长站起来宣读国王要求再次休会的命令时，他被推回到座位上，而埃利奥特接着宣读了事先准备好的三项决议。这些决议宣称，那些没经议会同意就对宗教、吨税和磅税进行改革的人，或是那些私自征税的人，都是国家的敌人，也是自由的背叛者。尽管这些决议引起了骚动，但后来在大门紧锁的议会里被再次宣读并得到热烈"赞同"。国王随即解散了议会。而当议员们冲出敞开的议会大门之后，下议院在接下来的十一年中都没有再召开过。国王和人民之间的斗争，最终以人民沉默、国王独裁告终。

第十二章 / 走上断头台的专制国王

通过开除公正的法官、拒绝召开议会，国王查理一世实现了最大限度的专制。政府治理中一直存在的个人专制实验，现在终于正式开始了。作为议员，埃利奥特和其他两个人都拥有特权，但他们还是因为在下议院的言行而被关入伦敦塔。埃利奥特死于伦敦塔，其他两人则等到了十一年后再次召开的议会。期间，国王一直在没有授权的情况下征收关税。其中有一个商人因抱怨英格兰的关税高于他和他的同伴在土耳其被征收的关税，也被监禁并罚了两千英镑。国王的其他敛财方式虽然得到了法院的支持，但也激起了诸多反对。

其中一项就是所谓的"造船税"。在过去，国家对港口城镇征税以供海军之用，但在1635年，国王决定不仅在港口城镇也在内陆城镇征收造船税。他可能想着既然建造海军是为了整个国家的利益，那么整个国家都应该为此作出贡献。但这个做法违背了惯例，而且英格兰人也抱怨国王违背了《权利请愿书》的规定，即未经议会同意就征税。法官支持国王的行为，并说在危急时候，国王有权做对国家有帮助的事情。而什么时候算是危急时候？国王说了算。

显然，如果查理能够从其他途径搞到钱，他就不会召开议会并让自己拥有绝对权力。1638年，一个内陆乡绅约翰·汉普顿拒绝上缴造船税。这个案子最后提交给伦敦的十二名法官裁决。虽然汉普顿最后败诉——七名法官反对、五名法官支持——但那些支持他的法官的观点开始在全国散播，人们认为这才是正确的判决。

新大陆移民潮

查理的政策的推行主要依赖两个人：托马斯·温特沃斯和威廉·劳德大主教。前者被派往爱尔兰任总督，在那里实施了冷酷无情的政策，1639年回到英格兰后获得了斯特拉福德伯爵的头衔，并成为国王的首席顾问。劳德大主教也信奉那被称为"绝对专横的政策"，并让国王成为各行各业、各个阶层人士的敌人；也正是他希望强化教会的纪律和权力。他还要求禁止所有教会之外的讲道，教会内部的仪式也被修改了，并且完全违背了清教徒的信念。清教徒和不信奉英格兰国教的新教徒遭到迫害。而星室法庭和最高法院简直为所欲为，直至它们为人民所唾弃、仇恨。

劳德关于教会和教士的权力观简直就是中世纪的观念，他甚至还让宗教法庭判罚了大量普通教徒——只因为他所谓的罪行。英格兰人反对教权主义之路可谓漫长且艰辛，而如今却似乎又要重新来一遍。劳德的教会观与查理的宪政观臭味相投，各地牧师的宣讲也在支持国王的特权及其君权神授观念。对清教徒的迫害火速升级,而对天主教徒的宽容则显著扩大——这部分是因为王后的影响,部分是因为劳德的倾向。我们也将会花点时间提及这两项教会政策在海外的重要发展。

与此同时,将持续二十年的商业不景气和不确定性也开始显现,人们切身感受到了这种变化。所有事情——商业、与国王关于宪政的争吵、新的宗教迫害——都让英格兰各个阶层中很多优秀的人士觉得前途渺茫、黯淡无光;于是出现了大规模移民,他们希望在美洲和西印度群岛重建英格兰族群。在查理解散议会后的大约十二年里,估计有六万五千人移居新大陆,其中超过两万七千人定居在新大陆的各个殖民地,而大约有三万八千人则生活在一些岛屿上,如圣基茨岛、百慕大群岛、巴巴多斯岛、安提瓜岛、圣卡西亚岛、圣尼维斯岛等。

尽管并非出于本意,但事实上查理和劳德在很大程度上可以说是大英帝国横跨大西洋的真正创始人。移民得以毫无限制地移居海外,而这些新的领地如新英格兰和美洲的很多其他地方起到了安全阀的作用,舒缓了民众对故国或旧居住地的不满。

英格兰不仅对移居毫无限制,而且相关特许状也很容易获得且条款宽泛,宗教迫害和政治迫害也不会漂洋过海去迫害殖民者。其中最重要的特许状之一就是授给由卓越的清教徒控制的马萨诸塞湾公司的。他们中的很多人都是担心政治局势持续恶化而把新大陆当作避难所,其中包括沃里克伯爵、伦敦塔里的囚犯汉普顿、皮姆、约翰·温思罗普(John Winthrop)等人。

这些人对新英格兰和西印度群岛都感兴趣。尽管新英格兰的人口有那么一段时间内要少于西印度群岛上的人口,但它在将来的重要性,对其自身历史及其帝国而言,却要大得多。马萨诸塞湾公司的特许状实际上是给予贸易公司的一般特许状，但与众不同的是，这个特许状被应用到了殖民上。通过贸易公司成员们的一系列诠释，这个特许状不再是一份贸易特许状，而是一个自治社区的成文宪法。

由于迫害或是宗教分歧，其他新英格兰殖民地如罗德岛、康涅狄格、新罕布什尔和纽黑文（纽黑文后来还与康涅狄格合并了）逐渐发展起来。它们在一定程度上也可以算是马萨诸塞的分支。所有这些地方的教会组织彼此独立，而这些移民的特性、边疆生活的环境以及远离英格兰的控制等，都有助于他们创建一个民主、独立的国家。无论如何，殖民特许状赋予了他们通过选举来组成下议院。关于这点也已经在弗吉尼亚公司的案例中介绍过了。马里兰的情况也是如此。尽管授给马里兰殖民地的特许状在有些方面并不一般，但它建立起了与英格兰的达勒姆所享特许相似的伯爵领地。这个地方被授予巴尔的摩勋爵，他是一个天主教徒，因而天主教徒可以在那里坚持自己的宗教信仰。这也算是这个时期的异常现象，国王和劳德正在国内镇压政治自由和宗教自由，同时又在将民选政府和宗教宽容的模式撒向正在快速发展的帝国其他角落。

他们也许已经意识到了将这些出于某种原因而对英格兰心怀不满的人转移到海外的价值所在，而事实上，此事的影响也的确相当巨大。不过，无论如何，谁想造反都很难。虽然查理没有军队，但另一方面，拥有大量封臣、能够反对他的大诸侯也不存在了。

如今的英格兰人已经习惯了国内的安宁，并习惯于用议会的和平手段来发泄不满——其实主要就是通过拒绝给国王拨款这种方式，直到获得补偿为止。英格兰人也不习惯通过秘密组织来解决问题，因此，如果没有议会，那就意味着没有领导。而如果国王不需要金钱，他可能就不会召集议会，那么个人独裁和教会就会插手国家事务。尽管这种行为会激起深深不满，但仍可能会持续很长一段时间。

查理一世在苏格兰自掘坟墓。虽然苏格兰已经有了一个议会，但重要性不明显，查理因而认为他可以轻而易举地在苏格兰实现个人独裁。不过，他忘了一点：在英格兰是国家统治教会，而在苏格兰很大程度上则是教会统治国家。在英格兰，查理已经因为攻击国家而唤醒了民众，现在他则因为攻击苏格兰人的教会而唤醒了苏格兰人。此外，一旦被唤醒，苏格兰人可要比英格兰人更容易诉诸战争。尽管封建制度基本上已经被消除，但苏格兰人的氏族生活依然保留，而且他们还能够召集军队的领袖并能够迅速对敌人发起攻击——而这正是爱好和平与贸易的英格兰所缺乏的。

苏格兰也有大主教，但他们基本上都是国王的人，而民众则强烈地信奉加尔文教派和长老会。如果国王不加干预，那么事情可能一直处于休眠状态，因为贵族和大主教共同致力于维持秩序。但昏头昏脑的查理决定在1637年将英格兰《公祷书》的修订版强加于苏格兰教会，并提拔了一些大主教担任要职。

教士立刻被唤醒，贵族也站到了教士那边，他们因教中要职落在大主教手里而气愤，并深恐劳德会命令他们归还他们从教会那获得的土地。爱丁堡随之发生暴乱。第二年年初，苏格兰全境签署了一份盟约：他们不接受查理强加的新仪式，而要延用之前的旧仪式。在那一年，国王试图妥协，甚至撤销了要求使用新《公祷书》的命令，并作出了其他让步。

11月，他们在格拉斯哥召开了全体代表大会，他们无视国王特派员的命令，拒绝解散军队，要求罢免所有大主教并建立长老制。从他们无视国王要求解散军队的命令来看，他们实际上相当于罢免了国王。查理没有向议会要钱，他带着一小支他所能集结的军队朝北方进发，但他甚至都没法让这支军队团结起来。当在爱丁堡的全体代表大会和议会确认废除主教制度时，他开始为下一次攻击作准备。不过，这就必须要有钱才行。于是，从爱尔兰回来的斯特拉福德伯爵建议在爱尔兰和英格兰召开议会。

激烈的宪政斗争

爱尔兰议会立即同意支持查理攻打苏格兰人并答应提供物资，他们希望这样做能够让查理赐予天主教徒自由。不过，英格兰议会在他们的不满得到补偿之前是不会有任何举动的。这次议会在三周内被解散，因此被称为短期议会。要求远远得不到满足的英格兰人宁愿放任苏格兰人。决定要持续这场战争的国王查理的地位，也因为他这次筹款——虽然只有一点点——给他带来的耻辱而下降了。查理设法通过赊欠的方式买入大量辣椒，而后以低价卖出。不过，这点收入并不能挽回他们在纽伯恩的败局，因为这些士兵都是被强迫征调入伍的，他们心不甘情不愿，毫无斗志。查理在约克召开了一次贵族会议，但这些贵族唯一的建议就是召开议会。

这次被称为长期议会的议会，是议会史上最重要的一次。事实上，诸如特里维廉这样的权威都称之为"英语族群的政治历史上的真正转折点"。查理通过在与苏格兰的战争中获得进展暂时稳固了其权力——除非他财务上破产或是遭到其两个王国的公然反抗。而新议会的权力则集中在下议院，下议院同时还唤醒了上议院。

在与斯图亚特王室那持续了超过一代人的宪政斗争中，议会已经变得与都铎王朝时期大不相同了。在都铎王朝，枢密院制定商业发展策略，最终提交议会裁决。但在斯图亚特王朝，因为国王们那君权神授的观念以及他们无法理解英格兰人的宪法或是英格兰人的特性，议会遭遇了一系列危机。而这些危机又使得议会成熟起来并承担起立法职责。现在国王面对的是一个成熟、严厉的立法机关，其成员中有一些很有才干的人，他们甚至还可以说是这个国家的象征，如皮姆、海德、汉普顿、福克兰等。

在历史中，有些事实是比较确定的，如日期等，这在很多时候甚至都可以达到确定无疑的地步，所有历史学家都对此毫无异议；但历史上也有些事实的确定性没么高，这些基本上都是关于推论、诠释、个人意见等方面的。比如，尽管我们发现一个政治家记下了其某些行为的确切动机，但我们仍然不能确定这是否真实。因为他有可能本来就想欺骗后人，或是他虽然相当诚实但也有可能自己都没有意识到。而且一个重要行动的背后动机往往是相当复杂的，其范围可能包括从国家与宗教事务到一些私事，如经济状况无法支持七个或是八个仆人了，所有这些动机都可能是引致约翰·温思罗普移民并成为马萨诸塞奠基人之一的原因。历史学家不是神，他们不可能看穿人类内心深处的秘密，他们也很难区分真假动机，更不用说在多个真实动机中看出孰重孰轻了。

也就是说，历史中有"科学的"部分；但有些部分反映的不是科学意义上的正确，而只是历史学家对事件的诠释——历史学家的性情、观点和理想也就不可避免地会投射到上面。此外，当前的思想倾向也可能影响到人们对历史事件、历史人物的解读，而我们今天生活的世界又是历史造就的。思想之潮可丝毫不亚于大海之浪。

我们之所以在这个时候谈起这个话题，是因为很多人反对个人统治的信念正在逐渐减弱。当前有个明显的趋势，那就是以牺牲议会为代价来抬高斯图亚特王室的历史地位。长期议会的确从一开始就倾向于采取更具革命性的措施，而国王的态度则倾向于维持传统、坚持旧宪法。宪法从来都不是静态的，即使是成文的宪法也不是静态的。而现在，是时候要解决统治者和议会之间的那些宪法问题了——不过我们很难说这是统治者与其人民之间的问题。

斯图亚特王室并非都铎王室，而斯图亚特王室的专制甚至还曾被误认为是仁慈的专制统治。由于缺乏政治才能，而且未能正视其人民，斯图亚特王室的专制统治怎么也算不上是仁慈的。现在，是时候变革了，必须修改宪法以满足国家发展中的新需求和新阶段的需要。事实上，坚持旧宪法并阻止宪法随着人民的发展而发展的做法，与采取措施创造新条件下的和谐一样，也可以算作一项革命性举措。虽然在某些方面，王权比议会更具全国性，但可惜的是，查理没有认识到这一点。虽然很多议员都是受自私的动机所驱动，也尽管民选机构的发展将会被接下来十年中的事件所阻碍，但我仍然认为，从长远来看，这并不能证明斯图亚特式的专制统治能够比议会那暴风雨式的做法更好地服务于民选政府。

无论如何，在查理最需要帮助的时候，他最为倚重的两个人劳德和斯特拉福德都被关在伦敦塔里，后者甚至还被弹劾。在1640～1641年，议会继续剥夺国王宣称拥有的诸多权力，而且这项工作看似永远也做不完。查理被迫签署法案，同意不管统治者是否召集，议会都必须至少三年开一次；另一个相对没那么有根据的条款是，除非议会自己同意，否则任何人无权解散议会。这也就意味着议会成为一个无限期的常设机构，它不对国王也不对国家负责。议会还通过法案废除了星室法庭、高等法院以及其他一些特权法庭，限制国王对王室林地的索取，禁止国王向那些拒绝成为骑士的人罚款，宣布征收造船税、吨税和磅税是非法的，没有议会授权就关押人民的行为也是非法的。

为了更好地确保胜利果实，议会还决定将斯特拉福德的罪名改为叛国，并剥夺其财产和公民权；上议院也不得不同意了这份诉讼结果。查理和王后还密谋用武装力量来镇压议会，并想从伦敦塔中释放斯特拉福德伯爵。

不过，国王的阴谋最终还是暴露了，这也为上下两院敲响了警钟。唯恐雄才伟略的斯特拉福德伯爵出来继续为国王效力并帮助国王摆脱议会强加给他的限制，议会通过了褫夺斯特拉福德公权的决定。在整个会议期间，长期议会很重要的力量源泉就是伦敦市民那始终如一的支持。他们甚至聚集到位于白厅街的英格兰政府前要求处死斯特拉福德伯爵。被愤怒的暴徒所惊吓的国王签署了法案，斯特拉福德伯爵也随之被砍头——尽管国王之前曾向他许诺过会全力保护他。当国王这个最有才干的支持者伏首垫头木，等着蒙面刽子手的斧头砍落的时候，他小声说了句让英格兰人至今都铭记在心的话："千万不要相信国王！"我们在前面已经提过斯特拉福德的政治哲学。他坚持了自己的立场，但其政治哲学要想在实践中获得成功所必需仰赖的君主不仅抛弃了他，而且君主的这种行为也表明他没有能力在斯特拉福德的体系中扮演奠基石的角色。斯特拉福德的体系要想运作良好，离不开国王与他的亲密合作。斯特拉福德的体系最终不能奏效的原因，除了民众对劳德与斯特拉福德两人的政策不满外，国王自身的软弱是最重要的原因。不管怎样，斯特拉福德被处死是历史的转折点，而这也将导致国王自己被送上断头台。

《大抗议书》与英国内战

如果国王愿意接受其新位置，也即我们所谓的立宪君主；而且，如果不是因为宗教问题，英格兰已经达到的宪政平衡或许已为现代英国体制的更加快速、和平的发展奠定了基础。但遗憾的是，查理不愿意这样做，而宗教问题也已抬头。

议会解散了规模很小的英格兰军队，而苏格兰人也退回他们国内，但国王查理却别有用心地去了爱丁堡。很多人认为，国王试图集结一支苏格兰军队来对付英格兰。不过，如果这真是国王的目的，那他显然没有成功：他后来只身一人回到英格兰。与此同时，爱尔兰发生骚乱。爱尔兰的天主教贵族许诺如果查理同意他们接管爱尔兰政府，他们就向他提供一支爱尔兰军队。因谈判被推延而焦躁不安的爱尔兰人试图占领都柏林，同时还屠杀了好几千个英格兰和苏格兰移民。为了维持在爱尔兰的统治和秩序，英格兰需要派遣一支军队到爱尔兰。但谁来领军，议会还是国王？

如果是后者，那么他真正想对付的可能就不是爱尔兰人，而是英格兰议会。

与此同时，宗教问题也将议会分为两派。两派都反对劳德提出的变革，但是一派认为拯救之道是废除主教制度，另一派则害怕这样会导致长老制。所谓的《废除主教制议案》主张废除大主教，但未能在下议院通过。这些在宪政问题上团结一心的议员们，在宗教问题上意见分歧很大。比如，汉普顿和皮姆就与海德和福克兰形成对立。

1641年11月，细数国王过失的《大抗议书》引起了议员的激烈争论，大家意见分歧明显。这个议案要求国王只能聘请那些对议会负责的大臣，宗教事务只能由议会委派的机构来处理。海德和福克兰领导的那派认为，由议会来控制教会将会导致长老制替代《公祷书》和英格兰教会。让军队听命于议会而非国王也让他们犹豫不决。允许两套教会制度同时存在的思想观念及其实际政治可能性，还要在很久的未来才出现。由于之前同在一条战线上反对国王的人分裂成两派，而通过获得诚心诚意献身于英格兰教会的那批人的支持，国王本可以轻而易举地和平获胜。但查理却想着通过武力夺回权力，这注定了他永远不可能成功。

大主教也同样犯了错误。伦敦的民众在街上辱骂大主教，而当一个大主教被人群推搡的时候，他和其他十一个大主教提出抗议：没有他们在场的话，上议院的所有决议都是非法的。这就惹怒了贵族们，使得后者暂时站到正在对这十二个大主教提出控诉的下议院阵营。而这又有助于团结那些反对国王的人。

查理随后对那些反对他的议会领袖提出控诉，包括下议院的皮姆、汉普顿、霍尔斯、斯特罗德、黑兹里格，以及上议院的金博尔顿。1642年1月4日，他亲自带着五百名武装随从闯入议会以叛国罪的罪名逮捕上述五人。但这些人早已逃走。行动失败的国王不得不离开议会，此时四面八方响起震耳欲聋的叫喊声，议员们高声大呼"议员权"。伦敦宣布支持下议院，国王被迫离开伦敦向北逃去，并在约克住了下来。现在，国王和议会都在召集军队。8月22日，国王查理在诺丁汉祭旗，内战由此开始。

这既不是19世纪的美国那样的地区冲突，也不是18世纪的法国的社会冲突，而是关于宗教和宪法原则的冲突。它完全不同于爱尔兰的血腥大屠杀，也不同于欧洲大陆那恐怖的三十年战争，它是一场仁慈的战争。总体来说，国王势力主要集中在西部和北部，这里有贵族、天主教徒和拥有地产的旧绅士阶层；而议会在南部和东部城镇里力量占优势，他们的主要力量来自商人阶层和清教徒。起初双方都没有军队，但国王有一个能干的指挥官，即他那年轻的侄子鲁珀特亲王。而议会后来则争取到了海军的支持，还有伦敦城及其财富与财务资源。

起初，双方都要依靠个人财力来供养步兵团，但战争的决定性力量还是骑兵。在战争之初——事实上是在奥利弗·克伦威尔拉起并训练其铁甲军之前，鲁珀特亲王的骑兵可谓所向披靡。在埃奇希尔战役（The Battle of Edgehill）这场首战中，他的骑兵就起到了决定性作用。但当查理在没有鲁珀特的协助下向伦敦推进的时候，国王的军队在特南格林被英格兰的民兵队击败。国王查理也退回牛津。

1643年，保王派计划从三个方向再次对伦敦发动战略性袭击，但他们的部队太分散了，以致虽然取得了一些小胜，但整个计划还是归于失败。这部分是因为士兵没有能够定期领到军饷，他们也没想过要长期作战，还因担心后方受到攻击而不想远离他们的家庭和财产。8月，国王亲自率军围攻格洛斯特，但格洛斯特得到了伦敦的支援。在发动第一次纽伯里战役（First Battle of Newbrry）后，国王就因为缺乏弹药而被迫撤退。

议会党人成功地守住了北方的赫尔港口和西部的布里斯托尔，这对这次内战起到了举足轻重的作用。他们还通过形成东部联盟，逐渐在五个东部郡县里建立起强大的防御体系。克伦威尔就是东部联盟的领袖。克伦威尔丝毫不关心其士兵属于什么社会阶层，也不关心他们属于哪个教派，但要求他们的精神、品质和意愿都要顺从于铁的纪律。在晚夏，他们在盖恩斯伯勒和温斯比取得了首次胜利。但显然，他们无法在短期内取得决定性胜利，这个国家注定要陷入持久内战了。

内战双方都试图通过谈判来获得外部帮助。查理想得到爱尔兰的帮助。爱尔兰的天主教徒提出如果查理能够接受爱尔兰议会主要由天主教徒组成的话，他们就为他提供一万人的军队。但这个谈判进展缓慢。皮姆则幸运多了，他很快就得到了苏格兰的支持。他与苏格兰人签订了《神圣同盟和公约》。根据这个盟约，英格兰议会的议员及其支持者要宣誓"依照最好的教会改革例子来进行英格兰教会的改革"。所谓最好的例子，在苏格兰人看来就是长老会。这句话中还加了这句："这是遵从上帝的旨意。"这句话很难挑出毛病来，但每个人又都可以有不同的理解。不过，苏格兰人还是同意了。在收到英格兰议会的拨款之后——而查理则非常缺钱——一支苏格兰军队在经验丰富的杰出将领大卫·莱斯利的率领下，于1644年1月越过特威德河进入了英格兰。

不幸的是，宗教问题再次在后方造成分裂。尽管神圣的威斯敏斯特会议已经决定大体上接受长老制,但一大部分普通教徒却对此深恶痛绝。会议中有个小群体渴望建立这样一套制度:每个教派都不受总部的干涉和监督,他们因而被称为"独立派"。这个观点很对克伦威尔和亨利·范恩(Henry Vane)的胃口:克伦威尔对宗教事务一向比较宽容,而范恩则在此类制度盛行的马萨诸塞生活过一段时间。

另一件不幸的事情是,议会里最好的政治家皮姆去世了。因为皮姆的去世以及英格兰与苏格兰的军事联合行动,这两个国家成立了一个由英格兰议会议员和苏格兰的议会理事组成的委员会。尽管大敌当前,而且议会党人还存在分裂的风险,不过在议会党资助下的1644年的战斗中,他们还是在马斯顿沼泽取得了对保王党人的辉煌胜利。而这次胜利在很大程度上要归功于克伦威尔的将才及其新军。另一方面,埃塞克斯的失策及其在康沃尔的失败、曼彻斯特伯爵的粗心大意,最终让国王在第二次纽伯里战役中逃走了。而这也导致了议会里的争吵,进而挑起长老会派与独立派之间的纷争。前者想要结束战争,而后者希望继续战斗直至获得最后的胜利。

克伦威尔反对长老会的将军曼彻斯特伯爵。显然,如果前线将领对战争的结果甚至是继续作战的愿望都达不成一致意见的话,是根本不可能取胜的。支持克伦威尔的议会决定对统军将领进行大换血。依照著名的克己条例,每个军官都要写一份辞职信。议会最后推选托马斯·费尔法克斯(Thomas Fairfax)为总司令,克伦威尔为其副职,统领骑兵。这个决定实际上就是支持独立派,反对长老会——最起码在战争期间是如此。

从军事角度而言,这两个人是最好的选择。除此之外,许多不合格的士兵、不称职的低级军官都被一心只想着赢得胜利的硬汉们所取代。此外，议会还创建了新模范军。这支军队的主要特点就是，他们军饷很高且定期发放，而且发放者是议会而不是地方政府或地方组织。议会终于有了一支自己的军队，他们不仅表现优异而且不再受地域限制。此外，这支军队纪律严明，严令禁止抢掠。另一方面，保王党的军队，疾病连连且经常领不到军饷，战斗力和士气都不断衰败。领不到军饷的他们就到处抢掠，民众也就越来越不喜欢他们，甚至害怕他们。

新模范军的计划是找到国王并击败其主力军——不管他们在什么地方。两军最终在纳西比遭遇。主要得益于克伦威尔的骑兵，议会党人获得了决定性的胜利：国王的军队基本上被完全消灭，不过查理自己逃脱了。接下来就是一系列针对国王的搜捕和围困。国王最终于1645年5月投奔了苏格兰人。同年6月，牛津伯爵投降，史上所称的第一次内战也宣告结束。

苏格兰人希望查理能够同意在英格兰建立长老制，但查理拒绝了；于是苏格兰人基本上把查理当囚犯看待。查理还就议会坚持的条款故意拖长谈判时间，不过当苏格兰人最终感到查理没什么用处的时候，他们在英格兰议会同意支付军队的军饷后将查理交给了议会理事，而后者则将国王囚禁于北安普顿郡的霍姆比庄园之中。

处死国王

然而不幸的是，跟世界大战及其他战争一样，一个能够高效率参与战争的政府不一定能带来和平。议会现在的航向终将导致后来的独裁和斯图亚特王室的复辟，不过在这之前还要先经历与查理一世的第二次内战。国家渴望和平，这样交战双方也能够少遭受些苦难。与通常一样，这次问题也出自立法委员。议会中的长老会教徒愿意接受查理提出的成立长老会并持续三年的条件，并在这三年内确定教会的最终形式。由于议会的军队主要由独立派组成，长老会对军队的惧怕尤甚于对国王的，尽管这种害怕毫无缘由。本来，议会只要付给军队报酬，应该是能够和平解散军队的；但议会却犯了一个致命的错误，他们只付给士兵一部分报酬。这真是一件让人难以置信的蠢事。

军队立即暴动，反对议会及其长老会领袖，并拒绝解散。其中霍尔斯还被绞死。克伦威尔支持他们得到公道报酬的要求，也支持要宽容各种教派；但他同时也意识到如果军队不受控的话，那么将会给文官政府带来威胁。

为了个人利益和长老会的利益，长老会的领袖随后参与了劫持查理并试图让苏格兰人入侵英格兰的阴谋。长老会的阴谋泄露后，克伦威尔将查理转移出霍姆比庄园。议会随后开始在伦敦召集一支主要由长老会教徒组成的新军队。但新模范军要求将十一位著名的长老会领袖驱除出议会。作为对这个要求的回应，伦敦民众闯入议会恐吓那些独立派成员，遭到恐吓的独立派成员逃往军队寻求保护。剩下来的长老会成员投票赞成武力抵抗军队，作为回应，新模范军往伦敦进军，占领了威斯敏斯特宫和伦敦塔。

克伦威尔倒是真心渴望能够通过一些和平的、合乎宪法的方式来解决问题。他以军队的名义与国王联系，并草拟了一份《建议纲领》，其中的建议包括两年召开一次议会，并给予除了天主教徒外所有教派成员完全的信仰自由。不过，这样都还不能让议会感到满意，而军队也越来越不受管束。军队扬言要清洗议会甚至审判国王，还提出了一部更加民主的宪法，即《人民公约》，并威胁说如果再得不到认同就准备兵变。

查理试图逃往海岸，但未能成功，最终被囚禁于怀特岛的卡里斯布鲁克城堡。不过，就在克伦威尔镇压兵变并努力寻找解决方法的时候，国王又与苏格兰议会的理事就入侵英格兰一事进行谈判。英格兰议会也相当愚蠢地没收了保王派的财产，并导致众多地区的民众反对议会。这些民众被打败之后，都服帖地放下了武器。这样很具英格兰特色，只要是公平斗争，人们就愿打服输。民众也已经厌烦了军队，不愿再为他们买单了。

随之发生了许多暴动，加上之前的死灰复燃，第二次内战随之爆发。费尔法克斯和克伦威尔都再次披挂上阵。议会则紧接着通过了一部镇压异端邪说的法案，继续它那为所有人反对的疯狂政策，甚至后来还准备接国王回国并为此与国王展开谈判。

查理一世一生中都反复无常地对待那些为他工作或是与他谈判的人，他不久就会遭到报应。军队已经厌烦了国王和议会，于是将国王强制收监。当下议院于1648年12月5日宣称要与国王和解的时候，普莱德上校于第二天带着一小群士兵闯入议会并武力驱逐了所有保王派成员。

1649年1月1日，议会经过"普莱德清洗"后剩下的议员提议由高等法院来审判国王，而且上议院议员不得参加这次审判。几天之后，下议院仅剩的议员宣称他们就是代表英格兰人民的最高权力，并成立之前提议的高等法院。开审判大会的时候，要找到足够的人坐在这个特别法庭里不容易，最终有六七十人参加。在这个完全不合法的法庭上，查理拒绝辩护，并被判刑。1月30日，查理在白厅前的断头台上被砍头。他是英格兰历史上第一个也是唯一一个被处死的国王。

在斧头砍下查理头颅的那一刻，围观的群众发出惊恐的叫声，英格兰这个国家也随之驶入了一片危险的未知海域。这把斧头砍断的可不只是国王的脖子，它还切断了英格兰人在过去那么多个世纪里已经习惯且变得合适的历史、法律和制度。在当时的伦敦，无论是国王的朋友还是敌人，随着国王被砍头的消息一天天地传遍全国的各个教堂、庄园大宅和村舍，他们都担忧地轻声问自己：接下来的命运会怎样？

第十三章 / 护国公和短命的共和国

处死了国王之后,英格兰面临的局势可以说是危急到了极点。苏格兰人因为国王被杀死和长老制遭背弃而准备起义;而所谓"与爱尔兰的统一"则基本上只是英格兰人的臆想,而且爱尔兰还跟苏格兰一样,与查理一世那年轻的儿子(即后来的查理二世)有密谋;部分海军转投王室,而由鲁珀特亲王控制的英格兰船只也正在掠夺其他船只;除了那已经半独立且主要以清教徒为主的新英格兰外,其他在新大陆的殖民地也威胁着要脱离英格兰;马里兰、弗吉尼亚、巴巴多斯岛、圣基茨岛、安提瓜岛和百慕大群岛都出现了麻烦。

英格兰不仅面临来自帝国内部的种种威胁,而且欧洲大陆上的几乎所有国家也都对它怀着敌意。年轻的太子也看似很有机会在国外势力的支持下夺回王位。即使在英格兰国内,在国王死后,民众也有一种强烈的反感情绪。尽管这种情绪常常被夸大了,但在共和国的早期,这种情绪和在上一章末尾提到的那些因素的确为政府的治理制造了很多困难。

此外，与历史、旧制度和旧方法的决裂也来得过于突然，很多英格兰人并不喜欢。最重要的是，新政府不仅谈不上是合乎宪法的，更糟糕的是，这个新政府怎么说也不是建立在被统治者的同意基础之上的——这也是下个年代面对问题的关键所在。我们将会看到，这个实验终以失败告终——尽管不是彻底的失败。不过，另一方面，英格兰将在三年内重建对帝国其他部分的控制，并成为欧洲畏惧的对象。而这又要归功于某些领袖的努力，其中最主要的就是克伦威尔。至于那个因为自身的致命缺陷而无法代表民意的议会所作的贡献，就几乎可以忽略不计了。

关于这十年的历史，最有意思的观点之一就是：一旦那套人们已经习惯的、合乎宪法的政体被推翻后，随之而来的几乎总是个人或小群体的专制统治。这个观点在历史中不断地被证实，以致我们对此都已经耳熟能详了。

不过，我们必须一如既往地考虑到一个民族的特性以及整个事件，尤其是处死国王这件事情。处死国王，这完全不符合英格兰民族的特性。他们通常都倾向于妥协、调解，而不喜欢暴力和血腥——只有在其他道路被完全堵死的情况下（而这种情况本身就是极少见的），他们才可能采用这种方式。这种解决问题的暴力方法在过去的三百年中只发生过两次，一次是因为斯图亚特王室不能以传统的方式解决问题，另一次是美国独立战争，而且这两次中都有一大部分人民反对这种暴力方式。

当一身黑衣的蒙面刽子手拎起查理一世的头颅向惊骇的人群展示的时候，迫在眉睫的问题就是：谁或什么将统治英格兰，保卫英格兰，恢复和维持秩序？首先，英格兰不乏能人，他们在革命时期也作出了卓越贡献，其中一些甚至可以列为英格兰历史上最伟大的人物。随着激情消退,克伦威尔的形象越来越高大。他有着英格兰人典型的现实主义风格,也总是用最简单易行的方法来解决问题。他与同伴都不只是狂热分子,还真心实意地献身于公共利益。在善变的、不可信赖的、顽固的斯图亚特王室给国家带来的危机中,克伦威尔有时毫不犹豫地在没有法律授权的情况下推进一些工作。尤其是在审判和处死国王这件事情上,克伦威尔自己其实并无权这么做,他也清楚地知道他的所作所为没得到宪法的授权。然而,如有可能,他也倾向于用宪法手段来实现管理,并且一直都在为此而努力奋斗,但事实证明这样完全行不通。不过,他比其他领袖更有常识,也更能领会所谓的政治可行性,因此知道必须用此类方式来克服随之而来的种种问题。

这些人中也包括名将罗伯特·布莱克(Robert Blake)。布莱克将要改变其职业并最终成为可能是英格兰历史上第三伟大的海军司令官。此外还有范恩、艾尔顿(Ireton)、弥尔顿(Milton)和蒙克(Monk)等人,其中蒙克还将在这出戏的最后一幕中出演主要角色。

至于政府,君主制已经成为历史,上议院实际上也不存在了;而且经过"普莱德清洗"后,即使是下议院也只剩下部分代表,只能组成"残缺议会"了。但这个残缺议会的存在只能被当作是对议会政府的拙劣模仿。最重要的军队,也跟全体国民一样,内部产生了分化:其中有一部分具有极端民主化倾向,被称为"平等派",他们支持的政府形式是暂时无法实现的,因此他们也遭到了克伦威尔的镇压。弥尔顿将政府与人民的契约视为政府的基础,后来的许多宪法斗争中耳熟能详的"所有人生而自由"这句话就出自弥尔顿。弥尔顿的这个被延伸也被曲解的信条,就像一杯烈酒被灌入军队和其他地方的许多人头脑里。在当时那个混乱的时代,这个信条也导致政局混乱，而不能带来君主立宪制或是民主立宪国家。

残缺议会的第一个举措就是宣称其现有成员就是一个议会，英格兰也因此成为一个没有国王和上议院的共和国。由于残缺议会的议员数量只有之前的一半或多一点的规模，而且里面没有保王派——它还是英格兰的一个很大的派系；而且，甚至是革命派也遭到清洗，因此议会并不能够代表整个国家。不过，这个议会获得了军队的支持（平等派的除外）。残缺议会还委派了一个由四十一人（其中很多都是下议院议员）组成的国务委员会作为政府的行政部门。

这样，政府就成了寡头统治的政府，民众不能在其中发出任何声音，只有军队才有能力施加影响。考虑到这个民族的特性及其议会制政府的长久历史，这种政府形式是不可能无限期存在的——但它仍然存在了几年。范恩和弥尔顿也是国务委员会的成员，他们诚实且工作勤恳。但由于我们稍后将会讲到的军事需要，他们也同样面临一年要征收两百万英镑税款的艰巨任务。即使是扣掉被没收的保王党的财产，他们也还要对英格兰人征收前所未闻的重税。

与此同时，所谓的议会还在法律和教会方面进行一些改革。它为所有接受基督教基本教义的人提供了宗教宽容，即使是教会对教士也没有教派限制，不管是温和的圣公会信徒、长老会教徒、浸信会教友或是独立派。这套体系能否永久运作良好还不一定，但它起码扩展了对宗教宽容的理解，增强了人们对宗教宽容的渴望，同时还带来了更为开放的宗教观。

征服爱尔兰、苏格兰

与此同时，克伦威尔不得不离开伦敦，去恢复爱尔兰和苏格兰的秩序和控制。在爱尔兰，罗马教廷大使力图掀起一场反新教、反英格兰的天主教革命，但未能成功。不过前任国王的副手奥蒙德公爵与天主教徒联合起来，威胁说要推翻爱尔兰和英格兰的共和国政府，并正式宣布查理二世登基为王。

1649年夏，克伦威尔在都柏林登陆，并立即着手征服爱尔兰。克伦威尔对爱尔兰的看法曾在一次演讲中得到清楚、强烈的表达。他的看法也可能是当时大部分英格兰人的看法，甚至是直到现在也有很多人持这种看法。这也令人深感遗憾。克伦威尔没有去探索爱尔兰人在过去和现在感到不满的真实原因，他所看到的只是爱尔兰土著居民那始终不变的骚乱和不安分。他瞧不起爱尔兰人，认为他们无论在社会还是政治上都要低英格兰人一等。9月，克伦威尔猛攻德罗伊达，因为它拒绝投降。依照当时的战争法则，拒绝投降的居民一旦被打败将遭到屠杀，克伦威尔后来屠杀了大约两千人。不过，人道主义在那时候也在逐渐发展壮大，以致克伦威尔也觉得有必要找到一些原因而非只用古老的战争法则来为自己的行为辩护。随后在韦克斯福德也发生了同样的屠杀，一连串的城镇也随之被攻克。

1650年春，克伦威尔短暂地回了一趟英格兰，留下艾尔顿和勒德洛继续镇压。这两人很好地完成了任务，但整个镇压却野蛮、残酷，因而长期被人们铭记在心。清除保王党的战争已经演变为种族战争和针对天主教的战争，苏格兰也逐渐成为战争的根源所在。而克伦威尔那与劳德大主教或斯特拉福德伯爵的政策极其相似的专横政策也给这个国家留下了深深的创伤，尤其是他的土地政策。事实上，他并没有驱赶香农以西的所有原居民，但的确没收了大量土地用以支付军饷和其他战争费用，他还让英格兰的地主和军人在之前凯尔特人的土地上屯田。

这个计划的确阻止了过去经常发生的造反，但随着士兵与当地天主教徒的结合、地主逐渐长期在外以及苛刻的地租，这个计划直到19世纪仍制造出大量麻烦。不过，克伦威尔的政策还不至于比之前甚至很久以后的其他英格兰政治家的政策更糟糕。爱尔兰人的特性以及他们那牢固的关于不公正的种族记忆，使得爱尔兰一直都是大英帝国的痛疮。

克伦威尔只在英格兰短暂停留就被要求进军苏格兰，镇压那里的叛乱。就支持查理一世和天主教的爱尔兰而言，克伦威尔不得不作出选择：究竟是将英格兰的意志强加于爱尔兰，还是相反。在苏格兰，他也面临同样的问题。1650年6月，年轻的太子——后来的查理二世——来到苏格兰，并在同意成为长老会教徒后获得了苏格兰人的支持。共和国的军事领袖、克伦威尔在内战时期的上级费尔法克斯，觉得不能因为苏格兰人选择了他们自己的君王和政体就去征服它。但克伦威尔的观点恰恰相反。如果查理二世宣称自己是苏格兰和英格兰的国王，那么他就能越过特威德河，再次发动战争，而英格兰就有可能丧失之前战争的胜利果实。

于是他决定向北进军。在尝试占领爱丁堡未果后，他退回到邓巴。这时苏格兰人已经截断了克伦威尔撤回英格兰的线路。如果克伦威尔再失败，将可能导致英格兰境内的叛乱。不过幸运的是，苏格兰人对他发动了一次仓促的进攻；而克伦威尔则抓住了这个转瞬即逝的机会打败了苏格兰军队，并顺势占领了爱丁堡。

不过在第二年,太子查理带着另一支苏格兰军队进入了英格兰,打算在那里掀起叛乱。紧跟其后的克伦威尔在伍斯特取得完胜,几乎全歼苏军,而当天正是他赢得邓巴之战的周年纪念日。虽然太子成功逃脱,但在克伦威尔的有生之年,苏格兰和爱尔兰算是彻底平静了。克伦威尔也得以返回英格兰,并将注意力从军事上转移到政治上来。

第一次英荷战争

与此同时,议会忙于商贸事务。世界将进入一个全新的时代,由于其对帝国的巨大影响,我们也将不得不提到它。1648年是变革开始的标志。那一年,西班牙终于承认了荷兰的独立。虽然西班牙和法国还会打上一段时间,但《威斯特伐利亚和约》(The Peace of Westphalia)也算是结束了诸多欧洲国家都卷进去的三十年战争。这不仅意味着和平的到来,也标志着欧洲宗教战争的结束。从此之后,欧洲各国间的战争主要围绕争夺威望、贸易或领土,宗教不再是战争之源。中世纪最终结束,而现代新纪元也终于到来,接下来将会是一个为了殖民帝国和商业利益而斗争的世界。

在威廉二世总督[1]去世后,荷兰共和国落入荷兰省大商人的控制中,这标志着变革即将发生。大海港如鹿特丹和阿姆斯特丹开出的船队开始垄断欧洲的大部分海运。在我们今天看来,这个小

---

1 威廉二世(1626~1650),又称奥兰治亲王、拿骚伯爵,腓特烈·亨利之子,1647年起任尼德兰各省(菲仕兰省除外)的总督。

小的荷兰在当时的贸易竞赛和帝国竞赛中可是遥遥领先的。为了应对这个局势，英格兰议会于1650年和1651年通过了两部法案。大部分历史学家都将注意力集中在后面的那部法案上，而第一部法案的重要性通常被忽略了。它表面上是关于巴巴多斯岛、百慕大群岛、弗吉尼亚和安提瓜岛这些保王区的实际或潜在的叛乱，但包含了被应用于整个帝国的三条原则，而正是这三条原则将带来灾难。

这三条原则是：议会对殖民地拥有最高权力；禁止殖民地的贸易交由他国船只运输；赋予国务委员会撤销任何私人或公司特许状的权力。虽然这部法案只在1660年前才具有实际效力，但这些原则实际上等同于赋予了英国政府在商贸中的政治股权，在一定程度上甚至最终导致下个世纪的美国独立战争。

第二年通过的第二部《航海法》，虽然针对的完全是贸易和运输，但其真正目的却是国防。不过很多人没看到这一点。除个别特例外，它规定英格兰及其殖民地在贸易过程中只能使用英格兰、爱尔兰或者其他殖民地的船只来运输，而且这些船只的船员中英格兰人还要占大多数。

通过法律来控制海运并非什么新鲜事，然而，比如查理一世的相关法规只是想影响贸易，而这一部法规却是唯一想建立帝国的海运体系的。就如其序文所言，它是"共和国财富和安全的重要保障"。至于贸易——不管是哪一行业，抑或是帝国的哪个地区——是增长还是衰退，根本不是重点，关键是要建立英格兰商船队。这有多重要？想想当艾斯丘（Ayscue）在1650年镇压西印度群岛和美洲殖民地的叛乱时，因为缺乏船只而不得不延期了整整一年就知道了。斯图亚特王室基本忽略了海军，到查理二世才开始建立一支海军和商船队伍。主要在城市商业利益的影响下，共和国政府第一次认识到，在这样一个正在发展中的海外帝国，不管就抵挡敌国还是联结帝国各个部分而言，一支强大的海军都是必不可少的。

国务委员会里由亨利·范恩领头的海军委员会创建了一支品质优良的新舰队，并任命布莱克为司令官。布莱克在五十岁之前没有下过海，而且他对海战这种不同的战争模式几乎一无所知。不过，海军委员会的选择最终被证明是个幸运的选择。与此同时，艾斯丘也最终出海了。虽然他在对付巴巴多斯岛时，足足封锁了这个岛三个月才迫使对方投降；但在对付其他三个也宣称效忠于国王的殖民地时，他基本上没有遇到什么麻烦。

这样，在1652年与荷兰开战之前，整个帝国——包括爱尔兰、苏格兰和殖民地都被迫接受了共和国政府。

与此同时，布莱克在与鲁珀特亲王的较量中也赢得了一系列的胜利。布莱克一直追到了地中海，这也是英格兰海军军旗第一次飘扬在地中海上方，同时也展现了布莱克作为一个司令官的才能。鲁珀特其实也是一名伟大的将领，但不幸的是，他在陆地上遇到了克伦威尔，在海上又遭遇了布莱克。布莱克随后也将遭遇一名能力能够与之抗衡的荷兰舰队司令特龙普（Tromp）。

荷兰人和英格兰人之间的仇恨情绪，已经滋长、孕育了整整一代人的时间。英格兰的《航海法》虽然不是两国战争的唯一原因，但荷兰人的确憎恨这部法令，因为它威胁着荷兰人对海上贸易的控制，并使事情发展到了紧急关头。在伊丽莎白时代以后，事情已经发生了变化：虽然两国的海军舰队的规模大致相当，但荷兰水手可要比英格兰水手有经验多了。而且，荷兰人的贸易也要比英格兰的大得多,这让荷兰人获得极大优势的同时也制造了两个不利因素。第一个,由于其在海上的财富量更大,因而其在战争中所可能遭受的损失也要比英格兰大得多。事实上,据估测,英格兰在战争中所获得的战利品是其战争初期整个英格兰的商船队的两倍,也由此永久性地削弱了其对手的财富和力量。第二个,荷兰人如此依赖海上贸易,如果它在战争中失败或是被重创,那么它将再无能力赢回之前在贸易竞赛和帝国竞赛中的地位。

在八次大战以及其他一些较小规模的交战中,布莱克和蒙克获得了一连串的胜利。虽说这些胜利还没有直接导致荷兰的彻底衰落,但起码已标志着荷兰海上霸权的永久性衰落。英格兰人从荷兰人手里夺过海上霸权。1654年,荷兰不得不签订合约,黯然接受了英格兰的《航海法》及其带来的影响,并同意为上一代人在安汶岛的大屠杀[1]支付赔偿金。一直为此怨恨不已的英格兰人如今终于复仇了。

政体之争

尽管镇压了叛乱、打败了外敌,但英格兰政府,尤其是议会,却越来越不受欢迎。人们反对其不公平、不公正的筹款方式,反对其某些成员的受贿和腐败,反对其不具代表性。范恩曾提过一个改革议案,但克伦威尔及其他政府领导认为如果真的实行自由

---

[1] 1623年,安汶岛发生大屠杀事件,十名英国人、十名日本人和一名葡萄牙人被荷兰当局杀害,英国在岛上的殖民地被摧毁,导致英荷两国的矛盾加深。

选举的话，这个国家还会召回国王——当然，这个判断很可能是对的。

有一个方案提出，议会的现有成员无需经过选举就是下届议会理所当然的成员，并有辞退和选举成员的权利。克伦威尔不同意这个方案，大家也同意延后这个方案。但就在第二天，克伦威尔却听说下议院正在准备通过这个方案。

他立即冲到议会，并在其演讲被打断的时候突然大声呼喊："得了，我们受够了。让我来做个了断吧，你们再也不适合坐在这里了。"他叫来士兵清场。纵使其他人对解散这个不合宪法的残缺议会不感到惋惜，但接下来该怎么做呢？这仍然是个问题。既然觉得自由选举是不可行的，克伦威尔和其他一些领导就通过委任组成了一个议会，也就是所谓的"贝尔朋议会"（Barebone's Parliament），因为其中有个成员名叫赞美-上帝·贝尔朋——一个清教徒的名字。

这个由一百四十人组成的议会（其中有五人来自苏格兰、六人来自爱尔兰）曾一度被视为未来的希望所在，但"圣徒的统治"很快被证明是失败的。军队里所谓的"第五王国派"——他们宣称之前的四个王国亚述、波斯、马其顿和罗马都已经衰落，现在要由圣徒也就是他们自己来接管这第五个王国——被证明并不比议会强。这个议会里的一小部分人，在一天早上早早爬起来，在其他人觉察出不对劲之前，就解散了议会并将最高权力交到克伦威尔手上。

接下来还是那个问题，即怎么办？如何管理？在被统治者同意的基础上建立某种形式的立宪政府越来越不可能，而形势也逼迫克伦威尔走上独裁之路。领袖们欣然接受了新起草的《政府约法》(Instrument of Government)。依照《政府约法》的条款，克伦威尔成为护国公，拥有以前国王的一些权力和责任；由议会而非护国公控制的枢密院协助他进行管理。议会中只有一个下议院，至少每三年开一次会，但其权力已经被《政府约法》严格限制，且不能够制定任何与之相冲突的法律。而历经多个世纪缓慢发展的英国宪法，仍然只是纸上谈兵、不切实际。

在选举新议会议员的时候，新选民的范围被确定：所有保王党人和资产少于两百英镑的人没有选举权。不过，尽管做了这样的防范措施，于1654年召开的新议会还是立即宣称：不是随便一个私人团体都有起草宪法的权利。新议会直接质疑《政府约法》的合法性，并宣称根据选举权，议会的权力要在《政府约法》之上。克伦威尔为此驱逐了大约一百名不愿签字接受《政府约法》的议员，并再次清洗了议会。在克伦威尔的准许下，剩下的议会成员起草了一部新宪法。要是其中不涉及究竟是议会还是护国公应该控制军队这个问题的话，克伦威尔或许会同意这部新宪法的。但结果是，克伦威尔解散了议会。客观环境还将推着克伦威尔在其宿命之路上越行越远。

在英格兰和苏格兰还有一些小规模的叛乱，但都被轻易平息。克伦威尔一直面临一个困境，即没有能力在大家都同意的基础上建立一个可以阻止国王复辟、维持清教徒统治的政府。于是他利用当时混乱的局势，放弃了建立立宪政府的主张，走上了军事独裁之路。他将国家分为十一个区，每个地区都由一个少将进行独裁统治。他对所有保王派成员征收10%的收入税，甚至还禁止那些仍旧使用《公祷书》的人做私人礼拜。而不满足于只是维持秩序的少将们，在很多时候开始依照严格的清教主义来改造他们的民众，如对整个安息日的奉行，再如娱乐活动、喝酒、咒骂等方面。

英格兰人可能是最个人主义、也最不愿意顺从管辖或命令的，因此当太多的权力被赋予一个人或是被一个人所攫取，自由和法律不可避免地丧失的时候，克伦威尔的统治将会变成什么样子呢？这是个很有意思的问题。

根据《政府约法》，在议会休会期间，护国公有权拟定条例，而且这些条例还具有法律效力。克伦威尔也的确这样做了，不过现在有些法庭质疑他的这项权力。而克伦威尔也跟之前的斯图亚特王室一样将这些法官撤职，并将一些律师关入伦敦塔。此类一人统治迟早会发生的事情再次在英格兰出现，克伦威尔甚至相信有必要废除出版自由。1655年，他宣布全国只准发行两份周报，而且必须经过政府代表的编辑。

克伦威尔那用来转移对国内事件的注意力的外交政策也同样为人们所熟悉：法国和西班牙还在打仗，而护国公跟这两个国家都建立了联盟关系。而当他没有从西班牙得到他想要的东西时，他直接派出一支舰队去占领西印度群岛上一些有价值的岛屿，为大英帝国大厦添砖加瓦，如牙买加自此之后就一直是英格兰的领地。当然，战争耗费大量钱财，于是克伦威尔决定在1656年再次召开议会以筹集短缺的资金。看起来肯定有不少人会反对，但护国公也有两样法宝。

首先，少将们已经尽可能让合适的人进入议会；其次，克伦威尔自己也准备禁止那些自己不喜欢的人进入议会大厦。当议会召开的时候，他无礼地驱逐了大约一百人，而后继续和剩下来的人谈判。正如其他所有独裁者治下的立法机关一样，议会正在成为一出闹剧。最终，议会同意拨款，甚至可能还愿意多给呢。因为据说英军俘获了部分西班牙运宝船,四十八车的战利品很快就会运到伦敦。

不管怎样,这个国家正变得越来越难以管束。有人密谋要取克伦威尔的性命,甚至是相当友好、精挑细选出来的议会也有点渴望恢复之前的旧政体。下议院在他们提交给克伦威尔的《恭顺的请愿和建议书》中,请求克伦威尔修改宪法,登基为王。克伦威尔还设立了一个由他自己提名的上议院。另外,他还将放弃使用他过去常常使用的驱逐下议院议员的权力,但仍然为自己及其继承者保留了在选择上议院议员时的否决权。这样,他也就为清教法规修筑了一道防护墙,使其能够有效应对下议院的所有敌意行为。

尽管克伦威尔专断独行、违背宪法,但我相信,克伦威尔自己也真心实意地想要找到一种合法宪法的、一劳永逸的解决方案:这种方案既要与这个民族的特性相符,又要符合旧宪法的基本精神。克伦威尔与英格兰的这个例子相当有意思,因为这是最不愿意顺从于独裁统治的民族,而独裁者也一直在探索某种不那么专制的政府形式。几年前,克伦威尔曾对勒德洛说过,"我也跟其他人一样渴望建立一个民意政府,但是民意在哪里?"现在,当他推出这个新的政府形式的时候,他又说,"是时候摒弃那些不能为人民所接受的专制并寻求解决之道了"。

克伦威尔关心的是自己在职场的晋升和事业上的成功,而不是国家的福祉,从这个意义上来说,他算不上是个有抱负的人。克伦威尔曾为了某种事业而不是仅为自己而战,他虽赢得了胜利,但最后却陷入僵局,回到了之前斯图亚特王朝时的模式,一切的胜利似乎又都付之东流。但他的信念是对的,接下来的大约四十年时间也将证明不受约束的斯图亚特王室无法治理英格兰。当然，这也是克伦威尔自己的问题所在。

他也探寻民意政府，但如果他真这样做的话，被驱逐的太子查理估计就会回来继续当国王了。"他应该顺从国家的意愿"，或是如果早停止探寻其他形式的政府治理的话，他或许可能赢得国民同意，而斯图亚特王朝也不至于复辟，等等。这些话说起来轻巧，但实际上问题没有那么简单。比如，美国人很欣赏华盛顿那不屈不挠的——你也可以说是顽固的——意志和勇气，当国家已经对他的不屈不挠感到厌烦的时候，他仍然不屈不挠。事实上，克伦威尔并不是一个独裁者，但他的确成功地将其意愿强加给国民和军队。一个民族已经对其之前的目标感到厌倦，而它的领袖仍在执着追求的时候，这个领袖是否值得继续被认可？

不管怎样，克伦威尔在大众认可的基础上抓住机会建立了政府。其中也有之前国王政府里的一些机构，如上议院和下议院，尽管称谓可能有所不同。没有人知道他是否想过要当国王，但纵观其人生历程，尤其是考虑到军队并不反对，他本可以自立为王的——即使出于恢复这个民族所深深喜爱的旧体制而非出于个人野心。但他婉拒称王，而是走了一条新路。不过，这条新路最终还是失败了。

当议会于1658年召开第二次会议时，曾经被克伦威尔驱逐出去的好几百人重回议会。当然，他为此也不得不让他的很多支持者进入新的上议院。不过，此时上议院遭到了下议院的攻击。两周后，克伦威尔解散了议会，并说"我们之间的是非就交由上帝来裁决吧"。英格兰此时在海外还获得了一些胜利：布莱克在特讷吕弗海战中大胜西班牙人；击败了一支西班牙军队；敦刻尔克投降。

不过，在英格兰助手杀死一名垂死的敌人时，法国这颗新星开始升起，而法国也将取代西班牙成为英格兰以后的强劲对手。克伦威尔的外交政策看起来也错了，他的目光过于短浅，没有洞察到结盟新时代的到来。

克伦威尔大限将至。即使他拥有钢铁一般的力量和勇气，过去十五年的压力也太多了。1658年8月30日，当一阵大风暴席卷英格兰时，他虚脱了。他的敌人说恶魔来索他的命了。9月3日，克伦威尔去世。一个很了解他的人说，"我认为，一个伟大的灵魂是不甘于停留在肉体内的"。

克伦威尔去世后，共和国所剩日子也就不多了，而且还不怎么体面。克伦威尔和平地将其护国公的位子传给了他的儿子理查德。而理查德这个人要比他父亲逊色许多，虽然也曾有一段时间比他的父亲更受欢迎，因为他不是军人，也没有那么清教徒化——一大部分民众已经对这两类人感到厌倦了。不过，理查德很快就和军队发生冲突。他的第一次议会于1月27日召开，而2月22日军队就强迫他解散议会。他自己也于5月25日退位，他的护国生涯由此结束。

在这个月的早些时候，军队邀请四十二名残缺议会的成员、长期议会的剩余成员召开议会。但议员们立即显露出愚蠢和傲慢，他们要求控制士兵，宣称所有克伦威尔的法规都是非法的，并坚持要求返还克伦威尔统治期间征收的一切税收。当这些人中的大部分被少将们带走后，立刻发生了预料中的变化：朗伯认为议会在军队的领导下也可以运转得很好，就像军队在议会的领导下也运转良好一样。而当他镇压一次保王党叛乱的时候，他也派军队清洗了议会。

士兵们而后试着在没有议会的情况下进行治理，但军队内部吵得一塌糊涂，于是不得不召开残缺议会。局势正变得越来越不可容忍，在苏格兰统军且一直远离政治的蒙克将军决定来终结这一切。他于1660年元旦越过边境向伦敦进发，费尔法克斯也加入他的阵营。他在伦敦发现残缺议会已为所有人鄙视，于是宣布通过自由选举组成新议会。在压力之下——但没有发生暴力事件——残缺议会投票解散自己，非同寻常的长期议会终于3月份宣告结束。

4月4日，被驱逐的查理太子签署了《布雷达宣言》（Declaration of Breda），宽恕了所有参与反抗斯图亚特王室的人、赦免了所有议会可能豁免的人、保证现在的所有者对之前被没收的财产的占有、承诺支付给士兵们军饷、同意颁布"良心自由"法，所有都与议会后来的决定保持一致。根据宣言，新议会由两个议院组成，"根据这个王国古老、基本的法律，政府由，也应该由国王、上议院和下议院组成"。这艘国家巨舰终于归港。复辟的故事，我们留待下一章再具体介绍；在转向一个大不相同的新阶段之前，我们先来简短地看看英格兰在战争和共和国时期的坎坷生活的几个方面。

坎坷的生活

战争时期或是政治极度混乱时期都是不利于文学发展的，但这个时期仍然涌现了像弥尔顿这样的人物。虽然他已经完成了他最好的一些短诗，如《柯玛斯》（*Comus*）、《利西达斯》（*Lycidas*）及其他，但接下来的几年他准备转行写政治散文，用他自己的话来说就是"开发一下左手"。而他的《失乐园》则诞生于斯图亚特王朝复辟之后。

除了战时因素外，其他条件也在改变着英格兰文学的发展进程。英格兰人不仅经历了一场内战，还经历了一场宗教改革，而清教主义的兴起也在两个方面影响着文学作品。一方面，这个时期对宗教事务的强烈关注催生了大量宗教作品，其中最为著名、流传最久的有杰里米·泰勒的《圣洁生活的规则和习尚》《圣洁死亡的规则和习尚》，理查德·巴克斯特的《圣徒永恒的安息》，托马斯·富勒的《英格兰名人传》等，厄舍和奇林沃斯则探讨神学和教会管理。另一方面，清教徒对戏院的抵制无疑也导致戏剧文学的彻底衰落——自1642开始，所有戏院被勒令关门。

政府和宪法一直处于被质疑的风口浪尖，自然也有大量文学作品指向这些主题，如托马斯·霍布斯的《利维坦》和詹姆斯·哈林顿的《大洋国》。但奇怪的是，除了很流行且影响力很大的《国王圣像》(*Eikon Basilike*) 外，在1603～1660年再没有出版任何其他支持国王的君权神授观的文学作品。不过，数以百计的鼓吹极端民主的小册子倒是很流行，它们鼓吹男性公民的选举权，以及弥尔顿的人生而自由等观念。

战争对文学的影响并非总是千篇一律，内战和共和国时期也产生了不一样的影响，而且其数量之多、影响之深远令人咋舌。如艾萨克·沃尔顿的《钓客清话》(*The Compleat Angler*) 仍然是英语世界里最流行的书籍之一，它表达了作者对大自然的热爱，对远离战争、政治和宗教争端的生活的热爱，对钓鱼的热爱。托马斯·布朗爵士用他那古色古香或说是庄严的散文表达了同样的情感，至今能够给爱书之人带来快乐。此外还有诗歌。在赫里克、马维尔、沃恩、卡鲁和萨克林的诗句中，我们能够找到最美的英文词汇，其中萨克林的更是被沿用了大概一百二十五年。事实上，没有哪个战争时期还能够在文学上有如此丰厚的收获。

我们还可以提一下现代报纸的开创。当时的小报数量繁多但都存活不久，据说在1643～1649年的七年时间里，诞生了一百七十份小报。不过当时的小报是由政府暂时控制的，那时候的报纸（用来阅读和交换信息的地方）和咖啡屋都跟现在的大不相同。伦敦开始引入出租马车，邮车也针对长途、快速行程作了改进。这个时期还有着保王党人和清教徒之间那持续的观念冲突。这在服装上尤其是男性服装上显露无遗。虽然人们没有伊丽莎白时代那么富裕了，但保王党人的衣服依旧昂贵且奇异，有花边、丝带且色彩亮丽；而清教徒衣着则淡素得多、简朴得多。除了清教法规和其他形式的限制带来的一些改变外，英格兰这个时期的建筑和习惯都没有什么大的变化。

戏院被关了，那些表演残酷但流行的逗熊游戏的逗熊场也被关闭。斗鸡被禁止，五月柱[1]被推倒，咒骂和醉酒被处以重罚。对民众的日常习惯和娱乐的此类干涉，包括将原来充满游戏和其他娱乐活动的礼拜天下午变成阴郁的清教安息日，无疑会导致民众的抵触，这也就难怪当查理二世复辟、"好的旧习"重新回来的时候，人们是那么的欢呼雀跃了。

平等化或说是民主化的元素也让很多人感到惊恐。在当时关于伦敦的一些描述中，我们得知当时的小孩时常朝贵夫人的马车

---

[1] 古英国人往往在5月1日庆祝漫长的寒冬过去，太阳重照大地，并祈求风调雨顺、五谷丰登。人们用老牛拉绳，在村庄的草地上树起"五月柱"。村民围着"五月柱"歌舞游戏。清教徒认为这种欢乐不合教义，曾一度禁止这项活动。

扔泥巴，并称那些贵妇为"泼妇"；另一个作者则提到普通市民"一见到绅士就受不了"，一个人穿着时尚衣物走在街上很有可能会被人称作"法国狗"或是其他类似的称呼。这是个革命动荡的年代，而随着革命的逝去，似乎只有重建由国王、上议院和下议院组成的君主制才能有效重组社会和政府。那些人们早已习惯了的旧传统、英格兰式的安逸生活，为越来越多的群体和个体所向往。

当然，之前所做的那么多努力、所遭受的那么多痛苦也并非一无是处。虽然克伦威尔未能建立一个适合这个民族并赢得他们同意的新政府，不过这个民族再也不想要只有一个议院的独裁政府，也不想要一个专制的国王，不想要劳德式的教会政府和控制，更不要说独裁者和军事统治了。

暴政和常备军成为国内英格兰人甚至是全部欧洲人无法摆脱的梦魇。如果下一个斯图亚特国王忘记了查理一世曾拒绝接受的教训，人民自然会团结起来反对他。除此之外，英格兰人所历经的火之审判对英格兰人的生活施加了最重大的影响。一方面，认为只能有一个教会、一种信仰、一个崇拜的这种古老信念被彻底抛弃。不管英格兰教会将会是什么样子，也不管其与政府的关系会是怎样，有一点变得越来越清晰，即要容忍、接受那些意见分歧者。他们可能还会受到迫害，但他们起码会活下来，并且可以继续抗议。

清教精神，虽然可能会让英格兰人的生活和思想的某些方面变得狭窄，但同时也增加了一种道德力量。相当一部分民众至少习得了个人行为和政治行为的规范，而这种规范又建立在超越纯粹的个人私利的基础之上。尽管也有很多上层的清教徒参与其中，但这个运动在中产阶级中尤其猛烈，尤其是在城镇市民、商人阶层和劳动人民中。这个无比坚硬的道德判断内核就这样被注入这个民族的心理中，这些动机、行为和观点的复杂混合所带来的自相矛盾让外国人感到困惑，而这种内心的矛盾在很大程度上又要归因于清教革命的持久影响。而清教革命的影响最终也超过了早期的"可爱英格兰"和伊丽莎白时代的"音乐之国"的影响。

的确，清教徒的安息日仍旧要求严格，清教主义也已经为一小部分人所内化，但在很大程度上，老英格兰并不打算完全接受清教主义。很多人觉得在日常生活中彻底贯彻这些原则有点过于严厉了，于是发起了激烈的抵制。在下个世纪，经历了卫斯理兄弟和循道运动——基本观点与清教主义一样，但更加注重道德和情感，相对忽视神学理论和知识——的洗礼后，这个民族更是渴望道德的复兴。事实上，新福音主义者与早先的清教徒大不相同，同样，亨利·范恩爵士、哈钦森上校或是弥尔顿也显著不同于卫理公会教徒。不过，这两次运动虽然发生于不同时期，本质也不一样，但它们都对英国人的性格和生活有着重要影响。

第十四章 复辟王朝

在欧洲大陆流亡的查理二世接到回去继承其父亲王位的邀请后，于1660年5月25日在多佛港口登陆。整个国家都欣喜若狂，尤其是那些住在国王所经过的路线（从多佛港到白厅）附近的人们更是狂欢不已。人们在他前进的路上洒满鲜花，重新竖起五月柱，在数不清的村落广场里跳舞庆祝。尽管有些人还心存疑虑，但人们对查理二世的回归是真心欢迎的。

这也揭示了现今英国人性格中所混合的那些成分。其性格中有一面是对清教主义的严肃及其严格自律的服从，另一面则是对花哨、快乐和体育的天然热爱。虽然在很大程度上，人们愿意为了他们的个体自由而舍弃过去，但他们也很难与共和国那段历史彻底断绝关系。

一个大半辈子周游列国并在探寻责任、自由或是冒险的英格兰人，其内心永远不会忘记英格兰这个小岛是他的"家"，他依然会深深思念这个小岛。同样的，英格兰这个民族也对自身的历史延续具有深厚的感情。人们对查理的欢迎并不是因为查理英俊、浪漫，而是因为经过长期的压抑之后，生活所固有的快乐又回来了；这也意味着民族史的继续。尽管很多人根本不了解民族史的细节，但民族史塑造着他们的心理、气质，也建构了现在和未来。

当查理二世最终抵达王宫，穿过窗户望向那让他父亲丧命的断头台时，没有人知道他心里究竟在想什么，但他在那些最初及后来的日子里肯定会想着绝不要"重蹈父亲的覆辙"。至少，他会在统治中避免这样。事实上，他最终也的确寿终正寝了，不过他的弟弟詹姆斯二世则会在查理二世被兴高采烈地迎回英格兰的二十八年后被免职并再次逃往欧洲大陆避难。为了更好地理解后来的詹姆斯二世为何被民众厌恶并垮台，我们可以沿着那个历史时段的各条线索分别深究到底，而不是按时间顺序笼统地介绍整个故事。

宽松的殖民政策

查理重回伦敦时已经三十岁，其生命的大半时光都在流亡。他个人的淫荡让许多人感到震惊，尽管在复辟时期人们是不会轻易对此类言行感到震惊的——除了清教徒。他没有什么荣誉感或说是荣誉原则，没有宗教信仰。他性情温和、懒惰，喜欢玩弄阴谋诡计，常常将政务交给其他人打理。他聪明、风趣、乐观、平易近人、不喜迫害他人、风度翩翩，这都让他很受欢迎。在他统治早期，管理重任压在能干的克拉伦登（Clarendon）伯爵身上。克拉伦登伯爵曾是查理一世的首辅，在年轻的查理二世流亡期间，他也尽心尽力地给予指导。后来，查理二世还找了一大批能干的人来帮他。

其中特别著名的就是查理二世时期殖民政策的发展，这也是我们所要跟踪的几条线索中最值得称赞，也是唯一成功的。查理二世统治期间，不仅殖民帝国的版图扩大了，英格兰也第一次清晰地勾勒出了帝国的殖民政策，而且其中涉及的人物都非同凡响——不管是国内的还是国外的。在英格兰国内有克拉伦登以及后来的第一任沙夫茨伯里（Shaftesbury）伯爵等领袖。枢密院下属的殖民委员会的工作也相当出色，在很大程度上使得殖民事务免遭当时不断加剧的腐败的侵蚀。

此外，查理二世挑选诚实、能干的总督派往各个殖民地，这些总督与下个世纪的总督形成了鲜明的对比，后者基本上都是政治投机客和庸才。当然，这并不意味着查理二世没有犯错误。比如，于1664年派往新英格兰调查情况的特派员就很不称职；而将殖民地直接赏赐给宠臣们的这类行为也令人反感。但总体来说，复辟政府非常严肃、认真地对待殖民地。

美国人容易将注意力集中在新英格兰的特定历史上，关于这点我们稍后也会提到，但我们必须把帝国当作一个整体来看待，而对查理二世国内治理的批评也不能简单地类推到整个帝国的治理上。那些总督，如巴巴多斯岛的威洛比勋爵，利瓦德群岛的斯特普尔顿、林奇、阿特金斯，以及其他地方的人，都证明自己是有能力的、诚实的、独立的。而后来的殖民地文职部门在很大程度上就是因袭自那个时候。很明显，国王及其大臣们的确是在努力寻找合适的人，甚至不是保王党成员的托马斯·莫迪福特也被任命为牙买加的总督。

由于绝大多数殖民地都听命于共和国——不管是自愿的还是

非自愿的，查理二世复辟后面临的殖民地形势就相当困难，但查理从没采取惩罚性措施。在查理统治期间，他不仅让每个殖民地自己选举产生对总督有很大约束力的议会，还给予这些殖民地宗教宽容，或者是强加给他们宗教宽容。这些在英格兰国内无法实现的东西都在海外殖民地得到了贯彻。沙夫茨伯里伯爵甚至提出了一个相当现代的想法，他建议将那些殖民地当作是立法实验室，就如美国人对他们的州的看法一样。

这些都是在直面危险的情况下完成的。1640年以前，成熟的殖民地多半产自英格兰，并与这个母国关系密切。不过到1660年，在殖民地本地出生的一代人成长起来了，他们从没见过英格兰，其中还夹杂了很多英格兰之外的其他血统；很重要的一点是在过去的二十年，殖民基本上是——如果不是完全——独立地行使自己的权力。对于新英格兰来说就更是如此了，当马萨诸塞湾移民从一开始就将他们公司的特许状用于美洲之时，他们就采取了一个相当独立的态度。

海外领地的疆域和人口一直在稳步增加，帝国的贸易、生产和运输变得越来越重要。英格兰完全没有想过要抛弃这个帝国或是不再充当帝国的中心。拥有自治制度和宗教自由的英属殖民地具有其他国度都不具有的优势。但英格兰本来就在这两个方面比其他国家先进很多，还想让它做得更多就显得有点过分了。但让人意外的是，它居然真打破了当时关于殖民帝国的流行观念——认为帝国应该主宰与殖民地的商贸——的束缚，作出了革新。

这也是所谓的商业理论所信奉的观点。简单来说，这里面包含了当前盛行的两个错误观点。一是由于认为财富由贵重金属组成，所以只有那些能够为国家带来黄金和白银的贸易才是有利可图的。而由利息回报、服务等组成的所谓"看不见"的贸易平衡，要么根本不存在，要么被完全忽视。二是每个帝国都应该尽可能地在金融、原材料和制造商方面实现自给自足——很不幸的，这又被现在的我们当作是基本法则。

现在与那个时期的相似性，解释了我们为什么会信奉祖先的这套理论。这套理论虽然盛极一时，但后来最终被这个世界抛弃、责难。如果一个国家总是和另一个国家处于交战状态，那么它的确最好能够自给自足。早期的国家的确总是或是经常处于这种状态，而今天的国家则一直试图避免陷入那种状态。1938年的历史学家就比一个1900年的历史学家能够更好地看出，17或18世纪的殖民理论和我们自己所遭遇到的强烈批评都是毫无根据的。

各个帝国在发展过程中，几乎所有殖民地——除了新英格兰外——的主要产品都是各类原材料，如西印度群岛的糖和糖浆、弗吉尼亚的烟草，以及其他地方的木材、香料、鱼、毛皮等；而母国则发展制造业和世界贸易。于是就有了这样一种想法：每个国家和地区都应该只做自己擅长或是已经习惯的事情。这样，殖民地就该坚持生产母国的制造业或贸易所需的原材料，而且不要和母国的制造业或商业进行竞争。

与其他法规一样被复辟王朝终止的1651年的《航海法》，其目的是要加强英格兰的海军力量，而1660年和1663年的两部则是要加强帝国内部的贸易和合作，甚至还想在一定程度上促进公平。其中规定，各国的殖民船（除了苏格兰的）在运货上和英格兰的船只享有同等的权利；但也增加了一条，它列举了一长串货物名单，规定这些货物只能运到英格兰的市场。

这是中世纪的"斯塔普勒观念"的复活，即特定物品只能在特定地方销售。但也存在促进公平的努力,如美洲的烟草只能在英格兰销售,但同时规定在英格兰本土不能种植烟草、不能和殖民地竞争。不过长远来看,这种规定会让殖民地的利益从属于母国商人的利益,也相当不公平地扼杀了殖民地内正在萌芽的制造业和国际贸易。虽然在那个时期,制造业和国际贸易的量都还不大,但如果殖民地发展起来,并不断渴求开发它们自己的权力和利润,那么很明显,会给这套体系制造摩擦和麻烦。

一个熟悉这些真相的政治家,很容易发现大麻烦会首先在哪里出现。新英格兰气候严寒、地形破碎、土壤贫瘠,不适于农作物种植,所以如果它想要购买英格兰人的产品,就必须从事贸易和制造以获得原材料并与英格兰人进行交换。虽然也有一些殖民地反对,但在下一个世纪到来之前,这些反对都不算严重。

查理二世的殖民政策,其目标是为因内战而多少有点混乱的局势带来秩序,同时也想让帝国各个部分间的联结更加紧密。不管就时代还是就其本身而言,都不能认为其殖民政策是严酷的或者不公正的。即使是在最难对付的马萨诸塞,英格兰政府的权力也要为不断增长的民主和宗教自由让路。我在其他地方详细地描述过寡头统治的政府是如何获得对殖民地的高度控制权的,但在英格兰,殖民地则在获得母国保护的同时寻求完全独立。殖民地此时也正步入其才智上和道德上的最低谷,它将因为心胸狭窄而臭名昭著:不仅选举权仅限于依照新英格兰的方式组织起来的教会成员,而且还对浸信会教徒和贵格会教徒进行血腥迫害。

英格兰政府坚定地要求殖民地信守忠诚誓言,并要求给英格兰教会的成员予宽容,给所有拥有不动产的人予选举权——只要他"在言行中不邪恶、在宗教上正统",它还要求停止对贵格会教徒的迫害。马萨诸塞曾想威慑的罗得岛也被授予了皇家特许状。我们前面提过的《航海法》在实施过程中对新英格兰造成了灾难性的影响,人们已经就是否要终止该法争吵了好几年。而总督爱德华·伦道夫在这个困境中未能够做到客观中立,也为殖民地人们所憎恨。

未能认识到新英格兰的内在商贸需求,可能是复辟王朝的殖民政策的一个严重失策,并最终导致马萨诸塞的特许状在1683年被粗暴地废除。不过从长远来看,这个结果并没有损害殖民地的最大利益。

查理治下的帝国不仅在管理上更加小心谨慎,同时也不断扩展。伊丽莎白时代的私掠船早已绝迹,取而代之的是海盗和冒险家。这些海盗很长时间以来就一直出没于海洋,但在亨利·摩根（Henry Morgan）[1]的率领下,他们于1671年对巴拿马的掠夺可谓达到了顶峰。不过,这些人可不是帝国的缔造者,海外殖民地的扩展是要通过正当战争或是和平移民来实现的。

作为英荷战争的一个结果,荷兰在新阿姆斯特丹和特拉华的殖民地割让给了英格兰人。前者被改名为纽约,以示对国王的弟弟约克公爵的敬意。这样,英格兰人就拥有了从缅因一直到佛罗里达的整条海岸线,同时还拥有极其重要的、可以通往内陆的哈德逊河道。在一年前,卡罗莱纳已经被赐给了沙夫茨伯里伯爵和其他人,这里的特许状也跟之前的其他特许状一样,给予了宗教自由和全民选举议会的权力;其他被征服的荷兰殖民地地区,包

---

[1] 亨利·摩根（1635~1688）,17世纪侵掠西属加勒比海殖民地最著名的海贼之一,被查理二世赦免后,成为牙买加总督,清剿海盗,给牙买加带来了繁荣的贸易。

括如今的新泽西，也获得了特许状；1681年，威廉·佩恩（William Penn）为其贵格会获得了开发宾夕法尼亚殖民地的特许状。除了将来的佐治亚外，英格兰的殖民地都是沿海而建，而这个格局也将一直延续到下个世纪。

1670年，哈德逊的海湾公司组织了另一次冒险活动，抵达了位于北极区的加拿大北部。他们的目的并不是殖民，而只是想越过一连串的警戒岗进行毛皮贸易。严寒的北方与酷热的南方，不仅气候不同，发展模式也不同。在南方，我们发现了促使帝国快速发展的另一个因素——皇家非洲公司。这个公司在1663~1672年垄断了奴隶贸易。在基督教国家里面，没有其他特许状能比这个人口贩卖特许状更加糟糕了。这些在大西洋的"中央航线"中受苦受难的穷苦人民的尖叫、呻吟和死亡，在两个世纪后仍回响在美国内战的战场上。美国内战在很大程度上就是由奴隶制度引发的。我们不能用一个时代的观点来评判另一个时代，但我们仍然需要了解当时的奴隶贸易。当时，不仅英格兰有头有脸的男人和女人如自由主义哲学家约翰·洛克和殖民公司的股东，而且神圣的新英格兰商人和教士也参与了奴隶贸易或是拥有自己的奴隶。

一方面，与其他地方一样，在美国引入异族充当劳工迟早会带来严重的问题；但另一方面，这种制度也带来了人口和财富的快速增长，并带来权力。在北方殖民地，奴隶制在经济上可以说是无利可图，因为在很久以前这里的人们在道德上就不能接受奴隶制；但南方和西印度群岛就能够接受这种制度。如果没有奴隶制度，这些地区的发展将会缓慢得多，甚至还可能因为发展速度太慢或是帝国觉得它们人口太少或是价值不高而将其转移给其他人。不管怎样，查理二世及其继任者统治期间的奴隶贸易的发展无疑是促进大英帝国快速发展的要素之一。我们在后面将会提到如何得到孟买，但现在还是先回到英格兰看看那里都发生了什么事情。

宗教分歧加深

我们可以首先讨论下宗教和解这个棘手的问题。与伊丽莎白一样，查理二世并没有坚定的宗教信仰或是宗教偏见，而他那随和宽容的性格似乎也预示着能够就这个问题达成很好的妥协。但不幸的是，查理非但没有伊丽莎白那样的政治才能，还比伊丽莎白多了一样东西，即对逐渐强大的罗马天主教的偏爱。在其《布雷达宣言》中，查理曾经承诺给予良心的自由，不会再有宗教迫害。但他同时指出，议会对他的这个承诺以及所有其他承诺具有最终决定权。而早期的麻烦也正是议会而非查理或其首辅克拉伦登所造成的。

重新掌权的保王党人想要恢复主教制度和《公祷书》。长老会也愿意恢复主教，但认为需接受英格兰教会的控制。查理也愿意妥协，并希望加入一条，即接受天主教。但上述两个教派都对查理的这个提议感到害怕，这个妥协最终也被议会驳回。在萨伏依会议（因在萨伏依宫殿举行而得名）中，两派未能达成协议，这个问题于是也被扔给了下一届议会。

除了宗教分歧外，当时还有很多其他问题。在之前的战争、共和国和护国公时期中失去了财产和土地的保王党人，现在渴望着复仇。那些不从国教者曾经让他们蒙受重大损失，这就进一步扩大了宗教裂痕。1662年，议会通过了《克拉伦登法典》——不过议会和克拉伦登都不是这部法典的作者。

《统一信仰法》将那些不能完全接受《公祷书》的教士或是教师赶出公职岗位，大约有两千名教士被迫辞职。随着各种法案的通过，不从国教者也被赶出大学——而这也将对他们的文化带来限制并让他们的视野变窄。其中，我们可以关注下1664年惩罚严厉的《集会法》。根据该法令，如果一个人参与非英格兰教会的宗教仪式，那他将会被流放至别国；根据参与的次数，最高可以流放七年。查理二世之前曾要求议会准许他能以国王的名义宽恕个人，并想以此来缓和《统一信仰法》，但议会却以《集会法》以及坚持驱逐天主教神父作为答复。

1665年又通过了《五英里法》，禁止所有被《统一信仰法》驱逐的牧师返回其之前教区的五英里范围内，除非国王发誓永远不会尝试改变国家或是教会的统治。这些法令部分体现了保王党人对天主教的憎恨和恐惧、对不从国教者的恐惧和对复仇的渴望。这与发生在美国内战后的南部重建中体现出来的政治动机和经济动机在某种程度上是相似的。这些正在经受迫害的不从国教者由各种教派组成，比如浸信会、独立派、正在成长中的贵格会以及长老会。其中长老会的很多教徒都接受了《公祷书》，但他们仍然在议会里为放宽对那些不愿意接受《公祷书》者的法律限制而斗争。不管怎样，有很多人因此遭受痛苦并被流放，而这基本上就是意味着被卖到西印度群岛当奴隶了。

总体来说，不从国教者主要是下层和中层民众，而后者中又主要是城镇市民和商贸从业人员。上流社会和拥有地产的士绅阶层则倾向于支持英格兰教会。这样，国教与非国教之间的斗争就开始了，并将一直持续下去。查理多次试图干预，但他仅能使用的君主特权又恰恰是已经被议会否决了的。如在1672年的《大赦谕告》(或叫《信教自由令》)中，查理认为天主教徒和不从国教者都有宗教信仰的自由。而对天主教的反感和对斯图亚特君主特权的抵制都是如此强烈，以致那些受益于这个法令的不从国教者都对这个法令深感忧虑。限制国王的权力似乎的确是必要的，但议会并没有获得对王权的彻底胜利。虽然才华横溢的都铎王室保住了王位，但现在这个国家看似不太可能继续和它的君王继续保持之前的那种关系。不幸在于，危机的到来过于迅猛，而这个国家还没有作好准备。如果此时的议会能够真正代表人民，那么权力从国王那里转移到议会就会顺利得多。不幸的是，要想夺取查理的权力，看来还需要先发展出真正具有代表性的立法机构以及能够快速作出反应、现代形式的执行机构——内阁。如果一个"不会犯错"的国王会对自由构成威胁，那么不具代表性的议会也同样会对自由构成威胁。

在宗教事务上，虽然国王仍然拥有"信仰守护者"的头衔，还是教会的首领，但显然，真正说了算的是议会而不是国王。而查理也被迫在一年之内撤销了他宣告的《大赦谕告》。虽然我们还要在下一部分才讨论查理与议会的关系，但可以先在这里预告一下，查理将大败于议会手下。而全体民众，甚至包括那些遭受议会迫害的人，都宁愿由议会而非国王来掌权。

人们虽然不清楚查理与天主教会的关系，但他们深感忧虑，尤其是考虑到查理没有婚生子，而他那将继承王位的弟弟约克公爵詹姆斯又是一个天主教徒。1673年，议会通过了《忠诚宣誓法》，禁止天主教徒担任公职。查理也被迫签字同意，否则下议院就拒绝给他拨款。

虽然我们前面已经指出，只要他那不讨人喜欢的弟弟是他唯一的继承人，查理就无性命之虞，但实际上仍有人密谋反对他。其中对公共舆论影响最大的就是由提图斯·奥茨（Titus Oates）——一个完全不可信的无赖——所捏造的阴谋，人们戏称其为"天主教的阴谋"。这个故事是这样的，查理将会被谋杀，而天主教徒詹姆斯将在耶稣会的帮助下登上王位。而在关于这个完全不真实的阴谋的消息被散布出去之前，民众对天主教问题的担忧就已经达到顶峰。尚有一些信奉天主教的贵族的议会于是通过了一部新的《忠诚宣誓法》，驱逐了除约克公爵（被特意点名）以外的所有天主教徒。五名天主教贵族被关入伦敦塔，詹姆斯妻子的秘书也被处决。

这件事大大增强了詹姆斯对能否成为英格兰下一任国王的忧虑。查理二世时代所追求的宗教政策实际上体现的是人民的意愿——就议会所能够代表他们意愿的程度而言，而不是那个在国内和殖民地都培育宗教宽容的国王的意愿。正如前面所言，查理那混杂了其他因素的动机是如此不可信，以致他提倡的宗教宽容——经常还囊括了天主教——根本是不可能的。

另一方面，一些知名英国历史学家认为当时处理（而不是解决）宗教问题的方法可能比纯粹的妥协来得更好。通过让其他所有教派而非部分教派置身国教之外，英格兰教会之外的成员以及他们的重要性和财富将在未来开创一种新的宽容，这比当初教会只是容纳了部分教派但又排斥其他教派的做法更能实现宗教宽容。而且，对教会和宗教立法的控制权掌握在议会手上，而非国王或者主教手上，也使得这种控制能够更加彻底地暴露在民意的压力之下，也就能够更加及时地感受到民意的压力。事实上，即使是在查理二世统治的后期，也还有很多两院议员与不从国教者的利益有关联，辉格党这个小党派对此也持支持态度。

如前所述，查理二世在其《布雷达宣言》中承诺支持改善宗教政策和政治政策，但小心谨慎地将这个决定权及具体方法留给议会，而议会也不想让查理拥有他父亲宣称的那种绝对权力。查理的双手实际上被相当有效地捆绑住了。那些特权法庭如星室法庭、高等法院等都被废除，并且得到了查理的第一届议会的批准。此外，国王在流亡期间还欠债大约三百万英镑，他的开销很大，不仅为他自己，也为他那数量众多的情妇，所以他经常入不敷出，需要议会不断拨款。

虽然我们不能依据某个公式来改变君主与立法机构之间的关系，但复辟事实上导致了国王权力的明显弱化和议会控制的加强，这是君主立宪制发展的里程碑。查理虽然在情况完全不一样的苏格兰还能够实行专制，但在英格兰他可比他父亲精明多了，更加清楚什么时候该屈服。

内阁与首相体制

推进宪政的另一步就是内阁的诞生，不过那时候还不叫内阁。英格兰如今的人口已经超过五百万，此外还有分布广泛的殖民地和贸易利益。政府行政部门的工作变得很复杂，根本不可能用旧的都铎式方法即由枢密院直接监管所有事务来解决。尽管枢密院依然存在并且还扩大了，但行政工作还是要细分到各个委员会中；这些委员会的领袖或是主要成员要给枢密院提交报告，并开会磋商。虽然国王也参加这些会议，但他太懒了，根本不能起到现代首相的作用，扮演首相角色的是克拉伦登。虽然克拉伦登没有担任公职，但国王对他的礼遇要比其他顾问高。因为出众的学识、才智和工作能力，克拉伦登成了这些委员会的领导者。英国内阁（与美国的内阁大不相同）的功能在今日帝国的治理中极其重要，并且很有意思的是，它具有真正的英国风格：它不是教条主义的思想或计划的结果，而只是以实用的、精明的方式解决管理中的紧迫问题的尝试。虽然我们在此发现了内阁或说是首相办公室的发源，但它要发展为当前这种形式，还有很长的一段路要走。比如，克拉伦登并没有意识到需要在内阁和议会间建立联系纽带，那些国务委员会的领袖也没有一个是下议院议员。事实上，人们对议会的定位尚未有定论，且可谓各式各样。有人说可以模仿荷兰的议会，全年的工作日都开会；也有人主张延用英格兰式的，即用枢密院（或内阁）作为政府的常设机构，然后不定期召开议会以接受申诉、控制税收。

第一次议会的选举令并不是以国王的名义发出的，因而被称为"大会"而非议会，也只持续了几个月。它通过了多项法案，其中就包括《保障法》，这项法令宽恕了许多之前反对国王的人。虽然后来有很多人被罚款或是监禁，但只有十三人被处决，这只占当时那些判处查理一世死刑者的一小部分。尽管官方挖出了克伦威尔、艾尔顿和布拉德肖的尸体并将其残骸吊在绞刑架上示众，但总体而言，查理二世的复仇还是轻微的。皮姆、舰队司令布莱克和其他一些人的尸体也被从威斯敏斯特大教堂掘出并被随便扔到其他坑里。国王付清了军队的军饷后就解散了军队，重新合法选举新议会的大门也由此重新开启，英格兰似乎轻易就实现了从独裁到立宪政府的转变。

独裁倾向

1661年春天，新议会召开，这届议会一直持续到1678年，彼时查理解散议会开始个人独裁统治。不过在第二年，查理又深陷麻烦之中。与西班牙那名存实亡的战争也于1662年结束，通过和平协议，英格兰还得到了敦刻尔克。

当年秋天，在议会放假的时候，查理以四十万英镑的价格将敦刻尔克卖给了法国。查理的这一行为让议会和国民都极其愤怒。在上一年，当军队被解散的时候，伦敦爆发了一场小规模的叛乱，这让查理找到借口招募了五千人的军队。查理的这一行为也已引起了民众的猜疑。但他没钱维持这支军队，而现在通过出售敦刻尔克，查理似乎无需议会拨款就有钱了，不过这种行为却玷污了国家的荣誉。

的确，敦刻尔克的价值可能并不大，每年还得花十万英镑驻防和维护；但国王那专横的行为及其可能的计划却让这个国家深感不安。国王还颁布了前面所讲的第一版《大赦谕告》，这种试图重新获得特权并凌驾于议会立法之上的行为也让下议院暴怒不已。

此外，通过迎娶葡萄牙摄政女王的女儿凯瑟琳·布拉干萨，查理得到了一大笔财富。凯瑟琳的嫁妆相当于如今的八十万英镑，还带来了领地丹吉尔和孟买。如果英格兰实施的是激进的地中海策略的话，那么丹吉尔就会是个宝贵的基地；但英格兰最终没有采取这种策略，丹吉尔的驻军也被撤走，这个地方也被遗弃。孟买成了英格兰国王在印度的第一块属地，但查理觉得它没什么价值，并于1668年将它转交给了东印度公司。

就民众而言，国王婚姻的最重要目标就是生育一个继承人，以免那讨人厌的詹姆斯最后继承了王位；不过他们并没有生育。但这场婚姻也创造了一个重要的临时阵营，即让英格兰与法国组成了统一战线，共同反对西班牙——此时葡萄牙也正与西班牙开战。年轻、随和的查理二世也由此被他那光彩夺目的表弟路易十四深深触动，极其羡慕、嫉妒路易十四那不断壮大的荣耀和绝对权力。查理的婚姻还开启了与葡萄牙超过两个半世纪都不曾中断的传统友谊和紧密的贸易关系。

不过，尽管与国王的不和在不断加剧，议会于1664年撤销的《三年法》将会给国王留下一个独裁的机会，后来国王也利用了这个机会。这个法令的最初版本是想要定期召开议会而且每次的间隔不少于三年。不过议会在临近这个时间点的时候，深恐这个法案会成为解散议会的借口，于是通过了新版的《三年法》，其中明确规定议会至少三年开一次。但可惜的是，它没有设计出能够抵制国王干涉的机制。由于存在这个错误，该法也就为查理留下了实行独裁的可能性——如果他倾向于独裁而非召集两院议员开会的话，或是至少在他能够这样做的任何时候。

与此同时，与荷兰人的战争再次打响。虽然查理与荷兰人之间有私人恩怨——荷兰人罢免了他的外甥奥兰治的威廉，也即前总督在荷兰共和国里的所有职务，但这次战争的主要原因却是贸易竞争。在正式宣战前，英格兰人已经占领了新阿姆斯特丹，而荷兰人则夺取了英格兰人在非洲海岸的绝大部分奴隶贸易港口。不过在1665年，议会承认了这场战争并拨付了二百五十万英镑的巨款；英格兰海军也在洛斯托夫特外大获全胜。但大瘟疫却紧随胜利而来，并使得英格兰舰队再也无力保卫海洋。我们在后面还会讲到这场席卷全英格兰的可怕灾难。

此外，路易十四也依照协议协助荷兰人，并于1666年1月1日向英格兰宣战；不过他基本上什么也没做。夏天，英格兰舰队和荷兰舰队之间有过几场大规模的海战，但英格兰再次遭受灾祸：这次是伦敦大火，其破坏程度仅次于大瘟疫。

英格兰人已经作好了迎接和平的准备，但战争还要持续一年。在此期间，路易十四与查理二世签订了一份秘密合约：如果查理同意他全权拥有西属尼德兰，他就同意不再给荷兰人提供任何帮助。西班牙的腓力四世已在1665年去世，欧洲各国也随之卷入其广阔、分散的帝国的继承问题。当法国军队逼近其在尼德兰的边境时，荷兰很快同意签订和约；而《布雷达条约》（Treaty of Breda）也被认为不费吹灰之力就可签订下来。为了省下钱来娱乐，查理遣散了水手和舰队。当荷兰人溯流而上进入麦德威河时，英格兰人都觉得屈辱难忍并怒火冲天。不过，双方最终还是签订了和约，虽然英格兰放弃其在香料群岛的最后据点，但仍然保有了之前所征服的荷兰人在美洲的殖民地。

下议院的怒火直接指向作为国王首辅的克拉伦登，大家对其指挥战争的方式极其不满。不仅如此，下议院又朝现代实践迈进了一步，他们要求国王说明他从议会那里领到的拨款都是如何花的。之前，下议院已经决定如果没有议会的同意国王不能筹款；现在下议院作出进一步要求，这些钱如何花也要征得下议院的同意。克拉伦登反对这个要求，但他最终却被查理卑鄙地抛弃——查理还认为他获得王位的最大功臣就是克拉伦登呢。这个伤心欲绝的政治家只能逃往法国，余生流亡国外。

克拉伦登下台后，查理就自己担任起首辅一职，尽管他也咨询别人，尤其是克利福德（Clifford）、阿林顿（Arlington）、白金汉

（Buckingham）、阿什利（Ashley）和劳德戴尔（Lauderdale）。这五人后来以"阴谋小集团"（Cabal）的名声著称，而这个词就是以他们名字的第一个字母拼写而成的。现在，我们就来看看查理统治期间最为可耻的部分。

法国的路易十四已经和西班牙的查理二世开战。这个查理二世是腓力四世的儿子，身体羸弱而且有点低能，也是西班牙帝国的国王。法国国王这种什么都想要的势头也引起了其他国家的警惕，瑞典、英格兰和荷兰形成三国联盟试图牵制法国国王。1668年，他们之间签订了《亚琛和约》（Peace of Aachen）；但英格兰国王却将三国联盟的秘密出卖给了路易十四，而且不久还将出卖自己及国家。第二年，约克公爵詹姆斯公开承认自己是天主教徒，查理二世自己也转而皈依天主教但没有公开。查理已经开始和路易讨价还价，但他的要价太高了。作为他放弃信仰自由的条件，议会在接下来的八年里每年给他三十万英镑。而后他就让议会休会了。

不过，这些拨款对于他来说还是太少了，完全不能满足需求；而且，尽管他曾信誓旦旦，但他仍然渴望摆脱议会的控制。1670年6月1日，他和路易十四在多佛协商一份秘密协议：他许诺英格兰将帮助法国人反对荷兰人，并支持路易想得到西班牙遗产的野心。不过，如果万一是英格兰有幸继承这些遗产的话，路易许诺查理在其不得不公开自己的天主教徒身份的时候支持他对抗国民：给他十五万四千英镑并提供一支六千人的军队。此外，在战争期间，法国还将会借给他三十艘军舰，并且每年给予二十三万英镑。

为了掩盖其秘密协议，查理在第二年又与路易签订了一份公开条约。在这份公开条约里，丝毫没有提及他宗教信仰的改变；

法国许诺的钱财和帮助似乎也只是为了战争需要。他另外还从议会那里拿到八十万英镑。不过查理为了个人享乐简直是贪得无厌。他那来自法国的新情妇——路易派来的棋子——被封为朴次茅斯公爵夫人，每年有四万英镑的收入。据说查理每年还给她不少于十三万六千英镑。1672年，他为了防止自己彻底破产而采用了孤注一掷的做法：注销他那一百四十万英镑的借款本金，这导致很多金匠破产。

与此同时，法国还贿赂瑞典人抛弃荷兰人。由此，荷兰只得独自迎战欧洲最强大的法国了。与英格兰的海战并不是战局的全部；在陆地上，荷兰人在已经被召回的威廉的领导下英勇自卫。他们打开堤坝，引来洪水，让敌人陷入绝境。英格兰人在感情上开始转而支持荷兰人、反对法国人。此时，关于秘密协议的传言也愈演愈烈，查理被迫议和。沉默、不屈的威廉已经在欧洲大陆找到了同盟，为其国家从路易手中取得了和平——尽管只是暂时的。正处于其权力之巅的法国国王，决定要成为欧洲之王。虽然他的计划最终在威廉和英格兰的打击下流产了，但整个过程却是漫长且迂回曲折的。

约克公爵詹姆斯的二婚让英格兰人再次焦虑不安。作为一个天主教徒，他继承王位的这个可能让英格兰人深感不安，但最起码，他的继承人——即他的两个婚生女儿玛丽公主和安妮公主——还是新教徒。这两位公主的母亲是他的第一任妻子安妮·海德——安妮是克拉伦登伯爵的女儿，也是一个新教徒。但约克公爵的第二任妻子摩德纳的玛丽却是一个天主教徒，如果他们生下一个男孩的话，英格兰似乎就注定要爆发革命，除非接受一支信仰天主教的王脉。1677年，詹姆斯的大女儿玛丽公主与他的表兄、奥兰治的威廉结婚。这个事件对英格兰产生了极大的影响。与此同时，查理与议会间的紧张关系仍在继续。1676年，当议会拒绝给查理钱时，他休会了十五个月。路易每年给他十万英镑以让他独立于——如果可能的话——反法情绪高涨的下议院。查理在整个战争中那不能让人满意的行为，1678年的提图斯·奥茨阴谋所造成的巨大震撼和惊恐，同年对国王的首辅丹比的弹劾，1679年议会的解散等，都加剧了恐惧和不满。

议会多次提出议案，要求改变继承人并将詹姆斯排除出去，甚至还有一些人支持国王的私生子蒙默思公爵。丹比和沙夫茨伯里伯爵成为反对派的领袖。看到民众的情绪如此高涨，深恐沙夫茨伯里的追随者和城市暴徒的查理于1681年在牛津而非伦敦召开议会。担心遭到托利党攻击的辉格党人甚至随身携带武器。看来，这个国家随时都有可能再次陷入内战。看到这种可能性的民众迅速作出回应：不惜任何代价地支持国王、支持和平。

一心想要俘虏并控制查理的沙夫茨伯里伯爵最终逃到荷兰并死于逃亡途中。然而暴力最终还是来了，并成为这个时期的标志。为了控制选举以支持托利党，国王支持推翻伦敦和很多其他自治城镇、自治城市的宪章。由于托利党是英格兰教会的忠实拥护者，英格兰再次掀起了对不从国教者的大规模迫害。后来就发生了被提前发现并被粉碎的"黑麦房阴谋"：沙夫茨伯里伯爵的一些鲁莽的追随者试图在国王和詹姆斯从纽马克特回宫的路上绑架他们。

此外还有一个更加危险的阴谋：蒙默思、拉塞尔、埃塞克斯和其他一些著名的辉格党人也试图通过某种方式来控制国王——不一定是武力。最终，埃塞克斯自杀，拉塞尔和阿尔杰农·西德尼被处死，国王的私生子蒙默思被流放到欧洲大陆。距离上一次议会的召开如今已经有三年，但国王并没有召开下一次议会，而是向法国的路易寻求现金支持。不过，国王的猝死却改变了英格兰的历史进程，也算是冥冥中的天意吧。1685年2月6日，国王瘫痪并在接受了天主教圣礼的几天后去世。詹姆斯随后继承了王位，而英格兰又迎来了一个公开承认自己是天主教徒的国王。

查理的统治无疑是英格兰历史的一个重要时期，其中包括我们之前已经提过的组织和巩固帝国的努力、内阁和首相的初步形成、君主立宪制思想的发展。虽然首相名义上仍是对国王负责而不是对议会负责，但议会的权力仍大大增强；而当议会强烈反对他们或是他们的政策时，这些政策就会被抛弃。

在接下来的两个世纪里主导英国公共生活的两大党派辉格党和托利党、现代竞选方法和党派忠诚观都起源于这个时期。这里所说的忠诚并不是对某套教义的忠诚，而是对党组织的忠诚，是对某一派系的忠诚。总体而言，托利党主要由地主和英格兰教会拥趸组成；而辉格党则由商人阶层和不从国教者组成，其中还有一些贵族——其实绝大部分贵族都属于托利党。

复辟时期还实现了贸易和商业繁荣，这与内战时期和共和国时期的萧条形成了鲜明对比。在那么多商业公司中，我们尤其要提到的就是东印度公司。东印度公司宣称在1662~1664年每年的红利20%，在1665年有40%，1685年更是达到100%。从其诞生到1691年，它的年均红利为22%。而东印度公司还只是英格兰诸多商业冒险公司的其中之一。更加现代的金融手段和财政方法的应用，也加速了国家资金的流通。在诸多不利因素的影响下，商贸仍然能够达到如此境地，可见当时的繁荣肯定是达到了相当高度。当时，不仅查理治下的政府财政极其奢侈、费用高昂，而且还要应付与荷兰人的战争,以及历史上的两大灾难。

在1665年和1666年肆虐英格兰的大瘟疫,是自14世纪的黑死病之后最为严重也是最后一次此类灾难。伦敦作为整个国家的中心拥有超过五十万人口,其损失自然也最严重。伦敦城有超过十万人死于大瘟疫,全国各地都有大量人死于这场瘟疫。不过像德比郡的伊姆村(Eyam)那样超过三百人的村庄最后只剩下三十人的情况,也属特例。

第二场大灾难就是伦敦大火。在那场大火中,事发区域超过一万三千栋建筑被烧毁,包括那里所有的教堂和公共建筑。当时的损失估计是在七百万至一千万英镑,当时可是还没有什么保险的啊!损失无疑是巨大的,但烧毁这些之前已被瘟疫污染的建筑并另起新楼,无疑有助于让伦敦变得更卫生、健康。一座城市在七年间连遭大瘟疫和大火侵袭,期间还要承受查理对金匠们一百四十万英镑的没收,这足以证明他们之前已经积累起了相当惊人的财富。

作为对清教时期的清规戒律的回应,复辟还带来了道德和社会习俗上的重大变化。国王彻底的道德败坏树立了一个很坏的榜样,引得刚结束流亡归来的年轻保王党人和所有能够接近宫廷的人竞相模仿。戏院重新开张并广受欢迎。那时候的戏剧虽然风趣,但主要刻画的还是当时的放荡,即使是那个时代的著名作家如奥特韦、康格里夫、威彻利、范布勒和法夸尔也不例外。

但清教主义还是留下了深深的印记。不管怎样,作为一个社会因素,老清教徒对礼拜天的奉行一直延续下来,直至今日。此外,这一时期不仅为我们留下了德莱顿的作品,还有弥尔顿那些脍炙人口的作品,而班扬也留下了传颂最广的宗教典籍。这两个伟大作家都受宗教影响极深，但他们之间又极其不同。班扬继承了他父亲巡回补锅的手艺。这个事实也向我们揭示了当时的一个现状：即使是流浪阶层也能够阅读和书写，甚至出版自己的著作。班扬无疑是个天才，是最伟大的英格兰散文家之一。其中虽有一定的偶然性，但这也足以说明当时社会组织的成熟度：一个来自于这样的社会阶层的人居然都能得到良好教育，并成为拥有最大规模的读者群的作者之一。他那用圣经语言书写的代表作《天路历程》，其知名度和阅读量都几乎堪比《圣经》。班扬在十二年的牢狱生活中所写的《天路历程》无疑是英格兰、甚至可能是全世界最具影响力的寓言。这本书极其真诚、生动、诚挚、自然，它直接来自普通民众的想法和内心，并引导人们回归自己的心灵。这也从另一个角度阐明了英格兰人的天性。

这个时期文学领域中另一个伟大的人物就是弥尔顿，弥尔顿甚至可以说是全世界最伟大的诗人。唯一能够和弥尔顿的《失乐园》一争高下的就是但丁的《神曲》了，后者是自希腊和罗马时代以来最伟大的史诗。我们在前面已经指出，弥尔顿在斯图亚特王朝早期的作品实际上与伊丽莎白一世时代的关系更加密切。接下来便是几十年的内战，弥尔顿也开始担任公职，此时他完全摈弃了诗歌，并致力于用华丽的散文来讨论公共事务，其中最著名的作品就是《论出版自由》。这本捍卫出版自由的作品可谓举世无双，而且至今还有着深远影响。

弥尔顿早期的每部作品都相当契合当时的政治和社会气氛。在复辟时代如此放荡的大环境下，这个伟大诗人居然还能写出那英语世界里、甚至可能是文学作品中最伟大的宗教诗歌。对此，我们再怎么崇敬也不为过，而这也提醒我们不要简单、片面地去概括一个时代。弥尔顿在他那仅次于《失乐园》的《复乐园》里，描述了人类的堕落及救赎。这部作品不仅充满着深刻的宗教、哲学思想和领悟，而且还用无与伦比的诗意方式表现出来。他的诗歌充满力量、魅力、庄严、高贵、深厚的宗教情感和柔情、最真诚的严肃，具有诗的韵律美，其发音听起来都像是从大教堂的过道里发出来的一样。我们在另一部英语杰作里也发现了这个特色，而这个特色对于理解英国这个民族是很有帮助的。

当然，复辟时期的精神生活并不仅仅局限于下层的戏剧和伟大的宗教典籍。在这个时期，科学不仅变得流行起来，而且还取得了重大进步。皇家学会就创立于这个时期，其成员包括波义耳、克里斯托弗·雷恩、威廉·佩蒂，以及其中最著名的艾萨克·牛顿爵士。因此，除了放荡且不能信赖的国王、议会壮大和对外战争外，我们还需要从多个角度来审视这个时期。

虽然在英格兰和荷兰都存在民主斗争，但就跟当前一样，那个时代也在力量与效率的名义下尊崇独裁政府。当时也有很多此类案例：在法国，路易十四具有无上权力，而法国也是欧洲最强大的国家；瑞典的卡尔十一世也想以此为模板来重建国家；波兰也屈从于独裁者统治；甚至于刚刚虎口脱险的荷兰在很大程度上也臣服于威廉的统治。那么，詹姆斯继承王位之后，英格兰究竟是继续保持自由和自治，还是会屈服于当时流行的独裁呢？

这个在白厅的教堂里公开举行弥撒的国王，比查理二世还要无能得多，同时又更加顽固、自负、不屈。他跟查理一样，根本不知道什么时候该让步。由于担心和议会的关系陷入困境，詹姆斯二世上台后的第一个举动就是从路易那里得到资金支援的承诺，而这本身就是一个不祥的预兆。

上一个国王查理二世最后几年的统治在很大程度上要归功于托利党；詹姆斯召开其第一次议会时也完全支持托利党的利益。在宗教问题上，他虽然同意维持英格兰教会，但他也一心想要宽容天主教；而最能干的异见人士理查德·巴克斯特被关入大牢。不管怎样，在民族情绪和托利党占绝对优势的下议院的支持下，詹姆斯获得了查理的全部收入。

被流放的阿盖尔率领的苏格兰叛乱被轻易镇压，阿盖尔本人也被处决。詹姆斯登基第一年更为重大的一件事是其侄儿即查理的私生子蒙默思的入侵。蒙默思在西部极受欢迎，他在莱姆登陆后就自立为王。虽然在他往汤顿进军的路上并没有士绅加入，但也没有受到任何阻击。他在塞奇莫尔遭遇了由詹姆斯亲自统率的军队，被击败后逃到了新森林。议会给蒙默思定了个叛国的罪名。蒙默思在被俘后被迅速处决。蒙默思虽然失败了，但这次起义却是导致詹姆斯最终垮台的一个主要因素。

虽然蒙默思是个辉格党人，但詹姆斯在镇压起义后的行为却让托利党人觉得恶心、害怕，并让这两党成员团结起来为正义和民主而战。一直因对被告残忍且粗俗而臭名昭著的杰弗里法官，被派往西部进行"血腥的巡回裁判"。总共有三四百人被绞死、八九百人被遣往西印度群岛当奴隶。整个英格兰都为此感到恐惧。

詹姆斯还命令议会废除《忠诚宣誓法》，这样他就能够往在镇压两次叛乱时发展起来的三万人大军中安插天主教徒担任军官。在法国，路易十四已经撤销了《南特敕令》，新教徒由此将会遭到残酷的迫害。即使没有胡格诺教徒因为路易十四的政令而仓皇越过海峡逃到英格兰这件事，英格兰人也都能够想象詹姆斯的政策将会导致怎样的后果。国王不顾议会的反对，不仅将军队驻扎在伦敦附近并在军中安插了大量天主教军官，而且还用船运回不少爱尔兰人来扩充其军队。他援用了关于特免权的古老理论，即国王有权在特定时候不遵守法律。当法院反对他时，他就用自己的法官取代之前的法官。他还开始任命天主教徒在英格兰教会中担任要职，并让已经是大法官的杰弗里担任教会首领。这样，杰弗里就有权审讯全英格兰的牧师。

在法国和耶稣会的激励下，詹姆斯在这条道上越走越远。为了能够在建立天主教这件事情上赢得不从国教者的支持，他于1687年发布了《大赦谕告》，给予了天主教徒和不从国教者信仰自由的权利。此时，他重建天主教的心思可谓是路人皆知了。

在牛津大学莫德林学院，他坚持要由天主教徒来担任校长，但负责选举的研究员一致拒绝。詹姆斯就把他们都开除了。詹姆斯刚上台时，从枢密院到治安法官，几乎所有国家公职人员都是托利党人；但到了1688年，詹姆斯又尽其所能地用天主教徒替代了托利党人。他还恢复了之前已被废止的高等法院，并开始谋夺英格兰国教（即圣公会）教士的财产和公职。

当詹姆斯在1688年发布新版《大赦谕告》并要求在每个教堂宣讲的时候，有七名主教向他请愿：要求豁免那些遭到攻击的教士。詹姆斯则立刻要求以"叛乱的名义"逮捕并审讯他们。当陪审团最终宣判这七名主教"无罪"时，整个伦敦都欢呼雀跃。估计远在豪恩斯洛荒野阅兵的詹姆斯都能够听到民众的欢呼声。

人们认为詹姆斯命不久矣，而取代他的将会是他的两个女儿——两位信仰新教的公主。希望詹姆斯早点死的英格兰人本来还能够暂时忍受詹姆斯，但6月19日却发生了一件将会置詹姆斯于死地的事情。那天，詹姆斯的妻子为他生了个儿子。国民立刻意识到王位继承人还将会是个天主教徒。起初人们还不相信这个事实,并说这个孩子不是詹姆斯的而是装在长柄炭炉里被抱到其妻子房间里的。不过,当国王宣布这是他的孩子后,这个孩子究竟是不是他亲生的都无关紧要了。事实上,关于这个问题的争执只会带来更多的困惑并形成更多的派系。

辉格党人和托利党人已经被迫联合起来。詹姆斯的儿子出生后不久,在不断增长的危险的威胁下,在经过全面考虑之后,他们准备邀请荷兰的奥兰治的威廉过来协助其妻子——即詹姆斯那信奉新教的女儿玛丽——继承王位。在查理二世统治期间,很多人已经接受了不抵抗主义和君权神授;但在这个天主教继承人面前,这两条都被抛弃了。路易在法国再次展开的天主教宗教迫害这个教训可就在英格兰海岸对面的不远处啊。于是,由辉格党和托利党领袖们所签名的邀请函正式发出。

奥兰治的威廉寡言、严厉、不讨人喜欢但个性坚强,体弱多病非但没有击倒他,反而让他变得更坚强。与大多数斯图亚特人不同,他根本不在乎女人。他没有孩子,其婚姻也是基于国家利益的政治联姻,他将全部精力放在了与法国的对抗中。作为一个加尔文派教徒,他基本上不怎么关心宗教,但他即使不是一个卓越的军事领袖,也天生是个一流的政治家。好些年来,他都有被召唤去英格兰的可能性,但要真正做决定却不是件容易的事情。他必须为其人民和盟国作周全的考虑,而如果冒险失败的话,荷兰将被路易踩在脚下。另一方面,要想在欧洲大陆上粉碎"伟大君主"[1]的野心,英格兰的参与又是必不可少的。于是,威廉决定

---

[1] 即路易十四。

豁出去了。

而詹姆斯又在其最需要路易帮忙的时候冒犯了路易,这就增加了威廉的胜算。此时,法国军队还没到英格兰,但又撤出了英荷之间的海峡,这样荷兰面临的压力也就减弱了。1688年11月,威廉带着他那经过长期准备和集结的远征队伍在托贝登陆英格兰。此时,詹姆斯甚至连妥协让步的机会都没有了。当威廉向伦敦进军的时候,士绅和民众都加入他的队伍,这与之前蒙默思的那次失败入侵形成了鲜明对比。丹比、德文希尔、西摩,还有最重要的未来的马尔伯勒公爵丘吉尔,这些詹姆斯的军队领袖都背弃了他。这也导致各地义军林立,并使得詹姆斯的杂牌军士气低落。

在伦敦,民众也起来反对国王。如果不是不抵抗主义和君权神授如此普及,这次内战对威廉、对英格兰历史和欧洲大陆的历史的影响甚至可能还不止于此;失败后的詹姆斯也可能无法逃离英格兰。12月10日,詹姆斯将妻子和年幼的儿子送往法国,而企图在第二天前往法国的他则被俘并被押回伦敦。在威廉的默许下,詹姆斯得以逃脱并安全抵达法国。

威廉之前承诺由民众选举出一个自由的议会,尽管他还不能发布选举令,但民众还是选出了代表议会,并于1699年在伦敦召开。由于詹姆斯退位,议会宣布英格兰王位空缺,并让威廉和玛丽联合统治;而玛丽只能在威廉死后才真正拥有权力。虽然詹姆斯逃离了英格兰,但他在逃跑过程中将国玺投入了泰晤士河,他实际上也没有正式退位。

玛丽是詹姆斯最年长的女儿,但她继承王位却遭到她那年幼的同父异母弟弟的反对。从血统上来讲,继位的威廉就更疏远了。世袭、君权神授和不抵抗主义,都像国玺一样被彻底抛弃了;以后的统治者都将他们的王位完全归功于议会。在政府体系里，议会也自此在和统治者的关系里占据了优势地位，拥有了更大的权力。威廉之后的王位继承人是这样排序的：玛丽，而后是她的孩子；如果有多个孩子，那么男性优先；如果没有孩子，那么将由玛丽的妹妹安妮继承王位；最后，如果玛丽先死，那么威廉与其继任妻子的孩子也有继承权。

在好几年的时间里，英格兰的重要人物都必须扮演双重角色。我们无法确定是否因为詹姆斯的管理不善才最终引致威廉的入主，但有一点是确定的，即英格兰人只有两个选择：即那个将信奉天主教、身世不明的王子，或是有威廉支持的玛丽。此时，人们需要思考的已经不只是个人命运是否会受到威胁了，民族利益已经超越个人利益；而且，内战和克伦威尔的阴影对于很多人来说仍然历历在目。在那些危险且令人焦虑的几年里不得不玩两面派的人，尤其是马尔伯勒，在被人赞美的同时也受到尖锐批评——这取决于很多历史学家尤其是早期历史学家的党派立场。马尔伯勒和其他人的行为和动机这些小秘密只有他们自己才心知肚明，而如今，他们的心思早已腐化为尘土不可考了。

虽说"光荣革命"也有很多不体面的地方，但它的"光荣"之处就在于：在面临将会导致内战和政府垮台的危机面前，他们以一种违法最少、与传统决裂最少、几乎不使用暴力的方式实现了转型，建立了稳定且将持续近两个世纪的新秩序。

此外，这条道路不仅为路易和法国那看似坚不可摧的权力的垮台、英格兰的崛起埋下了伏笔，也为逆世界潮流而上的民主和自治作好了铺垫，并为英格兰成为这个世界的主宰力量奠定了基础。威廉和马尔伯勒现在准备要消灭"凡尔赛的太阳神"[1]对欧洲的可怕控制,而《革命稳固法》也将被证明是英格兰人的政治天赋以及后来在沃波尔和皮特等人领导下夺取世界权力的坚实基础。威廉曾经"让英格兰与法国对抗",而如今,他和那些被迫扮演双重角色的人已经拯救了英格兰,并引导英格兰走上夺取世界权力之路。

---

[1] 即路易十四。

第十五章　光荣革命：从独裁到立宪

威廉这次冒的风险其实相当大，只是其相对轻而易举的成功掩盖了真正的凶险。欧洲和英格兰的命运最终取决于它们能否击败路易十四那巨大的野心，就像一个世纪后的拿破仑一样。对于这个问题，同时代的政治家没有谁比威廉看得更透彻，他所有的激情就是想要拯救他那小小的荷兰，并使欧洲大陆免遭法国国王这个专制主义者的统治。投身于这出大戏的威廉，根本没有野心当英格兰的国王。但他同时也意识到，为了对抗法国，如果有可能的话，他也应该取代信仰天主教并亲近法国的詹姆斯二世。威廉很精准地计算了放在他面前的机会，果断出击并最终获胜，也由此改变了世界历史。

但是，假如路易十四没有犯傻并成功地用其舰队阻止威廉穿过海峡，假如在其着陆的关键时候没有风向的突然转变，假如詹姆斯二世起初没有触怒路易或是最后没有逃跑，假如英格兰人民反对威廉的入侵，假如辉格党和托利党在多年的尖锐斗争后未能在关键时刻团结一致，那威廉就不仅不能赢得英格兰，而且还可能会失去自己的国家——荷兰。

只有极少数的几个历史转折点才展现出精于算计的政治家才能和运气如此精妙的结合。对于英格兰来说，威廉是个异乡人。威廉深知没有英格兰政治家能够理解他在欧洲大陆所实施的大战略，但他又需要英格兰承担起其责任，因为只有这样他才有可能获得胜利。他还深知辉格党和托利党的临时结盟不可能一直维持下去，而且也必然会有很多意图迎回詹姆斯的阴谋。总之，英格兰大地上将难得安宁。

异乡人威廉的难题

没有一个人是他能够完全信任的。他不爱英格兰，英格兰人也不爱他，但他却深谙英格兰的渴望——而这正是土生土长的斯图亚特王室所不明白的。而他要想让英格兰和他一起进行大冒险的话，就必须把人民的渴望当成自己的渴望。命运将威廉带到英格兰并让他统治英格兰，而他也一开始就显示出自己比其他人能够更好地理解这个国家的偏见和政治的能力。

典型如《革命稳固法》并不是想要拟定一部新宪法，而只是由一系列相互独立的法令组成——这些法令是用以应对之前的不满或危险的。其中的《权利法案》宣称：国王终止法律、在没有议会同意的情况下设立常备军、干涉自由选举或是干涉议会中的自由演讲都是非法的。新的《三年法》规定如果未经重新选举，一届议会不得持续三年以上；《陆海军违反军纪惩治条例》必须每年更新；除了一般的民用支出外，国王不得拥有永久性收入；议会必须每年召开。《宽容法》赋予了除一元论者和天主教徒外的所有人信仰自由的权利。这满足了人民大众的需求，也解决了宗教问题。

英格兰就这样轻易、平稳地实现了从詹姆斯尝试建立的独裁向威廉的立宪政府的转型。英格兰属下的所有殖民地也在进行着此类转型，但其间又存在重大差异。英格兰当时没有试图干涉这些殖民地的地方自由，尽管也是因为马萨诸塞还没有特许状，因而也无法一步到位地实现一致。1691年的新特许状设置了一个皇家总督，其他殖民地也随之产生了由公众选举产生的下议院，而且其他方面也显示出在民主和宗教宽容方面的显著进步。

除了罗得岛和康涅狄格自行选举总督外，英格兰的所有美洲殖民地和西印度群岛殖民地现在都统一了政府形式：通常由皇家总督指定而不是民众选举产生的上议院和总是由民众选举产生的下议院组成。这种政府可以被看作是英格兰国王、上议院和下议院的缩小版复制品，它们拥有自己的权利并通过王权团结在一起——不过，这些殖民地一般都认可英格兰政府有监管其贸易的权力。

光荣革命还精细地重新调整了英格兰政府内不同部门间的关系。自那以后，王权从根本上就从属于议会了，而且不久以后就意味着是从属于下议院了。殖民地虽然在理论上是通过王权联结在一起并服从于王权，但王权又要服从于议会。这样，殖民地就发现它们实际上是越来越处于那个控制王权的议会的控制之下。

除了《航海法》中规定的贸易管制外，英格兰政府还默认各个殖民地的立法机关能够像英格兰的议会那样自由立法。英格兰与这些殖民地相距超过三千英里，而且各地差异很大，也无法直接代表这些殖民地。无论是在英格兰还是在其殖民地，人们都还没有意识到1688年光荣革命的结果的重要性，但未被觉察到的变化却正在孕育着可怕的后果。

不过，在威廉和玛丽被英格兰和平地接纳为统治者之后，威廉面临的唯一紧迫问题就是苏格兰和爱尔兰问题了。在处理与这两个国家的问题上，威廉都没有展现出他在其他地方所展现出来的政治家才能。不过，这也是因为威廉一辈子都将注意力集中在欧洲大陆问题上，而他对这两个国家的历史和现状的了解也远远比不上他对英格兰的了解。而不幸的是，这两个国家都是很麻烦的，而且危险已经迫在眉睫。在欧洲大陆，事件的发展极其迅速。1689年4月，路易十四向西班牙宣战；5月，神圣罗马帝国和荷兰签订了《伟大同盟和约》共同反对路易。威廉很想让英格兰也马上加入并共同反对路易，但他又不能够任由詹姆斯二世党在其后方的苏格兰和爱尔兰掀起叛乱。

在苏格兰，克拉弗豪斯的格雷厄姆和戈登公爵起义支持詹姆斯，他们还在基利克兰基战役（The Battle of Killiecrankie）中击败了威廉派遣过去的军队；而苏格兰议会则宣布支持威廉，并开出了他们的条件。跟英格兰一样，苏格兰那没完没了的宗教问题也暂时得到了解决，但还有很多地方需要调整。苏格兰恢复了长老会，同时也保留了宗教宽容。在政治上不再占据统治地位的教会，因被视为议会自然发展的阻碍因素而被废除。

不过，苏格兰几乎就像是两个国家，分别由低地和高地组成——其中前者远非如今拥有富饶农场和繁华都市的低地。主要是因为英格兰的《航海法》使得当时的苏格兰几乎没有商业，所以整个苏格兰都很贫穷。高地远远落后于低地，甚至还处于蛮荒状态，仍然处在氏族和氏族精神的控制下。高地人击败了威廉的军队,不过他们获胜后就带着战利品撤回峡谷之中。而威廉通过明智的钱财外交,令苏格兰的首领们一个接一个地加入他的阵营。

除了麦克伊安·格伦科之外,几乎所有人都同意投降。虽然格伦科也有此打算,但没有在规定的日期内投降。威廉在苏格兰的首席大臣请求灭绝其整个氏族,很遗憾,威廉同意了。最后他不仅这样干了,还在一个荒凉、阴沉的峡谷里背信弃义地实施了臭名昭著的"格伦科大屠杀"。低地的苏格兰人视高地的苏格兰人为野人,认为对付这些人根本无需讲什么仁慈,但苏格兰人对这次大屠杀的惊恐也表明他们正变得越来越人道、越来越文明。诸如此类的事件固然让人难受,但苏格兰暂时算是安全了。

威廉在爱尔兰的故事甚至要更加黑暗。这里的人都是詹姆斯二世党人和天主教徒,而当詹姆斯于1689年3月抵达那里并试图重夺王位时,他们纷纷团结到他四周。很多英格兰人和苏格兰人因此到伦敦德里和恩尼斯基林避难,其中前者还扛住了詹姆斯军队的长时间围困。在完全没有食物的十五周里,他们以狗和老鼠为食,甚至是咀嚼皮革;他们一直坚守到英格兰舰队给他们带来食物并突围。詹姆斯也在恩尼斯基林附近被击败,但他仍有能力在野外与英格兰军队作战。

只要詹姆斯二世这个威胁还在,威廉就不可能腾出手来对付欧洲大陆的路易,因此必须不惜任何代价尽快征服爱尔兰。于是,威廉决定率军亲征。幸运的是,路易再次犯错,他并没有意识到威廉解决爱尔兰人危机的重要性。在比奇角打败英格兰舰队和荷兰舰队后,法国人虽然暂时控制了海峡,但路易未能成功阻止威廉横跨爱尔兰海运送军队及供给。1690年7月1日,威廉在博因河战役中取得大胜,但还不是决定性的胜利。詹姆斯也再次失去了重夺王位的机会，只得匆忙从爱尔兰逃往法国，就像之前从英格兰逃往法国一样。路易如今意识到爱尔兰的重要性并派遣军队支援爱尔兰人，但威廉最终还是一步步地征服了爱尔兰。

与此同时，那几乎由清一色的天主教徒组成的爱尔兰议会通过立法收回那些于1641年被没收的土地，并承认罗马天主教廷的最高权威。如此，爱尔兰就从英格兰那里独立出来。此时，爱尔兰境内已有大量的英格兰人和苏格兰人。据估计，仅在克伦威尔时期，就不止有五万人从英格兰迁入爱尔兰。与苏格兰的高地人一样，土生土长的爱尔兰人也仍被视为野蛮人，英格兰人甚至还像在美洲那样在爱尔兰殖民。但与美洲不同的是，爱尔兰可是在英格兰的后门边，只需几个小时即可达到。因此，英格兰不能容忍由被驱逐的斯图亚特王室来统治爱尔兰这个天主教国家，尤其是斯图亚特王室还和仍在威胁着英格兰乃至整个欧洲的法国沆瀣一气。不过，这也不能为英格兰后来的可耻行为开脱。接下来的时期，可能是英格兰历史上最为臭名昭著的一页，也是爱尔兰历史上最为黑暗的一个时期。

英格兰议会不仅驱逐了爱尔兰议会中的所有天主教徒，还要求爱尔兰议会的所有法令都要由英格兰的立法机关来裁决。几年后，终结了叛乱的《利默里克条约》(Treaty of Limerick) 被废弃。新出台的法律规定，所有爱尔兰的孩子都不能接受天主教老师的教育，不管是在学校还是私宅或是送出国，否则就没收其父母的土地和财物；天主教徒不能拥有武器，或是价值超过五英镑的马；所有天主教主教和神父都要被驱逐出岛；天主教徒不能和新教徒结婚，如果一个新教女人嫁给天主教徒，那么她的所有财产都将直接转给她的新教徒亲属；没收所有发生过叛乱的那些地方的土地，除非这些土地已经转给新教徒继承人。

这些以及1699年通过的其他一些臭名昭著的法令，毁掉了爱尔兰那正处于发展中的贸易和制造业。这也就难怪一个知名历史学家称这段历史为"整个英联邦历史中最为黑暗的污点"。

不久，苏格兰就将完全、愉快地与英格兰合并，但爱尔兰却一直未能和英格兰实现这样的合并；虽然后来也合并在一起了，但并不持久也不愉快，而这段历史也将在此后的好几个世纪里给爱尔兰人留下痛苦回忆。在英格兰人统治的其他四分之一个地球上，虽然也存在错误和自私自利，但起码都留下了一些好东西；而就在家门口的爱尔兰，英格兰人却没有留下任何有价值的东西。

西班牙王位继承战争

与此同时，威廉返回伦敦以率领军队前往欧洲大陆，因为英格兰已经加入了对法战争。由于不信任英格兰政客，威廉就职后提拔了很多随他前往英格兰的荷兰人，而这又引发了混乱和嫉妒。的确，当时绝大部分英格兰领袖人物都与圣日耳曼宫的詹姆斯二世保持联系，威廉根本不知道该信任谁，就像这些英格兰领袖不知道威廉和詹姆斯谁最终获胜一样。我们如今绝大多数都倾向于认为那个时期的不确定性和焦虑都是前所未有的，不过事实上，以前的每一代人几乎都不得不作此类抉择。而一旦选择错误，他们所失去的就不仅仅是财产，甚至还包括他们的脑袋。

因此，领袖们和两个阵营都保持联系并不意味着他们就是不忠诚的。比如，虽然马尔伯勒和舰队司令拉塞尔与詹姆斯有书信往来，但最终还是他们拯救了威廉和英格兰——尽管威廉在1691年解除了马尔伯勒的所有官职。1692年，威廉授权拉塞尔指挥英荷联合舰队。此时，在法国人的帮助下，詹姆斯发表宣言并计划进攻英格兰，他前往拉霍格港口，而强大的法国舰队已经在那里待命。此时威廉已经触怒了拉塞尔，而拉塞尔也正在与詹姆斯书信联络。拉塞尔会怎么做呢？

此时，英格兰正在等候命运的裁决。当法国舰队出港的时候，拉塞尔给予它沉重打击并在詹姆斯的眼皮底下烧毁了其最好的十二艘船。此时的詹姆斯正在港口准备登船。这场战役彻底终结了被驱逐的詹姆斯二世的翻盘机会，也终结了路易和法国的野心。自此以后，英荷联合舰队在海洋中再无对手，而英格兰军队及其供给也得以毫发无损地输往欧洲大陆。不过，路易依然主宰了陆地。他占领了边关要塞那慕尔，并在斯坦克和兰登击败了威廉。

在这场生死战中，经济实力至关重要。据说路易自己也指出只有黄金才能获取胜利，而此时的法国经济状况不断恶化。伟大的科尔伯特[1]时期已经逝去，科尔伯特的英明举措不能阻止法国贸易的持续衰败。相反，在英格兰，正如我们在上一章所看到的那样，贸易正蓬勃发展。贵金属的稳定输入却没有给西班牙带来好处，因为它没有发展起国内工业和商贸。为了购买所需物品，西班牙的黄金和白银也就源源不断地流转到其他国家。

借助商贸，没有矿产的英格兰越来越富有；而且与传统的不

---

[1] 让-巴蒂斯特·科尔伯特（Jean-Batiste Colbert, 1619~1683），法国路易十四时代卓越的财政大臣，伏尔泰曾称誉其为"治国良相"。他将重商主义付诸持久的实践，极富创造性地扶植了法国的制造业，可谓法国的"工业之父"。

动地产不同，英格兰的财富是流动资产。战争的胜利部分是由于威廉缔造的具有政治家风格的社会基础，部分是因为马尔伯勒和欧根亲王等人的军事天赋，部分也因为英格兰已经成为"欧洲的出纳员"并用此类补贴维持了结盟。金融家和无数的商人、实业家的重要性丝毫不亚于战场上的军队。

1692年是值得纪念的，因为这一年诞生了国债。国王和政府之前也举过债，但都是短期的，而且双方都知道不久后的税收就能够偿还借贷。虽然英格兰已经富起来了，但它仅靠税收也已无法负担与盟国进行的战争的庞大开支。由于其政府是建立在民众同意基础上的自由政府，英格兰政府拥有很好的信用。而长期借贷或是不定期还贷的方法也是在偶然间被想到的。现如今，我们对通行全世界的长期政府债券深恶痛绝，但在当时，国债却为议会筹得了巨额资金并取得了对敌的巨大优势。

另一个重要举措就是在1694年筹建英格兰银行。在以前，先是金匠而后是私人银行家将钱存起来而后贷出去，但他们的资源实在有限，因而不得不保持很高的流动性，而在苏格兰人威廉·佩特森的建议下组建的新式银行则超越了此类急功近利。银行的巨额存款使得它能够以更为现代的方式来从事规模大得多的商贸活动。银行背后有政府的威望和信用以及政府资金作为担保，因而无数喜欢储蓄的个人都将他们的现金存入银行。而这些存款又是政府能够动用的一大笔资源，这也是英格兰获得最终胜利的一个因素。

另一个相对没那么重要的因素是由牛顿爵士提议的1696年货币改革。之前，人们通常都会削剪硬币，而且由于硬币的边缘是平滑的，因而很难发现硬币是否被削剪。而通过对硬币的边缘进行花边扎压后,削剪就很容易被发现。削剪问题也就得到了解决。而在工商界,对货币的信心无疑是至关重要的。

　　政府也不得不进行改组。当威廉于1693年在兰登失利后回到伦敦,他发现议会也混乱不堪。威廉是在两个党派的支持下获得王位的,他也自然同时从两个党派里挑选大臣。但他最后发现,要想更加有效地开展战争,他最好还是从议会的多数党挑选大臣;而如果议会里的多数党发生了变化,他也需要随之更换大臣。英格兰此时已经摸索着迈向对议会负责的内阁政府体制了。

　　另一个多少有点无意为之的进步,就是议会拒绝继续延用《行政许可法》,这也就废除了从政府那里获得图书出版或是报刊许可的必要性,民众也就突然获得了自由出版的权利。民众对这次转变处之泰然的态度,也是过去二十年间思想自由高度发展的最好注脚。

　　玛丽王后的去世,对于只关心或是信任少数几个人的威廉而言无疑是个沉重的打击,同时也带来了新的危机。1695年,威廉给予了法国五十二年来最大的打击:他夺回了那慕尔要塞。但在国内,由于其诸多大臣的腐败、威廉对其荷兰支持者的奖赏以及其他原因,导致了民众以及上层人士的不满,他们觉得并没有得到应有的回报。

　　詹姆斯二世党一直阴谋不断,而现在大权独握的威廉比之前与玛丽共享权力时的地位还要脆弱。前国王詹姆斯如今突然迁至加莱,而那里正是所有詹姆斯二世党人的活动中心。他们甚至准备在威廉狩猎后回肯辛顿宫的途中实施谋害,不过这个可怕的阴谋最后被揭露。这个流产的阴谋在很大程度上恢复了威廉的威望。他也最终与法国达成了《里斯维克和约》(Treaty of Ryswick),结束了与法国的战争；路易也承认威廉为英格兰之王。不过，各种因素的再次糅合降低了威廉的受欢迎度。而且对威廉来说，时日无多的事实也意味着他几乎不可能在有生之年率领英格兰击败法国了。

威廉很清楚，《里斯维克和约》不过是个暂时性的停战协定；但与往常一样，在欧洲大陆战争之末，英格兰人希望忘掉战争并回归到正常生活。西班牙帝国的分裂导致的惨状仍让其他人心有余悸，路易和威廉都看到了当时形势下的危险所在。1698年，两位国王签署了《分割条约》，同意将西班牙帝国的较大部分交给巴伐利亚选帝侯[1]。但伊莱特勒王子在第二年突然去世，打乱了这个安排。与此同时，议会已经着手要把英格兰军队人员削减至七千人，这就削弱了正在与路易讨价还价的威廉的力量。威廉像一个叛国贼一样受到围攻，议会还强迫他解散荷兰卫兵队。此时，疲倦的威廉国王甚至想过逊位并返回荷兰。

此时的苏格兰也有麻烦事。有一家公司准备在巴拿马地峡或当时所谓的达连湾开拓殖民地，但这是个极其愚蠢的做法，因为那个地方隶属于西班牙帝国。而苏格兰人却极其希望能够借助这个地方来建立他们的商业。当绝大部分殖民者死于疾病、剩下的也被西班牙人杀死时，苏格兰人表现出极大的不满和失望，而威廉就相当不公平地首当其冲，因为他拒绝为了挽救这块殖民地而与西班牙开战。

在这些困难条件下，他继续与路易协商并于1700年签署了新的《分割条约》。但仅几个月后，西班牙国王逝世，而当路易发现

---

[1] 即马克西米利安二世（Maximilian II，1662～1726）。

西班牙国王将整个帝国都遗赠给自己的孙子腓力[1]的时候，他接受了这笔遗产并撕毁了与威廉的协议。

这样，战争的爆发就只是时间问题了，但此时还存在其他困难。西班牙国王去世前几个星期，年轻的格洛斯特公爵也在英格兰去世；包括年轻的巴伐利亚选帝侯等人的逝世，对英格兰历史和世界历史都有着深远影响。格洛斯特是安妮·海德最后一个在世的孩子，他也是其姐姐与威廉的英格兰王位的继承人。玛丽已经去世，安妮如今又没有孩子，因此继承人问题再次出现。这也是威廉所委任的托利党内阁所要解决的首要问题。

1701年的《王位继承法》再次证明所谓的君权神授观已经站不住脚，这个国家坚定地相信议会有权委任君主及指定继承人顺序。不过，既然这个国家认为天主教徒不能为王，那就仍然表明其世袭观念还是很强的。最后，来自汉诺威的女选帝侯索菲亚赢得了继承权，她的后裔也是新教徒。她是詹姆斯一世的外孙女，也是斯图亚特王室血脉最近的继承人——除了威廉和安妮外，她还不是一个天主教徒。《王位继承法》里还有许多其他条款，主要都是考虑到因为君主同时拥有欧洲大陆的王位或是领地而可能导致的危险而设计的。很多言论指出，英国宪法都是不成文的，但《王位继承法》是诸多成文文件的其中之一，而且还是相当重要的组成部分。

威廉因为和路易签署了《分割条约》而遭到托利党人指责，其前内阁——从此它就正式被称为内阁了——中的许多辉格党人也遭到弹劾。路易在西班牙人的帮助下夺取了西属尼德兰沿线的边境

---

[1] 即后来的腓力五世（Felipe V de Borbón，1683~1746），法国国王路易十四之孙。

要塞，为威廉以及那些支持继续战争的人提供了托辞。本来，西班牙所属的尼德兰已经不对英格兰构成威胁，但如果这些地方为法国所占有的话，那就构成直接威胁了。

战争情绪再次升温，议会同意发展军队并拨款；而威廉也幸运地任命马尔伯勒为其军队总指挥。路易梦想着要再次控制欧洲，而如今他的孙子已经得到了整个西班牙帝国，甚至包括西班牙在意大利和尼德兰的领地。现在，法国与西班牙的联合已经威胁到其他国家的统治，于是威廉在1701年签署成立了奥格斯同盟，英格兰、奥地利和荷兰共和国等国联合起来对抗他们的共同敌人——法国。

在被驱逐的国王詹姆斯二世死于法国之前，路易承认詹姆斯的儿子是英格兰之王，这种做法立刻让所有英格兰人暴怒不已。威廉解散了议会，而托利党人也在接下来的大选中被击败，于是辉格党人成了议会中的微弱多数派。议会马上同意陆军增员至四万人，同时还采取措施增加海军。与法国关系的破裂以及威廉已经筹备很久的战争也终于到来。威廉本来计划亲自穿过海峡指挥战斗，但他在汉普顿公园骑马的时候，坐骑在小丘上被绊了一下并将他摔落马下。他经常在关键时刻受到死神的威胁，而这次则是最后一次，因为几天后他就因为伤重而去世了。威廉的所有计划都得以实现，其受欢迎的程度也由此达到前所未有的高度；而威廉在其顶峰时期死亡，对于英格兰来说也未尝不是一件好事。他是个伟大的政治家，但他的军事才能远不及马尔伯勒，而且马尔伯勒的政治才能也提高到了一个始料未及的高度。幸运的是，威廉在逝世前指定马尔伯勒接替他指挥军队。

马尔伯勒无疑是最伟大的英格兰人之一，但人们对其个性的看法却有着显著差异。麦考利对他的抨击极其狠毒，而温斯顿·丘吉在其巨著《生活》一书中为这个伟大的祖先进行了有力的辩护，甚至近乎谄媚。人们对领袖人物的看法通常都是不同的，但关于马尔伯勒的争论则要尖锐得多，这是党派偏见和时代形势使然。当时那个时代要求领袖要同时和圣詹姆斯的宫廷和圣日耳曼的宫廷保持联系，他们自然也就成为最卑鄙可耻的嫌疑人物——尽管并无事实依据。

只要被放在领导岗位上，马尔伯勒就会跟拉塞尔一样，竭尽他那超常的精力和能力为英格兰的事业及其在位国王服务。虽然一直因为不得不需要抚慰其过分敏感的德国盟友和小心谨慎的荷兰人而被束手手脚，国内的政治局势也时常束缚着他，但仍然没有几个人能像马尔伯勒那样拥有那么大的权力。在威廉丧失信誉的时期，马尔伯勒与其妻子赢得了安妮公主——如今已经成为女王——的无条件信任。而安妮之前作为公爵夫人身份的优越性，也为其支持马尔伯勒那大胆且影响深远的计划奠定了难以估量的基础。

马尔伯勒不仅是个伟大的战士和政治家，也是个伟大的组织者。他一直无微不至地关注士兵的健康，这使得其领导下的士兵都对他极其忠诚和信赖。他也是第一个、甚至可能是最伟大的深谙世界大战中的战略并懂得如何协调陆军和海军作战的军事指挥官。此外，马尔伯勒的成功很大程度上还要归功于他对战争方式的改革：他抛弃对要塞进行稳打稳扎的围攻，转而寻求在野外快速移动进攻。而当他被盟友绊手绊脚的时候，他还可以从欧根亲王那里得到全身心的、非同一般的援助。

战争的头两年几乎没发生什么具有决定性意义的事件。在陆地，路易似乎能够掌控一切，但在海洋，他却显得相当无助。在意大利，欧根亲王不得不撤退；在奥地利，法国的盟友巴伐利亚威胁着维也纳，而且匈牙利人也掀起了叛乱。这样，尽管马尔伯勒控制了莱茵河下游直到波恩那片区域，但战争还是落入了之前的老套路。英荷联合舰队对西班牙的海上攻击除了俘获运宝船外再无收获，葡萄牙随后也加入战局并站在英格兰这边。

但马尔伯勒的天赋注定要大放异彩。他计划大胆地越过德国直奔多瑙河去营救奥地利的皇帝，但他不得不向荷兰人和英格兰的政治家隐瞒这个计划，因为他们都不会同意他冒这个险的。他还计划从地中海进攻法国、从葡萄牙进攻西班牙，这样也就形成了从三个方向同时进攻敌人的方略。可能也只有在得到英格兰强大海军的支持下，马尔伯勒这个天才才能谋划出这么一个大战略吧。他自己负责的那部分可谓大获全胜。他首先用佯攻骗过了法国人，而后率军越过巴伐利亚，并于1704年8月在布伦海姆取得大胜，彻底粉碎了法国和巴伐利亚的联军。在此役中，法巴联军阵亡一万四千人、被俘一万一千人，法军指挥官塔拉尔公爵也被俘。奥地利由此得救，而法军也不得不撤回莱茵河之西，巴伐利亚这个隐患也算是得到了彻底解决。

在地中海，法国舰队在马拉加战役中被击败，并自此再也不敢出海。在布伦海姆大捷的同一个月，英军在夺取直布罗陀岩之后，也控制了地中海这个伟大内陆海的大门。接下来的两年里，在虽有才华但不负责任的彼得伯勒的领导下，西班牙丢掉了好几个省，甚至马德里也一度被攻占。

在同一时期，马尔伯勒在尼德兰攻破了法国人的要塞防线，并在拉米雷斯战役中取得了比布伦海姆大捷更辉煌的胜利：法军的损失要五倍于英荷联军。这样，尼德兰境内的几乎所有军事重镇全部落入联盟之手。在意大利，欧根亲王也取得了一系列的胜利，并将法国人赶出了亚平宁半岛。

在双方交战过程中，联军不仅运气绝佳、有如神助，而且也没有哪个盟友遭受了像法国那样的大败。被击败的路易十四终于低下了高傲的头颅，他向联军求和，甚至愿意为此放弃西班牙帝国的领地。但不幸的是，战争中总是存在两条战线：军事战线和政治战线。无数的伟大战争已经表明，政客们时常会毁掉胜利的果实。在英格兰，当安妮登基为女王，她更加偏好托利党，于是组成了一个托利党内阁，甚至连马尔伯勒都要很不情愿地宣称自己是托利党人。不过，出于政治需要，安妮起初还是先组成了一个由托利党人和辉格党人混合的内阁；而后在辉格党人于1706年的选举中获胜后，又组成了一个完全由辉格党人组成的顾问团。马尔伯勒和戈多尔芬这两个对战争提供了重大帮助的财政部要员，也转向了辉格党。但在战争中强大起来的辉格党却是路易的死敌，他们拒绝议和，因而也错过了这次绝佳的议和时机。这也是绝无仅有的一次机会。

安妮不喜欢辉格党人，她只是因为宪法有规定才让辉格党人组成政府。已经转向辉格党的马尔伯勒公爵也因此被安妮疏远。此外，安妮也厌倦了她那最亲密的朋友——马尔伯勒公爵夫人及其影响，转而信任相对渺小得多的马萨姆夫人。马萨姆夫人是马尔伯勒公爵夫人的表妹，家境贫寒，之前曾在宫廷里谋得一个不起眼的职位。此外，由于愚蠢地试图弹劾一位教士并反对国民所渴望的议和，辉格党逐渐变得不受欢迎。托利党也于1710年赢得大选，并组成一个完全由托利党人组成的内阁，其中包括罗伯特·哈利和杰出的亨利·圣约翰，后者的另一个称呼博林布鲁克子爵更加为人熟知。

与此同时，法国人仍然处在灾难之中。他们在孤注一掷的马尔普拉凯战役中大败，而联军也已经深入法国境内。托利党想要接受已经卑躬屈膝的路易所恳求的议和，但辉格党人再次在1711年的议会中取得微弱的多数席位，并试图与托利党的诺丁汉勋爵达成一项政治交易：只要诺丁汉勋爵投票支持战争，他们就会支持《临时遵奉国教法案》。不过，诺丁汉勋爵拒绝了这项交易，议会中的两个议院也由此对立。在哈利的建议下，安妮剥夺了马尔伯勒的所有官职，并封赏了十二位托利党人为贵族。这个先例相当重要，这也表明在下议院和上议院的关系陷入僵局时，下议院占据了主导地位。

现在托利党人可以实施他们的议和政策了，在议和时他们甚至丝毫不征求荷兰人的意见并让荷兰人陷入尴尬境地。不过，议和特使奥蒙德公爵公开了议和命令，由此使得内阁免于陷入不仁不义之境。1713年5月31日，法国和英荷联盟终于达成了《乌特勒支和约》(Treaty of Utrecht)。

根据和约，英格兰继续拥有直布罗陀岩——自那以后英格兰就一直拥有这个地方；英格兰还得到了新斯科舍和纽芬兰，并从西班牙那里获得了在西属美洲进口和出售黑人的独占权，即所谓的《奴隶贸易合同》。欧洲大陆上的权力变化——如遥远且被陆地包围的奥地利取代了西班牙，法国的权力也被尼德兰瓜分——对英格兰也有间接的助益。

这份和约是英格兰通往世界权力漫漫长路上的重要里程碑。历经此战后，法国已经筋疲力尽，虽然还是大国，但在将近一个世纪的时间里都无力威胁欧洲；西班牙再也算不上是一个强国；荷兰则在战争中挥霍掉了他们的大部分力量和财富，再也不是一个可怕的竞争对手。得益于其在战争中的收获，也由于其财富的增加、商业手段的现代化、大大提升的威望，最重要是由于其对海洋无可争议的控制，英格兰如今在全世界的贸易和殖民竞赛中已经遥遥领先。当威廉在托贝登陆英格兰并剑指法国的时候，伟大路易的权力还看似是坚不可摧的；可如今，路易的权力已经烟消云散。在具有远见的荷兰籍国王的领导下，英格兰已经成为全世界的领袖。

虽然辉格党在几年前也愿意和解，而托利党最终实现和解的行为也值得称颂，但总体来说，后来的政策对于这两个党派而言都是一场灾难。自1710年始，牛津[1]和博林布鲁克就一心想要摧毁辉格党并无限制地扩大其所在的托利党的权力。议会通过一个法案，规定那些土地年收入低于两百英镑的人没有资格进入下议院；而《临时遵奉国教法案》也剥夺了一大批不从国教者的资格。由于辉格党人的主要兴趣是在商贸上，托利党就进一步通过打击英格兰银行来打击辉格党人。为了削弱银行的权力和威望，他们设立了一家新公司即南海公司，和辉格党人的银行相抗衡。南海公司接管了大约一千万英镑的国债并以此获得了在南美洲的贸易垄断权。

对不从国教者最猛烈的攻击发生在1714年，即所谓的爱尔兰刑事法典。之前，不从国教者的孩子已被逐出所有公立学校和大学，但不从国教者却创建了他们自己的学校。而新法典如今则规

---

[1] 即前面提及的罗伯特·哈利。

定所有从事教学的人都必须得到英格兰教会主教的批准，这就意味着所有不从国教者的孩子都必须接受教会的教育。这个法典在托利党占多数的下议院里以2比1的得票率获得通过，但在上议院只以微弱多数通过。辉格党领袖也遭到无耻的攻击。与威廉一起推翻法国并为英格兰走上世界权力之巅奠定基础的马尔伯勒公爵，也遭到不公正的指控——滥用公款，并被迫流亡欧洲大陆。另一个辉格党领袖罗伯特·沃波尔（Robert Walpole）爵士[1]也遭到相同罪名的指控。这个指控虽然最终不成立，但他还是被关入了伦敦塔。

不过，接下来的事情比这更糟糕，即将迈入一个辉煌的全新时代的英格兰事实上正处于险境之中。女王没有孩子，而且她的身体状况也表明她时日无多了。托利党的领袖们则密谋着推翻《王位继承法》并迎回斯图亚特王室后裔中的王位觊觎者，即所谓的詹姆斯三世——只要他愿意宣布放弃信仰天主教。马尔伯勒在军队里的职位被詹姆斯二世党人奥蒙德公爵占据，他同时还是五港同盟的沃登勋爵，这就让他能够出卖南方沿岸海港。不过，斯图亚特王子直截了当地拒绝为了王位而改变其宗教信仰，这倒让并不怎么看重宗教的牛津伯爵和博林布鲁克子爵大吃一惊。

牛津已然决定放弃，但博林布鲁克还是愿意继续这场安妮女王一无所知的阴谋。安妮不如伟大的伊丽莎白那么能干，但她有一点跟伊丽莎白很像，那就是她也很反对谈论谁将会是继承人这个话题。

---

[1] 罗伯特·沃波尔(1676~1745)，英国辉格党政治家。后人普遍认为他是英国历史上第一位首相，尽管"首相"一衔在当时并没有得到法律的官方认可，也没有在官方场合被使用。

女选帝侯索菲亚已经去世，她的儿子乔治——也是汉诺威的选帝侯——成了继承人。那些在后来将被驱逐或迫害的辉格党人意识到乔治是他们唯一的希望，而乔治也意识到辉格党是其主要力量之源。控制了安妮的托利党人意识到他们的权力将会在安妮死后衰落，除非继位的是詹姆斯三世而不是乔治。虽然詹姆斯不愿意放弃其宗教信仰，但孤注一掷的博林布鲁克仍想冒险一试，他甚至为此让软弱且已病入膏肓的安妮女王辞退更加正直或说是更加犹豫的牛津。有那么一段时间，博林布鲁克看似无所不能，而辉格党人也已经为接下来可能发生的糟糕事情作好了准备。如果博林布鲁克真的迎回詹姆斯，那么英格兰及其管辖的殖民地都将不可避免地再次陷入全面内战中。

幸运的是，死亡在本章中作用极大，这次更丢出了决定性的一张牌来。在博林布鲁克把牛津搞下台的四天内，在他还没作好迎回詹姆斯的准备之前，头脑简单的"好女王安妮"就在肯辛顿王宫去世了。她死亡的消息在四十八小时后才向外发布，而在此期间，枢密院就在隔壁房间召开会议。当时的枢密院和内阁还没有彻底分离。而内阁大臣们惊恐万分且犹豫不决。辉格党人阿盖尔公爵和萨默塞特——他们是枢密院成员但不是内阁成员——与其他辉格党人一起扭转了局面并控制了枢密院会议。

由于准备时间不足，博林布鲁克的阴谋被辉格党领袖们的果断行为粉碎。他们也立即采取了军事措施。乔治被要求以最快的速度赶往伦敦，并和平地登基。这样，光荣革命以及后来战争的果实得以保存。虽然能力非凡、才华横溢、勇敢且放荡的博林布鲁克因为其关于政府的理念而得到了一些人的拥护，但他那试图颠覆议会在《王位继承法》所表达出来的意志以及迎回斯图亚特王室的行为是不可饶恕的。

关于谁将统治和如何统治的理论或许具有一定的价值，但如果爆发人间炼狱似的内战，又有谁知道将会出现怎样的统治理论呢？个人野心诱使博林布鲁克试图颠覆由议会表达出来的国家意志，并抛弃血腥、昂贵的十年战争的胜利果实。全民平静地接受汉诺威家族，正是民心所向的最好证明。虽然博林布鲁克后来转去法国侍奉王位觊觎者，但他自己也对此深感厌恶。不管怎样，他再也没有在英格兰任职了。

博林布鲁克还因此毁掉了托利党。在接下来将近半个世纪里，辉格党都拥有对政府无可争议的控制权——尽管辉格党时常是少数党。也正是这个事实使得他们保持中庸之道，他们并没有像托利党人那样在其短暂的统治内采取粗暴的方式进行治理。博林布鲁克的"成就"就是让新的汉诺威王室在将近两代人的时间里完全信任辉格党并极其不信任托利党，因为托利党就几乎等同于詹姆斯二世党。

英格兰、苏格兰合并

虽然后来有一些詹姆斯二世党人叛乱，但总体来说苏格兰也像英格兰一样平静地接受乔治为国王，这要归功于盎格鲁－苏格兰关系中最重大的事件。大约是在安妮的统治之初，英格兰和苏格兰就已经着手协商如何实现事实上的联合。在过去，它们经常看似要达到这个目标，但又总是未能实现。英格兰人起初并不愿意给予苏格兰同等的贸易法和特权待遇，而苏格兰则一直都有这样的诉求。1703年，苏格兰议会通过了《安全法》，宣称安妮女王之后的英格兰君主不应该再是苏格兰的国王。作为苏格兰女王的安妮不得不签署了这份《安全法》，英苏两国间的形势也随之紧张起来并面临战争的威胁。

幸运的是，两国都比较理智，苏格兰随后得到了其所要求的同等贸易权利，同时也同意了英格兰的《王位继承法》，接受英格兰君主为苏格兰的君主。英苏两国也于1707年正式签署了《联合法案》。根据该法案，苏格兰保留其独立的教会和法律，但其议会并入英格兰议会即威斯敏斯特议会，两国的政府现在也终归实现一统。苏格兰贵族在上议院中有十六个席位，而苏格兰人民在下议院中也有四十五个席位。

英格兰因此获得的政治优势是巨大的。此时，英格兰正与法国进行着生死搏斗，同时还要分心应付詹姆斯二世党人的阴谋活动，如果苏格兰继续对它满怀敌意且支持法国和斯图亚特家族，它根本无力应付这个由来已久的危险。虽然联合伤害了不少苏格兰人的自尊，但从长远来看，苏格兰的收益甚至还要高于英格兰。苏格兰一下子摆脱了其停滞不前且被束缚的生活状态，并获得了英格兰所拥有的帝国机会和商贸机会。苏格兰民众的特性和能力也终于有机会能够与摆在他们面前的新生活的品质相辅相成，其实不仅英格兰民众因此收益，英格兰乃至整个帝国的精神生活、公共生活和商业生活都因此收益。

苏格兰摈弃孤立对公共生活的贡献简直是无法估量的。正如我们在不同时期看到的那样，大不列颠民族中存在许多张力，其中在形成公共生活和民族品质的过程中，最大的张力无疑就来自苏格兰人。在美洲殖民地的苏格兰－爱尔兰人，即原先居住在爱尔兰的苏格兰人后裔,被认为是新大陆里最优秀的拓荒者。而由苏格兰人贡献的这种品质也帮助大不列颠在四分之一个地球上建立起强大的帝国。此外,苏格兰人深厚的宗教精神、严格的自律、对学习的热爱、敏锐的思想,以及他们的历史、文学、大量的神话和浪漫故事,无疑都极大地丰富了不列颠民族的底蕴。

欧洲大战以及当时在英格兰出现的各种危急事件,对于美洲殖民地的影响可就糟糕多了。在大西洋的彼岸,交战中的法国和英国舰队在争夺西印度群岛时,双方都有相当一部分船员因感染热带疾病而死。不断加剧的海上掠夺,再加上战争的破坏,西印度群岛上的繁荣基本被毁。英格兰海军在美洲的境况也极其危急,这又主要是因为其大陆殖民地马萨诸塞和新罕布什尔对其母国的帮助非但没有带来更好的帝国合作精神,反而招致了反感和蔑视。这是因为这两个殖民地公司派往牙买加提供帮助的英国人都白白牺牲了。此外,多年来一直努力进攻加拿大的殖民者,同时还要承受法国的盟军印第安人对其边境的侵扰,于是,当霍文敦·沃克爵士和无能的希尔将军(女王宠臣马萨姆夫人的哥哥)领导下的海军被彻底击败时,他们实在是无法继续容忍这种糟糕的状况了。

马萨诸塞这个在情感上最为独立的殖民地,也是帝国的旧伤疤。它已经为帝国作出了相应的贡献,承担了相应的责任,甚至举债支持帝国的事业,但它所看到的却是英格兰管理中最丑陋和无能的一面。马尔伯勒公爵还能带来辉煌的胜利,地中海的海军也还能得到米诺卡和直布罗陀岩这样的战利品,而如今的帝国军队与新英格兰人的直接接触却只能培育后者对其的轻视和厌恶——这在以后产生了深远影响。

另一方面,英格兰以及帝国其他地方的地位都因战争而更加稳固，这又对整个世界格局产生了重大的影响。这也最终让大不列颠人而不是荷兰人或西班牙人或法国人在殖民地竞赛中最终胜出。没有哪个竞争者能够像英格兰那样容许其殖民居民拥有自治和地方自由，而英格兰则几乎是无意识地授予了其殖民地自治和自由的权利。正如我们将会看到的那样，如果海外帝国的一大部分最终完全独立，很大程度上就是因为不列颠赋予国民的自由，也是因为这些殖民地将英国的统治看作一种暴政——而所有其他竞争对手的殖民地都不会将这样的统治看作一种暴政，因为它们从一开始就没有品尝过自由的滋味。

安妮那只有十二年的短暂统治对艺术（如安妮女王的家具）、建筑及其他的影响往往被高估了。事实上，由于时间太短，我们与其说这个时期具有独立的重要性，倒不如说它只是个短暂的过渡。当然，它还是有特色的。那个时期产生了很多著名的建筑，如约翰·范布勒为马尔伯勒设计了宏伟的布伦海姆宫，克里斯托弗·雷恩爵士完成了现在的伦敦圣保罗大教堂——这即使不是世界上最好的穹顶建筑，也肯定是最好的四座之一。雷恩献身于建筑事业并为之倾注了大量时间和精力。在1666年的伦敦大火之后，他也全身心投入伦敦的重建工作。由他设计并分散在城市各个角落的雷恩教堂，也显著不同于其在伦敦、牛津和其他地方建造的那些雄伟建筑。而在民用建筑上，我们认为安妮时代和乔治时代可以合二为一。当然了，至今仍屹立在街道和广场周围的亲切、简朴、外墙阴暗但里面极其舒服的房子，也自然跟布伦海姆宫或是霍华德城堡那样的大建筑物不同。

事实上，家庭生活、"理性"和"常识"的时代已经到来。总体而言，18世纪是一个消化政治和商业扩张的时期。例如，即将到来的塞缪尔·约翰逊的文学作品，不会像伊丽莎白时代甚至是维多利亚时代的作品那样充满热情和想象力。这些文学作品已经具有安妮时代的特色，引人入胜如约瑟夫·艾迪生（Joseph Addison）和理查德·斯蒂尔（Richard Steele）的作品，或是尖刻辛辣如乔纳森·斯威夫特（Jonathan Swift）的作品，基本上都是关注日常生活中的现实问题的，而且都采取比较平静、理性的方式进行分析。

在那个时代，还没有人或者媒体报道议会里的争论，但人们却很关心政治。人们从周刊《旁观者》或是其他刊物中饥渴地汲取相关消息，而创作者这种服务也是政治领袖们所需要的。与大多数作家一样，艾迪生也是一个辉格党人，而斯威夫特则是托利党人。丹尼尔·迪福也是一个以编写政治宣传册及相关作品为主的作家，不过他一直以来最受欢迎的作品还是《鲁滨逊漂流记》。除了对公共事务和舆论的影响外，这些人及其他相关人等施加的一个重要影响就是大大提高了读者的数量。据估计，在他们之前，只有不超过五千个英格兰人阅读各类印刷物，而随着很受欢迎的《旁观者》（其中包括著名的《罗杰·柯弗利爵士韵事》[1]、《闲话报》以及其他销路很好的刊物和时常出现在报刊上的政治宣传册等的广泛流行，阅读这些刊物的人越来越多，并永久性地改变了英格兰的政治和精神生活。

这个时代本质上还是个散文的时代，但其在这方面的成就却平平无奇。在大约一个世纪的时间里，不管是在社会生活还是宗教生活和艺术生活中，"狂热"都是不受欢迎的。人们甚至可能

---

[1] Sir Roger de Coverley 在英语中为"柯弗利舞"的意思。《旁观者》以此为名，塑造了一位在安妮女王治下的可爱又可笑的乡绅，以使得托利党人的政治观点显得无害但愚蠢。

认为，正是丰富想象力下的孤立与排斥导致帝国后来失去了其美洲殖民地。虽然那个时期自负的"常识"并不总是与事实相契合，但它却给了这个民族在两段极其纷乱的时代间隙喘息和休息的机会。

第十六章 英法争霸延续

在签署《乌特勒支和约》之后，参与了此和约谈判的一位法国外交官，试图通过组成国际联盟来结束长期以来一直在摧毁欧洲的那连绵不断的战争。不过这在那时是不可能实现的，正如现在的我们也无法做到。究其原因，大致相同。

这意味着要想维持各国疆域的现状是不可能的，这部分是因为欧洲大陆由无数小国组成，其中有大约四百个独立的统治者；部分也是因为居于主导地位的国家的力量和野心都迅速膨胀，并且它们还渴望将其权力施加在那些与其利益相冲突的世界各地。尽管在本章所述及的这段时期（大约从1714~1760年）里，在1739年前是相对和平的，而之后欧洲、美洲和印度各地都充斥着战争，但这半个世纪事实上仍然是英格兰和法国双雄争霸局面的延续。

实行寡头执政的辉格党在很长一段时期内的统治，以及立宪政府尤其是内阁政府在乔治时代早期的稳定发展，也是实现英格兰统一的重要因素。乔治一世甚至都不会讲英语，因而不得不将大部分国家事务都交给大臣们处理。在探索那个时代的事件之前，我们可以先来看看当时英国人的生活和特性，这将会帮助我们理解从那时起直到北美殖民地独立时这重要的几十年间的得与失。

温斯顿·丘吉尔在其关于马尔伯勒的书中有过这样的评论："要想理解历史，读者必须时刻牢记住，那些被记录下来的事件只是实际发生事件的一小部分。"他补充说道，即使在那些被记录下来的事件中，也只有很小的一部分事实才出现在经过浓缩的故事中。乔治时代早期社会矛盾重重，人们虽给它冠以各种标签，但都不是很准确。它被认为是了无生气、枯燥无味、沉闷和缺乏想象力的——在很多方面它也的确如此；但既然如此，那么又何以会产生如下人物？如查塔姆（Chatham）、克莱武（Clive）、沃伦·黑斯廷斯（Warren Hastings）、乌尔夫（Wolfe）、奥格尔索普（Oglethorpe）、福克斯（Fox）、加里克（Garrick）、吉本（Gibbon）、蒲柏（Pope）、戈德史密斯（Goldsmith）、约翰逊、雷诺兹（Reynolds）、盖恩斯伯勒（Gainsborough）、卫斯理兄弟、普里斯特利（Priestley）、亨特（Hunter）、纽科门（Newcomen）和其他扩张大英帝国地盘、促进科学和艺术发展、开创现代人道主义运动的大人物。所有这些都向我们展现了当时社会的生气勃勃和丰富多彩。

然而，这些用来描述这个时代的形容词并非无中生有。那时的确存在有着不同兴趣的、各种各样的国民，因而如果想要扭曲作为一个整体的英格兰景况，那实在是再容易不过的事情：只需片面强调其中一个侧面即可。或许，我们可以通过比较来获得对整个国家的多样性的最全面的认识。

和谐的不列颠

城镇和乡村的差异比过去任何时候都更加突出。正如我们时不时会提到的那样，伦敦很久以来就一直在发展，并成长为这个王国的大都市。不过在乔治一世时期，我们有了现代意义上的"城镇"。城镇里居住着各个社会阶层，有着形形色色的生活。这种城镇生活深深地吸引着塞缪尔·约翰逊，以及下个世纪的兰姆和无数其他人。此时，城市本身迅速呈现出现代特征。大地主们通常会在广场附近置业并出租，由此形成很多以姓氏命名的广场，像卡文迪什、汉诺威、格罗夫纳、伯克利。这些广场时至今日仍然相当出名，不过已经开始转变为新型居住区。

肯辛顿公园及其圆池就建于那个时期，而且从那时到现在一直受到孩子们的喜爱。书店、咖啡屋和酒馆——如约翰逊与其朋友们经常光顾的"迈塔"（Mitre）酒馆——的数量迅速增加，并成为社会、文化和政治谣言的传播中心。虽然更加现代的俱乐部也开始风行，但主要还是分布在皮卡迪利大街和蓓尔美尔大街。

城镇显然大不同于乡村，但其内部也充满着各种差异。上流社会的人们生活奢华、戴假发、衣着浮夸、滥赌，并时常引领社交礼仪。中产阶级则通常严格要求自己且不从国教。此外还有居住在肮脏住房里的穷人们——他们为贺加斯（Hogarth）的绘画作品提供了诸多素材。

无论在交通严重堵塞的繁忙街道上，还是在更加奢华的公园里，例如圣詹姆斯公园，都可以看到各个阶级的成员摩肩接踵。不过，伦敦的民众总体来说还是比较和善的，虽然他们会对那些穿着奢侈的人尤其是外国人报以冷笑。很显然，各个阶级彼此和谐相处的能力至今仍然可以说是英格兰人的特殊才能。虽然阶级的差异非常分明,但是由于他们已经接受了其中的很多方面,因此上层社会和底层民众间的关系还是比较和谐的。而在下个世纪,之前在欧洲大陆某种程度上被完全接受的阶级差异,最终被法国革命的阶级战争所破坏后,英格兰各阶级间的相处也变得艰难了。

除了一直是城镇的伦敦外,还出现了许多时髦的海滨城市和温泉疗养地,例如巴斯——博·布鲁梅尔(Beau Brummell)曾经统治过这座城市并大大提升了这座城市的格调——哈罗盖特(Harrogate)、切尔滕纳姆(Cheltenham)、坦布里奇韦尔斯(Tunbridge Wells)、布赖顿(Brighton)、斯卡伯勒(Scarborough)等。得益于道路交通的改善(许多公路都要征收过路费),时尚和旅行开始风行整个不列颠。这就是我们所认为的18世纪的典型生活。不过,那时还存在与此格格不入的旧式乡村生活,这也是有史以来最好的乡村生活。当时的乡村在很大程度上还是由乡绅、治安法官、望族和权贵们所掌控。

农业生活、乡村和小镇的生活已经相当繁荣和舒适,而且暂时还没有受到工业的冲击,而乡村社区也仍然能够自给自足。阿瑟·扬等人从事农业研究和改进工作,而罗伯特·贝克韦尔(Robert Bakewell)则改进了牛的品种,其他人也在不同方向上不懈努力。之前我们提过17世纪的牛体型较小,而在这个世纪里我们可以看到著名的"达勒姆牛"(Durham Ox)这个新品种。这种牛可以重达三千八百磅,比如今普通的肉牛还要重大约一千二百磅。

道路交通的改善、城镇生活的兴起及其他原因,共同促使了农业从仅仅满足自身需求到面向市场需求的转变。之前,农村里的几乎所有人,包括乡绅、教区牧师和大地主都要从事农业生产。

生产方法的进步可能意味着收入的大幅度提高,而其对农村地区的影响也无疑是相当显著的。值得注意的一点是,虽然只有苏格兰人才可以猎杀松鸡,但猎狐这项在英格兰人生活中扮演重要角色的运动也在那时出现了。

社会等级自上而下高低有别,每个人都清楚自己所处的位置。不过,一般认为,这个时候不同等级间的混合程度比下个世纪高。教区牧师会和他的裁缝一起共进晚餐,一个被称为"阿什本王"(King of Ashbourne)的地方富豪还把曾经到其府上拜访过的人都视为朋友:其中甚至包括两个旅店老板、两个制革工人以及一位乡绅。

另一方面,一个小康的农户一年可能有八百英镑的收入,有一栋带客厅的大房子,内有几间供重要场合使用的房间,晚上能够在宽敞的厨房里与妻子共进晚餐,而仆人也有独立的餐桌。在整个18世纪,议会里的议员席位、陆军和海军的军官职位、政府里的好职位几乎全部留给了上层社会人士,其中大部分又为大家族——当时全国可能有七十个大家族——及其诸多亲属或其他有关联的人所占据。不过,虽然英格兰的阶级结构比较古怪并令所有欧洲人感到惊诧,但令人惊讶的是,那些遭到排斥的阶级只表现出弱得可怜的敌意。相反,整个民族都表现出极其强烈的民族向心力。

例如,陆军和海军的状况是相当糟糕的。在海军中,食物和待遇都非常差,以致很少有人愿意参军。特别是当一场战争需要原来五倍的兵力时,负责抓壮丁的部队基本上只能通过类似于绑架的方式才能够抓到人。士兵通常由不入流的人组成,如在伦敦和其他港口的大街上被强行拉走的流氓。但当这群人坐上船投入战斗时,他们又有无比的勇气、精力和爱国心为英格兰而战。

特权阶级与下层社会之间的差距是巨大的，俘获敌船后赏金的分配就很能体现不同级别间的巨大差距。1762年，当海军俘获"赫曼尼"号时，在总共五十二万英镑的赏金中，未曾参加战斗的舰队司令和船长各自得到大约六万五千英镑，海军上尉得到一万三千英镑；准尉所得不少于四千英镑，而其他全体船员一共只得到四百八十英镑。

特别贫困者的生活极其很糟糕，甚至可以说惨无人道。贫困救济制度将穷人转手给那些并不真心实意关心他们的人，这种做法自然会导致穷人被残忍地虐待并面临缺衣少食的困境，还由此一步步沦落。欠债者只要欠一小笔钱就可能遭到终身监禁，直到他们偿清债务；而监狱里的生活条件也同样糟糕万分，这样自然会滋生更多犯罪。不过，由于刑罚不公和长时间拖延，专家认为当时的刑法"纯粹是嗜血成性的混乱"。上层社会的生活完全不同于下层社会，如乔治国王的客厅，那是锦衣玉食、头戴假发的纨绔子弟和时尚女士聊天和打情骂俏的地方。此外，印度的克莱武和加拿大的乌尔夫基本上也过着类似的生活。不过，这些都是18世纪的一个侧面。

正如我们前面所提到的，没有一个时代自始至终遵循一个简单固定的模式，法国人、英国人和美国人的区分也并非绝对。不过，作为一个整体而言，他们又的确有各自的显著特征。在乔治时代早期，虽然亨利·菲尔丁的《汤姆·琼斯》或者劳伦斯·斯特恩的《项狄传》也占有一席之地，但直觉告诉我们，亚历山大·蒲柏才是那个时代最具代表性的人物。蒲柏这位诗人并非天生英才，但作为英国英雄偶句诗中最伟大的大师，我们可以从他的《论批评》《夺发记》《人论》及其他作品中发现乔治时代的所特有的风采与缺点。没有激情、没有自发性、没有丰富想象力、没有哲学洞察力、没有同情心,但他在尖锐的讽刺中,还表现出风趣、通透、优雅和激情过后的平静,去这也让他在写作手法上成为该领域无出其右的大师。主要是因为上述的最后一个原因及其流畅诗句所表现出来的轻松,其诗歌能够很好地吸引读者的注意力并铭记于心。除了莎士比亚外很少有诗人的诗词能像蒲柏的诗词一样被如此频繁地引用。我们甚至可以说,如果我们暂时不考虑这个时代的其他方面,那么蒲柏就是18世纪的化身。

这个时代的客厅虽然很精致,但仍然是个大吃大喝的时代。当时肖像画上的人物总是向下俯瞰,这很容易让我们联想起后来人们对英国人所起的一个绰号:"约翰牛"(John Bull)。在上层社会,波特酒随处可见,并导致痛风流行。而在下层社会,杜松子酒消费量的显著增加也给人们带来了难以言喻的痛苦。不仅民众麻木地泡在酒缸里,上流社会也在很大程度上由此堕落。这可能主要由于领导权很大程度上被一个自私自利的阶层占据:他们出台法律法规和占据公职完全是为了自己的利益和财产。事实上,这个时代的散文也被视为这个时代的财富。当我们研究各个阶级的生活时,我们仿佛能听见马匹慢跑时的马蹄声,就像丁尼生在其作品《北方农民》中所写到的那样。

"财产、财产、财产——我听到他们就是这么说的。"《伦敦时报》的评论家提到这个时代时指出,"几乎可以说所有的东西都已经变成了私有财产——议会的席位、市政旅馆、主教的法冠、牧师的矫正、警官的肩章、大学团契和讲座教授。"随着对赚钱和所有可以赚钱的工作的痴迷,"交易"往往就导致了整个民族的道德素质走向粗俗化。

人口将在18世纪实现显著增长，但其增长势头在这个世纪就已经初现端倪。工业革命也已经苗头初现，1757年已出现机器的应用并受到了关注。再过几代人，英格兰的面貌将发生翻天覆地的变化——好坏暂且不论。不过在这个世纪，国家仍然以农业为基础，而流动资金的增长主要来源于贸易、商业和银行业。这也是第一次，人们可以借助由菲尔丁、斯莫利特和斯特恩所开创的新体小说，去研究英国人各式各样的生活。而詹姆斯·鲍斯威尔的《约翰逊传》则可以说是一部关于这个顽固不化的托利党人的思想的百科全书。约翰逊就好像一条达勒姆牛，沉重、结实，宁愿丢掉美洲殖民地也不愿稍微改变其主张。

内阁政府形成

1714年8月，新国王乔治一世顺利登基。他对英格兰宪政发展的影响，与其说是来自其所拥有的品质，倒不如说是来自其所欠缺的东西。乔治一世毫无节制地沉湎于享乐，他薄情寡义、贪得无厌，丝毫没有平衡能力，只会在其小小的德意志领地里表现出严肃。他对英格兰这个国家及其政府也没什么认识。而之所以挑选他当国王，完全是因为只有选择他才能满足英格兰人的渴望，因为议会规定君主必须信奉新教，而且要尽量杜绝未来的继承纠纷。乔治一世的妻子，由于被怀疑与他人通奸，被他下令终身监禁，于是他也就没有带王后入主英格兰。取而代之的是两个毫不吸引人的德意志情妇，一个太瘦一个太胖，伦敦人风趣地称她们为"五月柱"和"大象"。

乔治一世最重要的一个特点是他不会说英语。开始时，乔治一世还总是参与枢密院的会议，但在练习了一段时间后，他还是无法让大臣们听懂他那蹩脚的拉丁语，最后只好放弃。而随着乔治的放弃，首相的权力和威望都大大提升，而国王的很多重要权力也随之转移到内阁手中，并最终由下议院控制。现代形式的内阁政府也就由此快速形成——尽管1760年继位的乔治三世试图夺回其前辈所失去的特权。

把汉诺威家族带到英格兰的是辉格党人，而之前占据领导地位的托利党人则和詹姆斯二世党人勾结并阴谋造反。新国王也很自然地让辉格党人组成枢密院，并驱逐所有托利党人。从此时开始，辉格党长时间占据支配地位。不过，总体来说，辉格党还不如托利党受欢迎，尤其是考虑到国王自己就不受欢迎，也无法赢得国民的喜爱或尊敬。因此，辉格党在与其对手竞争时格外小心谨慎。辉格党采取的第一个举措就是控告托利党人牛津勋爵、博林布鲁克和奥蒙德。其中后两个政治家逃到法国，并被判以叛国罪；而牛津勋爵则在伦敦塔关了两年后被释放。不过，辉格党人过于粗暴地使用其手中的权力，也加剧了詹姆斯二世党人的反感与反抗，并最终导致严重后果。

辉格党人的另一个举动就显得英明许多。正如我们在前几章所提到的那样，很长时间以来，借助于治安法官和不领薪的乡绅的努力，伦敦的中央权力一直有下放到地方的趋势。与由中央政府付薪并实施控制的科层制相比，治安法官和乡绅可以说是开创了一套完全不同的机制。绝大部分乡绅都是托利党人，而担心引起不满的辉格党也不敢用本党成员来替代那么多地方的乡绅。这样，虽然"辉格党寡头政治"可能在很多方面都能够有效地统治这个国家，但乡村却很大程度上依然在托利党的控制之下。这也相当有效地降低了辉格党寡头政治走向集权的可能性。

在1715年和1716年，英格兰的很多托利党人和苏格兰的詹姆斯二世党人勾结，谋划发动叛乱；1716年1月，觊觎王位的斯图亚特人在苏格兰海岸登陆。不过，这个王位觊觎者及其叛军指挥都过于无能，因而不得不返回法国；不仅如此，这个毫无进取心的王子甚至还给忠诚的苏格兰人留下了极坏的印象。尽管如此，辉格党还是不敢直面即将在1718年举行的大选。为了继续占有现在的职位，他们通过了《七年法》，将每届议会的任期延长到七年，因而获得了四年的延期。这种做法实际上已经违反了宪法规定。不过，国王也并没有行使其否决权还签署了法案。国王的否决权也就从此永远地从英国的政体中消失了。

部分是由于个人的嫉妒和野心，部分是由于对欧洲大陆的外交政策及国内政策存在分歧，辉格党的领袖们在一段时间里出现了分裂。不久将长期主政的沃波尔，不得不接受了比其预期低得多的一个职位。大战之后的这段和平时期，与往常一样，也开创了一个投机倒把盛行的时代。人们对于任何能够想到的生意都采用股份公司的形式，而公司的股价也能够在股票市场上漫天飞涨。

这与1929年的美国极其相似。尤其是南海公司的股票，从一百英镑升到了一千英镑。而当股票崩盘的时候，数以千计的人们都因此破产。这激起了人们对内阁的强烈愤怒，一名内阁成员也因而被关入伦敦塔，有一人自杀，还有两人死于意外。这次危机无疑是相当严重的。沃波尔也因此被起用，以为政府和国家解困，因为他是少数几个之前警示过股市即将崩盘的人。他也从此开始了持续二十一年的执政生涯。

沃波尔主政

新首相虽然相当愤世嫉俗，但也意识到需要维持国内外的和平以帮助英格兰康复。由于面临来自欧洲大陆的威胁，而且国内对从国外空降的国王的不满也在不断升级，因此，恢复和巩固联合王国就成了必然之举。沃波尔毫不犹豫地选择维持已经相当腐败的政府——这种做法起码比使用军事暴力强，所以他仍然能够在二十年里屹立不倒。乔治一世于1727年死后，他的儿子登基，是为乔治二世。沃波尔又从乔治二世高度依赖的王后卡罗琳那里得到了可靠支持。

虽然有大臣反对——被允许回国的博林布鲁克也提出反对，但沃波尔还是努力地促使征收特许权税的法令获得通过；沃波尔还英明地让英格兰置身于欧洲大陆的纷争之外，并为他提前预见到的未来更大规模的争斗积蓄财力和人力。不过，当卡罗琳王后于1737年去世后，沃波尔的地位还是被大大削弱了。而国王与其儿子威尔士亲王也彼此交恶并爆发了公开争吵，威尔士亲王甚至还组织了一个宫廷党来反对其父亲。甚至是王后都这样评论其儿子：他"是这个世界上最大的傻瓜、最大的骗子、最大的暴民、最大的畜生，我是多么希望他能够有所改变啊"。不幸的是，他并没有改变。而他的敌对，也在很大程度上削弱了沃波尔的地位与权力。

此外，两年后也即1739年，英格兰突然兴起了反对西班牙的狂热思想，并坚持发动了所谓的"詹金斯的耳朵之战"。这个名字的由来是因为一个名为詹金斯的船员说他的耳朵被西班牙的海关官员割掉了。不过，这场战争的真正原因还是贸易冲突和民族仇恨。沃波尔此时仍然反对开战。他本可以辞职不干，回家安享晚年，并将国民对这次短暂且相当不体面的战争的憎恶留给继任者，但他还是选择了留任。后来，他在选举呈请中没有得到议会的信任，于1742年初卸任，并受封牛津伯爵头衔，进入上议院。在帮助不列颠渡过其危险的转型时期，沃波尔可谓尽心竭力且成效显著；但他的年龄和性格也使得他不能够胜任重建帝国的使命。不过话又要说回来，不列颠以后之所以能够获得重大成功，又要在很大程度上归功于沃波尔那些和平、保守的政策。

与其他很多政治家一样，沃波尔也是只适合国家和政治生活的某个阶段，而不能够适合另一个阶段。在他主政的那段和平岁月里，英格兰得以有机会重新适应改变了的环境，相当不受欢迎的汉诺威王室的王位也变得牢固。所有这些都可能是另外一个更有才华但更不安分的领袖所不能带来的。

与当时的许多来自上层社会的人一样，沃波尔也相当不喜欢"狂热"。不过，在当时流行于世的沉着冷静之下是他对工作的热爱——不管是精神上还是情感上。法国的伏尔泰，以及英格兰的伯克利、巴特勒和休姆，都对宗教持怀疑态度。人们对基督教的热情逐渐被自然神论的理智主义所取代，长老会也迅速被上帝一位论所取代。不过，这也只是部分景象。自1735年开始的宗教复兴，不仅在威尔士——以再度觉醒的宗教狂热为其民族思想、生活和精神真正复兴的标志——而且也在其他地方产生了深厚影响。

我们还不得不提到重要的循道卫理运动在英格兰的强势兴起。这次运动由约翰·卫斯理和查尔斯·卫斯理兄弟领导，它渴望提振工人阶级和穷人那懈怠的宗教情感——而这基本上是被教会所忽略的。这两兄弟孜孜不倦地巡回露天布道，他们对英格兰人生活的影响大到无法估量。他们往全国各地派遣非神职布道者,他们创办了学校、传教团和慈善事业,并让民众相信在死之前能够得到上帝的宽恕。与老威廉·皮特一样,他们也同样算是新英格兰的创始人。

值得注意的是,作为精神生活发展的一个结果,英格兰人居然开始做慈善了。在这个通常被认为是极其唯利是图、物欲横流的时期,英格兰在美洲大陆上创建了第十三个也是最后一个殖民地。这最后一个殖民地与其他殖民地都不一样,它的创建不是出于贸易或是宗教目的,而纯粹是慈善目的。詹姆斯·奥格尔索普将军相当关注当时犯人(尤其是负债人)的监狱生活的恶劣条件,为了给这些不幸的人予重新开始生活的机会,他争取到了一个开拓殖民地的特许状,并于1733年创立了佐治亚殖民地。虽然奥格尔索普的禁酒和禁奴政策都不成功,二十年后其殖民地也被国王接管,但他的这种高贵行为无疑是18世纪早期的丰碑,这也是那个时代所匮乏的一点。

沃波尔下台之后,没有哪个大臣具有足够的力量来替代他。新大臣卡特里特勋爵和纽卡斯尔公爵[1]都不能算是有才华的政治家,而且他们还彼此忌恨,都不愿意对方当首相。与此同时,欧洲大陆爆发了奥地利王位继承战争。虽然起初乔治二世是作为汉诺威的选帝侯而非作为英格兰的国王而卷入战争的,但法国还是于1744年向英格兰宣战,并派遣年轻的王位觊觎者率军入侵英格兰。在一定程度上多亏经常帮助保护英格兰海岸的风暴,法国的入侵可说是彻底失败了。但在第二年,年轻的王子查理·爱德华在苏格

---

1 当指英国第四位首相托马斯·佩勒姆-霍利斯(Thomas Pelham-Holles,1693~1768)。

兰的西部高地登陆，史称"拥护詹姆斯二世的叛乱"也就由此开始。

查理·爱德华带着一小批军队向爱丁堡进发。他在爱丁堡受到了欢迎，他还在9月21日于普雷斯顿洼地击败了英格兰军队。这个王位觊觎者随后带着六千人越过边界，期望英格兰人也能够起义帮助他。但他的希望落空了，英格兰人对斯图亚特家族已经毫无感情。不过，伦敦还是因此爆发了金融恐慌。查理不得不再次撤回苏格兰，而坎伯兰公爵率领具有压倒性优势的大军随后追击。1746年的4月，坎伯兰公爵在卡洛登沼泽打败了叛军。但他施加的毫无必要且血腥的报复，使得他被人们冠以"屠夫"的称号。

失败已经无可挽回的查理在高地游荡了好几个月，这个逃亡者也因此变得焦虑不安。最后，他还是逃到法国，并一直活到1788年；而他那已经成为红衣主教的弟弟亨利则一直活到了1807年，但斯图亚特家族再也没有尝试夺回英格兰王位。而随着亨利的去世，斯图亚特家族的男性血脉也随之断绝。不过，我们还需要指出一点，查理一世女儿的那支血脉还是有在世子孙的。

对于英格兰人来说，奥地利王位继承战争中的军事行动既不漂亮也不重要。由佩勒姆兄弟控制的新内阁根本无能为力，他们只是在战争结束之前强迫国王顶着王室的强烈反对而接纳了年轻的皮特为内阁成员。虽然英格兰控制了海洋交通，但他们几乎完全没有动用海军，而只是把钱毫无节制地浪费在并不具有决定性意义的陆地战争上。此时，在海洋的彼岸也正发生着最令人感兴趣的事件。

抢夺印度

在美洲，那些新英格兰人尤其是在总督威廉·谢利强力领导下的马萨诸塞人，拉起了大约有四千人的军队。他们除了得到西印度群岛的一支海军中队所提供的几艘船只以维持通讯外，再没有从英格兰那里得到任何帮助，但他们居然包围并最终夺取了被认为是坚不可摧的法国人的要塞路易斯堡。可惜的是，殖民地在这次帝国防御和战争中所作的杰出贡献及其卓越能力，并没有得到英国政府应有的重视。

我们现在必须转向世界的其他地方了，那里正在发生将对未来有着重大影响的事件。英国、法国甚至还有荷兰和葡萄牙的贸易站分布在印度的沿海，其中英法两国的贸易站的重要性无疑更大。英国人主要集中在孟买、马德拉斯和加尔各答，而法国人只有两个贸易站，即离马德拉斯不远的庞第杰瑞和靠近加尔各答的昂德纳哥。法国人在印度的力量虽然比较弱，但他们的优势在于在毛里求斯岛拥有一个军港。在庞第杰瑞的总督杜布雷和海军军官拉布尔多内的领导下，他们在18世纪三四十年代的对印贸易及其他事务上都要比英格兰人激进。

毫无疑问，直到现在为止，英法两国都只是将印度帝国看作贸易竞争对手；而在贸易过程中，国内的统治者是能够提供帮助的，但两国的东印度公司都不愿让欧洲的战火烧到他们的印度移民身上。印度自身此时也正在经历影响深远的变革，而且变革还将对不列颠产生同样深远的影响。为了理解这两个民族间的关系，我们必须花点时间来研究印度的文明化进程。印度的文明化进程与乔治时代的英格兰所设想的文明化可是不一样的。

其实，两个民族的说法都多少有点误导性，因为不知道多少个世纪以来，印度就是许多不同种族的混合体，这些种族的语言、思想、特性和文明阶段都不一样。印度甚至可能有数以百计的民族、部落和语言。不过，虽然北方印度人中混杂了大量的雅利安人血脉，但南方印度人还是保持了他们最初的血统。一般来说，在过去的几个世纪里，种族间的混合虽有大幅增加，但各地的情况又有显著不同。此外，印度虽然有很多宗教，但将印度人凝聚在一起的还是印度教，其作用甚至都超越了政治权力。

另一方面，印度的种姓制度是其他种族和群体都没有的，它严格地将印度人分为不同等级。这套制度肯定在两千年前就已经存在了，也已经成为印度人认可的自然秩序的一部分，不过我们也无法在此对这种独特且非常重要的制度进行详细描述。总而言之，我们可以说种姓制度利用规章和习俗将一群人区别于另一群人。其中的标准包括了很多因素，但又并非总是相同的因素，比如民族、行业或是职业。

对于种姓的数量，人们的估计大相径庭，从两千至四千不等，而且整个制度是极其复杂的。每个印度人都生来就属于某个种姓，并且终身不变。任何试图打破其种姓规则的人都会被驱逐出去，其与原种姓内以及其他种姓的所有关系都由此切断。他们不仅禁止不同种姓间的通婚，甚至在很多时候还禁止其他形式的社会交往。一方面，这套制度使得印度人的生活过于死板，以致即使是战争和统治者的变革也无法牵动印度人的深层生活，就像狂风掠过海面而大海深处依旧波澜不惊一样。另一方面，这也使得印度人很难联合起来推翻征服者，并强化了不同民族、语言和特性的人群间的分裂。

大约在七个世纪前欧洲人首次到印度贸易时，印度的大部分地区还处于征服者的军事统治之下。其中最后一个长期实行统治的帝国就是强大的莫卧儿帝国，其对印度的统治在本书的开篇就已经存在。其中最后一个征服者是伊斯兰教徒，他们又为印度的分裂增添了一个新要素。这是因为那些统治着数量庞大的印度人的统治者是外来民族，他们信仰不同的宗教，也不奉行种姓制度。之前所有的征服者都不曾试着从实际出发而非依靠暴力来统一印度人民或是建立一个牢固的政府。莫卧儿帝国可能是做得最好的了，但即使是在莫卧儿帝国相对和平的统治下，国民也未曾享有公平与正义。其时，税收就占了民众收入的三分之一。地方官是不稳定的帝国在各地的实际掌控者，民众也完全处于地方官员的控制之下。

18世纪的前半叶，莫卧儿帝国行将覆亡。而此时欧洲和美洲正处于战争中，印度也随之沸腾了。虽然还有一些总督如奥德和孟加拉的行政长官、德干的苏波答继续在名义上效忠于德里的莫卧儿王朝，但他们实际上都已经独立。此外，好战的马拉塔部落开始占领印度半岛并索取大量贡金，否则就要进行破坏性的掠夺。其中，德里四分之一的税收就要付给他们。莫卧儿帝国的残余力量已经无法与他们抗衡，而如果马拉塔人具有莫卧儿帝国的统治能力的话，他们也有机会在前者的废墟上重建一个帝国。但他们并没有建立起新帝国，除了四处大肆掠夺外并无其他建树。

阿富汗人也经由不设防的西北边界涌入印度。已经成为波斯和阿富汗之主的纳迪尔·沙洗劫了德里，虽然他后来只夺取了广袤的旁遮普（其在旁遮普的权力也受到锡克教徒的威胁）并原路撤回，但他仍给了莫卧儿帝国致命一击。不过，纳迪尔·沙在大山那边的帝国也支离破碎。马拉塔人则在1760年成为几乎整个印度的主人，尽管他们只是在掠夺而不是在治理。这样，可能拥有两千万人口的印度，正处于可怕的混乱之中。

这种形势自然影响到英法两国那些小小的贸易站，这些贸易站开始陷入危险之中，随时会遭到贪得无厌的马拉塔人的攻击。与此同时，英法两国也于1744年宣战，英国人于是利用他们先进的海军力量将法国商人及其贸易赶出印度。拉布尔多内和杜布雷则发起了报复，他们于1746年联手夺取了英国人的马德拉斯。之前杜布雷向卡那提克的统治者许诺夺取马德拉斯后就马上归还，但他食言了。印度的行政长官派遣了一支由一千人（但只有五百人受过训练）组成的军队进攻杜布雷，反被杜布雷击溃。

英国人从陆地和海上对本地治里的进攻都失败了，印度人对英国人的崇敬也由此转移到法国人身上。后来欧洲实现了和平，并于1748年签订了《亚琛和约》（Peace of Aachen）。根据和约，法国人同意归还马德拉斯给英国人，但作为交换也得到英国人在加拿大的路易斯堡。不管怎样，这事算是结束了，而下一代人的印度大戏也由此拉开了序幕。

争霸美洲

如果英国政府能够善用其海军，他们完全能够同时保住马德拉斯和路易斯堡。而路易斯堡被法国夺回的事实也让新英格兰人极其失望。新英格兰虽然只是殖民地，但他们开始觉得其利益被英格兰毫无理由地忽视了。1733年，新英格兰的贸易就因为《糖浆法》

（Molasses Act）而遭到几乎是毁灭性的打击，因为该法规定对从英属西印度群岛以外进口的糖浆一律征收高额关税，但英属西印度群岛又不能为新英格兰的商人供应足够多的原料来生产朗姆酒以维持其与西印度群岛和非洲的三角贸易。由于缺乏出口的拳头商品，而且还由于他们被禁止在本土发展工业，新英格兰也就只能依靠发展这个贸易来获得购买英国工业品的外汇。

事实上，这项法令也不是那么容易实施的，但它的出台本身就意味着新英格兰的利益已经让位于西印度群岛上的种植园主的利益了；而如今，用路易斯堡来交换马德拉斯的行为，再次以牺牲新英格兰的利益来换取东印度公司的利益。在这段时期，越来越多的证据表明母国政府正准备制定更严厉的商贸规定及其他法规，这必然将让美洲大陆殖民地陷入更加艰难的困境。此外，越来越多的人开始进入中部地区开拓殖民地，他们非但不承认母国，甚至还因为他们曾经遭受的苦难而深深仇恨母国。

1748年的和平只能说是暂时性的，不仅如此，在1756年大不列颠对法国再次宣战之前，两国间还发生了许多非官方的战斗。在印度，杜布雷浑水摸鱼，并与那些意图攫取王位的野心人士互相勾结，甚至同意在必要的时候为其提供一小批训练有素的法国军队。杜布雷采取的这个新策略，起码在1751年前都有效地损害了英国在印度的利益。

就在那年，新的英国总督桑德斯在东印度公司引入了一个只有二十六岁的年轻职员罗伯特·克莱武。克莱武负责带领一支远征军进攻卡那提克的首府阿尔果德。这支远征军只有八位军官，其中包括克莱武等六人都没有服过兵役；只有五百名士兵，其中还有三百人是意大利人。克莱武最终夺取了阿尔果德，随后还挡住了地方长官钱达·萨伯万人大军近两个月的围困。钱达之前因为英国人围困特里奇诺波利、对首府构成威胁而不得不撤出了阿尔果德。第二年，劳伦斯少校和克莱武率军击败了一支法国军队，并再次夺回阿尔果德。尽管如此，此时的法国人还是要比英国人强大，并将主宰印度。英国人还是未能够妥善地利用其海军优势，而当英法两国最终再次宣战的时候，英国的东印度公司及其贸易都将蒙受巨大损失。

美洲事务也同样糟糕透顶。在移民早期，英国人幸运地定居于大海和阿巴拉契亚山脉间的狭长地带。英国人的移居点很集中，移民也主要从事农业和贸易。另一方面，法国人则宣称拥有圣劳伦斯河和密西西比河流经的广袤区域。不过，这片区域实在太广袤以致无法完全定居，法国人也将他们的精力都放在了勘探和毛皮贸易上。不过，到18世纪中期，中部大西洋沿岸发展得很好的殖民地，尤其是弗吉尼亚的居民已经开始尝试着越过大山进入丰饶的俄亥俄谷。这样，宣称拥有所有权的法国人与新英格兰的边疆居民以及坚持要越过边界的地产公司间的冲突是迟早会发生的。

纽卡斯尔公爵在其哥哥亨利·佩勒姆（Henry Pelham）死后继任首相，他既没有能力也没有精力打这场正在世界各地蔓延的大规模战争，但他还是派遣了一支由勇敢但固执的布拉多克率领的远征军前往新英格兰与那里的殖民地合作，共同抵抗俄亥俄的法国人。布拉多克的失败已经成为学校历史教材必讲的故事，这与法国在地中海失去米诺卡岛几乎是同时发生的。舰队司令宾（Byng）的失败则让国民义愤填膺。宾被指控为叛国贼，但他实际上并不是，不过他在保卫不列颠的重要海军基地的时候也的确未能击败法国舰队。纽卡斯尔公爵的无能也让自己陷入了极度恐慌中，他甚至建议国王从汉诺威调集军队到英格兰以防敌人入侵！其无能由此可见一斑。

纽卡斯尔辞职后，德文郡公爵组织了一个新内阁，并由威廉·皮特实际履行首相职责，不过不久就被满怀敌意的国王暂时性地赶了出来。新内阁立刻在公共事务上表现出蓬勃朝气并对法宣战。由于腓特烈大王控制下的普鲁士的分裂，法国此时也正处于战争之中，其力量也因而被分散。不过，不列颠似乎还是不可能取得胜利，于是他们又组成了一个由纽卡斯尔为首的新内阁。纽卡斯尔虽然不是一个战争好手，但他在拉赞助和对付下议院方面还是颇有手段的。后来由于公众的呼声实在是过于强烈，皮特再次被召回内阁。皮特的任务就是负责打仗，而他为此表现出来的干劲和能力都是当时的其他政治家所望尘莫及的。

年纪不小的皮特，尽管自私自利、专横、好炫耀并且还有其他缺点，但他无疑是英国历史上的一个伟人。他比其同时代的政治家更了解欧洲和英国。他的爷爷托马斯·皮特曾在印度的发展中扮演过重要角色，他似乎也能够理解美洲殖民地的特性。他与商人阶层结成了亲密同盟，并被称为"伟大的下议院议员"，他用一套新的爱国主义和公共服务精神鼓舞了英国大众。此时的英国人已经接受了政治管理中的行贿和腐败，将其看作是必要的罪恶，并认为需要在恰当的时候容忍这种罪恶，就像美国人曾经容忍了他们政治中的腐败一样。

拒绝接受官场的这种传统陋习的皮特，一下子就成了普通大众崇拜的偶像；但对于那些并不认可其"公职等同于公信"这一观点的人而言，就是一个危险的预兆。此外，他在挑选下属方面有一种不可思议的天赋，总是能够挑对人；他不仅依据他们的能力而非他们的级别或影响来挑人，而且他也是依据这个标准来奖励人的。这样做的结果就是他获得下属的高度忠诚，尤其是那些年轻的服役军官以及其他级别较低的下属。最后，他自己也不知疲倦地工作，是一流的管理者。在无能的政治家将英国拖入灾难之后，皮特通过四年光彩夺目的努力，将其提高到可能是其历史上最高、最具统治力的位置。

在这些年间，胜利接踵而至，甚至英国人自己都觉得不可思议。到1760年，英国征服了加拿大，夺回了路易斯堡。在著名的魁北克战役中，蒙特卡姆被迫在亚拉伯罕平原向乌尔夫投降。在战争中，英军表现出色、勇敢无畏，战果累累。虽有不少年轻的英国指挥官在战争中丢掉了性命，但他们却用自己的生命击溃了法国，并换来了辉煌的、传奇般的胜利。尼亚加拉城堡、提康德罗加、克朗波音特等地也被英军攻克；而在俄亥俄谷，迪尤肯堡即如今的匹兹堡也落入了英军之手。至此，法国在美洲的力量算是被彻底瓦解了。

虽然英属的十三个殖民地也并非完全不采取行动来自卫，但与他们在上次小得多的危机中的行为相比，他们在这次危机中的贡献实在是小得可怜。不过，议会在此次战争中则显得小气且迂腐，这与帝国防御中存在的问题有着很大关系。由此导致的问题也终将在几年后呈现并被放大，并成为引发大革命的一个主要原因。而在部分上，困难也来自几个殖民地和地区间相互的嫉妒和敌意。

事实上，他们彼此间毫无同情可言，也彼此不了解。除了讲同样的语言及其与不列颠的关系外，他们之间的差异并不小于欧洲大陆国家之间的差异，他们的文化和价值观也大相径庭。他们之间存在各种各样的隔阂，包括宗教、文化和经济上的。比如，清教徒的新英格兰以商人和小农场主为主，与贵格会的宾夕法尼亚、天主教的马里兰、圣公会的弗吉尼亚或是以农奴制为基础的南方大种植园有天壤之别。

1753年，战争已经迫在眉睫，英国政府要求殖民地召开联席会议，其中包括弗吉尼亚、宾夕法尼亚、马里兰、纽约、新泽西和新罕布什尔的总督。他们还努力改善一些印第安人政策，试图形成联合条约，甚至还想要在所有殖民地中形成全面的政治联合。但英国政府的这个建议并没有取得什么实质性成果。

1754年，殖民者试图在奥尔巴尼建立此类联合，但嫉妒和地方主义再次成为不可逾越的障碍。显然，一旦与法国和印第安人大规模开战，英国不可能从殖民地那里获得任何帮助，这些殖民地顶多就是在其边界范围内保护其民众和定居点。因此，任何全面战争都将不得不由英国政府来主导，而不能寄希望于它的殖民地。此外，由于几个殖民地对其边界上或是与之贸易的印第安人部落的政策常常都是相互冲突的，这也使得形势变得更加危急。

在梳理这次战争的主要情节的线索时，我们不得不提到皮特。皮特不仅在陆上开战，也终于在海上动用了英国海军。他放手让罗德尼和霍克率领海军与法军作战，其中霍克在基伯龙湾赢得了一场大胜。曾经威胁要入侵英格兰的法国人，如今已经基本丧失海上力量。西印度群岛中的瓜德罗普群岛和玛丽-加朗特岛，以及法国人在非洲海岸的贸易站都落入了英国人手中。在欧洲大陆，法国人也在明登战役（The Battle of Minden）中遭到普鲁士人的毁灭性打击。

在印度，孟加拉成为焦点所在。老的统治者死于1756年，继承大位的是他那只有十九岁但已堕落的孙子。他想要将所有欧洲人驱逐出印度，并率领三万人向加尔各答进军。他俘虏了驻守在那里的小规模卫戍部队，并将一些英国人——据说大概有一百五十人——关入地牢，甚至晚上都缺乏空气和水。这些受害者在炎炎六月的印度所遭受的可怕苦难甚至都难以描述。据说，在黎明到来之前，就有大约一百二十五人死在了地牢里。这就是人们所说的"加尔各答黑洞"。

与此同时，克莱武也从英格兰随着由沃森司令率领的小规模舰队回到了印度。1757年的第二天，他们就夺回了加尔各答，并与年轻的统治者西拉杰·乌德·达乌拉（Siraj-ud daula）签订了和约。但印度人不想履行这份和约。贪婪、残忍的西拉杰·乌德·达乌拉与孟加拉省的纳瓦布的关系越来越疏远，后者更是阴谋让西拉杰·乌德·达乌拉的父亲的一个老友米尔·贾法尔（Mir Jafar）登基为王。克莱武也参与了这次阴谋活动。由于整个印度普遍陷入混乱之中，而法国人之前又主要依靠本地人进行治理，因此英国人也不得不如此，否则就会将印度再次拱手让给法国人。不过，英国人赢得了法国人首先发起的战争，这对于印度人来说或许是一件幸运的事情，因为不管他们的品质如何，英国人管理国民的能力起码要远超法国人。

不幸的是，这个交易因为克莱武要草拟的两份和约——一份真的一份假的——而遭到破坏。假的那份是要给印度人奥米钱德看的，因为他获悉了这个阴谋并想勒索一大笔钱，他威胁说如果拿不到钱就向西拉杰·乌德·达乌拉告密。不管怎样，他们同意让米尔·贾法尔登上王位，但他要付给英国人大约三百万英镑，并将加尔各答附近的一大片区域的控制权转给东印度公司。米尔·贾法尔是否值得信任仍然是个问题，但克莱武决定冒险一试。在普拉西战役中，英军彻底击败了西拉杰·乌德·达乌拉。在战斗中，西拉杰·乌德·达乌拉的孟加拉军可谓是闻风而逃、不战而溃。年轻的统治者后来也被米尔·贾法尔的儿子杀死。印度的统治者如今已被东印度公司所控制；而印度人名义上控制的整个孟加拉省，实际上也是在东印度公司的控制之下。

法国于1756年派出了一支舰队，并于1758年4月抵达。他们包围了马德拉斯，但因为英军的一个中队赶来支援而被迫撤退。英国在欧洲的海上胜利已经决定了他们自此以后将会获得海上控制权。随着战争的进一步发展，法国人丢掉了一个又一个据点。当最重要的本地治里在1761年被攻陷，法国控制印度的可能性也就永远消失了，而大英帝国在印度的发展则刚刚开始。

这种结果可以说很意外，起初英国人只是为了对付那些从莫卧儿帝国那里接过权力、但又无法无天且完全靠不住的各省统治者。当时的局势可说是非同寻常。实际上，英国民众和政府、东印度公司都没有想过要征服印度。而且事实上英国也没有直接去征服印度，它只是控制了孟加拉的统治者和马德拉斯的一大部分；东印度公司负责监管印度政府和政策，但也没有直接进行统治。一方面，这可以说是没有责任的权力；另一方面，也可以说是没有权力的责任。

英国政府所创造的一个贸易公司就这样控制了一个帝国。对于当时的人们来说，他们肯定比我们更不清楚这将会产生多少亟待解决的问题。与此同时，东印度公司一点也没有因为摆在他们眼前的机会而欣喜若狂，因为他们面临维持军队的资金压力。现在，肯定是要派军驻守以维持对这个帝国的控制，这就可能要消耗掉所有的贸易利润，更不用说可能会将其雇员的精力从商业转移到政治上了。但除此之外，他们也就只剩下一条路可走了：彻底放弃这个赚钱的机会。

不管怎样，在欧洲被彻底打趴的法国，失去了其在美洲和印度帝国的殖民地。而法国失去的这些殖民地也全部落入英国手中。在将近三年的时间里，法国都没有协商过和平协议；而当战争结束后，它再无讨价还价的资本，作为失败者只能无条件接受和约条款。1760年10月25日，乔治二世突然逝世。尽管他在世的时候也几乎没有施加什么影响，但他的死亡还是带来了负面影响。其影响就是王位将由其二十二岁的孙子继承，是为乔治三世。乔治三世相当固执，他将坚持在国家事务中扮演与其前面两位君主大不相同的角色。

第十七章 北美大败：大英帝国分裂

乔治三世虽然几乎是纯德意志血统，却是汉诺威家族中最英格兰化的英格兰国王。他在英格兰出生、长大，具有普通英格兰人所共有的一些品质——不管是好的还是坏的。他觉得自己是个诚实、工作努力、果断执着的人，而且还很有爱国心，是他所理解的英国宪法的坚定支持者。而他在经历了长时间的疾病困扰后表现出来的冷静判断力，也不等于说他就如当时人们所言是个处心积虑的暴君。

乔治三世的念想

乔治三世一生有两个比较大的念想，一个是恢复1689年的《革命稳固法》赋予国王的权力，另一个就是恢复杰出的博林布鲁克——他对英国历史的负面影响一直没有消失——主张的"爱国君主"观。

毫无疑问，1689年的《革命稳固法》是想让国王成为政府行政部门的首脑。但宪法并非一成不变，实际上它一直都处于变动中，以适应人民的需求。在此期间的七十年里，得益于在前面两个乔治国王营造的独特环境，内阁已经成为真正的行政首脑，而内阁成员则对下议院中的多数派负责。内阁政府也可能是英格兰对政治学这门应用科学的最大贡献。它为国家尤其是帝国保留了国王，以作为民族历史、抱负和统一的象征，同时又使得国王能够超越党派之争，并提供了一个遵循多数决定原则的行政部门——内阁。

不过，虽然内阁已经成为政府机构中极其重要的部分，也的确代表了下议院里面的大多数，但它仍不能体现全国人民的意志。在《1832年改革法案》出台之前，下议院里的所谓多数派主要是由那些大家族操纵的"议会议员选区"选举出来的，其中充满贿赂和腐败。事实上，虽说要组阁就必须先成为下议院的多数派，但国王还是有权挑选内阁成员，而这些内阁成员自身又能够创造出一个多数派。此时还没形成现代意义上的政党，有的只是派系。后来的乔治·华盛顿也向新生的美国国民警示过此种派系的危险性。在英格兰，派系以家族群体的形式出现，彼此间又有一定的独立性，比如贝尔福德辉格党、佩勒姆家族、罗金厄姆家族、谢尔本家族，等等。这些家族是如此渴望职位、荣誉和养老金，以致掌握着令人垂涎的奖品分发权的内阁成员，几乎毫不费力就可以在下议院里得到大多数人的支持。如果内阁已经达到了能够真正代表全国人民的意志而不仅仅是议会里多数人的意志，那么乔治三世也就不可能妨碍英国的宪政发展长达二十年。与当时的很多英国人和绝大多数政治家一样，依照当时大家接受的游戏规则来看，乔治三世完全不具备有建设性的想象力。他只会着眼于眼前的问题，他还发自内心地相信国王的权力受到的限制远远超过了《革命稳固法》里所规定的限制，于是他决定要夺回之前丢失的权力。他觉得这不算是暴政，反而是在恢复宪法。事实上，他也的确小心谨慎并且还真的没有违反宪法。

博林布鲁克的"爱国君主"理论认为，国王应该独立于任何政党且应该凌驾于政党之上，国王从各个政党中挑选最能干的人来担任辅政大臣，也应该凌驾于已经提出过分要求的首相办公室之上。事实上，早已厌倦了辉格党寡头政治的长久支配地位的皮特和其他人也同意博林布鲁克的这个观点。辉格党为这个国家作出了重大贡献，并在国王和内阁之间创造了现代宪制，但他们也是通过贿赂和腐败来维持对下议院的控制。很多人觉得辉格党控制了国王和议会，也因而威胁到国家的自由。

新国王登基后的不列颠面临着过去几十年遗留下来的诸多问题，其中国内的宪法问题是最突出的。虽然辉格党已经分裂成好些团体，但在维持对国家的控制上，他们还是高度一致的。由于没有反对党，国王能够做的要么是采取博林布鲁克的方法，要么就是改革议会的选举权，让下议院真正成为全体国民的代表。由于这种方法在当时并不可行，国王于是决定亲自打破辉格党的控制。需要指出的是，他并没有破坏内阁制。他自己并没有参与内阁会议，他也认可他所挑选的阁员应该对下议院的多数派负责。由于没有对选举制度进行改革，全国民众也就不可能成为多数派，只有已丧失了国民信任的辉格党寡头政治和国王自己才可能创造多数派。而国王就是用辉格党所用的同一"手腕"——即贿赂和腐败——创造了一个多数派。

从理论上来说，只有国王才有权授予荣誉和职位，他在这方面也根本无需宪法授权。接下来二十年里那卑鄙且令人困惑的政治结盟和再结盟，并不只是体现了国王试图将其专制意志强加给国家的努力，更是国家在寻求继续发展其独立的行政机构的努力的体现。这个行政机构既不能以不受约束的统治者的意志为基础，也不能以一个通过绑架人民来获得其地位和收入的派系的自私欲望为基础。

这二十年的斗争实在是太错综复杂了，以致我们根本无法掌握其所有细节。这场斗争一直持续到19世纪，直到托利党完成重组并终于成为一个强大的反对党，甚至在19世纪的议会改革前，都还一直存在斗争的影子。不过，斗争终于证明了一件事，即根本不存在博林布鲁克所谓的"爱国君主"。一个所谓在挑选内阁成员时超越政党偏见并由此操控议会的君主，最后都会成为政党或是派系的首领。这样，不管是他自己还是国家，通过这种方式都是不可能真正享受到君主立宪制所具有的优势。这个不幸福且不受欢迎的国王在其漫长统治的早期就似乎是不得不进行此类失败的尝试，而这也是他留给我们的教训。

与此同时，七年战争还没有结束。曾在1761年想跟西班牙开战的老威廉·皮特，在其主张落空时就辞职了——不过，西班牙却在第二年向英国宣战了。在大选中，国王禁止纽卡斯尔公爵利用王室恩赐和钱财来建立一个辉格党多数派，但他自己却正是这样做的。结果是大约有四分之一的新下议院议员站到了国王那边而不是辉格党领袖那边。纽卡斯尔公爵辞职后，国王任命不受欢迎的苏格兰贵族比特勋爵[1]取而代之。比特的执政时间虽短，不过他

---

[1] 即约翰·斯图亚特（John Stuart，1713~1792），第三代比特伯爵，首相任期为1762~1763年。

还真的于1763年2月10日带来了和平。

依照和约，大不列颠拥有加拿大、新斯科舍和布兰顿角，并从法国那里获得了密西西比河以西的所有土地（除了新奥尔良以外），以及塞内加尔和西印度群岛上的几个小岛。它还从西班牙那里获得了另一个北美殖民地佛罗里达，并要回了米诺卡。大不列颠保留加拿大和西印度群岛而非糖的高产岛屿（如瓜德罗普岛和马提尼克岛）的决定，标志着它抛弃了之前的殖民理念。虽然这个决定中还夹杂了很多自私的利益诉求，但它基本上可以说是那些将殖民地视为英国产品的市场而非原料产地者的胜利。不过，这还将产生始料不及的结果。

之前英国糖的高产岛屿和新英格兰商人间极不对称的供求关系，如今算是彻底不存在了。1733年的《糖浆法》禁令也比以前更不可行了。此外，法国对北美殖民地的威胁开始往西边和北边转移，很多人也由此认为这意味着北美殖民地将变得更加难以驾驭，其独立精神也将会更加强烈。在我看来，事实将证明，意料之外的广袤新领地滋生的问题要比这个问题严重得多；而且如果前面那个问题解决不好的话，还会导致毁灭性的后果。

这个时期的国王和不列颠政府面临的问题——部分来自其新领地，部分则与战争毫无关系——可谓形形色色、新旧交加，重要性也大不相同，但都将严峻考验史上最优秀的英国政治家们的执政能力和想象力。那些尝试着解决问题的在位者虽然还称不上是伟人，但英国在解决美洲"十三个殖民地"问题上的失败，倒也不能完全说是他们的失败；客观而言，这在很大程度上是历届政府在其他问题上的失败所累积的结果。

在我们已经讨论过的责任政府或是内阁政府这个国内问题上，

由于缺乏好的两党制，英国人只能通过试错的方法拙劣地慢慢解决。另一个问题则与爱尔兰、印度、加拿大和其他北美殖民地相关。我们将会依次将其罗列出来，以便大家能够更好地理解后来的大败。在很大程度上，地球上某个角落的事件是受到其他地方的事件——尤其是美国革命——的影响的；不过，为了避免混淆，我们还是先独立地剖析这些事件。

在爱尔兰，1761年开始就爆发了一连串的农民起义，而且还将断断续续地延续到19世纪。不过，我们可以暂且忽略这些农民起义，它们本质上也算不上什么政治革命。但在英格兰与北美的争辩过程中，爱尔兰也进行了巨大的宪法变革。乔治三世登基时，爱尔兰已经有了自己的议会，但基本上是完全从属于英格兰议会和枢密院的。国王的生命有限，但爱尔兰的议会却没有任期限制。不过，在爱尔兰人的要求下，爱尔兰议会的任期也在1768年限定为八年。

到1776年，爱尔兰人的不满与日俱增，这部分是由于美国革命的示范。就在这一年，爱尔兰选举产生了一届新议会，那些强烈渴望实质性地改变与英格兰关系的人同时还找到了一名相当能干的领袖亨利·格拉顿（Henry Grattan）。格拉顿虽然是个新教徒，但他却强烈拥护天主教的信念。1778年，诺斯勋爵（Lord North）[1]的管理在美国已招致诸多怀疑，不仅让爱尔兰天主教徒免于滑入更加糟糕的困境，同时还提议要在这个岛国实行相当自由的贸易

---

[1] 即后来的第二代吉尔福德伯爵腓特烈·诺斯（Frederick North, 1732～1792），诺斯勋爵是更为人所知的头衔，于1770～1782年出任英国首相，是美国独立战争时期的英方重要人物。

举措。不过，由于英格兰和苏格兰商行的强烈反对，自由贸易举措并没有实际执行。

爱尔兰人所处的形势变得越发危险。不过，英格兰最后不得不撤出其绝大部分军队与法国人和西班牙人作战；而且当时还存在法国人或西班牙人，甚至是他们两者同时入侵英格兰的危险。

爱尔兰为了自保而征召了一支超过四万人的志愿军，其军队规模在1781年超过了八万人，其中绝大部分是新教徒。随着这些机构的成立，紧随而至的就是经济和政治的需求。而正在北美发生的革命也对爱尔兰产生了重大影响，从"不重要协议"的签订到格拉顿在1780年的爱尔兰议会中介绍的《独立宣言》。与此同时，北爱尔兰政府通过立法赋予了爱尔兰与英格兰、苏格兰完全相同的贸易待遇——不管是在帝国内还是在帝国之外。

与我们之前谈过的爱尔兰问题都不同的是，尽管此时还存在天主教的痼疾，但独特的爱尔兰民族情感已经在茁壮成长。格拉顿和其他爱尔兰爱国人士，虽然要求在帝国内实现完全独立，但他们并没有开倒车：他们还是承认了爱尔兰与英格兰的隶属关系。1782年，辉格党内阁接受了北爱尔兰政府提出的所有要求，放弃了如格拉顿所说的"对爱尔兰的所有权力"。不过，他们还希望能够签订一份协议，以在两个王国之间建立某种形式的工作安排——只是这样的协议一直没有达成。

鉴于盎格鲁人和爱尔兰人之间相互仇恨的漫长历史，以及乔治三世的政府对北美殖民地的态度，任何人看到英格兰在1782年对爱尔兰的和解时，都觉得难以置信。爱尔兰获得了苏格兰以联合和放弃其自身议会为代价才获得的贸易平等权利，并拥有了彻底的自由——除了接受乔治三世为爱尔兰国王外。由此，爱尔兰似乎最终占尽了帝国成员所可能拥有的便宜，同时又无需接受其不利因素。这看起来都未免有点太好了，以致显得好像不真实——它最后还真就是因为太好而得不到。

除了其他因素外，爱尔兰如今可以自由做决定了，乃至可以实施与几英里狭海对岸的大联合王国的利益直接对抗的政策，而这终将会被证明是一场灾难。一直以来，地理位置及其他因素都是爱尔兰不幸的根源，但有意思的是，爱尔兰至今为止在大不列颠联合王国下所享受过最完全的自由，就来自乔治三世时期政府的慷慨赠与。

之前未能得到解决的爱尔兰问题，一直是英格兰政府多个世纪来都未能逃避的问题。现在，我们必须转向政府面临的新问题，这还是所有其他帝国都未曾遇到的问题，因为它们也从来没有控制过像印度这么大的国家。不过，这个问题此时还只是处于萌芽状态。

沃伦·黑斯廷斯与印度问题

1760年，罗伯特·克莱武动身前往英格兰并于1765年回到印度。从1760年起，印度的状况就变得极其糟糕且不光彩。正如我们之前所看到的那样，孟加拉的纳瓦布名义上向政府负责但没有权力，而东印度公司有实权却不用负责任。最终，孟加拉纳瓦布的统治毫无意外地垮台了，而东印度公司的员工则趁机大发横财，各种掠夺财富的机会也随之而来。米尔·贾法尔也用事实证明自己是个极其糟糕的统治者——尽管当时的条件也并不利于本地统治者的统治。当东印度公司的当地代表罢免了米尔·贾法尔并用其养子米尔·卡西姆取而代之的时候，他们不仅索取巨额现金，同时还要求得到三个最富有的孟加拉省的管理权。这也是英格兰人（不是英格兰政府）首次进行直接管理，他们还大大提高了管理效果。

米尔·卡西姆也努力改善在其他省份中的管理，虽然他获得了来自总督范西塔特和沃伦·黑斯廷斯的同情和支持，但东印度公司的其他重要代表却坚持发动起义，并再次用米尔·贾法尔取代了米尔·卡西姆。奥德的纳瓦布与名义上的莫卧儿皇帝想趁孟加拉混乱时浑水摸鱼，但他们最终于1764年被东印度公司的一小支军队在伯格萨尔击溃。东印度公司也由此将其控制范围从孟加拉扩展到奥德，甚至还控制了皇帝本身。

不过，印度的情况仍然无法令人满意，于是，已经成为贵族的克莱武于1765年被派往印度以建立一套更好的制度。新实施的制度，虽然其本意是好的，但在现实中却不起作用。本地统治者负责维持秩序和军事事务，而东印度公司则负责收税。这套二元体制算是印度的老传统了，只是现在东印度公司取代了之前的本地税务官——尽管它也是将其分包出去。英格兰政府看到其中将会带来巨额收入后，也第一次插手东印度公司的事务。

在当时正为美洲事务焦头烂额的财政大臣查理·汤森德的呼吁下，议会于1767年要求东印度公司每年上缴四十万英镑给英格兰政府。此时，不管是声望极高的克莱武还是其能力稍差的继任者沃利斯特，都不能有效解决印度本土的灾祸。1770年，印度爆发了有史以来最严重的饥荒，大约有三分之一印度人被饿死。而此时的本土英格兰人还听到一个消息——也不知这个消息是否属实——在印度的英格兰人在这场可怕的灾难中大发横财，激起了印度人的强烈怨恨。

此外，马拉塔人再次行动起来并危及东印度公司的利益。在南方，一个伊斯兰教冒险家海德尔·阿里已经积攒了一定的力量，直接威胁到了马德拉斯，并已与那个区域的当权者打了几仗。在如此暴风雨的席卷之下，本来平静的印度人的生活，也掀起了滔天大浪。另外，由于内部管理不善和贪污，东印度公司非但没有搜刮到预想中的巨额财富，反而于1772年走到了破产边缘。在过去的艰苦岁月里已经因其正直和能力而卓尔不群的沃伦·黑斯廷斯临危受命，被派往印度挽回局势并重新建构东印度公司与当地统治者和政府间的关系。

在两年多的时间里，黑斯廷斯成功地在孟加拉建立起了所有印度省份都从没享受过的最好的管理制度。他公平、老实地征税；建立法院；保证孟加拉不被马拉塔人侵扰，维护了孟加拉的安全；团结亲英的奥德。虽然他没能纠正之前的所有恶习，但无论在挽救公司还是在引入良好管理以为印度人服务上，他都出色地完成了任务。从此开始，印度本地人也开始得到了建立在责任感基础上的现代服务。

英格兰国内也在兴起一种新精神。《1773年调整法案》是英国议会第一次试图控制东印度公司及其资产的努力，虽然它最终导致了灾难性的后果，但其本意还是好的。议会试图让东印度公司处于政治控制下，并通过母国政府监管其政治活动。它还愚蠢地通过印度的最高法院将英格兰的法律引入东印度公司，让所有人都能够拥有反对公司职员的权利；它还成立了一个由五人组成的理事会：其中包括在管理事务中拥有同等表决权的总督。

不幸的是，于1774年抵达加尔各答的理事会成员完全就是个祸害。其中包括菲利普·弗朗西斯，他对黑斯廷斯深怀嫉妒并且野心满怀。弗朗西斯和另外两个理事会新成员都没有关于印度的任何阅历和知识，而且这个年轻人还认定黑斯廷斯是一个彻头彻尾的流氓，是个专横的人。由于另外两个人也一直站在弗朗西斯那边，这让黑斯廷斯在开展工作时束手束脚，以致不能继续推进其改革。不过，即使是这样的三重干涉也没有完全毁掉他之前已经完成的深入改革。

但他们却怂恿所有人都来控告总督，甚至还接受了一无是处的英国人马哈拉贾·南达库马那臭名昭著的伪证：马哈拉贾·南达库马指控黑斯廷斯收了巨额贿赂。后来最高法院判处马哈拉贾·南达库马绞刑，而黑斯廷斯的敌人则由此捕风捉影、倒打一耙，并毫无根据地指控黑斯廷斯设计陷害了马哈拉贾·南达库马。黑斯廷斯就是在这样的环境下开展工作的，虽然一个理事会成员于1776年死了，其工作环境也有了很大的改善，但弗朗西斯于1780年返回英格兰后却极尽毁谤和撒谎之能事来中伤黑斯廷斯。

幸运的是，黑斯廷斯的地位不降反升。在1779~1784年的五年里，黑斯廷斯独自为不列颠保住了本已希望渺茫的印度帝国。期间，东印度公司和马拉塔人与海德尔·阿里之间爆发了骇人的大战。法国于1778年宣战并派了一支舰队前往印度支援那些与东印度公司作战的印度人。其时，东印度公司的金库几近枯竭，但黑斯廷斯仍然希望能够给英格兰寄回数量不菲的红利。为此，依附于东印度公司的贝拿勒斯的王侯不得不支付五十万英镑的保护费。但尽管如此，黑斯廷斯也未能从英格兰得到任何帮助，不得不独自作战。因为此时的英格兰已经忙着应付美国革命引致的世界大战了。

通过夺取法国人的据点，黑斯廷斯让法国舰队丧失了基地并使其无法施展拳脚。通过战斗和外交，黑斯廷斯不仅成功维持了英国在印度的权力，甚至还大大提升了英国的声望。在战争过程中发生的一件事，即向贝拿勒斯的王侯征收保护费或说是罚金，将会成为弹劾黑斯廷斯的重要依据。

奥德省欠了东印度公司一大笔钱，但其纳瓦布根本无法偿还，因为他的母亲和祖母（被称为"穆斯林贵妇"）在弗朗西斯和其他反对黑斯廷斯的其他理事的同意下非法地占有了该纳瓦布已故父亲的巨额财富。奥德省的纳瓦布无疑有权继承其父亲的这些遗产，于是黑斯廷斯借给了他一支军队以从其家族的女士那里夺回财产。该纳瓦布后来也偿还了对东印度公司的欠款——这笔钱在危急时候可是相当重要的救命钱。

单枪匹马的黑斯廷斯，不仅在不丢失丝毫领地或其他东西的情况下挽救了印度，他还在其任总督期间为构建更好的政治秩序奠定了基础。在东印度公司的所有公务人员中，他几乎还是唯一能够理解印度问题并真正同情印度本地人的。由于理事会满怀恶意的愚蠢行为以及马德拉斯和孟买总督所做的蠢事，黑斯廷斯不得不做了他不愿意做的事情以让公司摆脱险境。不过，英格兰的政治家，如著名的埃德蒙·伯克和查尔斯·詹姆士·福克斯，开始觉得印度的问题实在是太大了，而它对于政府的诱惑也太大了，因此再也不想让一个商业公司来控制印度。黑斯廷斯能够从公司那里借兵到贝拿勒斯的王侯或是贵妇那里收钱，但其他总督，不管比黑斯廷斯贪婪还是清廉，都不可能得到公司的类似信任。1783年的联合政府提议剥夺东印度公司对印度的所有管理权，将管理权授给由七个委员组成的委员会，并规定开始时由这个法案任命委员而后则由国王任命委员。

由于当时政治圈子里的唯利是图，该议案最终没有获得通过，但不列颠经历了对美国问题长达十二年甚至更长些时候的错误处理后，它在印度的管理明显要做得更好，更能得到民意支持，也更加尊重本地人和统治者的权利。

东印度公司与其他同时期创立的二十多个公司一样，起初都仅仅是为了谋取商业利润，但后来它被一系列不可预见的因素所影响，并最终成为富饶且人口众多、拥有古老文明但已衰落的印度的实际统治者。这种不正常的地位是不可能长久维持的，且其问题也无先例可循，不过在黑斯廷斯的领导下，不管是公司方面还是政府方面，他们最后干得还算不错。

皮特后来在1784年成功通过了一部比之前被否掉的联合法案要好得多的法案。根据该法案，东印度公司保留了除对总督及其他一两个高层官员外的所有其他人的任免权。虽然印度政府在名义上也由东印度公司控制，但实际上却被国王的内阁控制。这种二元控制形式一直持续到1858年。

"十三个殖民地"的问题

英国政府还必须面对的另一个问题，则是1763年《巴黎和约》（Treaty of Paris）所获得的新领地，即加拿大和广袤的美国西部内陆地区。在美国西部内陆地区，除了几个军事哨所外，几乎没有白人在那里居住；而加拿大的人口则大约有六万人，其中只有几百人是法国天主教徒。英国政府即便在签订和约之前对这些人的态度就已经相当值得称道，而且一直都是如此。军事总督接到的指令是这样的:"这些新获得的子民,只要他们宣誓效忠,就跟我们一样都是陛下的子民;只要他们不违背他们的誓言,他们就应该获得同样的保护。"后来所有的法规都完全履行了这个诺言,尽管有小规模的新教徒——主要来自新英格兰,荒谬可笑地宣称他们应该独享这片新区域的统治权。

通过1763年的宣言,英国政府在新大陆建立了四个独立政府,即格林纳达(西印度群岛)、东佛罗里达和西佛罗里达(在历史上并不重要)、魁北克。本来,《1763年皇家宣言》只是更加完善的法规出台之前的权宜之计,但事实上,此后十一年间都没有出台更加完善的法规——这在很大程度上要归咎于18世纪习以为常的拖延风格。所以这样一个所谓的临时举措其实就成了永久性政策。总体而言,这份宣言无疑还是一份具有政治家风格的文件。

这个宣言不仅充分尊重被征服者的宗教,而且也尊重被征服者已经习惯的法国的整套法律体系。这种做法的确很英明,因为如果强行将英国法律强加于被征服者身上,将会带来非常大的、不必要的麻烦。当时的这种殖民地管理理念究竟有多超前?想想如果是法国或是西班牙掌控了同等规模的新教异教徒的殖民地后可能发生的事情就知道了。

但他们的另一个做法又实在应该受到批评,尤其是考虑到其法规的实施时间出乎意料的长,那就是他们将整个西部和密西西比河谷都划归魁北克管理。自从北美殖民点建立开始,这些殖民地就一直都无法就任何形式的联合政策达成一致意见,过去的历史经验已经反复证明了这一点。由于疆域的大幅增加,而且那些土著之前又是处于法国人或是法国盟友的统治之下的,这个问题现在也就变得比之前重要得多也复杂得多,而英国政府也开始想办法解决这个问题。

在想出真正的解决方案之前,他们限定不能在"大河之西"这片新疆域内开辟定居点,这个决定也已经体现在1763年的宣言当中。也就是说,最初的十三个殖民地里的居民不准越过阿巴拉契亚山脉占据土地。我们后面还会提到这个禁令对北美人民情感的伤害。这样,今后所有个人都不可以购买印第安纳人的土地,除非符合印第安纳人的法律并在有印第安纳人参加的公开会议上得到国王的高级官员的同意。这套已经在加拿大实施的公正体系,再加上西部土地的围禁,都无疑对新获得的区域极其有利;不过,对天主教的宽容,也可能会招致老殖民者的反对。

各种困难随之而来,1774年通过的《魁北克法案》显然是想永久性地将北美殖民地以西的地方都囊括进其疆域;不仅如此,它还容许天主教徒在其广袤疆域内定居、发展,这势必会在老一代殖民者中引起更大的麻烦——尽管占压倒性多数的加拿大人对这项政策感到满意。

被委任的总督,尤其是盖伊·卡尔顿(Guy Carleton),都是正直、有才干且非常聪明的管理者。不幸的是,法官和底层官员已经被这个世纪的恶习——政治营私舞弊——所深深毒害;不过总体而言,他们还是熟练且正直地解决了一个拥有大量异文明群体和奴隶的广袤新疆域的管理问题,尽管未能充分考虑其他殖民地居民的可能反应。而这也终将引致这一时期的终极问题,并终将彻底失败。

在1763年的和约之后,英国面临的最迫切问题是帝国防御问题。英国在北美大陆的疆域现在已从墨西哥湾扩展到哈德逊湾,从大西洋扩展到密西西比河。其边境堡垒防线就已经长达两三千英里，至少需要一万名士兵驻防才能保护其广袤的新土地并统治其刚刚征服的异族人和奴隶。显然，这样一支军队的常规补给只能由大不列颠帝国来提供。而殖民地间长期存在的嫉妒和对合作以及成立常备军的反对，使得和平成为遥不可及的梦想。

西北部爆发了可怕的土著叛乱即庞蒂亚克印第安叛乱，并持续超过一年。此外，一些老麻烦也随之而来，宾夕法尼亚拒绝提供任何军队，纽约、新泽西、马萨诸塞和康涅狄格坚持要求他们所提供的军队的三分之二都应该驻守在他们的区域内。这样，压力主要就落在了大不列颠身上。

而且，此时除了印第安人叛乱外还存在其他危险。法国人和西班牙人虽然之前遭到打击和掠夺，但他们可能还会尝试夺回他们失去的殖民地。法国在西印度群岛有非常宝贵的海军基地，而西班牙则在新奥尔良扼住了密西西比河的入海口。在七年战争中，英国的北美殖民地还出力保卫他们自己的疆域，但如今不列颠拥有的其他大陆区域则不是他们赢取的，而是不列颠陆军和海军在世界各地征战得来的。现在的问题是，谁来为这些地区必需的守备部队买单？

这个问题起初还没有激起英格兰人的兴趣。比特勋爵在签订合约后就辞职了，而仍怒火中烧的皮特拒绝接受任何官职。国王于是委派了这个"伟大的下院议员"的妹夫乔治·格伦维尔。格伦维尔单调乏味、正直、没有想象力、勤勉，他像是个商人，满脑子都是数字，而不是从人性的角度去思考问题。有一段时间，公众的兴趣都集中在约翰·威尔金斯（John Wilkins）的案子上。约翰·威尔金斯是个聪明、粗俗且没有道德的冒险家，他曾当选议会议员，他的著作和言论让国王及其大臣们愤怒不已。虽然他被赶出议会并被法院判刑，但他逃到了法国并在法国大受欢迎。不过这又主要是因为驱逐他的英国国王在法国不受欢迎。英国大众对威尔金斯这个无赖及其所作所为的关心甚至超过了他们对北美殖民地税收的关心。

不过，对于许多英格兰人和北美人民正全身心关注的自由斗争，威尔金斯的案子是有启示作用的。此时的议会无论在何种意义上都不能代表人民的意志，而且还处于国王和大臣们的控制下，并已成为他们在英格兰国内和海外实施暴政的工具。通过我们之前提到的方式创造和维持的下议院里的多数派，拒绝接受人民当家作主的可能。

1768年，从法国回来的威尔金斯当选为米德尔塞克斯郡的代表，但于次年的2月被下议院驱逐。后来他再次当选，而后又再次被下议院驱逐。这就产生了宪法危机。如果议会能够推翻人民在选举其代表时的选择，那么也就不可能有一个受欢迎的政府。政府及其小集团也由此控制了下议院。在"威尔金斯和自由"的呼吁声中联合起来的人民，在斗争中已经忘却了威尔金斯本人的不良品德。朱尼厄斯（Junius）[1]那冷嘲热讽的笔头和伦敦民众的暴力都站在了威尔金斯那边。被关入监狱的威尔金斯后来还当选为市议员。终于，议会选举的自由得到了维护。

威尔金斯的故事在也牵动着那些北美殖民地人民的神经，有那么一段时期，威尔金斯是殖民地最受欢迎的人物。如果威尔金斯的品德能够更好些，或是自由党没有被大洋分割开的话，那么在英格兰内部就可能爆发一场战争而不是英格兰和北美殖

---

[1] 1796～1772年间在伦敦报刊上公开发表文章批评英国内阁政策的不知名作者的笔名。

民地的冲突。但威尔金斯不是皮姆或是汉普顿，因此，尽管议会最终还是不得不对国内选民的诉求作出让步，但大洋那边的国民却仍在孤身奋战。如此，斗争的结果并没有为帝国带来宪法胜利，而只是在议会里制造了分裂，其中一派在某些方面占据优势，而另一派则在其他方面占据优势，但不管怎样，他们都拒绝给予人民所要求得到的自由。那些支持自由的力量也产生了分化。议会对国民自由的威胁是其自与查理一世斗争以来力量稳步增强的自然结果，同时也是因为后来是由国王和大臣们而非由人民控制着议会。

不断逼近的内战的根本原因甚至可以部分追溯到17世纪。不过除此之外也还有其他因素在起作用，其中一个因素就是英格兰本土人对殖民地上的殖民者或多或少的蔑视。在英格兰的"威尔金斯和自由"斗争胜利之后，虽有一些人仍然能够理解和同情殖民地人民的需求，但绝大部分人还是不认为他们应该享有平等的权利。于是几年后，斗争将不再是一个民族运动而演变成地区冲突，就跟美国下一个世纪的内战一样。

格伦维尔以其单调乏味的方式着手解决美国问题。他曾反对皮特发动战争，因为这意味着巨额支出，而当时的国债就已经是天文数字了，大约是一亿三千万英镑。英格兰的地租已经上涨了20%，而在北美的军事和民政管理方面的费用也从七万英镑飞涨到三十五万英镑。在格伦维尔看来，北美殖民者无疑需要分担一下这些激增的费用，因为英国人帮助他们赶走了法国人并还计划保护他们免遭印第安人的袭击。可惜，似乎只有格伦维尔才有这个常识判断，而其他绝大部分的英国人似乎根本就没有认真考虑过这个问题。

虽然北美已经建立了海事法庭，贸易法的实施也更加严厉，但由此增加的税收还不到所需的七分之一。由于殖民者既不愿意养军又不愿意纳税，于是格伦维尔就提议通过议会法案来征税，这就是著名的印花税。印花税要对特定法律文件、纸牌、骰子、报纸和酒牌等征收小笔费用，整个北美殖民地每年大概能够贡献十万英镑左右。在英格兰，皮特、辉格党和其他人都没有反对，甚至是殖民地代表也没有反对，像本杰明·富兰克林和其他美国爱国领袖也完全没有或是基本没有反对。即使如此，格伦维尔还是延迟了一年才开征印花税。他也是想趁机看看那些殖民地居民是否还有其他更好的建议，但他们最终并没有提出任何其他建议。

1765年，该法案几乎是毫无异议地获得通过，谁也没有想到这将在整个殖民地卷起一场风暴，因而也没有为此作任何准备。殖民地的反对极其猛烈，这其实更可能是针对贸易法的修订和实施，尽管格伦维尔在这方面的努力几乎无可指责。实际上，如果要从根本上控制贸易的话，贸易法的修订可以说还是公正的，尤其是用比较适度的税收来取代之前对糖浆的禁止性关税，不会对新英格兰的贸易造成损害。不过这在实践中却引发了一个问题：旧税种从来就没有交过，而新税种则是必须要交的。

贸易监管本身一直都是被普遍接受的，所以，当人们提出"无代表不纳税"的时候，英格兰政府就不得不区分贸易税和那些印花税，或说是"内税"和"外税"。在下一个年代，当令人不快的争执已经逐渐升级为冲突时，这种区分也就再也站不住脚了。北美殖民地在斗争过程中也越来越占上风，并暂时获得了胜利。但由于英格兰与北美殖民地签订的非进口协议极大地损害了英格兰的贸易，于是继任格伦维尔的辉格党内阁于次年即1766年撤销了印花税，同时还增加了一条法律条款指出英格兰议会无权对殖民地征税。

撤销印花税，人们一片欢腾；但在这个关键时刻，人们却几乎都没有从全局去思考帝国关系问题。不幸的是，这一法律条款除了后来被北美殖民地的煽动者所利用外并没有产生实际效果，反倒是英格兰人被飞涨20%的地租所深深刺痛，敌意也由此不断滋生。英美双方的持续争执也越来越激烈。如斯图亚特王朝早期的宪法斗争一样，已经不可能在法律的框架下达成友好和解。詹姆斯和查理时代的英格兰已经不能容忍君权神授，而北美殖民地也不再能够容忍由母国控制并一直主要为母国利益服务的种植园经济体系。最起码在感情上，他们觉得自己已经成熟并要成为我们现在所谓的"自治领"。

可以这样说，自治领这个概念已经超出了当时英国政治家的想象，而北美殖民地所要求的最多也就是像我们前面提过的爱尔兰那样的地位和待遇。一个半世纪后的克罗默伯爵（Earl of Cromer）写道："所有好政府的根本原则就是……治理和商业开发不能托付给同一批人。"虽然不列颠赋予其老对手爱尔兰现在自治领的地位，却仍坚持在北美殖民地既搞商业开发又亲自进行治理。

美国的政治思想很可能比英格兰的政治思想更先进，虽然英格兰还无法想象北美殖民地成为自治领的景象，但北美殖民地就有这种想法。其实，早在1782年的爱尔兰协议签订的前十年，新英格兰报刊的那些作家就提出了这个建议，他们认为这不仅适用于爱尔兰也适用于未来的整个帝国。比如，《新汉普郡公报》的一名作家就提出，虽然国王应该是所有立法机关的首脑，但所有地方立法机关都应该彼此独立。他写道："彼此独立的议会在一个君主的统治下实现政府的联合,他们受同一种精神引导……如果国王陛下就是最高立法机关以及所有议会的共同首脑,并在议会的同意下行使其权力,这样,他们就不会互相侵犯对方的权益,也就能够在整个帝国内实现和谐。每个王国都享有自由和幸福。这样,即使我们将世界上所有王国都纳入我们的帝国,我们的帝国也会一如既往的团结、牢固。"

北美的殖民者已经为帝国的未来描绘好了蓝图,可惜英国政治家并没有阅读新汉普郡、马萨诸塞或其他地方的报纸。不过,即使他们读了,这种观念也不会被英国乡绅——他们对斗争的影响力越来越大——所接受。在北美,有一小部分人越来越想要完全独立,其中主要包括马萨诸塞的塞缪尔·亚当斯、弗吉尼亚的帕特里克·亨利以及其他激进领袖,但甚至是在激烈论战过后十二年,根据约翰·亚当斯所言,也只有三分之一的殖民者居民支持从母国完全独立,三分之一是英国的忠诚分子,还有三分之一则保持中立。

由于人们通常都偏爱平静的生活且不喜欢在政治运动中扮演激进角色,因此中立的三分之一可能还会大幅增加,而其他两派则会减少。也就是说,英国政府起码有十年的时间来对付极少数的"死硬派",但英国政府却一错再错,由此也反而帮了北美殖民地的死硬派并扩大了他们的阵营,最终导致灾难的爆发。

谴责北美殖民者不够理性是毫无意义的。事实上,他们的确因为与帝国的关系而从帝国那里获得了海军保护和其他军事保护,但另一方面他们也深知他们那总体上由英格兰控制的贸易是个巨大的财富之源。此外,尽管内税和外税的逻辑区分最终失败了,但秉承了英格兰传统的二百五十万人可不愿被三千英里外只能部分代表其国内大约七百万人的议会直接抽税。而且在这个议会里，北美的殖民者根本连一个能够代表他们利益的人都没有。当然了，他们也不可能有代表在里面。

北美的殖民者一直就在质疑要缴纳的税收与所得到的帝国保护是否相匹配，而且此时不列颠向北美殖民地征税，部分是为了守卫其新获得的广袤领土，而且这些地方还禁止北美殖民者在那里定居，也不让他们购买土地——除了天主教徒。这样，不列颠就与所有北美殖民者两种最强烈的情感背道而驰，即扩张领土和维持新教的渴望——即使那些并不信奉狭隘清教教义的地区也是这样想的。

印花税已经被罗金厄姆所领导的短命内阁废除，这个内阁也由此得到了皮特和新议员埃德蒙德·伯克的支持，伯克的第一次演讲就是关于美洲问题的。皮特支持那些认为英国议会有权监管北美殖民地的商贸但无权从"内部"征税的观点，但后来成为那个时代最有才干的下院议员、最伟大的政治思想家之一的伯克，则更加彻底地认为这种税收根本就是不合法的，而只是一个权宜之计；他还认为北美殖民地对英国的长久善意以及帝国的和睦发展，要比通过武力或以长久、强烈的怨恨为代价征收来的小小税收要重要得多。

仍在实验其统治理论的国王在废除印花税不久后就接受罗金厄姆内阁的辞职，最终，已经成为查塔姆伯爵的皮特与不负责任的财政大臣查理·汤森德联手组成了一个新内阁。查塔姆伯爵，有着辉煌履历并为这个国家贡献良多，但接下来的大约十年时间却十分不幸。皮特在很多时间里都因为痛风的折磨而不能工作，其心智也不再像以前那样睿智，他已经无法再担当领袖甚或和他人一起工作。他的内阁可以说是各式人等的混合体，而不是政党的执行机构；虽然在他缺席的时候，他的同僚大多都不同意汤森德，但内阁团结和共同责任的思想当时也还没有强大到足以让他们或是汤森德辞职。于是，汤森德基本上可以为所欲为。

汤森德选择的方法可谓充满卑鄙的机巧。北美殖民者反对内税的时候，汤森德就说他只会征收外税，因而得以通过立法对铅、画家的颜料、纸张、茶叶和其他物品等一系列东西进行征税。信心满满的他降了四分之一的英格兰地租，当然他也不得不为此从其他地方找到四十万英镑来弥补这个损失。这笔款项无疑不能从刚刚减负的乡绅那里获得，否则他们肯定会火冒三丈。汤森德于是陷入了一个困境，他要么触怒英格兰政党要么触怒北美殖民地。甚至时至今日，不列颠岛上的英国人也常会觉得自己要优越于那些移居北美的殖民者。在1767年议会选举和议会中，英国乡绅都参与了投票，而北美殖民地则一个人都没有参加。显然，英国还将会继续对北美殖民地征税。

当问题变得更加微妙的时候，英国人又犯了另一个错误。他们说北美殖民地的税收不是用来维持军队的，而是用来支付给总督和法官的工资，这意味着所有的地方政治控制权都将从殖民地下议院转到英国议会手中。在这种情况下，汉普顿[1]的精神再次激励了北美殖民者。他们在次年即1768年的反应实在是太强烈了，以致英国派了两个团的士兵前往波士顿。1770年，这些士兵和一些波士顿市民发生了冲突，导致三人死亡。英国政府因而退缩并撤销汤森德开征的所有税收——除了海上税收。

---

[1] 汉普顿曾经为了只有二十先令的造船税而斗争。

如果就此承认因为北美殖民地强大而撤销税收，那就太没有"政治家风度"了；政治家嘛，就是明知他们反对也要一意孤行。在接下来的三年时间里，虽然殖民者很强烈地反对对每磅茶叶征收三便士税，但他们并没有公开抵制，不过两国之间的感情却因此恶化。在1773年，我们知道东印度公司深陷困境之中，而在汤森德死后继任的诺斯勋爵设想出一个他认为的聪明计划：扩大对印度茶的需求市场，这样也就帮助了东印度公司。他提出不再对经英格兰再出口到美国的茶叶征税，但继续延用1767年的规定，对北美殖民地从其他地方直接进口的茶叶征收每磅三便士的税。这样，北美的消费者实际上就比英格兰消费者每磅茶叶少支付了九便士，运费也更少了。

不过，北美殖民者认为这里面包含诡计，即让他们在自由购买的同时不自觉地承认了英国议会征税的权力。此外，经常被英国历史学家忽略的一点是，只有英国政府指定的商人才能经销茶叶。而且这些特定商人主要就是在论战中站在英国人那边的托利党人，他们尤其不招波士顿商人待见。这样，这项措施所引致的就不仅是税收问题，还有垄断和强制等新问题。

在新法规下，第一批装载着茶叶的茶船在不同的殖民地面临的反应是大不相同的。马萨诸塞是唯一采取了暴力手段的殖民地。在那里，经过与总督的一番论辩后，一伙市民伪装成印第安人，于夜间登上了茶船并将大约价值一万英镑的茶叶倒入了波士顿海湾。这是种违法行为，甚至是很多反对英国政策的北美人民也谴责这种行为。而在英格兰，议会和民众的愤怒更是达到了顶峰。不过伯克再次请求和解，并认为要以更宽阔的视野来看待帝国关系。

他说:"我在此不是要对权力进行区分,也不是要标明它们的界线。我并不准备再次进行形而上学的区分。我讨厌双方的解释。就让美国人一如既往吧,满足于用贸易法来约束美洲吧,我们不是一直都这样么?这才是你们监管其贸易的理由。不要采用税收手段,你们一开始不也没有采取这个手段,就让这成为你们不征税的理由吧。所谓邦与王国的争辩,就留给学校的教授吧,因为只有他们才能够安全地讨论这些问题。"

不过,很少人能够这样看待这个问题,甚至是伯克在殖民地的一些最好的朋友也抛弃了他。英国议会随后轻易地通过了一系列惩罚性举措,尽管也存在规模不小的反对派。一,关闭波士顿港口,禁止其进行所有商贸活动,直到殖民地惩罚了"茶叶党";二,不管英军在哪里驻防,当地政府都要为其驻扎提供便利并作好相关准备;三,如果英国政府觉得哪个嫌疑人没有受到北美殖民地的公正审判,那么他将要被转移到大洋彼岸的英格兰接受审判;四,由县里的司法长官来任命陪审员而不是像以前那样由选举产生;五,修改马萨诸塞的宪章,以便让其立法机构里的上议院成员由国王任命而不再是由下议院选举产生;六,只有得到总督许可后才能召开镇民大会——除了一年一度的官员选举大会外;等等。大约在同一时间,《魁北克法案》获得通过,不过它与美国危机并无关联。波士顿军队的指挥官托马斯·盖奇(Thomas Gage)将军被任命为殖民地的总督,并着手兴建防御工事。

有很多小事件助长了北美殖民者对英格兰的恐惧和厌恶,如害怕设立大主教和圣公会;《魁北克法案》似乎要将1763年关于疆域边界的宣言永久化,而这就将限制北美殖民地向西扩展,其财富、活力和海岸线的扩展都将受到限制。当然,这些因素对不同殖民地的影响是不一样的,即使是对同一殖民地的沿海地区和边远地区的影响都是不一样的。总督们在向母国汇报情况时就犯了一个错误,即低估了所有这些导致不满的因素混合在一起时的强大力量;同时还错误地认为各个殖民地——起码是各个群体——都只会追求自己的利益,而他们之间的差异也将导致他们根本无法团结一致。

不过,事实证明,仅仅因为一小撮市民的暴力行为就对整个马萨诸塞殖民地进行残忍报复,完全是不明智也没有必要的。而这种报复行为使得从新汉普郡到佐治亚所有殖民地,都觉得他们的自由受到了英国政策的威胁。正如伯克曾指出的那样,这些都是新政策。而如果英国议会拥有不受限制的权力,如果北美人民要转移到英格兰去接受怀有敌意的法官和陪审员的审判,如果不只是监管而是关闭繁荣的港口,如果可以不顾宪章并改变政体,那么很显然,规模已经是英格兰人口的三分之一的居住在北美的英国人就再也不可能享有自由。

在这部灾难性法案通过后的几周内,各个殖民地——除了遥远的佐治亚——的代表组成了大陆会议,并在费城开会讨论局势。与此同时,食品及其他供给也开始从各个殖民地被运到马萨诸塞。显然,英国的政策可谓一事无成,并奇迹般地将之前互相猜忌的联邦团结在一起,因为他们都对母国怀着敌意。当然,他们这样做实际上也只是为了自保。在过去,很大程度上是因为英国政府的特许状、因为远离英格兰、因为地处偏远,北美殖民者曾经是世界上最自由的民族。虽然他们的选举权还很有限,但他们仍然是最积极参与自治活动的民族。

他们显然不是一个会突然顺从于一个远方议会的民族,况且这个议会还完全不能代表他们。在北美，大陆会议起草了一份措辞坚定的《权利宣言》；在英格兰，查塔姆和伯克请求和解，尤其伯克还发表了一场最具渲染力、最雄辩的演讲。但这些都只是徒劳。不管是自治建议还是伯克那保持与殖民地的关系——之前的关系让双方享有了那么长时间的和平——的建议，都没有被采纳。

独立战争

1775年4月19日，托马斯·盖奇从波士顿派出一小队人马到康科德提取贮存在那里的弹药，但遭遇了殖民地民兵且损失惨重地被赶回城里。"响彻全世界的一枪"终于在莱克星顿和康科德打响，流血也终于由此开始——再也不像之前那样只是争吵了。英国军队终于有仗打了，而英国所管辖的北美人民也全副武装起来。

一个种族的两个伟大分支间的内战由此拉开。在整个战争期间，甚至还有不少受人尊敬的英国领袖在为北美殖民地的目标作辩护。很多人承认，正是由于乔治扮演"爱国君主"的努力越来越堕落为建立在平庸内阁和腐败议会基础上的个人统治（不仅仅是因为个人品性，更是由于环境的影响，而且博林布鲁克的理念根本就是不可行的），美国才会有这样的自由诉求。

不过，总体而言，不列颠比北美殖民地要更团结；此外，也不要错误地认为真有相当多或是重要地区的英国人支持北美殖民地。另一方面，在很大程度上，英国人——包括普通士兵和不少高层军官——对这场意在剥夺其同胞的自由的战争也的确没有什么热情，这也部分解释了国王不得不雇用德意志雇佣军来完成这项令人不快的工作了。很多美国村庄至今也还没有宽恕这些来自德意志的黑森（Hessian）雇佣兵[1]。在那些地方，小孩所能想到的用来称呼别人的最坏的名字就是"黑森"。

殖民地之间的分化要比英国厉害得多，我们之前也已经提到过支持和发对战争阵营的比例，尤其是当想要争取完全独立时。估计共有大约十万托利党人移居北美，他们中有大约六万人成为后来的亲英分子，加拿大后来能够成为自治领也多半拜他们所赐。虽然各个阶级中都有托利党人，但托利党人主要还是来自保守的上层经济和社会阶级。而殖民地因为这些人的移居而遭受的损失，堪比当年胡格诺教徒逃跑对法国的打击。

对于大家很熟悉的作战过程，我们只需简短说说即可。其中又可以分为两个阶段，一是英国镇压殖民地起义，二是由于某些欧洲国家卷入战争，英国不得不在全球与诸多敌人作战。

在第二阶段的战争到来之前，几乎可以说北美人民是完全靠乔治·华盛顿那无畏、坚定的品质取得了胜利。华盛顿可以说是最伟大的领袖之一。他不是最有才华的政治家，作为将军他也比不上马尔伯勒，但当大陆会议选举他为北美军队的总司令时，这仍然不失为历史上的幸运时刻。华盛顿本是个富有的弗吉尼亚庄园主，其公共生活和军事生活方面的经验并不丰富，在很多人看来几乎毫无希望的前八年战争中，他将向我们展示所有人都能看得见的明智的判断、坚强的意志和品质的力量是如何比技术训练或

---

[1] 美国独立战争期间，英国动用的军队有四类：英国正规部队红衫军；部份印第安人武装；殖民地中的效忠派所组成的地方部队；来自黑森-卡塞尔和德意志其他五个邦的雇佣军。黑森的王子把他征来的士兵租借给英国人，从中得到每名士兵每天租金一先令的报酬。由此而送到北美的黑森雇佣兵共约三万人，其中一万人后来留在美国定居。

出色才智更能掌控命运。

1775年，接管了在波士顿围攻盖奇的杂牌地方兵后，他逼迫所有英军在邦克山战役（The Battle of Bunker Hill）后撤出波士顿城。虽然其部属对加拿大的进攻失败了，但美军在魁北克和蒙特利尔的顽强战斗、英军进攻查尔斯顿和南卡罗来纳失败等事例都激发了美军的士气。

1776年的主题词是政治而非军事，因为大陆会议于7月份通过了《独立宣言》，它向全世界宣布，大不列颠与其十三个北美殖民地间的关系彻底终结了。加拿大和西印度群岛继续效忠于英国，而美国独立战争是场内战的定性也由此确立下来。英美双方的误解部分是因为那些生活不同于英国人的北美人民最终不知不觉地、缓慢地演变成了一个不同的种族——他们有着不一样的外貌和特性，这个过程一直延续到现在。这个极其重要的因素甚至仍然经常被人们所忽略，这就必然会导致始料不及的误解。

1776年的《独立宣言》极大地推进了独立进程。《独立宣言》措辞笼统、高度概括，完全不像英格兰历史上所起草的任何声明。正如我们常说的那样，英国人总是面对具体问题、具体情景，他们也总是解决具体的问题，而不是要得出原则性的东西；如果实在不得要这样做，其措辞也要严格限定在必要的范畴。《独立宣言》的引言提到，"我们认为下面这些真理是不言而喻的：人人生而平等，造物者赋予他们若干不可剥夺的权利，其中包括生命权、自由权和追求幸福的权利"。这完全不像是一份英式文件，但它的起草者又的确全是英国人——在几个月前，他们还是乔治三世的忠诚国民。

《独立宣言》无疑体现了洛克和其他英国哲学家的思想甚至是

措辞，但它仍然不是英式应对国家危机的国家文件。不过它将会对很多地方的人的思想、想象力和抱负产生深刻影响，这是自《大宪章》以来其他所有英文文件都未能达到的高度。不管怎样，美国人如今算是跨过了他们的卢比孔河[1]；战争也不再是关于贸易监管或税收理论的战争，而已经成为打破或挽救帝国的战争。

1776年和1777年的战况对美国相当不利。华盛顿率军将英军赶出波士顿之后就撤回纽约，但在1776年8月的长岛战役中被威廉·豪伊将军击败，于是不得不撤回新泽西。不过他们在圣诞节成功突袭了特伦顿的黑森雇佣军，军队士气也由此大受鼓舞。第二年，英国人酝酿了一个野心极大却足以致命的计划，而这个计划也最终导致了美国的独立。豪伊将军此时已经控制了纽约，并扼守了哈德逊河之口。依照这个计划，豪伊本应挺进河谷，和从加拿大下来、穿过尚普兰湖的约翰·伯戈因及其大约八千名士兵汇合，这样就可以将新英格兰区域和其他殖民地隔离开来。不过，豪伊认为在此之前他还有时间给华盛顿致命一击；而华盛顿此时早已南下很远。通过海上行军到费城，豪伊的确在布兰迪维因战役（The Battle of Brandywine）中击败了美军并逼迫华盛顿在福吉谷扎营。在1777~1778年冬，美军在寒冬中痛苦挣扎，而豪伊等英国人则在费城这个当时美国最具吸引力的城市里度过了一个愉快的社交季。

华盛顿曾留了一些兵力在纽约，但他们还不足以夺取哈德逊

---

[1] 该习语意为"破釜沉舟"，源自公元前49年恺撒打破不得带兵越过山南高卢行省与意大利本土的界线，即卢比孔河的法律禁忌，挑起内战。恺撒跨过卢比河，标志着罗马历史从此一分为二。

河谷的控制权。当伯戈因经过艰苦卓绝的行军穿过荒野到达萨拉托加时，西部的圣烈治率领的军队和纽约的军队都未能如期出现支援他。被苦苦期盼的豪伊及其军队则相当于被冻结在费城好几个月。计划失败的后果就是伯戈因被迫全军投降。这个计划实在是太过复杂了，除了豪伊那令人费解的行动外，它也还需要当时美军精确配合才能够成功。

这个灾难也结束了第一阶段的战争。法国早就给美国人提供帮助，但一直拒绝公开这样干，也不愿正式结盟。不过，伯戈因在1777年的投降，最终使得法国在次年2月与正在闹革命的北美结盟。诺斯勋爵现在倒是愿意应承北美除了独立外的所有诉求，甚至还请求辞职。不过，国王甚至是查塔姆，虽然愿意接受所有其他条件，但肯定不可能接受帝国的分裂。查塔姆在其最后的议会演讲中反驳了从美国撤军的提议。在演讲过程中，他因为中风而晕倒，并于一个月后逝世。

战争的方向也由此发生了变化。1778年并没有爆发决定性的战斗，战争也从陆地转向了海洋。由于英国海军的优势没有发挥出来，法国人于是取得了海上优势，不过也没有取得什么大胜。英军丢掉了西印度群岛的多米尼加和格林纳达，但也夺取了圣卢卡西岛；纽约（豪伊在费城度过了冬天后就撤到纽约）的一小支军队也夺取了萨凡纳。

1779年，西班牙的加入让英国的敌人成分变得更加复杂。当年还爆发了持续三年的著名的直布罗陀围攻战。不过在英勇果敢的指挥官埃利奥特的指挥下，英国最终还是保住了直布罗陀岩。我们之前提过的英国在印度的麻烦如今也达到了顶峰；甚至在非洲海岸也发生了战斗，法国人和英国人就贸易站的争夺也展开了拉锯战。

1780年，俄国、丹麦、瑞典、普鲁士和奥地利组成了抵制英国的武装中立联盟，荷兰也对英宣战，其他国家倒是没有像这些国家那么热切地反对英国。不过，虽然这些国家都宣称其权益受到了英国的侵害并只是以中立的姿态坚决维护其自身权益，但他们还是因此钳制了英国。英国人在北美的战斗是从南往北推进，而且看起来很有希望取得胜利。在海上，乔治·布里奇斯·罗德尼击败了西班牙舰队并成功收复了直布罗陀，并将法国和西班牙的一支混合舰队从西印度群岛赶回了欧洲。

1781年初，英国人在海陆两路都取得了开门红，这年也是双方斗争的关键一年。从南往北进发的英军取得了重大胜利，并毁坏了大量乡村。不过，美军的格林将军扭转了局势，而英军的康沃利斯将军最终被迫退守弗吉尼亚海岸的约克镇，并在该半岛上构筑防线。

虽然罗德尼指挥出色，但英国政府还是没能够正视海军。一系列的失误——其中包括罗德尼自己犯的一个失误——导致海洋控制权落入了法国之手。本来希望英国舰队能够给他帮助的康沃利斯，最后等到的却是美法联军和德·格莱西所率法国舰队的攻击。1781年10月19日，康沃利斯率全军投降。当诺斯勋爵听到从约克镇传来的这个消息时，他惊呼道："噢，上帝啊，全完了！"虽然，英国还要在两年后才与其对手言和，但诺斯当时的判断无疑具有先见之明。

美国的独立已成定局，北美大陆上也再没有发生战争。不过在海上，法国人占领了圣基茨岛和尼维斯岛，西班牙人夺取了巴哈马群岛，而罗德尼在一次孤注一掷的海战中保住了牙买加。英国人虽然保住了直布罗陀，但法国人和西班牙联手围攻了六个月后还是占领了米诺卡。

虽然英国发起了一场与半个世界作战的史诗级战争，但其国民对相关事态的处理尤其是不断增长的费用越来越不满。即使是在约克战役失败后，固执的国王也还是不顾民众反对，继续开战。而此时的民众已经厌倦了战争，因为巨额的费用支出并不能够换来哪怕一丁点的收获。1782年，双方开始议和；短命的谢尔本内阁最终于1783年下半年与英国的所有敌人签订了和约。

除个别情况下，总体来说，整个局势跟战前几乎没有什么不同。法国获得了其所征服的西印度群岛的圣卢西亚和非洲的塞内加尔，西班牙占据了米诺卡这个重要的地中海岛屿并夺回了佛罗里达。最重要的是，英国承认了十三个北美殖民地的独立，美利坚也终于成为一个国家。美国的疆域从加拿大直到佛罗里达，从大西洋直至密西西比河。英国属下的内陆北美殖民地，除了加拿大外，终于革命成功了。

设想如果事情不是这样发展又将会出现什么结果是毫无意义的。美国独立，自由地组织他们自己所选择的经济生活和大陆开发策略，与他们仍然保持殖民地身份的状况相比或许能够带来更高速的经济和人口增长，但这也绝不等于说独立对于美国而言就完全是一件好事。另一方面，如果英国能够更加睿智地解决其帝国管理问题，那么美国的独立可能就还会延后很长时间——尽管长远来看的话，独立可能是不可避免的。如果这样的话，那么美国独立就可能会在19世纪这个不同的时空环境下和平实现，当然，也可能爆发更加恐怖的战争。所以，对于历史的"假设"，只是茶余饭后的冥想。

1800年的历史画卷

在帝国历史上的这个危急时刻,我们可以稍作停顿,快速梳理下我们故事所涵盖的那些事件。我们故事历经的时间跨度无疑是相当大的。透过史前时期的迷雾,我们可以模糊地看到一个半岛从欧洲大陆的北部伸展出来,直插入风大浪急的浩瀚大海;地质变动后,这个半岛彻底从欧洲大陆分离开来,成为一个岛屿,而这种变化也成为一个影响甚至决定着其后所有事件的基本因素。我们还不得不强调其他非人的因素,比如帮助塑造了英国人品质和生活方式的气候,甚至是狂风和暴风雨也在关键时刻扮演了重要角色:比如,西班牙无敌舰队入侵英格兰的失败或是威廉错过了其着陆点,还有对英格兰和全世界都很重要的大革命,都是源于狂风的突然转向。

我们已经看到,我们今天的大不列颠民族混杂了很多血统。虽然我们对最早期的定居者的了解实在太少,以致根本不可能追溯其源头,甚至对混杂在罗马人中来到不列颠的那些人也知之甚少,不过在后期,我们就能更加清楚地发现那些在导言中所提到的民族特性的来源:即相继试图在丰饶的不列颠群岛上掠夺或定居的凯尔特人、撒克逊人、丹麦人、诺曼人以及其他种族。我们也看到了这些种族对英语口语和极其丰富多样的英国文学语言、思想和精神是如何产生影响的。这些种族,在战争与和平中共存并逐渐融合,最终一起培育了不列颠民族的一个显著品质,即他们对其他种族以及不同的地方法律和风俗的宽容。这种品质很好地体现在比如在故事开头他们对丹麦法以及在故事将近结尾时对被征服的法裔加拿大人的态度和行为中。

我们故事中的另一个主线则是对个人自由越来越强烈的热爱。在追求个人自由的过程中，英国人无疑走在了欧洲的最前列。英国人不仅让自己成为世界上最自由的、受约束最少的民族，他们同时还赢得了帝国竞赛，并将他们的治理方式扩散到全世界，个人自由和地方自由也由此成为英国送给全世界的一份礼物。此外，我们还从中看到了宪法在历史长河中的缓慢发展，其中又主要是通过和平解决一个又一个的问题来得以实现的。我们还看到他们经常采用实践性的协商和妥协的方法去解决争端，而非借助战争或抽象的形而上学。而这又孕育出他们自治的天性。虽然中间也曾出现过僵局，但在同样长的历史时期内，英国历史中的暴力和血腥可以说已经是最少的了。

　　我们的故事还提到了这个国家不可思议的增长和扩张。随着罗马人及其军团的撤出，不列颠进入了最黑暗的时期。这块被遗弃且已溃烂的地方再次堕落为蛮荒之地，在遭遇一连串对罗马世界的秩序和文明一无所知的掠夺者时也毫无抵抗之力。我们看着这些掠夺者进入不列颠烧杀抢掠，不过在经历了几个世纪的混乱和痛苦后，他们发展出一种新文明。后来诺曼人征服了不列颠，威廉一世用其铁腕手段将不列颠人糅合在一起，并让他们再次与文化上更加先进、更有组织性的欧洲大陆进行接触交流。我们还提到了基督教的兴起，以及教会和国家是如何实现集中化和强大起来的。封建制度完成了其历史任务后就逐渐退出了历史舞台，并让位于更加自由的现代组织。

　　起初，英格兰的统治者及其人民试图在欧洲大陆建立帝国并为此长期征战，后来，他们终于从这个梦中醒了过来，放弃了统治海峡对岸的任何土地的欲望。当然，他们也不喜欢自己被他人控制——不管是世俗的还是精神的——并对任何权力的这种尝试感到愤慨。后来，亨利八世将英格兰教会从罗马教皇那里独立出来。我们还追溯了他们对宗教信仰的宽容观念的缓慢发展，以及艰难的政教分离过程。

自从他们放弃了征服欧洲大陆的野心，同时也不愿意被欧洲大陆控制后，我们发现英国人在伊丽莎白的率领下突然就将目光转向了大海，并相继在世界各地建立起帝国统治，如遥远的印度、西印度群岛和北美大陆。不仅如此，他们还在世界各地寻找商品倾销点以赚取利润。在此过程中，他们的财富、权力和民族精神也得以不断发展。我们还见证了英格兰是如何成为欧洲的仲裁者，并最终摧毁了路易领导下那看似不可战胜的强大的法国。在荷兰式微、法国衰落、强大的西班牙帝国沦落为三流势力的时候，小小的英格兰则稳步崛起。

我们不可能在这个简短的回顾中再次列举大约一千八百年的有记载的历史中我们已经叙述过的所有事件，其中有成功也有失败——如对爱尔兰问题和美国问题的处理；不过，我们仍然可以花点时间来回顾下其中的伟大日子：克雷西战役、普瓦捷战役、阿金库尔战役、西班牙无敌舰队的溃败、格伦维尔复仇的最后一击以及其他很多战役，如布伦海姆战役和拉米伊战役——它们在很大程度上让英国人觉得自己是不可战胜的。此外也有很多不同类型的事件，如孩儿王理查德通过与来势汹汹的暴徒首领瓦特·泰勒谈话而拯救了王国——这是英国人的协商方式中最具戏剧性的例子。再有，贵族们在拉尼米德直面国王约翰、汉普顿拒绝缴纳造船税、下议院处决查理一世、下议院院长不顾国王的休会命令继续开会并通过了决议等这些其他类型的事件。

在回溯之中，我们只能提及部分事件；而在如今，曾经构筑起大英帝国的很多事件都已经烟消云散了。加拿大以南的美洲大陆殖民地的脱离，无疑给帝国留下了深深的伤口，但实际上，这绝不等同于毁灭。下一卷，我们将继续追溯依然庞大的帝国在新时代的知识氛围下所取得的发展。愤怒、绝望的辩论最终导致第一帝国的瓦解，这个英语民族的两大分支也因而分裂。好在我们之前回顾过的、那么漫长的历史时期里所获得的其他物质成果和精神成果并没有就此消失，英国人也从之前的经历中吸取了经验教训，并进一步缔造了后来如日中天的新帝国。这个新帝国是由自由国家和大量殖民地组成的联邦共和国，也即我们今时今日的大英帝国。